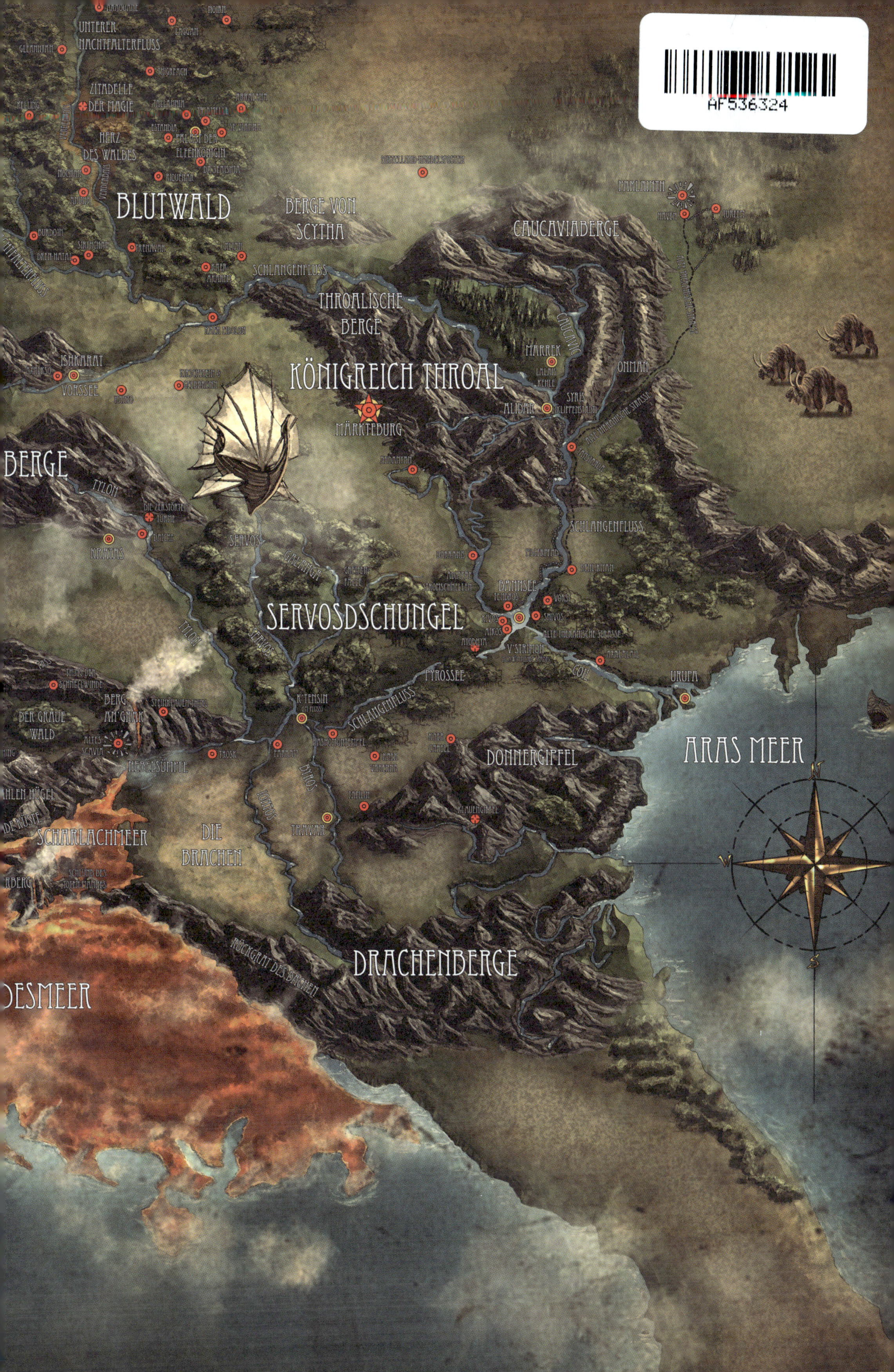

AF536324
UNTERER NACHTFALTERFLUSS
ZITADELLE DER MAGIE
HERZ DES WALDES
BLUTWALD
BERGE VON SCYTHA
CAUCAVIABERGE
SCHLANGENFLUSS
THROALISCHE BERGE
KÖNIGREICH THROAL
MARKTEBURG
ISHKARAT
VORSSEE
BERGE
TYLON
MARREK
ALIDAR
ONMAR
SERVOS
SERVOSDSCHUNGEL
BANNSEE
V'STRIMON
PYROSSEE
URUPA
K'TENSHIN
BERG AM GRAT
DER GRAUE WALD
NEBELSÜMPFE
DONNERGIPFEL
ARAS MEER
SCHARLACHMEER
DIE BRACHEN
TRAVAR
DRACHENBERGE
RÜCKGRAT DES DRACHEN
DESMEER

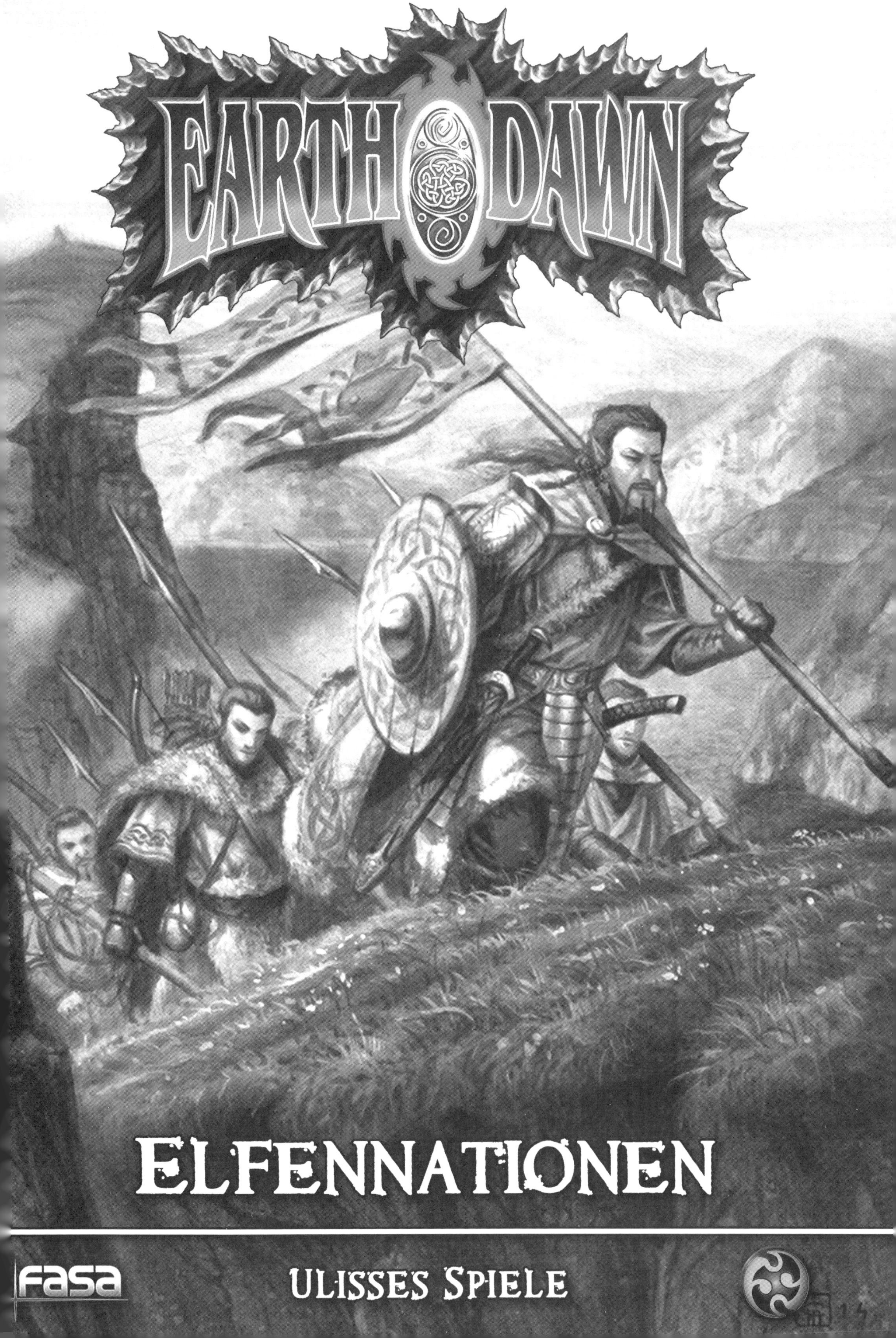

# EARTHDAWN

# ELFENNATIONEN

FASA

ULISSES SPIELE

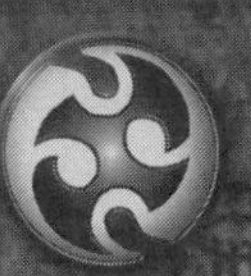

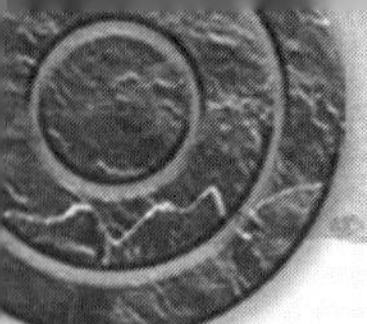



# IMPRESSUM

## ELFENNATIONEN


CREATIVE DIRECTOR
Tiffany Ragland

PROJECT MANAGER
Andi Watson

LINE DEVELOPER
Josh Harrison

GAME MECHANICS
Morgan Weeks, David Marshall

WRITING
Michael S. Allegro II, Kyle Pritchard, Karol Rybaltowski

EDITING
Debbie Seale

ART DIRECTION
Jeff Laubenstein

LAYOUT
Ian R Liddle

COVER ART
Milivoj Ceran

INTERIOR ART
John Dollar, Travis Hanson, Iorena Iammer, Larry MacDougal, Jeremy McHugh, Jeff Laubenstein, Mark Nelson

PLAYTESTERS
Jesse Butler, Matt Croco, Jamie Harper, Sarah Richards, Jason Schindler, John-Carl Kullmann, David O'Brien, John Doyle, Oliver Reilly


## DEUTSCHE AUSGABE


REDAKTION
Michael Mingers

ÜBERSETZUNG
Benjamin Plaga

ART DIRECTION
Maik Schmidt

GESTALTUNG DES LAYOUTS
Marina Fahrenbach

LAYOUT
Michael Mingers, Thomas Michalski

LEKTORAT
Lukas Baudach

KORREKTORAT UND ERRATA
Tim Rewitz

WWW.ULISSES-SPIELE.DE
feedback@ulisses-spiele.de

# INHALT



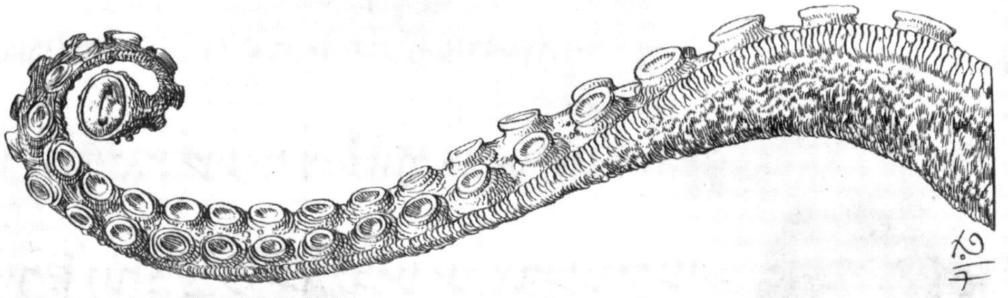

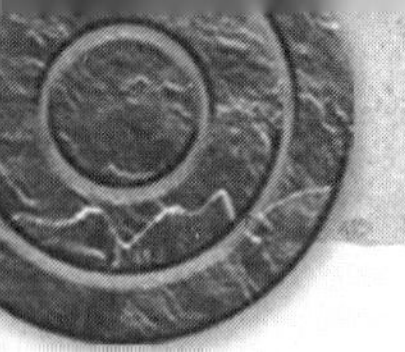

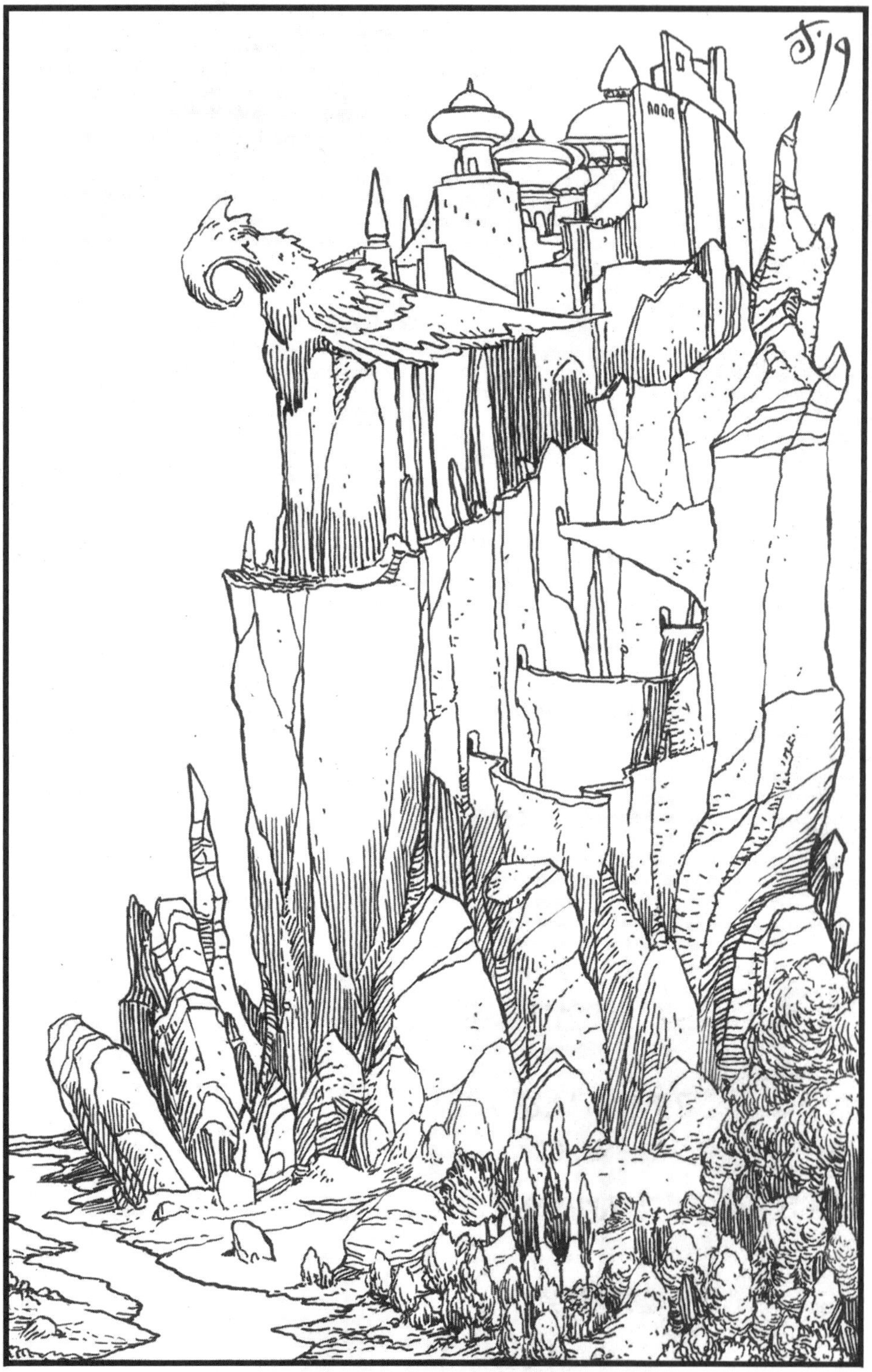

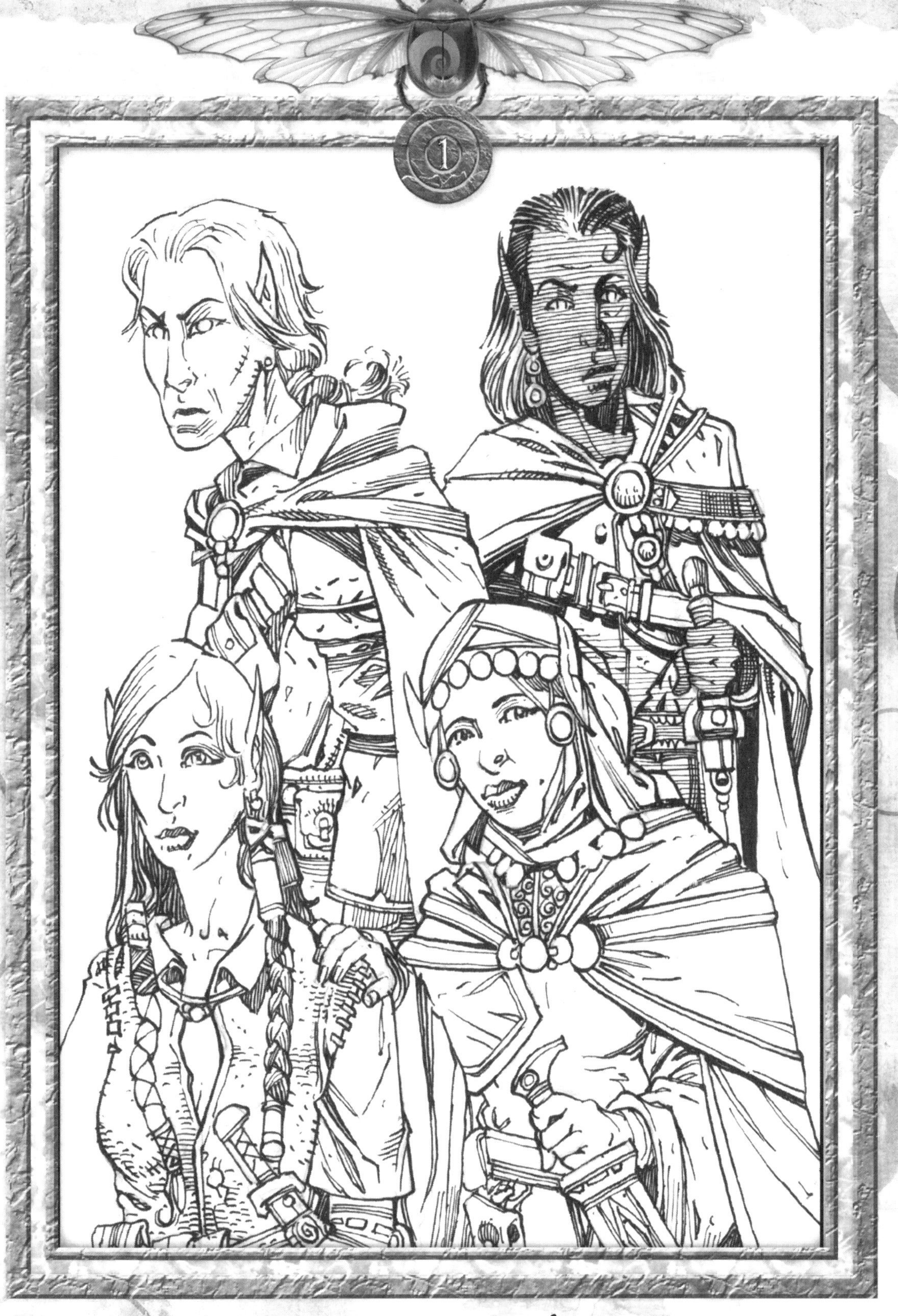

# Geburt einer Legende

*Aus den Tagebüchern von Alachia, Königin des Blutwaldes*

Ich sah diejenigen, die vor uns kamen. Sie kamen aus den vier Himmelsrichtungen und kämpften um die Vorherrschaft, aber ihr Kampf war ein künstlerischer und philosophischer Wettstreit. Alle Vier waren in ihrer jeweiligen Heimat unübertroffen, und sie suchten fähige Gegner, mit denen sie sich messen konnten. Eine Niederlage würde jemanden hervorbringen, der würdig war, dass der Unterlegene ihm mit seinen Talenten diente, und ein Triumph würde zu erkennen geben, dass der Sieger rechtmäßig über die anderen herrschte.

Diejenige aus dem Norden war stark und kräftig, ein Zeugnis der unwirtlichen Länder ihrer Geburt. Ihre Haut war blassweiß, passend zu ihrer seidenen Kleidung, ihr Haar glänzte wie frisch geprägtes Silber, und ihre Augen waren so rot wie das Blut, das aus meinem Körper tropft. Sie erschien als erste und beanspruchte unsere alte Heimat als die ihre. Ihr Tanz schwebte wie ein Blatt im Wind, und ihre Bewegungen besiegten jeden, der sie herausforderte.

Die Fremde aus dem Osten war groß und reinen Herzens. Das Licht der Morgensonne glitzerte in ihrem goldenen Haar und auf ihrer sonnengebräunten Haut, und im Funkeln ihrer smaragdgrünen Augen spiegelte sich das Blätterdach des Waldes. Auch wenn sie von den anmutigen Bewegungen ihrer nördlichen Rivalin nicht entmutigt war, lag das Talent der östlichen Herausforderin in den Saiten ihrer Laute. Beide wünschten einander einen ehrenhaften Sieg und waren bereit, derjenigen zu dienen, die die andere in einem Wettbewerb aus Gesang und Tanz besiegen konnte. In ihren Spezialgebieten waren sie jedoch zu gut, und sie gerieten in eine Pattsituation.

Die Dunkelheit näherte sich mit dem Reisenden aus dem Süden. Die graue Haut und die gelben Augen des Mannes ließen den anderen einen Schauer über den Rücken laufen, aber seine Absichten schienen ehrlich zu sein, und die anderen akzeptierten sein Angebot, am Wettbewerb teilzunehmen. Der Mann aus dem Süden war etwas klüger als seine Konkurrentinnen, denn er wusste, dass er von ihren Künsten übertroffen wurde. Er schlug vor, ihre Pattsituation durch eine Debatte zu überwinden, denn sicherlich würden sich die drei sonst nicht auf einen Champion einigen. Der redegewandte Mann verblüffte die beiden mit einem philosophischen Dilemma, das nur er lösen konnte. Er beanspruchte das Land und die Herrschaft über alle, die es zu ihrer Heimat machen wollten.

Eine letzte Reisende kam aus dem Westen, um den Mann herauszufordern, und sie war ein herrlicher Anblick. Ich habe noch nie eine Kreatur gesehen, die ihrer Schönheit und Anmut gleichkam, und ich erwarte auch nicht, dass ich es jemals tun werde. Ihr Haar, so rot wie der Sonnenuntergang, reichte fast bis zum Boden und rahmte ihre schlanke Gestalt ein, und ihre durchdringenden blauen Augen vermochten selbst das eisigste Herz zu schmelzen. Das Verlangen des Mannes aus dem Süden nach ihr war so groß, dass er die späte Herausforderung um seinen Thron für das Privileg annahm, dass sie in seiner Gegenwart blieb. Aber er war kein Narr und heckte einen Plan aus, um sich die Lehnstreue der neu Angekommenen zu sichern. Ihre verspätete Ankunft erforderte eine größere Herausforderung, um ihr Recht auf die Herrschaft zu beweisen. Ihr Tanz müsste den der Frau aus dem Norden übertreffen, ihre Flöte müsste die Musik aus dem Osten besiegen, und ihr Verständnis von Philosophie müsste sein Dilemma lösen. Wenn sie nur eine dieser Aufgaben nicht löste, würde der Herr aus dem Süden ihr König.

Die Schönheit aus dem Westen stimmte seinen Bedingungen zu. Sie tanzte anmutiger als die Maid aus dem Norden, die sich vor ihrer Gegnerin als Zeichen ihrer Niederlage verbeugte. Die Nuancen des Liedes ihrer Flöte brachten Tränen in die Augen ihrer Schwester aus dem Osten, eine Leistung, die die Laute ihrer Rivalin nicht erreichen konnte. Alles, was blieb, war, ihren zukünftigen Herrscher im Denken zu schlagen. Sie bewegte sich nicht nur mit Leichtigkeit an der moralischen Ambiguität des Themas vorbei, sondern wies auch auf einen grundlegenden Fehler in der Lösung hin, die der Mann aus dem Süden vorgeschlagen hatte. Die Frau aus dem Westen hatte all ihre Rivalen in deren jeweiligem Talent übertroffen und erklärte sich nach den Regeln des Wettkampfs zu ihrer Meisterin.

Der Mann war wütend und nicht bereit, die Herrschaft der Frau aus dem Westen über Länder zu akzeptieren, die seinem Gefühl nach rechtmäßig seine waren. Wütend behauptete er, dass niemand in der Lage hätte sein sollen, seine Herausforderung zu meistern. Die Frau aus dem Westen musste betrogen haben, eine Schande, die nicht bestehen sollte. Wie sonst hätte sie alle drei besiegen können? Er offenbarte seine wahre Natur: Er würde lieber ein Königreich niederbrennen, als seiner rechtmäßigen Herrscherin zu dienen. Als die anderen sein Wesen erkannten, wussten sie, dass seine anhaltende Präsenz die Harmonie, die sie zu schaffen suchten, untergraben würde. Ihre vereinten Kräfte waren zu stark für ihn, und gemeinsam warfen sie ihn aus ihrem Königreich.

Als der Mann aus dem Süden aufgrund seiner Hybris vertrieben worden war, blieb niemand übrig, um dem Anspruch der Schönheit aus dem Westen auf das Land zu widersprechen. Die Künstlerinnen aus dem Norden und Osten verpflichteten sich, ihrem Willen zu dienen, und nannten die Frau ihre Königin. Sie nahm den Titel demütig an und verpflichtete sich, das Land frei von Dunkelheit zu halten, solange ihre Dynastie herrschen würde. Im Dienste dieses Versprechens bereitete sich die Königin darauf vor, mächtige Magie zu wirken.

Sie schickte ihre beiden Untertaninnen auf die Suche nach Materialien, denn das Land war karg und unfähig, sich selbst zu schützen. „Bringt mir alles, was wächst", sagte sie, „und wir werden unseren großen Beschützer erschaffen." Die Königin begann einen Ritualkreis in der Mitte ihres Herrschaftsbereichs zu erschaffen. Unermüdlich arbeitete sie sieben Tage und sieben Nächte lang, bis er fertiggestellt war. Da kehrten auch ihre Anhängerinnen mit einer Handvoll Eicheln zurück. Die Königin nahm die Eicheln und pflanzte sie zwischen die mystischen Runen. „Die Struktur ist stark, aber unvollständig. Ihr müsst mir mehr bringen", verkündete sie.

Tage vergingen, bis die Maiden wieder zurückkehrten, jede mit einem Dutzend Eicheln in der Hand. Die Königin hatte ihren Entwurf um mehrere zusätzliche Ritualkreise erweitert. Als sie die Eicheln in ihren Zauber webte, spürte ich, wie seine Kraft wuchs. Es fühlte sich vertraut an. Sicher. Wie zu Hause. Nachdem die Königin ihre Arbeit beendet hatte, nahm sie die restlichen Eicheln und ließ sie magisch zu Setzlingen wachsen. Sie befahl ihren Anhängerinnen, diese jungen Bäume in ihren Ländern zu pflanzen, um das zurückzugeben, was sie genommen hatten.

Nach Abschluss ihrer Vorbereitungen führte die Königin ihr Ritual durch. Sie wies ihre Anhängerinnen an, ihre Strukturen miteinander zu verbinden. Ihre Magie aus dem Norden, Osten und Westen zusammenzuziehen, würde den Zauber durch die kommenden Jahrtausende antreiben. Die Maid aus dem Osten webte ihre Fäden und ließ Setzlinge aus den Eicheln sprießen, die in dem Kreis gepflanzt worden waren. Ihre nördliche Schwester fügte ihre Stärke hinzu, und ein hellblaues Leuchten ging von den Runen aus. Die Eichensetzlinge breiteten sich in den umgebenden Boden aus und verflochten sich miteinander. Die Königin fügte dem Zauber ihren westlichen Geist hinzu, von dem ich fühlte, dass er viel stärker war als der ihrer Anhängerinnen. Ihre Energie ließ eine prächtige Eiche aus den kurz zuvor gezüchteten Setzlingen springen.

Die Miene der Königin wurde voll Trauer, als sie sich umdrehte, um zu ihren Untertaninnen zu sprechen. „Diese Eiche wird das Land schützen, aber ihre Geburt fordert ein Opfer. Ich muss gehen und meine Last allein tragen. Aber seid nicht traurig, denn ich werde immer ein Teil seines Herzens sein. Sollte das Land jemals eine wahre Königin brauchen, werde ich zurückkehren." Ohne eine Antwort abzuwarten, verschwand die Schönheit aus dem Westen im Stamm der großen Eiche, die nun im Herzen des Landes stand.

Ich erwachte in diesem Moment, unsicher, warum mir diese Ereignisse erschienen waren. Was wie ganze Zeitalter der Geschichte schien, kam in wenigen Stunden zu mir, aber dies war kein bloßer Traum. Ist diese Vision eine Lektion, oder hat die Wunde im Herzen unseres Waldes meine Vorstellungskraft in Wallung gebracht? Ist dies der anhaltende Einfluss der Plage, oder schickt mir Eichenherz diese Bilder, weil es dringend Hilfe braucht? War dies überhaupt eine Vision der Vergangenheit, oder könnte sie stattdessen auch unsere Zukunft zeigen? Es fühlte sich so real an, aber die meisten der Ängste, von denen ich heutzutage träume, tun es ebenso. Dennoch verdient die Möglichkeit, dass diese Vision die Geburt des Herzens des Wyrmwaldes war, weitere Betrachtung. Ob Intervention oder Intuition, ich glaube, jemand versucht, mir etwas zu sagen.

Vier Herausforderer aus vier Richtungen. Waren dies Elfen, Städte, Nationen oder etwas weit weniger Greifbares? Der Mann aus dem Süden, seine Anwesenheit war anders. Ich fühle einen Funken davon, der auch jetzt noch verweilt, aber wie oder warum, das weiß ich nicht. Die Frau aus dem Norden, ich konnte die Enttäuschung in ihren Augen über ihre verlorene Herrschaft sehen. Ich konnte die Leidenschaft für Macht spüren, die hell in ihrem Herzen brannte. Ich frage mich, ob sie sich damit zufriedengegeben hätte, zu dienen, wenn die Königin geblieben wäre? Die Musikerin aus dem Osten schien das Gegenteil zu sein, denn ich glaube an ihre unerschütterliche Bereitschaft, der rechtmäßigen Königin zu dienen. Wahrlich eine seltene Eigenschaft.

Ich fühlte eine unbestreitbare Verwandtschaft mit der Schönheit aus dem Westen. Nur eine Königin, die bereit war, alles zu opfern, um ihr Volk zu schützen, könnte die Lasten verstehen, die ich ertragen habe. Meine Taten, die als fürchterlich empfunden wurden, waren notwendig. Es kann niemanden geben, der diese Tatsache bestreitet. Unser Überleben hat einen Preis, den wir weiterhin zahlen müssen, denn wir können nur dem Weg folgen, der vor uns liegt. Der Blutwald ist unser Erbe, aber er darf nicht mein Vermächtnis sein.

Die Eicheln sind ein interessantes Symbol. Repräsentieren sie die Eicheln von Eichenherz selbst? Das Ritual ist eine beunruhigende Vorstellung. Haben die Gerüchte aus der Ferne mehr Wert, als ich zuerst dachte? Ich muss meine eigensinnigen Untertanen genauer im Auge behalten, denn ich kann nicht zulassen, dass sie den Sitz meiner Macht stehlen. Das Entfernen von Eichenherz aus dem Blutwald würde zweifellos das Ende für uns alle bedeuten.

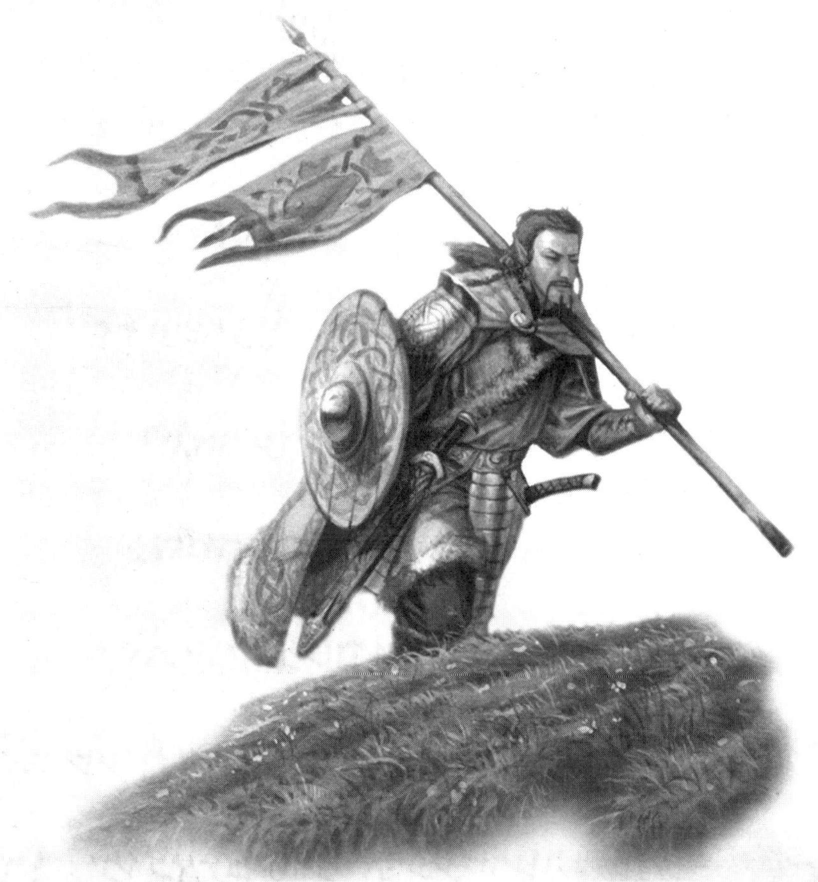

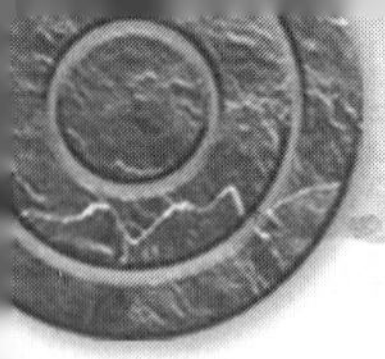

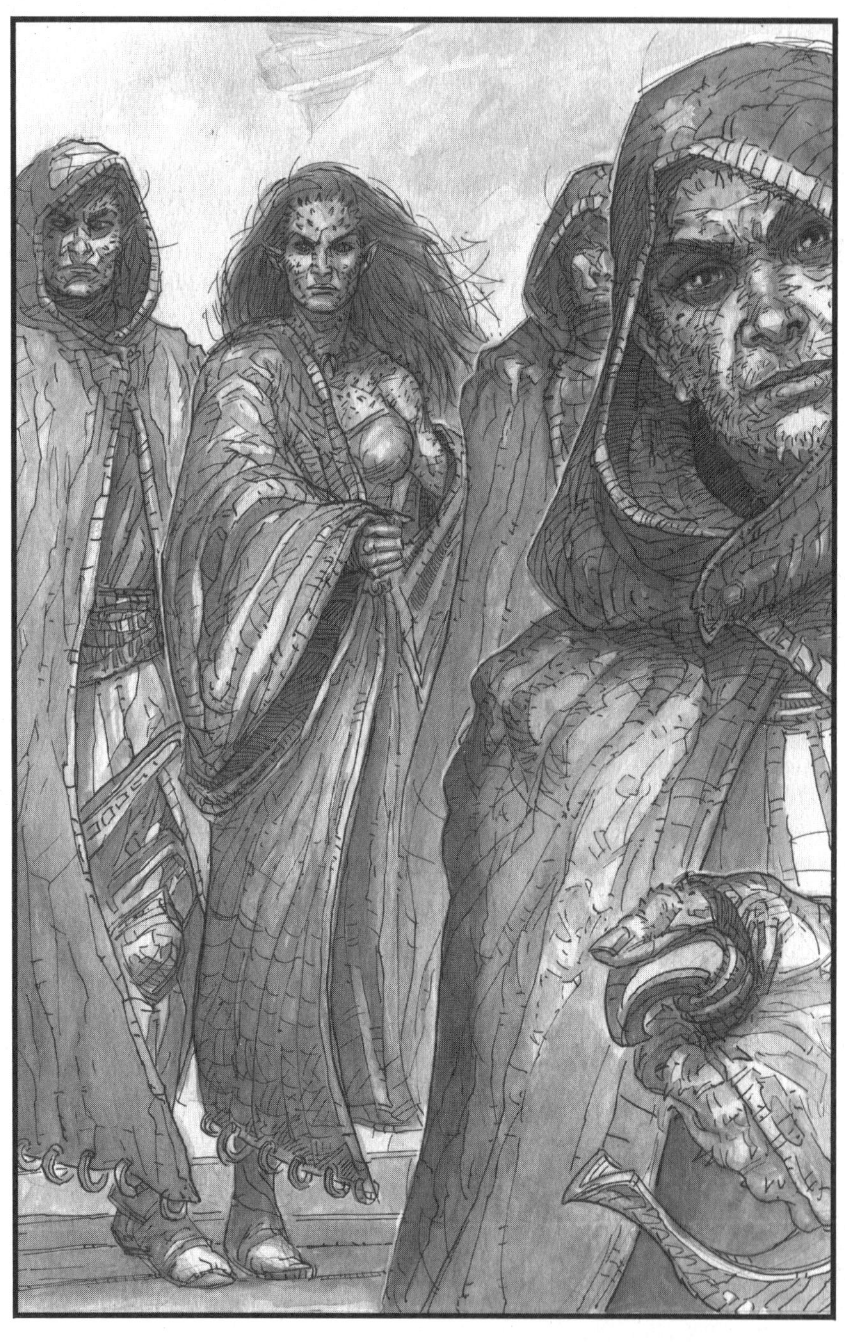

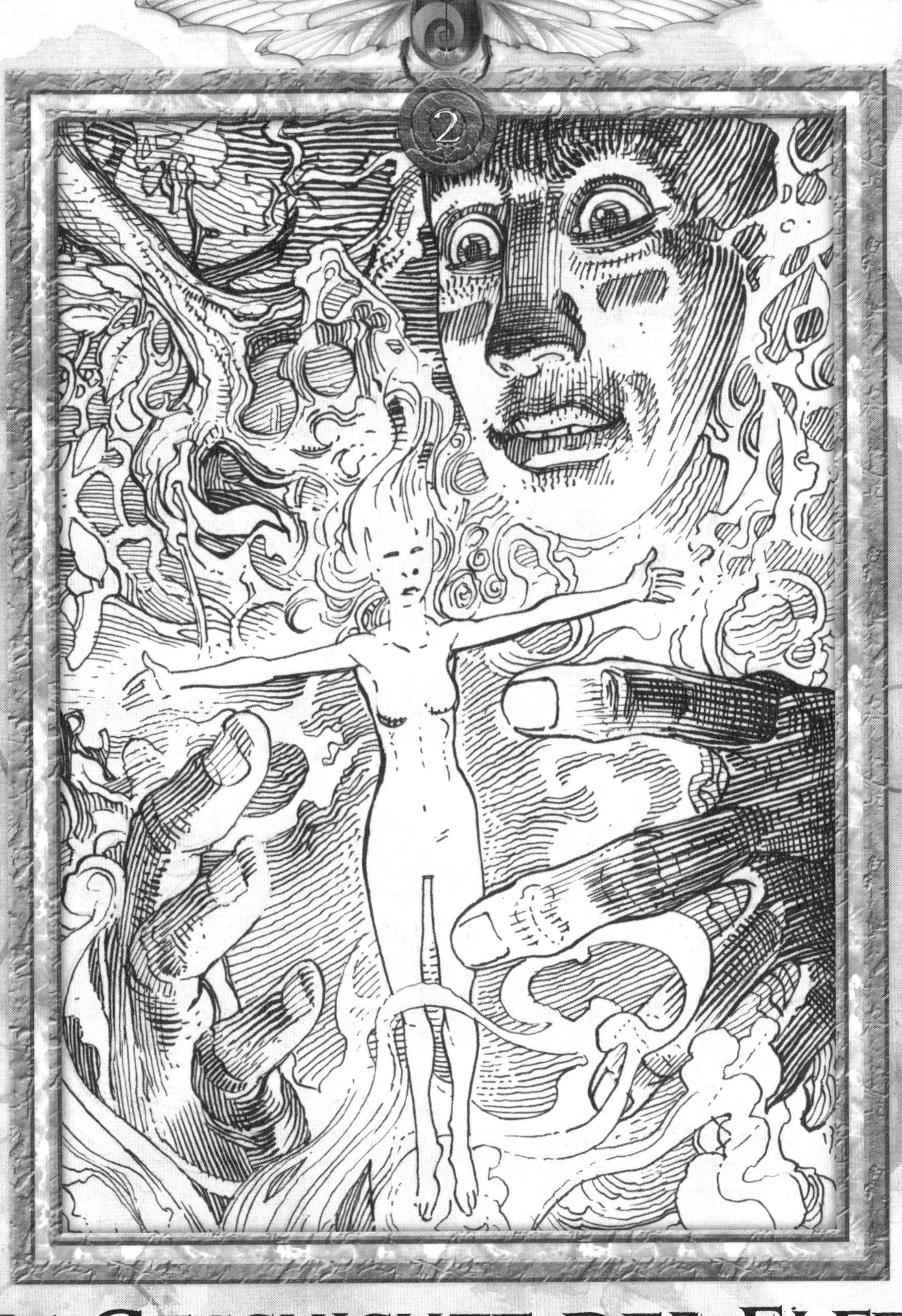


# DIE GESCHICHTE DER ELFEN

*„Elfen, heh? Stammen die nicht von Bäumen ab, oder sowas?*
*Einigen von denen sollen ja sogar Dornen wachsen. Spricht ja für die Pflanzensache."*

*– Dorek Reiherwürger , orkischer Hirte, noch nicht viel herumgekommen*

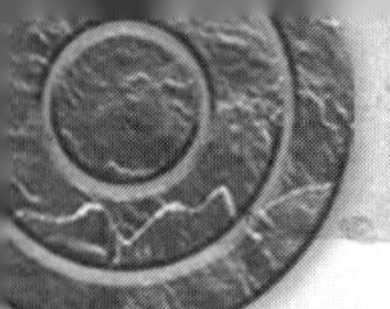



# Die gemeinsame Geschichte der Elfennationen

Wie die Angehörigen einer jeden Namensgeber-Rasse können Elfen in ihrer Persönlichkeit und ihren Werten sehr unterschiedlich sein. Im Allgemeinen sind die Elfen jedoch eine Spezies, die ständig in die Vergangenheit schaut, um einen Weg in die Zukunft zu sehen. Elfen werden aufgezogen und hören dabei Legenden über den vereinigten Hof des Wyrmwaldes. Man erzählt ihnen von einfacheren Zeiten, in denen die Dinge rein waren. Wann genau diese einfacheren Zeiten endeten, variiert von Kultur zu Kultur und kann in gemischter Gesellschaft zu hitzigen Debatten führen.

Einige behaupten, der plötzliche Tod Königin Dallias habe das goldene Zeitalter der Elfen beendet. Einige behaupten, es seien Faillas Thronbesteigung und die Trennung gewesen. Wieder andere glauben, dass es die mysteriösen Umstände rund um Alachias Thronbesteigung waren, die den Beginn des Endes markierten. Einige behaupten sogar, dass allein das Ritual der Dornen, das während der Plage durchgeführt wurde, die Elfenkultur zerrissen habe. Nur Königin Alachia und ihre kriecherischsten Anhänger behaupten, dass der Hof immer noch vereint und wahr ist.

Jede Gruppe von Elfen hat zwar eine eigene Geschichte, die für sie sehr wichtig ist, aber alle teilen auch eine gemeinsame Geschichte. Anscheinend erzählen alle Elfen noch Geschichten von vor dem Fall Dallias, und sie erzählen ähnliche Geschichten über die Ursprünge der ersten Elfe und die Gründung des Hofes.

# Die Geschichte der ersten Elfe

***Eine Legende, wie sie aus den Schriften von Liandra, der reisenden elfischen Troubadoura, transkribiert wurde***

Vor langer, langer Zeit, so lange, dass sich selbst Drachen nicht an sie erinnern können, kam die mächtige Eiche Eichenherz in die Welt. Eichenherz wurde von der Passion Jaspree geliebt, und Jaspree gab ihm alle guten Geschenke des Lebens – Sonnenlicht, sanften Regen, leichte Brisen, damit seine Blätter sangen, und reichen Boden, damit es wachse. Mit diesen Gaben waren der große Baum und die Passion sehr glücklich zusammen.

Aber schon damals war die Welt weit. Jaspree wusste, dass andere Orte in ihr seinen Segen brauchten. Er wusste, dass er in die Welt hinausgehen und allen die Gaben des Lebens bringen musste. Aber um das zu tun, müsste er Eichenherz zurücklassen. Der Gedanke, sich von seinem geliebten Baum zu trennen, erschütterte die Passion bis ins Mark. Ohne Jaspree als Gesellschaft könnte Eichenherz krank werden und an Einsamkeit sterben, bevor er zurückkehren konnte. Und so gab er Eichenherz etwas von seiner eigenen Magie, damit dieser einen ganzen Wald um sich herum wachsen lassen konnte. Umgeben von wachsenden Dingen, amüsiert von den Possen der wilden Tiere und von süßkehligen Vögeln in den Schlaf gesungen, war Eichenherz glücklich genug, bis Jaspree von seinen Wanderungen zurückkehrte.

Und so ließ Eichenherz den Wyrmwald wachsen und war eine Zeit lang so glücklich, wie man es sich nur wünschen kann. Doch schon bald fing der Baum an, Jaspree zu vermissen. Kein Vogel, kein Tier oder Baumgeist kam der Gesellschaft der Passion nahe. Vögel und Tiere konnten keine Geschichten erzählen, und die jungen Baumgeister hatten nicht mehr Verstand als kleine Kinder. Und so wurde Eichenherz einsam und verwelkte mit jedem Tag ein wenig mehr vor Traurigkeit.

Als Jaspree zurückkehrte und die braunen Blätter und verschrumpelten Äste von Eichenherz sah, weinte er einen Fluss voll Tränen wegen seiner Gedankenlosigkeit. Er umarmte den großen Baum zärtlich und ließ ihn mit seiner Berührung wieder zum Leben erwachen. „Ich werde dir eine wahre Begleiterin erschaffen", versprach er Eichenherz. „Eine, die dich so kennt wie ich, die dich so versteht wie ich. Auch wenn ich dich oft verlassen muss, um die Welt zu durchstreifen, wirst du nie wieder einsam sein."

Jaspree rief die Passion Astendar, um ihm zu helfen, und zusammen erschufen sie die perfekte Begleiterin für Eichenherz. „Sie muss schön sein", sagte Astendar, „und muss süßer singen als jeder Vogel."

„Sie muss wahres Verständnis haben", sagte Jaspree, „damit sie Geschichten weben kann, um die Zeit zu täuschen."

„Sie muss tanzen, wie der Wind in den Blättern tanzt", sagte Astendar.

„Und sie muss sich im Wald bewegen können, wohin sie will, damit sie alles sehen und darüber reden kann", sagte Jaspree. „Aber sie muss auch ein Teil von Eichenherz sein und immer wieder zum Baum zurückkehren. Und sie muss mit ihrem ganzen Wesen auf das hören, was Eichenherz ihr erzählt."

Dann nahmen die Passionen etwas von Eichenherz' eigenem Leben und machten daraus die Gefährtin eines Baumes, damit sie Teil voneinander sein konnten. Sie gaben der Gefährtin Schönheit und Anmut, die über die eines lebenden Vogels oder Tieres hinausging. Sie gaben ihr einen neugierigen Verstand, damit sie Dinge benennen und Geschichten davon erzählen konnte und den Wunsch hatte, alles Gute zu wissen. Am wichtigsten war, dass sie ihr ein lauschendes Herz gaben, damit sie in perfekter Harmonie mit Eichenherz und dem Wyrmwald leben konnte. Als die Passionen fertig waren, stand vor ihnen ein Elfenmädchen – so schön wie die Sterne, so weise wie die Erde und so freundlich wie Regen im Frühjahr. Die Passionen nannten sie Caynreth, die Erste Zuhörerin der Harmonie.

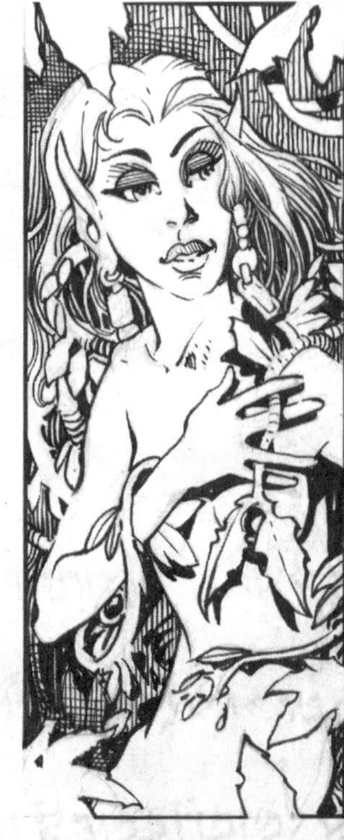

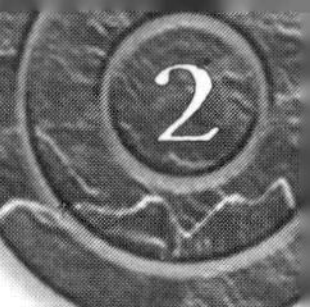


Sie brachten Caynreth zu Eichenherz, und der Baum war so froh, dass er in eine gewaltige Blüte ausbrach. Caynreth umarmte den riesigen Stamm von Eichenherz, während ein Schauer von weißen Blütenblättern auf sie herabregnete. Und von diesem Tag an waren Baum und Elfe von einem Herzen. Egal, wohin Caynreth im Wald ging, sie kehrte immer zu Eichenherz zurück und teilte alles mit dem Baum, was sie gesehen und gelernt hatte. Obwohl sich Eichenherz nicht bewegen und mit seiner geliebten Begleiterin tanzen konnte, trug er sie in seinem Geist und teilte all ihre Freuden und Sorgen. Jaspree hatte sein Versprechen gehalten. Und so tun es auch die Elfen des Wyrmwaldes bis heute.

# Der Hof und die erste Königin

Ob Caynreths Herkunft nun Geschichte oder Legende ist, es ist klar, dass Elfen seit jeher im Wyrmwald leben. Lange bevor die Zwerge Throal gründeten, und noch länger vor den Gelehrten Theras, wuchsen und gediehen die Elfen des Wyrmwaldes. Auch wenn es ähnliche Elfensiedlungen in anderen Teilen der Welt gab, sahen sich die Bewohner des Wyrmwaldes allmählich als wahrhaftigere Elfen als ihre Verwandten an. Sie nahmen die Anwesenheit von Eichenherz als Zeichen ihrer Besonderheit und definierten die elfische Natur im Sinne der Legende von Caynreth. Nämlich, dass wirklich ein Elf zu sein bedeutete, den Bedürfnissen des Wyrmwaldes zu dienen und seine Verbundenheit mit ihm zu bekräftigen. Eine Elfe, Melyora Nahai'ir, war zutiefst von diesem Glauben beeinflusst und handelte daraufhin in einer Weise, die das elfische Volk vereinte und veränderte. Sie erklärte sich zur ersten Königin ihres Volkes.

Keine der im heutigen Barsaive bekannten Geschichten reicht weit genug zurück, um zutreffend von Königin Melyora zu berichten. Legenden von ihr gibt es jedoch im Überfluss, und alle porträtieren sie als eine Elfe, die mit ungewöhnlicher Weisheit, Schönheit und magischen Fähigkeiten begabt war. Es heißt, dass sie direkt von Caynreth abstammte und daher in der Lage war, mit dem Geist von Eichenherz auf eine Weise zu kommunizieren, wie kein anderer Elf es konnte. Diese besondere Sensibilität für die Bedürfnisse und Wünsche des Urbaumes, gepaart mit beeindruckenden magischen Gaben und persönlichem Charisma, veranlasste die Elfen des Wyrmwaldes, ihr von ganzem Herzen zu folgen und ihre Gründung des Elfenhofes zu unterstützen.

Die meisten Legenden sprechen davon, dass der Elfenhof schon tausend Jahre vor der Gründung Throals existierte. In Übereinstimmung mit Königin Melyoras Wünschen war der Hof jedoch kein Sitz der Macht im traditionellen Sinne. Auch wenn die Königin ihre magischen Talente einsetzte, um einen prächtigen Palast zu bauen, war der Elfenhof weder eine Zitadelle noch eine Festung. Er war noch nicht einmal eine große Stadt. Wie andere Elfensiedlungen im Wyrmwald existierte der Hof im Einklang mit seiner Umgebung. Seine Bewohner erschufen ihre Wohnungen aus dem Wald selbst und achteten darauf, das empfindliche Gleichgewicht der Natur nicht zu beeinträchtigen. Sie widmeten sich verschiedenen Künsten, von der Holzschnitzerei über die Poesie bis hin zur Magie, weil sie glaubten, dass der Wald die Schönheit liebte. Unter Königin Melyoras Führung, deren jede Äußerung sie mit der Ehrfurcht behandelten, die denjenigen zustand, die in der Gunst von Eichenherz standen, entwickelten die Elfen des Hofes Bräuche und Traditionen, die ihrer Meinung nach die wahrsten Tiefen der elfischen Natur zum Ausdruck brachten.

Die Bräuche des Hofes verbreiteten sich bald im ganzen Wald. Als sich die Kunde von Königin Melyoras Weisheit verbreitete, begannen Elfen von außerhalb des Wyrmwaldes, ihrem Beispiel zu folgen. Während Melyoras langer Herrschaft wurde der von ihr gegründete Elfenhof zu einem Licht für alle Elfenvölker, zur Verkörperung des elfischen Wesens in Kunst, Handwerk, Brauch, Kleidung, Sprache und Lebensweise. Elfen aus der ganzen bekannten Welt fanden den Elfenhof so attraktiv, dass sie zum Wyrmwald reisten und sich dort niederließen. Die Nachkommen vieler solcher Auswanderer wuchsen in den folgenden Jahren zu großer Bedeutung und gründeten die Adelsfamilien, die als Ranellen bekannt sind und bis heute im Wald existieren. In dieser Zeit fand der Elfenhof seinen treuesten Verbündeten in Sereatha, der Stadt der Türme. Und mit Sereatha kam die Liebe und Anbetung der gesamten Westlichen Königreiche.

Nach ihrer überaus langen und blühenden Herrschaft verließ Königin Melyora die Welt. Die ungewöhnliche Art ihres Todes ist ein weiterer Punkt, in dem sich alle bekannten Legenden einig sind. Sie versammelte einige ihrer vertrauenswürdigsten Berater und Gefährten im Herzen des Wyrmwaldes um sich und sagte ihnen, dass sie sich mit dem Geist von Eichenherz vereinen und diese Welt hinter sich lassen müsse. Königin Melyora verkündete, dass sie ihre Nachfolgerin durch ein Zeichen von Eichenherz erkennen würden; wenn der Baum der auserwählten Königin zustimmen würde, würde er ihnen ein klares Omen des Segens geben. Ihre letzte Erklärung war, dass ihr Volk nicht um sie trauern, sondern ihren Tod feiern solle. All ihre Untertanen sollten ihre Erinnerungen an sie verbreiten und die Zeit schätzen, die ihnen zusammen gegeben worden war. Dann verabschiedete sie sich von ihren Günstlingen, ging zum Stamm von Eichenherz und legte ihre Handfläche leicht auf das Holz. Das Holz teilte sich unter ihrer Berührung wie Wasser um einen Felsen und hinterließ ein Loch, das gerade groß genug war, damit die Königin hindurchgehen konnte. Sie betrat den hohlen Stamm, verschwand und wurde nie wieder auf dieser irdischen Ebene der Existenz gesehen.

# Reichtum und Wohlstand

Mindestens drei Jahrhunderte lang nach Melyoras Tod blühte der Elfenhof unter der Führung seiner Herrscherinnen auf. Königin folgte auf Königin in relativem Frieden und relativer Ordnung, und der Elfenhof erreichte immer mehr Brillanz in allen der Zivilisation bekannten Künsten. Aber der Hof war nicht ohne seine Herausforderungen.

Mehrere Legenden aus dieser Zeit sprechen von einem Krieg zwischen den Elfen und den T'skrang. Gelehrte glauben, dass die Elfen des Wyrmwaldes während dieses langwierigen Konflikts Werften bauten und Meister des Flusskampfes wurden. Zum ersten Mal in ihrer Geschichte sahen sie sich einer äußeren Bedrohung ausgesetzt. Sie kämpften über Generationen hinweg, um ihre Grenzen zu sichern und unerwünschtes Eindringen zu verhindern, und sicherten sich schließlich den Respekt der gesamten bekannten Welt.

Nachdem der Elfenhof eine feste Kontrolle über den Wyrmwald erlangt hatte, versuchte er erneut, seine Gnade an anderer Stelle zu verbreiten. Im ganzen Land wuchsen und gediehen Elfenreiche, und es entstanden neue Elfensiedlungen auf der ganzen Welt. Die Siedlungen wurden zu Kleinstädten und die Kleinstädte zu Großstädten, aber ihre Verbindungen zum Wyrmwald blieben stark und lebendig. Die Westlichen Königreiche wurden mit jedem Jahr vereinter. Zusammen nannten sich die Königreiche *Gwydenro*, das Land der Königin, und gründeten einen kleineren Hof, damit sie ihrer entfernten Königin besser dienen konnten.

Aber nicht alle entfernten Nationen waren so begierig darauf, den Erlassen der Königin zu folgen. Verschiedene Völker und ihre Kulturen vermischten sich zwangsläufig mit einigen Elfen, insbesondere mit denen, die in Ländern lebten, die sich stark vom Wyrmwald unterschieden. Durch den Kontakt mit fremden Einflüssen und die natürliche Entwicklung ihrer lokalen Bräuche drifteten bestimmte Elfenvölker allmählich immer weiter von den Wegen des Wyrmwaldes ab. Während Königin Dallias Herrschaft spitzte sich die Frage nach dieser schleichenden Unabhängigkeit im Reich Shosara zu.

## Von Schiffen und Streitigkeiten

Shosara, das auf drei Seiten vom Gwyn-Meer umgeben war, war von diesem Gewässer abhängig, um zu überleben. Die Shosaraner lebten vom Reichtum des Meeres, fischten und sammelten verschiedene Unterwasserpflanzen, die von vielen ihrer Nachbarn als Medikamente und Köstlichkeiten geschätzt wurden. Einige Shosaraner sammelten auch Wahres Wasser, das im Gwyn-Meer im Überfluss vorhanden war. Shosaranische Fischer und Sammler benötigten daher Schiffe, die für den Einsatz auf offener See geeignet waren. Der Elfenhof des Wyrmwaldes brauchte keine hochseetauglichen Schiffe und konnte den shosaranischen Schiffbauern daher keine Anleitung geben. Die Shosaraner waren also gezwungen, bei ihren Nachbarn nach Inspiration zu suchen.

Als sich die Nachricht von diesen einzigartigen shosaranischen Schiffen verbreitete, gab es nur leichte Bedenken. Bestimmte Schiffbauer und Holzschnitzer, die bekannt genug waren, um Einfluss am Hof zu haben, beschwerten sich darüber, dass die shosaranischen Schiffe den Geist der Einheit der Elfen verletzten, indem sie sich von der Tradition unterschieden, aber andere hielten die Unterschiede für unbedeutend. Besorgnis verwandelte sich in Skandal, als man feststellte, dass diese Veränderungen nicht vollständig von elfischen Handwerkern konzipiert, sondern vielmehr den Schiffen der Menschen in der Nähe von Khistova nachempfunden worden waren. Den Elfen Shosaras wurde vorgeworfen, die Elfenkultur durch fremde Einflüsse zu verunreinigen – eine unverzeihliche Geringschätzung des Wyrmwaldes und der Position des Hofes als Avatar der elfischen Lebensweise.

Die Berater der Königin waren sich in einem Punkt einig: Shosara hatte einen schweren Fehler begangen und musste entsprechend bestraft werden. Die Frage, welche Maßnahmen genau ergriffen werden sollten, spaltete sie. Einige forderten eine vorübergehende Einstellung des Handels, um die Shosaraner daran zu erinnern, wie wichtig der Wyrmwald für ihren Wohlstand war. Andere forderten eine Verbannung der Künstler und Handwerker Shosaras vom Hof, da sie den wahren Elfenkünsten so wenig Respekt gezeigt hatten. Einige wenige Stimmen forderten die extremste Strafe: die Trennung, den formellen Abbruch der Beziehungen zum Elfenhof.

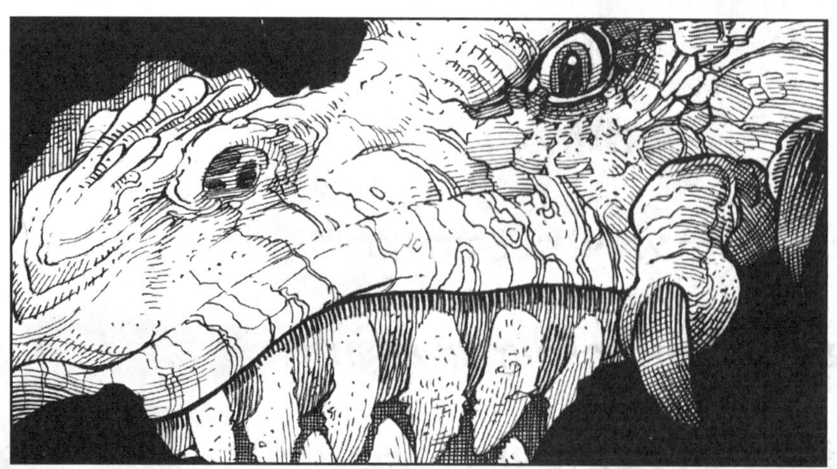

Entgegen dem Wunsch vieler ihrer Höflinge traf Königin Dallia eine noch nie dagewesene Entscheidung. Sie entschied sich, Shosara zu besuchen, um sein Volk aus erster Hand zu sehen, ehe sie ihr Urteil verkündete.

Die Trennung, so argumentierte sie, sei schlimmer als der Tod. Sie behauptete, dass es ungerecht und einer wahren Königin unwürdig sei, eine ganze Nation von Elfen zu einem solchen Schicksal zu verurteilen, ohne sicher zu sein, dass sie es verdient hätten.

Königin Dallias Plan löste im Wyrmwald enorme Bestürzung aus. Keine Königin hatte je zuvor den Wald verlassen, und die Aussicht darauf erschreckte Bürgerliche und Höflinge gleichermaßen. Doch so groß war ihre Ehrfurcht vor dem Urteil der Königin, dass sich ihr niemand offen widersetzte. Viele flehten sie an, ihre Meinung zu ändern, in der Überzeugung, dass von diesem „verfluchten Shosara-Abenteuer" nichts Gutes kommen könne. Aber Dallia blieb unnachgiebig. Sie traf die notwendigen Vorbereitungen und machte sich in Begleitung von zehn ihrer besten Elfenkrieger auf den Weg in die nördliche Kolonie.

Wie sich herausstellte, behielten die Schwarzmaler recht. Die wenigen verfügbaren Augenzeugenberichte unterscheiden sich in den genauen Details, aber alle sind sich darin einig, dass Königin Dallia und die meisten ihrer Begleiter vom Großen Drachen Alamaise getötet wurden, weniger als zwei

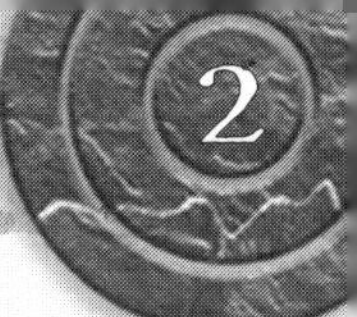


Tagesreisen von den Grenzen des Wyrmwaldes entfernt. Die Erklärungen für diese Tat reichen von der Bestrafung für nicht spezifizierte Verbrechen, die die Elfen angeblich begangen hatten, bis hin zu reiner blutrünstiger Bosheit. Alle Berichte zeichneten Königin Dallia als in gewisser Weise heldenhaft und den Drachen als Schurken. Eine populäre Legende erzählt, dass Alamaise Königin Dallia ermordete, weil sie sich weigerte, ihn als den wahren Herrscher des elfischen Volkes anzuerkennen.

## Nachfolge und Trennung

Zwei Jahre lang blieb der Elfenhof ohne Herrscherin. Nur wenige Elfenfrauen im Wyrmwald hielten sich für würdig, in Königin Dallias Fußstapfen zu treten, und Eichenherz gab den Kandidatinnen, die sich vor dem versammelten Hof präsentierten, kein klares Zeichen seines Gefallens. Dann, im ersten Monat des Frühlings, brachten Läufer die Nachricht, dass sich die Lady Failla aus den Westlichen Königreiche nähere. Die schiere Größe ihres gut bewaffneten Gefolges führte zu fieberhaften Spekulationen unter den Höflingen und anderen Adligen der Ranellen.

Bei ihrer Ankunft machte sich Failla auf den Weg, um ihre Standesgenossen zu trösten. Sie ließ die Hälfte ihres Gefolges in kleinen Dörfern am Rande des Waldes zurück und reiste mit einer stark verkleinerten Ehrenwache zum Hof weiter. Sie präsentierte sich den älteren Höflingen mit Höflichkeit und Respekt. Eine Vision habe sie zum Wyrmwald geführt, sagte sie, um Anspruch auf den leeren Thron zu erheben und dem beunruhigten Volk Stabilität zu bringen. Aber sie wusste, dass solche Visionen Wahnvorstellungen sein könnten, geschickt von der Schwindler-Passion Vestrial. Sie würde sich daher dem Urteil des Hofes unterwerfen. Wenn die Mitglieder des Hofes kein klares Zeichen von Eichenherz sahen, während sie sich vor dem Baum präsentierte, würde sie ohne Groll in die Hauptstadt ihres Reiches, Sereatha, zurückzukehren.

In der folgenden Morgendämmerung stand Lady Failla vor Eichenherz und den führenden Adligen des Hofes. Sie verbeugte sich vor dem Baum, und „mit großer Ehrfurcht, die einer demütigen Bittstellerin angemessen war, bat sie den Baum, ein wahres Zeichen zu geben, ob sie eine Königin sein sollte oder nicht". Nach ein oder zwei Augenblicken der Stille fiel ein ausgewachsenes Eichenblatt vom Baum und berührte Faillas Kopf. So früh im Frühjahr hatten die Blätter von Eichenherz kaum zu knospen begonnen; dass ein vollständig geformtes Blatt erschien, war ein Wunder. Die Höflinge akzeptierten es als solches und verkündeten weiter, dass das Blatt – das erst im Hochsommer hätte wachsen sollen – den „glorreichen Sommer" symbolisiere, der mit der Herrschaft der neuen Königin kommen würde. Und so bestieg Lady Failla den Rosenthron inmitten großer Freude.

In Shosara gab es jedoch keine solche Freude. Allzu bald zeigte Königin Failla den nördlichen Elfen, wie sehr sie sich von ihrer Vorgängerin unterschied. Während ihrer Zeit in den Westlichen Königreichen hatte sie sich leidenschaftlich an die Wege des Elfenhofes gehalten. Unter ihrer Führung wurde die Stadt Sereatha wegen ihrer starken Ähnlichkeit mit dem Hof im Wyrmwald „Kleiner Hof" genannt. Als Königin aller Elfen weigerte sich Failla, auch nur den geringsten Unterschied in den Bräuchen zwischen dem Elfenhof und anderen Elfenreichen zu tolerieren. Für Shosara, dessen Volk es gewagt hatte, Bräuche von den Menschen zu übernehmen, konnte es keine Gnade oder Vergebung geben. Nur eine Strafe war der Schwere ihres Verbrechens angemessen: die Trennung.

Königin Failla ignorierte die heftigen Proteste des Botschafters von Shosara am Hof und der Ranellen mit Verbindungen zu Shosara und erklärte das fehlgeleitete nördliche Königreich für immer vom Elfenhof getrennt. Alle Elfen sollten ihre Verbindungen zu Shosara abbrechen, und dem Botschafter wurde ein Tag und eine Nacht gegeben, um den Wald zu verlassen. Selbst der vertrauteste Berater der Königin, der berühmte Gelehrte Elianar Messias, konnte sie nicht von ihrem Kurs abbringen. Als er sich öffentlich und entschieden gegen die Trennung aussprach, verbannte Failla ihn für hundert Jahre aus dem Wyrmwald. Diese Trennung wurde nie rückgängig gemacht, und einige glauben, dass diese bedeutsame Entscheidung den Beginn des Falls des Hofes signalisierte.

## Von der Trennung zum Schisma

Mit der Trennung geht die gemeinsame Geschichte der Elfen zu Ende. Viele Elfen, besonders die von Barsaive, blieben Failla und dem Wyrmwald treu. Die Angst vor der Trennung funktionierte eine Zeit lang und hielt viele Kolonien dem Hof gegenüber loyal. Shosara hingegen war gezwungen, seinen eigenen Weg zu finden. Elianar Messias überlebte sein hundertjähriges Exil, entschied sich aber, nicht nach Hause zu seiner Königin zurückzukehren. Stattdessen entdeckte er die Bücher der Pein und gründete Nehr'esham, das Dorf, das eines Tages den Sitz des mächtigen Theranischen Imperiums beherbergen sollte.

Diese Handlungen von Elianar verärgerten Königin Failla, und der Hof betrachtet Thera seit jeher mit Verachtung. Teilweise war es die Feindschaft des Hofes, die seine Handlungen während der Orichalkum-Kriege bestimmte. Es war sicherlich diese Feindschaft, die Königin Alachia dazu brachte, die Verwendung theranischer Techniken während der Plage zu verbieten. Und aufgrund dieses Verbotes waren die Elfen des Wyrmwaldes gezwungen, das Ritual der Dornen durchzuführen und den verdorbenen Blutwald zu schaffen. Dieser vollständige Verlust des Hofes ist für jeden Elfen ein Verlust eines kulturellen Fundaments, ob er das nun zugeben würde oder nicht.

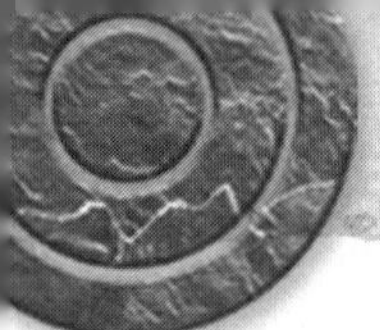



# ELFISCHE SPIRITUELLE ÜBERZEUGUNGEN

Vor Jahrtausenden, als der Wyrmwald blühte und seine Bewohner vereint standen, erschuffen sie einen Kernsatz von Überzeugungen, der das Leben eines Elfen von der Wiege bis zur Bahre leiten sollte. Elfen, die diesen Überzeugungen treu waren, wurden in der elfischen Sprache Sperethiel einfach als *Mistishsa* oder „Anhänger" bezeichnet.

Eine Zeit lang folgten alle wahren Elfen diesem Glaubenssatz. Aber irgendwann begannen einige Elfen, sich vom Hof zu lösen, um ihren eigenen Weg zu gehen. Dabei änderten sie die Überzeugungen des Anhängers, damit sie ihren Bedürfnissen besser gerecht wurden. Diese Hunderte (wenn nicht Tausende) von Splittergruppen werden gemeinsam als *Dae'mistishsa* oder „Freie Anhänger" bezeichnet, während diejenigen, die den alten Lehren treu blieben, als *Sa'mistishsa* oder „Starke Anhänger" bezeichnet werden.

Es gibt auch Elfen, die sich so vollständig vom Wyrmwald getrennt haben, dass sie ihre alten Traditionen völlig aufgegeben haben. Die ersten beiden Gruppen bezeichnen die dritte als die *Nal'mistishsa*, „Verlorene Anhänger". Diejenigen, die folgen, fühlen sich in dem ihnen vorgelegten Lebensplan wohl und finden es schwierig, sich ein Leben unter den Verlorenen vorzustellen. Die meisten betrachten diese Nal'mistishsa mit Mitleid und stellen sich vor, wie beraubt sie sich fühlen müssen. Andere, wie die Adligen von Sereatha, betrachten die Nal'mistishsa mit Verachtung, als Elfen, die zu ignorant oder faul sind, um ihre alte Geschichte zu verstehen und zu ehren.

Der Glaube der Sa'mistishsa wurde in vielen Texten gesammelt und kann von Interessierten leicht nachempfunden werden, während die Glaubensvorstellungen der Dae'mistishsa zahllos sind. Die Überzeugungen eines einzelnen Dorfes können so stark variieren, dass sie kaum als Anhänger auf dem Pfad erkannt werden. Jeder traditionelle Glaube der Starken Anhänger wird in irgendeiner Weise von mindestens einer Sekte der Freien Anhänger in Frage gestellt. Auch wenn alle Dae'mistishsa-Sekten bis zu einem gewissen Grad mit der traditionellen Lehre gebrochen haben, sind die Wurzeln ihres Glaubens typischerweise noch ähnlich, und fast alle Anhänger können die Traditionen derjenigen aus anderen Sekten erkennen.

## DER WEG DES ANHÄNGERS

Traditionell werden Elfen von Geburt an gelehrt, zu meditieren und zu verstehen. Es wird ihnen eingetrichtert, dass sie sowohl sich selbst als auch die Welt um sich herum verstehen müssen. Für den externen Beobachter kann dieser Drang zu verstehen die Illusion des leidenschaftslosen, analytischen und gleichgültigen Elfen fördern. In Wahrheit jedoch haben Elfen tiefe Gefühle bei allem, was sie tun. Aber während andere Rassen ihre Gefühle mit Taten zeigen, tun elfische Traditionalisten dies durch Hingabe und Disziplin. Im Mittelpunkt dieser Hingabe steht der Glaube an das Rad, eine endlose Entdeckungsreise. Diese Reise ist eine individuelle Prüfung, die jeder Elf durchmachen muss, und sie beginnt, bevor ein Elf seinen ersten Atemzug macht.

### DIE RITEN RUND UM DIE GEBURT

Wie alle Namensgeber schätzen die Elfen die Geburt eines neuen Lebens über alle anderen Dinge hinaus. Für einen Elfen ist die Ankunft eines neuen Anhängers auf dem Rad des Lebens ein Grund zur großen Feier. Vom Moment der Empfängnis an wird die werdende Mutter von ihren Verwandten mit Geschenken und liebevoller Aufmerksamkeit überhäuft. Die heiligen Riten der Geburt beginnen jedoch erst im zehnten Monat der Schwangerschaft.

In diesem letzten Monat vor der erwarteten Geburt des Kindes kommt die engste Verwandte (oder beste Freundin) der werdenden Mutter, um unter ihrem Dach zu leben. Diese Frau wird als ihre *Dresner* oder „Assistentin" bezeichnet und unterstützt die werdende Mutter und erfüllt die meisten ihrer Aufgaben im Haushalt.

Zum Zeitpunkt der Geburt begleiten die Dresner und die Hebamme die werdende Mutter in den Geburtsraum. Sobald die Tür zum Geburtsraum geschlossen ist, dürfen nur noch diese drei Frauen eintreten, bis das Kind geboren ist. Während sie sich mühen, das Kind in die Welt zu bringen, beginnen Verwandte und Freunde das Ritual des *Ar'laana* oder Wartens. Diese Begünstigten versammeln sich im Haus der werdenden Familie und verbringen die Zeit damit, Geschichten und Lieder über die Vorfahren des erwarteten Kindes zu erzählen. Sie erfinden auch fantasievolle Geschichten über die zukünftigen Taten des Kindes. Um die ersten Schritte des Kindes auf dem *Draesis ti'Morel*, dem Rad des Lebens, darzustellen, fügt jeder Elf, der während des Ar'laana anwesend ist, einem Paar Stiefel, die für das kommende Kind hergestellt wurden, etwas Schmuck oder Stickerei hinzu.

Sobald das Kind geboren ist, bringt die Hebamme es zum Vater. Ob bei Tag oder Nacht, bei Sonnenlicht oder Sturm, der Vater trägt sein Kind ins Freie und zeigt es dem Himmel. Während er das Kind den Elementen entgegenhält, verkündet der Vater der Welt die Geburt eines neuen Anhängers.

### ÜBER DAS RITUAL DES ÜBERGANGS

Wenn ein Elf das Alter von zwanzig Jahren erreicht, führt er das Ritual des Übergangs durch. Der Abschluss des Rituals des Übergangs verwandelt ein sorgloses Elfenkind aus der Mitte des Rades in einen vollwertigen Anhänger des Pfades, der bereit ist, seine Reise um das Rad herum zu beginnen.

Das Ritual des Übergangs findet in zwei Phasen statt, wobei die erste Phase sieben Tage vor dem zwanzigsten Geburtstag des Elfen beginnt. Von morgens bis abends an diesem Tag fastet der Elf und nimmt nichts anderes als Wasser zu sich. In der Abenddämmerung geht der Elf in den Wald hinaus, um zu schlafen. Bevor der Schlaf ihn übermannt, wendet er seine Gedanken darauf, was er aus seinem Leben machen will. Die ganze Nacht über träumt der Elf von seiner Zukunft. Er kehrt mit der Morgendämmerung nach Hause zurück und beginnt, einen Gegenstand herzustellen, der seine Träume repräsentiert. Ein Elf, der davon träumte, Heiler zu werden, könnte einen Medizinbeutel herstellen, ein Abenteurer eine Waffe und so weiter. Was auch immer der Gegenstand ist, der Elf muss ihn bei Sonnenaufgang

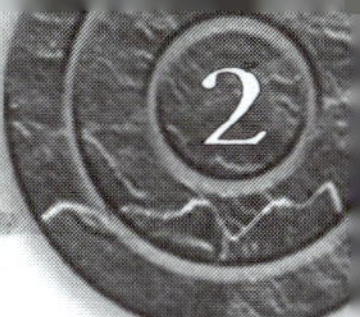


an seinem Geburtstag fertig haben. Während er arbeitet, denkt der Elf an seine Vision und entdeckt in sich selbst seinen neuen Erwachsenennamen.

Zum zwanzigsten Geburtstag des Elfen findet die zweite Stufe des Rituals des Übergangs statt. Der Elf und seine Vormunde reisen zu einem abgelegenen Ort tief im Wald (wo sich andere Familienmitglieder und Freunde zu ihnen gesellen). Der Elf spricht nacheinander mit jedem anwesenden Namensgeber und dankt ihm für die Liebe und Anleitung, die dieser ihm in seiner Kindheit gegeben hat. Vor ihnen allen erklärt er sich zu einem nicht mehr schutzbedürftigen Erwachsenen und teilt ihnen seinen neuen Namen mit. Jeder der anderen Anwesenden spricht den neuen Namen des Elfen und begrüßt ihn so formell in der Erwachsenengemeinschaft.

In vielen Siedlungen sind der Fastentag und die Nacht des Träumens im Wald mit einer Herausforderung oder einer Mutprobe verbunden. Wenn der Elf eine solche Prüfung nicht besteht, muss er ein Jahr und einen Tag warten, bevor er das Ritual des Übergangs erneut beginnt.

## Von der Reise und dem Rad des Lebens

Ein Anhänger sieht alles Leben als eine Reise der Entdeckung, der Veränderung, des Wachstums und der Vorherrschaft. Nach Erreichen der Reife geht jeder Elf einen metaphysischen Weg, der durch das Draesis ti'Morel, das Rad des Lebens, repräsentiert wird. Das Rad enthält fünf Pfade, die jeweils einem anderen Lebensabschnitt entsprechen. Während ein Elf älter wird, führt ihn seine Reise entlang des Rades durch jeden Pfad, bis er zum Herzen des Rades zurückkehrt. In diesem ruhigen Zentrum des Seins bereitet er seinen Geist auf den Aufstieg in die Metaebenen vor, zu dem mystischen Ort *Tesrae ke'Mellakabal*, der Zitadelle der Leuchtenden.

Jeder Pfad repräsentiert eine immer größere spirituelle Reife. Die Pfade, in der Reihenfolge, sind wie folgt: *Mes ti'Meraerthsa*, der Pfad der Krieger; *Mes ti'Telenetishsa*, der Pfad der Gelehrten; *Mes ti'Cirolletishsa*, der Pfad der Reisenden; *Mes ti'Perritaesa*, der Pfad der Weisen; und *Mes ti'Raeghsa*, der Pfad der Herren.

Wenn ein Elf am Rad entlang geht, sagt man, dass er einem seiner Wege folgt. Er folgt jedem Pfad in der festgelegten Reihenfolge, von Mes ti'Meraerthsa bis Mes ti'Raeghsa. Es liegt am Anhänger selbst, zu bestimmen, wann er bereit ist, von einem Pfad zum nächsten zu wechseln. Die Reise auf jedem Pfad wird voraussichtlich Jahrzehnte dauern, und ein Gefühl der Erleuchtung und des Verstehens soll die Zeit des Übergangs einläuten.

Nach Abschluss eines Pfades, aber vor dem Übergang zu einem neuen, durchläuft der Anhänger die *Chaele ti'Désach*, die Tage des Wandels. Während dieser Zeit wird der Elf ermutigt, die Bande zu untersuchen, die er auf seinem Pfad geknüpft hat, und festzustellen, ob sie einen Platz in seiner Zukunft haben. Während dieser Zeit der Selbstprüfung treten traditionalistische Elfen oft von ihren Verantwortlichkeiten zurück und verlassen häufig ihre Ehepartner. Das Verlassen dieser alten Bindungen wird als schwierige Aufgabe anerkannt, und solche Entscheidungen werden in der Regel mit Achtung und Respekt getroffen. Wenn der Anhänger ein Adept ist, muss er seine alte Disziplin hinter sich lassen, auch wenn er versuchen kann, eine neue zu beginnen.

Jeder Anhänger ist dazu bestimmt, den Pfad der Herren vor seinem Tod zu gehen. In der Praxis schaffen es aber nur wenige Elfen, diesen fünften und letzten Pfad zu erreichen, bevor sie sterben. Es wird angenommen, dass jeder Elf, der vor Abschluss seiner Reise stirbt, es immer noch schaffen kann, seinen Platz in der Zitadelle der Leuchtenden zu finden, solange er sich seiner Reise angemessen hingegeben hat.

## Von den verschiedenen Pfaden

Für jeden der fünf Pfade, die zur Verwandlung und dem Aufstieg des elfischen Geistes in die Tesrae ke'Mellakabal führen, sind den Anhängern sieben spezifische Verbindungen heilig. Diese Verbindungen sind: Farben, Insignien, Elemente, Tageszeiten, Alter, Passionen und Disziplin. Diese Verbindungen reichen von persönlichen Erinnerungen bis hin zu sozialen Identifikatoren, von Symbolen tiefer Bedeutung bis hin zu praktischen Notwendigkeiten.

Ein Anhänger zeigt seinen Pfad in den Farben seiner Kleidung, damit andere seinen Pfad erkennen und ihm den gebührenden Respekt entgegenbringen können. Sigillen, Symbole, Designs, Schmuck und heilige Gegenstände zeigen ebenfalls den Pfad eines Anhängers. Die gewählten spezifischen Insignien können von Anhänger zu Anhänger variieren. Jedem Pfad ist ein bestimmtes Element zugeordnet: Erde, Luft, Feuer, Wasser oder Holz. Diese Elemente und alles, was daraus besteht, sind für einen Anhänger des Pfades dieses Elements von großer Bedeutung. Bestimmte Tageszeiten haben für die Anhänger eines bestimmten Pfades Bedeutung; während dieser heiligen Stunden müssen sie ein besonderes Pfadritual durchführen, das dem Karmaritual eines Adepten ähnelt, sich aber auf den Pfad des Anhängers konzentriert. Das kurze, nur zehn Minuten lange Ritual verstärkt die Hingabe des Anhängers an seinen Pfad. Das mit jedem Pfad verbundene Alter dient als Richtschnur für die Lebenszeit, in der jeder Elf einen bestimmten Pfad erreichen sollte. Viele erreichen einen bestimmten Pfad früher als zum angegebenen Alter, andere erreichen ihn später.

Man glaubt, dass eine Passion den Anhänger auf seiner Reise auf jedem Pfad begleitet. Einige Anhänger beschließen, sich der für ihren Pfad relevanten Passion zu widmen, und werden während ihrer Reise zu Questoren. Diejenigen, die sich dafür entscheiden, diese schwierigere Reise zu unternehmen, sind als *Beletre*, die Passionierten, bekannt und werden für ihre Hingabe verehrt.

Die letzte Verbindung, die der Disziplin, ist eine komplexe Angelegenheit und die grundlegendste Bruchstelle zwischen Starken Anhängern und Freien Anhängern. Die lockereren Dae'mistishsa glauben häufig, dass eine beliebige Anzahl von Disziplinen für einen Adepten akzeptabel ist, der einem bestimmten Pfad folgt, vorausgesetzt, der Adept hält die Ziele seines aktuellen Pfades im Vordergrund. Die Sa'mistishsa glauben, dass es eine Disziplin gibt, und nur eine Disziplin, die auf jedem Pfad der Reise akzeptabel ist. Eine andere auszuüben bedeutet, das Rad vollständig zu untergraben.

Natürlich sind nur wenige Namensgeber in der Lage, Adepten zu werden, und noch weniger Adepten sind flexibel genug, um die Ansichten aller Disziplinen zu verstehen. Aus diesem Grund können traditionelle Anhänger Jahrzehnte ohne Disziplin verbringen, nur um einen neuen Pfad zu beginnen und eine Macht in ihnen zu entdecken, die inaktiv geblieben war. Alternativ können sie von einem mächtigen Adepten zu einem bescheidenen und scheinbar weltlichen Mitglied der Gesellschaft übergehen. Erst wenn sie den letzten Pfad, den Pfad der Herren, erreicht haben, erlauben Traditionalisten ihren Adepten-Anhängern, alle Disziplinen auszuüben, die sie während ihrer Reise gemeistert haben.

### MES TI'MERAERTHSA, DER PFAD DER KRIEGER

Die Farben des Pfades der Krieger sind dunkle Erdtöne wie Schwarz, Braun, Grau oder Tiefrot. Zu den Insignien eines solchen Anhängers gehören oft Kleidung, die entlang scharfer Linien geschnitten ist, Stickerei- oder Schmuckdesigns mit harten Kanten und Winkeln sowie Schwerter oder andere Waffen. Das Element dieses Pfades ist die Erde, und seine Tageszeit ist Mitternacht. Nach dem Ritual des Übergangs (S. 14) beginnt jeder Anhänger auf diesem Pfad und kann ihn jederzeit zwischen seinem Erwachsenwerden und seinem sechzigsten Lebensjahr beschreiten. Der Pfad der Krieger gehört zu Thystonius, der Passion der Tapferkeit und des Konflikts. Die Sa'mistishsa verbinden diesen Pfad mit der Disziplin des Kriegers.

Der Pfad des Kriegers prüft die körperliche Stärke und die körperlichen Fähigkeiten eines Elfen. Auf diesem Pfad entdeckt jeder Elf die Grenzen seines Körpers. Emotionen regieren über die Vernunft, und der Instinkt regiert über den Intellekt. Während der Anhänger diesen Pfad geht, erfährt er von den Wundern und Gefahren der Welt. Er hat wenig Zeit für Philosophie und Diskussion, denn er handelt und reagiert zu schnell, um vorher nachzudenken. Den Pfad der Krieger zu vervollständigen bedeutet, die Ergebnisse des Befolgens der eigenen Instinkte und die Stärken und Schwächen eines reagierenden Geschöpfes zu verstehen.

### MES TI'TELENETISHSA, DER PFAD DER GELEHRTEN

Diejenigen, die den Pfad der Gelehrten betreten, tragen helle, kräftige Rot- und Gelbtöne. Zu den beliebtesten Insignien gehören reiche Stickereien, strukturierte Kunstwerke und Symbole des Feuers oder der Sonne. Das Element dieses Pfades ist Feuer, und seine Tageszeit ist die Morgendämmerung. Ein Elf beginnt diesem Pfad im Alter zwischen sechzig und 120 Jahren zu folgen. Floranuus, Passion der Festlichkeit, der Energie, des Sieges und der Bewegung, führt die Schritte eines Anhängers auf diesem Pfad. Er ist mit der Disziplin des Elementaristen verbunden.

Der Anhänger, der diesen Pfad geht, beginnt, seine innere Natur zu erforschen. Der Pfad des Gelehrten ist kein Aufruf zur Selbstbeobachtung, sondern eine Erforschung der Gründe für das Handeln. Der Anhänger dieses Pfades untersucht Ziele, definiert Motive und offenbart Absichten. Obwohl er immer noch in der physischen Welt handelt, handelt er mit Überlegung und Absicht. Auf diesem Pfad beginnt der Anhänger, viel von dem inneren Wirken der Welt und seinem eigenen, inneren Selbst wahrzunehmen. Diesen Pfad zu vollenden bedeutet, Zweck und Antrieb sowohl in sich selbst als auch in der Welt um sich herum zu verstehen.

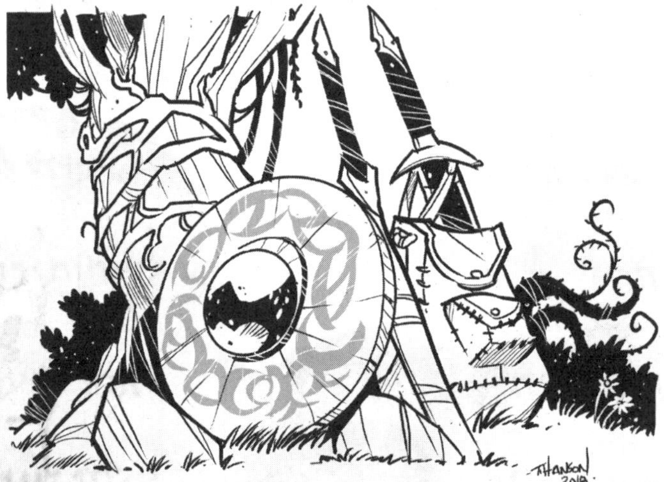

### MES TI'CIROLLETISHSA, DER PFAD DER REISENDEN

Die Farben des Pfades der Reisenden sind helle Schattierungen von Himmel und Fluss, insbesondere Blau, Weiß und Grün. Beliebt sind dramatische, extravagante Kunstwerke und Designs sowie Musik- und Schreibinstrumente als Insignien. Das Element dieses Pfades ist Luft, und seine Tageszeit ist der Mittag. Ein Elf beschreitet diesen Pfad im Alter zwischen 120 und 180 Jahren. Astendar, Passion der Liebe und Kunst, wacht über diesen Pfad. Seine Disziplin ist der Troubadour.

Der Anhänger, der diesen Pfad beschreitet, bewegt sich von der inneren Seele zur äußeren Welt. Während der Anhänger auf dem Mes ti'Telenetishsa die innere Beziehung zwischen Denken und Handeln erforschte, entdeckt der Anhänger auf dem Pfad des Reisenden die Beziehung zwischen Handlungen oder zwischen Ausdruck und Inspiration. Während er diesen Pfad geht, beginnt er, die tieferen Strukturen zu berühren, die alle Dinge im Universum verbinden. Viele Anhänger des Mes ti'Cirolletishsa befinden sich in der Nähe von Machtzentren oder sind tief in Abenteuer verwickelt. An Orten der Macht und Gefahr kann der Anhänger viele Verbindungen in der physischen Welt durch Geschichten, Lieder und Legenden sehen. Den Pfad der Reisenden zu vollenden bedeutet zu verstehen, wie Triebe die Welt zur Veränderung zwingen und wie jede Handlung in Wahrheit eine Reaktion auf diejenigen ist, die vorher gekommen sind.

### MES TI'PERRITAESA, DER PFAD DER WEISEN

Die Farben des Pfades der Weisen sind reichhaltig und kräftig, zum Beispiel dunkelblau, rot und schwarz. Zu den beliebtesten Insignien gehören symbolische, abstrakte Kunstwerke, insbesondere solche, die detaillierte Designs und mystische Symbole enthalten. Das Element dieses Pfades ist Wasser, und seine Tageszeit ist der Sonnenuntergang. Ein Elf beschreitet diesen Pfad für gewöhnlich im Alter zwischen 180 und 240 Jahren. Jaspree, Passion des Wachstums, führt die Anhänger dieses Weges. Die akzeptierte Disziplin ist der Magier.

Der Anhänger des Pfades des Weisen wendet sich wieder nach innen und findet die innere Welt viel komplexer als die äußere. Er beginnt, die inneren Verbindungen zwischen allen Dingen zu erforschen. So kann er Muster sehen und Wahrheiten definieren, die einst verborgen waren. Die Zyklen der Natur werden klar, und er beginnt, das wahre Funktionieren der Welt zu verstehen. Es gibt viele Offenbarungen, wenn der Anhänger die verborgenen Ursachen hinter scheinbar unverbundenen Ereignissen wahrnimmt. Auf diesem Pfad taucht der elfische Geist wieder auf und beginnt sich in Richtung der Mitte des Rades zu bewegen. Den Pfad der Weisen zu vollenden, ist ein zutiefst persönlicher Moment, aber es heißt, dass diejenigen, die diesen Pfad vollenden, die Dinge, die sein müssen, und diejenigen, die sein können, verstehen und die Weisheit haben, den Unterschied zu erkennen.

### MES TI'RAEGHSA, DER PFAD DER HERREN

Die Farben des Pfades der Herren sind Silber, Gold und Bronze. Zu den beliebtesten Insignien gehören Stickereien und Kunstwerke mit einfachen Designs, die tiefgreifende persönliche Symbole enthalten. Das Element dieses Pfades ist Holz, und alle Tageszeiten sind ihm heilig. Ein Elf beschreitet diesen Pfad für gewöhnlich im Alter zwischen 240 und 300 Jahren. Dieser Pfad gehört Mynbruje, der Passion der Gerechtigkeit, des Mitgefühls, der Empathie und der Wahrheit. Alle Elfen akzeptieren alle Disziplinen, die mit diesem Pfad verbunden sind.

Der Anhänger des Pfades der Herren erreicht wahre Harmonie und bringt den Körper in Einklang mit dem Geist. Nachdem er die Beherrschung über sich selbst und die Welt, in der er lebt, erlangt hat, sind alle Geheimnisse der Welt die des Anhängers, der nachdenkt und kontrolliert, während er das endgültige Gleichgewicht von Selbst und Geist sucht. Sobald er dieses Gleichgewicht erreicht hat, öffnen sich ihm die Tore zu den Metaebenen, sodass er die letzte Reise zur Tesrae ke'Mellakabal antreten kann.

Mes ti'Raeghsa ist ein Pfad der großen Ruhe, aber auch der großen Kraft. Der Anhänger nutzt alles, was er gelernt hat, um sich auf den Eintritt in die Zitadelle der Leuchtenden vorzubereiten. Man kann nicht wissen, wann sich die Tore zur Tesrae ke'Mellakabal öffnen und locken werden, also muss der Anhänger immer bereit sein. Wenn sein Geist aus seinem physischen Gefäß genommen wird, hat der Anhänger seine Reise entlang des Rades beendet.

### ÜBER RITUALE IM ZUSAMMENHANG MIT DEM TOD

Während viele Rassen den Tod als eine Tragödie betrachten, von der nur gesprochen wird, wenn es nötig ist, glauben die Elfen, dass der Geist eines gefallenen Elfen in einer anderen Form weiterlebt. Aus diesem Grund sprechen die Elfen oft und mit Freude über ihre toten Geschwister. Auch wenn die Elfen Traurigkeit im Tod sehen, ist die Trauer eine Sache der Lebenden, die die physische Gegenwart der geliebten Person vermissen werden, die vor ihnen gegangen ist. Es ist eine sanfte Trauer, die keine Angst vor dem Tod in sich trägt.

Viele ältere Elfen erwarten ihren Tod und verbreiten die Nachricht von ihrem bevorstehenden Ableben, damit sich ihre Familien und Freunde versammeln und vorbereiten können. Es ist üblich, dass der sterbende Elf einen seiner Strukturgegenstände an jemanden der jüngsten Generation seiner Familie verschenkt. Diese Gabe symbolisiert den Glauben, den die ältesten Generationen in die jüngsten setzen, um die Traditionen und Bräuche der Elfen zu bewahren. Ein junger Elf, der ein solches Geschenk erhält, betrachtet es als wertvolles Erbstück. Es zu verlieren, oder schlimmer noch, es beiseite zu schieben, ist ein furchterregendes Omen für eine Katastrophe.

Seit dem Tod der ersten Königin Melyora (S. 11) folgt auf den Tod eines jeden Elfen das Ritual des Ewigen Lebens. Das Ritual findet um Mitternacht statt, an einem Ort, der fernab jeder Behausung ist. Jeder Teilnehmer hält eine einzelne, abgedunkelte Lichtquelle. Beginnend mit dem Gefährten der Verstorbenen (oder dem nächsten lebenden Verwandten) teilt jeder Teilnehmer eine bevorzugte Erinnerung an den Verstorbenen. Während er spricht, aktiviert er seine Lichtquelle. Nachdem alle gesprochen haben, tritt der Gefährte in die Mitte des sanft leuchtenden Rings aus Lichtern und spricht von den Geschichten über den Verstorbenen, die er mit den anderen teilen will, und welche Erbstücke der Verstorbene ausgewählt hat, um sie an ihre Nachkommen weiterzugeben. Sobald der Gefährte mit dem Sprechen fertig ist, löschen alle ihre Lichter, während sie laut den Namen des Verstorbenen im Gleichklang sprechen. In der erneuerten Dunkelheit verlassen alle Teilnehmer den Ritualort, und keiner spricht bis zum Morgengrauen ein Wort zu einem anderen.

## DER NÄCHSTE HOF

Vor der Plage gab es Dutzende von Elfenkolonien in der gesamten Region mit Verbindungen zum Elfenhof im Wyrmwald. Die wachsenden Spannungen zwischen Königin Alachia und den Theranern führten sie jedoch dazu, die vom Imperium angebotenen Riten des Schutzes und des Übergangs zu verbieten. In dieser chaotischen Zeit wendeten sich viele Elfennationen von ihrem ehemaligen Beschützer ab, aus Angst, dass ihre Kultur unter den kommenden Dämonen zerfallen würde. Diese Mächte kämpften darum, ohne die Unterstützung des Waldes eine Methode zum Überleben zu finden, und nur wenige schafften es, die Plage intakt zu überstehen.

Aus diesen dunklen Tagen sind nur noch drei Nationen mit Ansprüchen an den Elfenhof übrig.

### DIE HÖFE VON HEUTE

Die frühere Vision des Wyrmwaldes liegt verzerrt am nördlichen Rand von Barsaive. Der Blutwald steht an seiner Stelle, regiert von einer Königin, die glaubt, dass ihre Art des Schutzes der Weg war, den auch jeder andere Elf an ihrer Stelle gewählt hätte. Der Wald behauptet, der erleuchtete Hof zu sein, der er schon immer war, und das Ritual der Dornen sei nur der Kurs, dem die gesamte Elfenkultur zu folgen bestimmt sei.

Im Nordwesten, jenseits der Großen Fälle und der Öde, bestreiten die Traditionalisten der Westlichen Königreiche den Anspruch ihrer ehemaligen Königin. Sie betrachten das Ritual der Dornen als Gräuel und seine Auswirkungen als unwiderruflich korrumpierend. Mit dem Verlust des Wyrmwaldes behaupten die Westlichen Königreiche, dass es in ihrer Verantwortung liege, die Überreste des Elfenvolkes zu vereinen. Was einst der standhafteste Vasall der Königin war, ist zu ihrer vielleicht größten militärischen Bedrohung geworden.

Noch weiter entfernt, in den chaotischen nördlichen Ländern an den Ufern des Gwyn-Meeres, ist Shosara stärker als je zuvor aus der Plage hervorgegangen. Sie verweisen auf ihren Rat der Fürsten und ihre verbündeten Freien Kompanien als Beispiele für ihre Anpassungsfähigkeit. Wenn sie ihre Geschichte betrachten, sehen sie einen Leitfaden, wie sich die Elfen in die Zukunft bewegen müssen. Sie betrachten den Weg der Westlichen Königreiche als einen Schritt zurück und das Ritual der Dornen als ein Schicksal, das schlimmer ist als der Tod. Stattdessen raten sie den Elfen, sich vorwärts zu bewegen und alte Traditionen beiseitezuschieben, die längst ihren Nutzen verloren haben.

### VON HERZ UND VERSTAND

Jede der drei Nationen kämpft darum, Unterstützer über ihre jeweiligen Territorien hinaus zu gewinnen, steht aber auch vor besonderen Herausforderungen. Die meisten betrachten den Blutwald als gefallen und korrupt, die Legenden der Westlichen Königreiche weichen schnell dem hochmütigen und elitären Adel, und der Glaube von Shosara wirkt fremd und wechselhaft. Trotz dieser drei sehr unterschiedlichen Bedenken scheint jede Nation die gleiche Methode der kulturellen Überzeugung zu verfolgen. Jeder versucht, das alte Symbol der Einheit des Elfenhofes zu kontrollieren: den großen Baum Eichenherz.

Die Königin des Blutwaldes hat das legendäre Eichenherz versiegelt und den Zugang auf wenige Vertraute beschränkt. Wenn sie mit dem weitverbreiteten Gerücht konfrontiert wird, dass die Korruption aus dem Herzen des Waldes wachse, weist sie diese Bedenken zurück und behauptet, dass ihr Schutz über den Wald mit der Zeit obsiegen wird. Der Hohe Truchsess der Westlichen Königreiche hat den alten Baum als für alle Zeiten verloren erklärt und behauptet, ein frisches und unverdorbenes Exemplar zu kultivieren. Der Großfürst von Shosara hingegen bekundet seinen Glauben, dass ein neuer Baum nur in seinem fernen Land Halt finden kann.

Was auch immer die Wahrheit ist, die drei Nationen verwenden erhebliche Ressourcen auf die Beschaffung der verstreuten Eicheln von Eichenherz. Auch wenn dies noch keine öffentlich bekanntgegebenen Ergebnisse gezeitigt hat, sehen die Elfen der Welt den Entwicklungen mit einer Mischung aus Optimismus und Angst zu. Sie hoffen auf einen Tag, an dem der Hof vereint sein könnte, und fürchten, was diese Einheit sie kosten könnte.

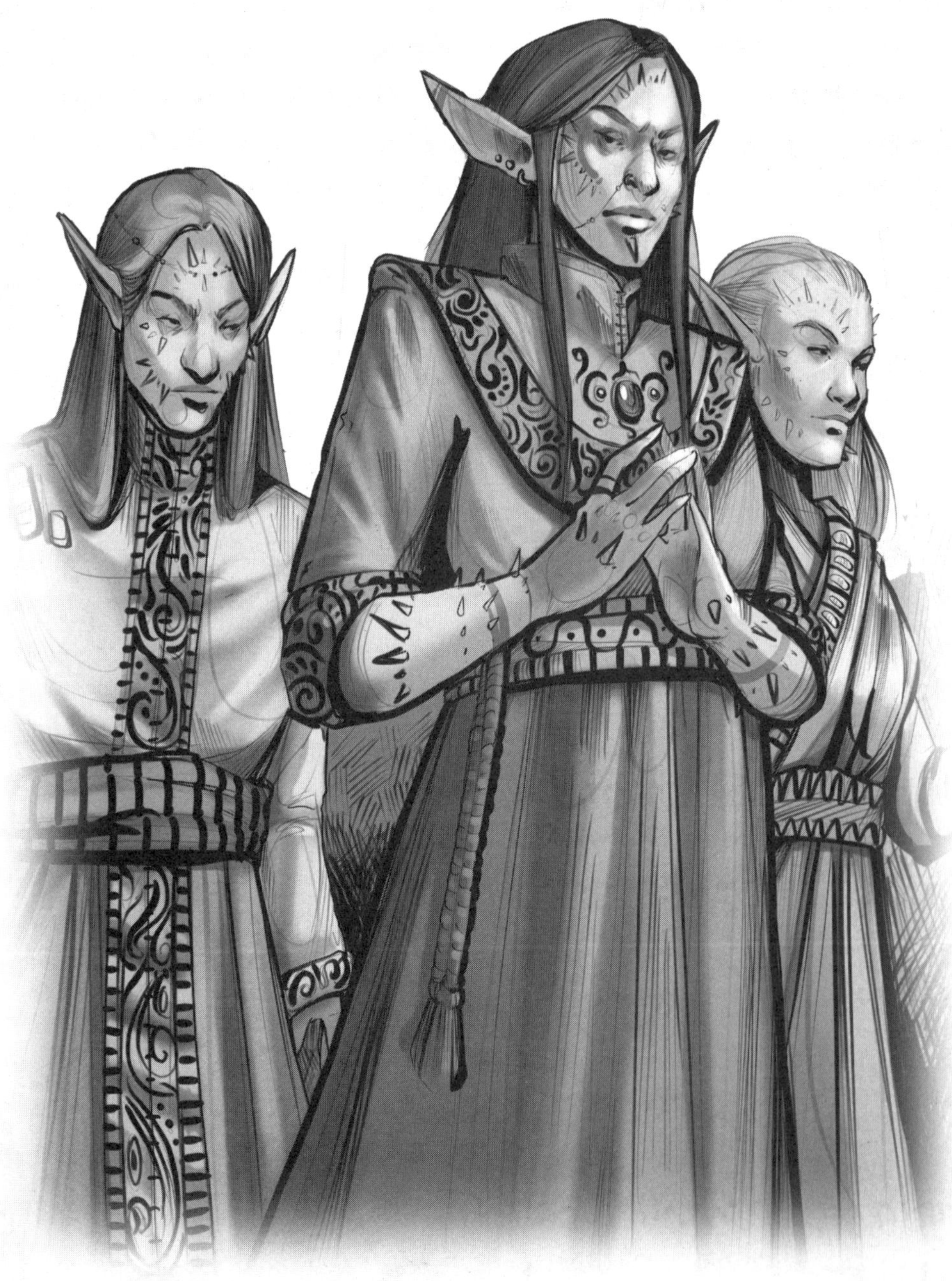

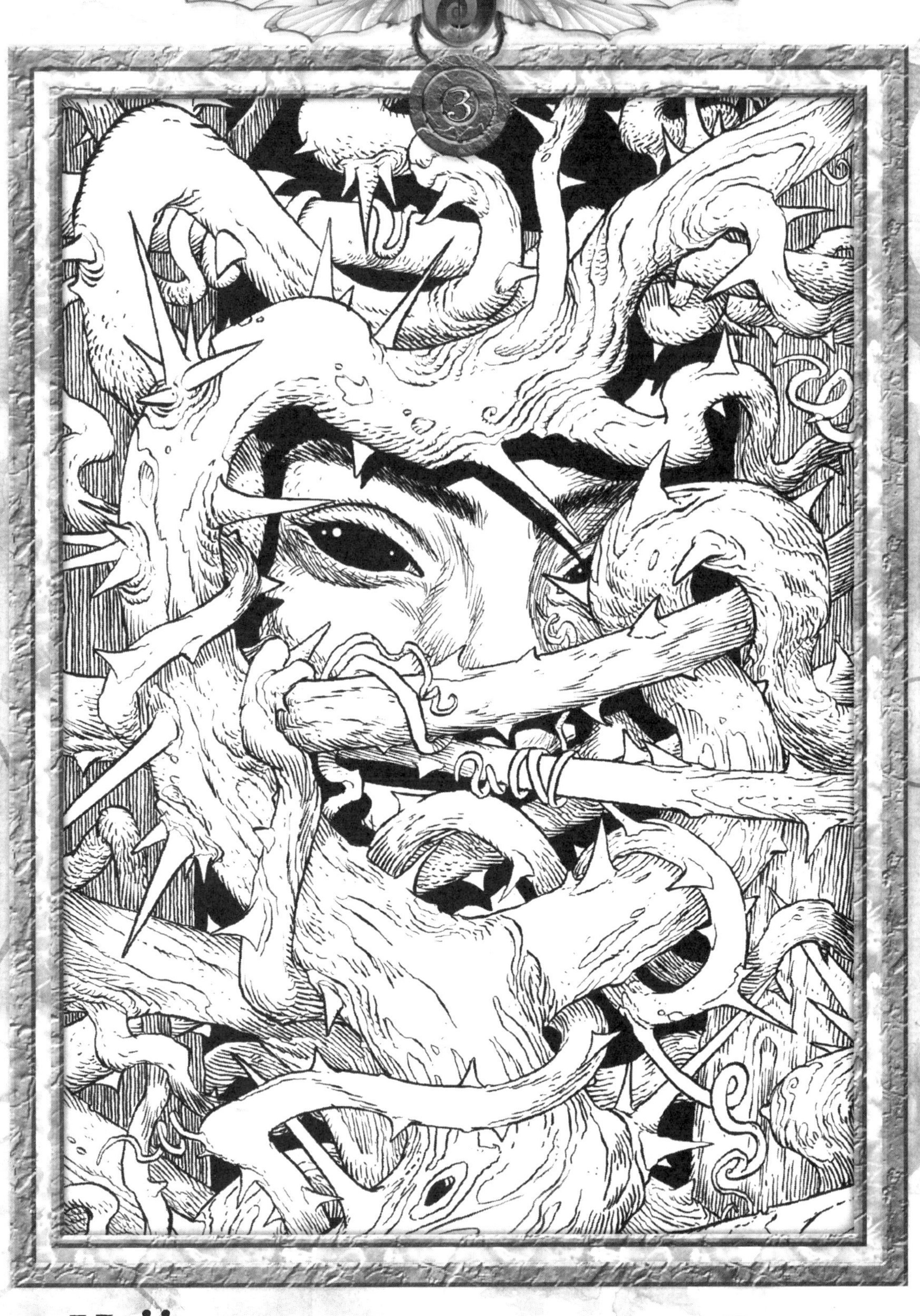


# Das Königreich der Dornen

*„Ja, sie mögen die Plage überlebt haben … doch zu welchem Preis?“*

*Rosswar, elfischer Töpfer aus Iopos*

Der Elfenhof im Wyrmwald wurde Tausende von Jahren vor der Plage gegründet und definierte schließlich alles, was an der elfischen Natur am besten war. Der Hof der Elfenkönigin, das Zentrum der elfischen Kultur und die Quelle des elfischen Einflusses in der bekannten Welt, diente als Vorbild, an dem sich alle Elfen und Elfennationen maßen. Die Rolle des Elfenhofes blieb bis zur Herrschaft Faillas unangefochten, die Shosara von der Gunst des Hofes trennte, weil es sich nicht an die etablierten Traditionen hielt.

Mit dem Erscheinen der Plage verlor der Hof erneut sein Gesicht. Als Königin Alachia die theranischen Riten des Schutzes und des Übergangs ablehnte, spaltete ein großes Schisma das Volk des Wyrmwaldes. Viele der Untertanen Alachias wandten sich vom Hof ab und suchten an anderer Stelle Zuflucht. Als bekannt wurde, dass die Elfen des Wyrmwaldes im Ritual der Dornen Zuflucht vor den Dämonen gesucht und ihren geliebten Wald in Blutwald umbenannt hatten, fühlten die anderen Elfennationen, dass Alachia ihre Natur verraten und den Elfenhof zerstört hatte. Der Kampf um die Vorherrschaft zwischen den Elfen und Blutelfen und die grundlegende Dichotomie, die jetzt ihr Wesen spaltet, stehen im Mittelpunkt dessen, was es bedeutet, ein Blutelf zu sein.

## GESCHICHTE

Als Reaktion auf die wachsenden Unruhen, die durch die Trennung verursacht wurden, begründete Königin Failla das Amt der *Consortis*. Acht Ratsmitglieder, eines für jeden der Bäume, aus denen der Palast bestand, wurden aus den Ranellen ausgewählt, die noch loyal zum Wyrmwald waren. Die Consortis sollten die vertrauenswürdigsten Berater der Königin sein, und ihre Stimmen sollten weitaus mehr Gewicht haben als die der anderen Mitglieder des Elfenhofes. Die mächtigsten Ranellen begannen sofort zu konkurrieren, um diese begehrten Positionen zu besetzen. Königin Failla glaubte, dass die internen Machtkämpfe jede Chance auf Einheit unter den verbleibenden Dissidenten zerstören würden, was die Aussicht auf eine weitere Rebellion zunichte machte. Ihre nächste Entscheidung würde sich jedoch als unbeliebt genug erweisen, um die Ablenkung zu überwinden, die die Consortis darstellten.

Die Wächter der Königin beantragten den Bau einer eigenen permanenten Siedlung, in der sie sich den magischen Künsten widmen und ihre Lehrlinge ausbilden konnten. Königin Failla folgte diesem Wunsch und gab ihnen die Erlaubnis, dort zu bauen, wo sie es wollten. Sie wählten das Herz des Waldes. Es war ein idealer Ort: dünn besiedelt und mit einer Fülle von Wahrem Holz für ihre Experimente gesegnet.

Arianna, Anführerin der Laryskova-Ranelle, protestierte heftig gegen die Entscheidung der Wächter. Sie hatte beantragt, das königliche Patent ihrer Ranelle auf die Ernte und den Verkauf von Wahrem Holz auszudehnen, um den Verlust des Handels mit Shosara auszugleichen. Den Wächtern zu erlauben, das Herz des Waldes zu besiedeln, würde die Laryskova in einem Streich diesen Teil ihres Geschäfts kosten und ihnen die reichlichen Vorräte an Wahren Holz entziehen. Die Laryskova hatten aus Loyalität zu ihrer Herrscherin bereits Opfer gebracht, und Arianna glaubte nicht, dass sie das wieder tun sollten.

Was die Dinge noch schlimmer machte, war, dass die führende Stimme zur Unterstützung der Wächter Kenlyn Escalanas war, der alternde Führer der Escalanas-Ranelle. Als junger Mann hatte Kenlyn Ariannas Zuneigung zurückgewiesen. Sie hatte diese Beleidigung nie vergessen oder vergeben, und nun zu sehen, wie die Escalanas gegenüber ihrer Ranelle bevorzugt wurden, war eine Beleidigung, die Arianna nicht verzeihen konnte. Sie akzeptierte das Urteil der Königin mit kaum verdeckter Wut und zog sich in das Anwesen ihrer Familie im Südwesten des Waldes zurück.

Nicht geneigter als Arianna, eine Beleidigung still zu erleiden, forderte Königin Failla eine langsame und subtile Rache an den Laryskova, weil sie es wagten, sich ihr zu widersetzen. Sie widerrief ihr königliches Patent für den Handel mit Wahrem Holz und gewährte es den Wächtern nach Fertigstellung ihrer Siedlung.

In den nächsten Jahren, als die Laryskova versuchten, ihre Handelsaktivitäten auszuweiten, lehnte Königin Failla die Mehrheit ihrer Petitionen ab. Die Laryskova gerieten am häufigsten in Konflikt mit der Carithasca-Ranelle, einer aufstrebenden Familie des Kleinadels. Failla unterstützte die Carithasca in praktisch jedem Streitfall und entschied sich gerade oft genug für die Laryskova, um sie daran zu hindern, ganz aufzugeben. Mit stark reduziertem Handel und eingeschränkten neuen Möglichkeiten wurde die einst stolze Laryskova-Ranelle mit jedem Jahr ärmer und weniger mächtig. Unterdessen gewann die Carithasca-Familie immer mehr Reichtum und Einfluss. Nachdem Kenlyn Escalanas den Segen von Failla für die Heirat seiner Enkelin Milina mit Seosamh Carithasca, dem ältesten Enkelkind der Carithasca-Matriarchin, erhalten hatte, konnte Arianna nicht mehr. Mit Unterstützung ihrer Familie und mehrerer kleiner Ranellen, die eifersüchtig auf die Macht der großen Familien waren, begann sie, Rache an der Herrscherin zu üben, die sie nun für unwürdig hielt.

Die Rebellion begann nicht mit einer Militäraktion, sondern mit einer Waffe, die am Elfenhof viel effektiver war: Gerüchte. Arianna Laryskova hatte zu denen gehört, die die Annahme von Königin Failla durch Eichenherz miterlebt hatten, eine Erfahrung, mit der sie die Geschichte verbreitete, dass das Zeichen der Zustimmung tatsächlich eine Warnung vor den kommenden Ereignissen gewesen sei. Statt eines glorreichen Sommers unter Faillas Herrschaft symbolisierte das fallende Blatt tatsächlich die Unnatürlichkeit von Faillas Herrschaft. Mit ihr als Königin würde das Leben aus seiner gewohnten Ordnung herausfallen. Je länger sie auf dem Thron bleiben durfte, desto mehr Dinge würden auseinanderfallen. Die Trennung von Shosara und die Verbannung von Elianar Messias waren zwei eklatante Beispiele für dieses übergreifende Chaos. Kein Elfenreich und schon gar kein Elf von Messias‘ herausragendem Ruf war in der Geschichte des Wyrmwaldes jemals so schlecht von einer Herrscherin behandelt worden.

Diejenigen, die sich mit diesen Ereignissen bereits unwohl fühlten, fanden diese negative Interpretation nur allzu plausibel, vor allem, wenn sie Faillas kalten Stolz mit Dallias Wärme und Güte verglichen. Von den kleinen Ranellen verbreiteten sich die

Gerüchte schnell auf das gemeine Volk und sogar in die Reihen der anderen großen Ranellen. Obwohl sie es nur flüsterten, begannen Stimmen im ganzen Wyrmwald anzudeuten, dass Königin Failla nicht mehr auf dem Rosenthron sitzen solle.

Arianna war mit dem Erfolg ihrer Gerüchtekampagne zufrieden, versammelte ihre treuen Krieger um sich und wartete auf Faillas nächsten Zug. Sie glaubte, dass die Königin den Thron nicht ohne Kampf aufgeben würde, hoffte aber, das Blutvergießen auf ein Minimum zu beschränken. Zu ihrer Überraschung versammelte Failla den gesamten Hof (einschließlich Arianna) und kündigte ihre Absicht an, zurückzutreten. Mit immenser Würde teilte die Königin den versammelten Höflingen mit, dass Eichenherz in einer anderen Vision zu ihr gesprochen und ihr befohlen habe, diese Welt zu verlassen. Wenn das Elfenvolk die prächtige Königin nicht mehr zu schätzen wüsste, die Eichenherz ausgewählt hatte, würde der große Baum sein Geschenk zurücknehmen. Außerdem habe Eichenherz geschworen, den Elfen eine Lektion für ihre Undankbarkeit zu erteilen. Dann entließ Königin Failla den Hof, und man hörte nie wieder von ihr.

Der einzige Bericht über Faillas Tod stammt von Rhethys Escalanas, der weithin als ihr geschätztester Consortis anerkannt war. Wie Rhethys es erzählt, machte sich die Königin noch in dieser Nacht auf den Weg zum Herz des Waldes, trat in den hohlen Stamm von Eichenherz und verschwand. Dann sprach Eichenherz zu Rhethys und sagte ihm, dass die rechtmäßige Königin der Elfen am Morgen auf dem Rosenthron erscheinen würde. In großer Bekümmerung eilte Rhethys zurück zum Palast, wo er den Rest der Nacht in seiner Schlafkammer auf und ab ging.

Als das erste Licht der Morgendämmerung durch die Bäume fiel, rief er die anderen Consortis zusammen und erzählte ihnen seine Geschichte. Sie waren zunächst skeptisch, begleiteten ihn dann aber in den Thronsaal und fanden den Rosenthron von einer Fremden besetzt vor. Eine große, kräftig gebaute Frau saß da und starrte sie mit kalten, grauen Augen an. Während das Sonnenlicht in ihrem platinfarbenen Haar funkelte, sah sie jeden der Höflinge an, als ob sie seinen innersten Wert messen wollte. Dann sprach sie: „Seid gegrüßt. Ich bin Liara, Königin des Wyrmwaldes."

## Die Eiserne Königin

Diejenigen, die sich Failla wegen ihrer „ungerechten Tyrannei" widersetzt hatten, sahen ihre Herrschaft im Vergleich zu Königin Liaras bald als ein goldenes Zeitalter an. Wo es Failla in erster Linie darum gegangen war, die absolute Einheit in den Elfenreichen außerhalb des Wyrmwaldes durchzusetzen, wandte Königin Liara dieses unerbittliche Drängen auf Konformität gegen die Mitglieder des Elfenhofes selbst.

Alle, die sich gegen Königin Failla gestellt hatten, von den Rädelsführern bis hin zum niedrigsten Händler, spürten den Stich des Zorns der neuen Königin. Vielen kleineren Adelsfamilien wurde ihr Land weggenommen. Andere stellten fest, dass ihren Erben die Möglichkeit verwehrt war, vorteilhafte Ehen zu schließen oder verbbare Posten am Hof zu erhalten. Einige wurden sogar inhaftiert. Das schlimmste Schicksal ereilte jedoch die Laryskova-Ranelle. Königin Liara verbannte sie aus dem Wald, bis hin zum kleinsten Kind, und beschlagnahmte alles, was sie besaßen, mit Ausnahme der Kleidung, die sie trugen. Sie verteilte das Laryskova-Vermögen unter mehreren loyalistischen Ranellen, gab aber den größten Teil an die Carithasca-Familie. Dieses Geschenk brachte die Carithasca in die Reihe der großen Ranellen, wo sie bis heute stehen.

Die Orichalkum-Kriege, die inmitten von Liaras Herrschaft ausbrachen, verschafften dem belagerten Volk des Waldes eine kurze Pause. Auch wenn Liara von ihrem Volk noch mehr bedingungslose Loyalität verlangte, vereinte die Anwesenheit eines gemeinsamen äußeren Feindes sie dort hinter sich, wo die Angst vor ihrem Zorn allein dies nicht konnte. Die Elfen des Wyrmwaldes waren in diesen Kriegen keine Aggressoren, sondern verteidigten sich gegen Angreifer, die den Wald fälschlicherweise als leichte Beute betrachteten. Beeindruckende Magie kombiniert mit einer Vielzahl von erstklassigen Schützen dezimierte feindliche Armeen und hielt den Wald unversehrt. In der Zwischenzeit patrouillierten Elfenschiffe auf dem Nachtfalterfluss und hielten Piraten in Schach. Die großen Werften am südlichen Waldrand, die heute in Trümmern liegen, wurden während der Orichalkum-Kriege gebaut und stellten mindestens hundert mächtige Segelschiffe her, von denen nur noch die legendäre *Mallornica* übrig ist.

Der Wyrmwald ging relativ unversehrt aus den Orichalkum-Kriegen hervor, aber der Konflikt hatte eine Konsequenz, deren schreckliche Auswirkungen niemand hatte vorhersehen können. Entweder kurz vor oder kurz nach dem Ende der Kriege fand Königin Liara Beweise, dass das Theranische Imperium heimlich mehrere Angriffe gegen den Wyrmwald unterstützt hatte. Auch wenn es über die Details dieser Beweise nur noch Gerüchte gibt, erzürnten sie die Königin. Liara hatte den Theranern zuvor erlaubt, mit dem Wald zu handeln, um den wachsenden Bedarf des Hofes an Orichalkum zu decken. Die Vorstellung, dass die Theraner Versuche von bewaffneten Übernahmen unterstützen würden, reichte Liara aus, um alle Geschäfte zwischen Elfen und den Theranern zu verbieten.
Jeder Elf, der gegen dieses Dekret verstieß, wurde aus dem Wald verbannt und durfte keinen Fuß mehr hineinsetzen. Damals begrüßten Liaras Untertanen ihr Handeln mit nahezu einstimmiger Unterstützung. Leider würde diese Politik in Zukunft Konsequenzen haben.

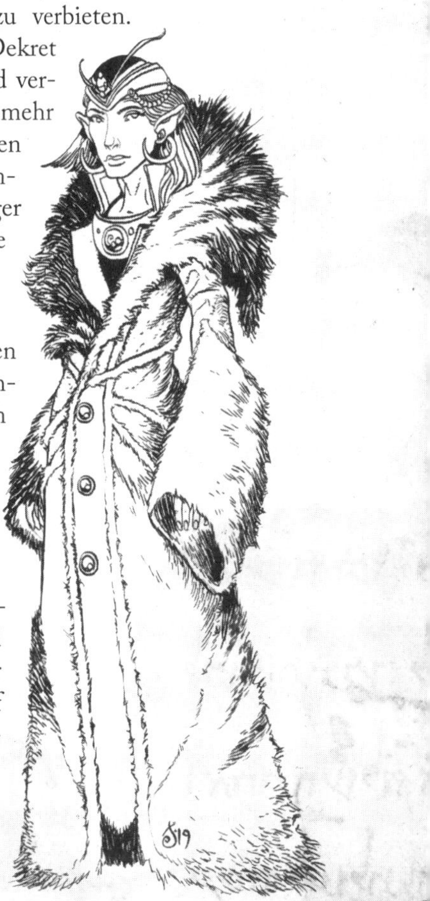

In den Jahren nach den Orichalkum-Kriegen vernichtete Königin Liara die letzten Überreste von Faillas Abweichlern. Ihre drakonischen Maßnahmen stellten die Ordnung wieder her, unterschieden aber kaum zwischen kleinen Abweichungen vom den Bräuchen und echten Trotzreaktionen. Der Wald wurde befriedet, aber auf Kosten des Geistes seines Volkes. Diese mürrische Stimmung wirkte sich bald auf die Elfenreiche auf der ganzen Welt aus. Sie waren daran gewöhnt, den Elfenhof zu verehren und nachzuahmen, und sein Niedergang ließ sie emotional und kulturell treiben. Bald darauf ermutigte das schleichende Unwohlsein Shosara, Gesandte in die anderen Elfennationen zu schicken, mit dem schockierenden Vorschlag, dass vielleicht ein anderes Reich den Mantel des Elfenhofs übernehmen sollte. Sie wagten es nicht, sich selbst zu benennen, aber die Implikation war klar. Bevor jedoch ein Elfenreich eine Antwort geben konnte, kam die Nachricht, dass der Wyrmwald eine neue Königin hatte.

## Eine Königin für das neue Zeitalter

Aus der Sicht eines Gelehrten bleibt der Aufstieg Alachias auf den Thron beunruhigend vage. Die Umstände des Todes von Königin Liara bleiben ebenso mysteriös. Was auch immer die Wahrheit war, die Elfen des Wyrmwaldes begrüßten ihre neue Herrscherin mit offenen Armen. Alachia erklärte ihre Entschlossenheit, durch Liebe und nicht durch Angst zu regieren, ein Versprechen, das sie in den nächsten Jahrzehnten weitgehend erfüllte. Die Elfen des Wyrmwaldes belohnten ihre Freundlichkeit mit einer Welle persönlicher Zuneigung, die seit den Tagen Königin Dallias keiner Herrscherin mehr gezeigt worden war. Lieder aus dieser Zeit schwärmen ausführlich über die zarte Schönheit, die unvergleichliche Anmut und das grenzenlose Mitgefühl Alachias mit allen Lebewesen. Bei all ihrem Charme und ihrer Güte nahm Alachia jedoch nur wenige echte Veränderungen vor. Die Erwartung, Loyalität durch die Einhaltung der kleinsten Details der Bräuche zu demonstrieren, blieb so stark wie eh und je.

In einer der größten Ironien der Geschichte brach die Königin, die entschlossen war, ihr Volk durch Liebe zu regieren, am Ende die Einheit, die sie zu nähren erhofft hatte. Die Zersplitterung der Elfennationen, bekannt als das Schisma, zerstörte die Bindungen zwischen und innerhalb der Elfenreiche der Welt. Kein Königreich wurde verschont, nicht einmal der Wyrmwald. Die verheerende Bedrohung durch die Plage, kombiniert mit Liaras antitheranischer Politik, führte zu einer Tragödie, deren Folgen bis heute andauern.

## Die Riten des Schutzes und des Übergangs

Während der Regierungszeit von Königin Failla entdeckte Elianar Messias die Bücher der Pein. Diese alten Folianten warnten vor einer Katastrophe namens Plage, einer drohenden Invasion der physischen Welt durch gefräßige Monster aus einer anderen Ebene. Den Büchern zufolge würden diese sogenannten Dämonen auf die Welt niederfahren und sie verwüsten, was unsägliches Leid und gewaltsamen Tod verursachen würde, wohin sie auch kommen würden. Elianar und mehrere gleichgesinnte Gelehrte kamen zu dem Schluss, dass die Plage echt war und nicht abgewendet werden konnte. Ein starker magischer Schutz war notwendig, um das Überleben der Welt zu sichern.

Über mehrere Jahrhunderte hinweg entwickelten diese Zauberer und ihre Nachkommen die Riten des Schutzes und des Übergangs, wodurch die Bewohner der Welt unterirdische Zufluchten bauen und sich hinter magischen Barrieren versiegeln konnten, die kein Dämon durchbrechen konnte. Im selben Zeitraum verwandelte sich die Gemeinschaft der Gelehrten in das mächtige Theranische Imperium. Nachdem sie ihr ursprüngliches Überlebensziel aus den Augen verloren hatten, veranlasste theranische Gier sie, einen Preis für ihre Magie zu verlangen. Alle Königreiche, Städte und Dörfer, die die Riten des Schutzes angenommen hatten, mussten das Imperium als ihren Herrscher anerkennen.

Da die Anzeichen der Plage häufiger wurden und es keine praktikable Alternative gab, gab Königreich für Königreich den theranischen Forderungen nach. Königin Alachia jedoch lehnte den Vorschlag der theranischen Gesandten ab. Sie erklärte, dass die Elfenvölker keine „fadenscheinigen Schutzmaßnahmen benötigten, die von Leuten verkauft wurden, die eine Fähigkeit in der Zauberei vortäuschten". Die Elfen würden sich auf ihre eigene Magie verlassen, um die Dämonen in Schach zu halten, und drohten, jede Elfennation, die sich den Theranern unterwarf, vom Hof zu verweisen.

Zuerst hatten die Elfen volles Vertrauen in ihre eigenen magischen Gaben und glaubten, dass Königin Alachia und ihre Wächter einen Weg finden würden, sie zu beschützen. Es schien jedoch, dass ihr Glaube fehl am Platz war, als die Wächter und andere prominente Zauberer eine Methode nach der anderen verwarfen. Als die Plage näher rückte, begannen immer mehr Elfen zu zweifeln. Langsam aber sicher liefen Elfen in allen Königreichen zum Theranischen Imperium über. Königin Alachia reagierte auf dieses Schisma mit der unerschütterlichen Beharrlichkeit, für die sie bekannt geworden war. Diejenigen, die ihre Entscheidung in Frage stellten, sogar vertrauenswürdige Berater und Freunde, wurden sofort verbannt. Schließlich führten die Bemühungen der Wächter zu einer Alternative, von der sie glaubten, dass sie das elfische Volk vor den kommenden Schrecken schützen würde.

## Ein Königreich am Rande des Wahnsinns

Die Wächter der Königin entwickelten eine Reihe von mächtigen Zaubersprüchen, um ein gigantisches Holzkaer um das Herz des Waldes herum zu errichten. Diese 75 Meilen lange Struktur bestand aus lebenden Bäumen, die so dicht beieinander gewachsen waren, dass sich nichts zwischen ihnen hindurchdrücken konnte. Mit einer Verstärkung durch magische Barrieren hielten die Wächter dieses Kaer für eine undurchdringliche Verteidigung. Nach seiner Fertigstellung demontierte Königin Alachia auf magische Weise ihren prächtigen Palast und zog zusammen mit der gesamten Bevölkerung des Waldes in die Zuflucht, um die Plage auszusitzen.

Etwa zweihundert Jahre lang widerstand das hölzerne Kaer dem Ansturm der Dämonen. Was seine Bewohner jedoch nicht wussten, war, dass die größten Bedrohungen für ihr Kaer noch nicht auf der physischen Ebene erschienen waren. Auf dem Höhepunkt der Plage wurden die mächtigsten Dämonen in ganz Barsaive entfesselt. Einige von ihnen wandten sich dem Kaer des Wyrmwaldes zu und begannen, die schützenden Verzauberungen niederzureißen. Als die Dämonen begannen, durch die Barriere zu schlüpfen, setzten die Wächter ihre Experimente fort, um Wege zu finden, diese Invasoren abzuwehren. Verzweifelte Zeiten forderten rücksichtslose Handlungen, und viele dieser Experimente führten zu schlimmeren Schicksalen als die, die sie verhindern sollten.

Während eines Experiments entdeckten die Wächter das Potenzial der Blutmagie. Indem sie ein blutmagisches Ritual benutzten, um die Struktur des Herzens des Waldes zu verändern, gelang es den Wächtern, einen einzigen Dämon zu beseitigen. Kethos Escalanas, einer der mächtigsten Zauberer, die der Königin zur Verfügung standen, argumentierte, dass ein ähnlicher Zauber in größerem Maßstab dazu dienen könnte, den gesamten Wald vor den verbleibenden Dämonen zu schützen. Er vermutete, dass die Wahre Struktur jedes Elfen im Wald verwendet werden könnte, um den Grundstein für ein massives Ritual zu legen, das dauerhafte Schutzvorrichtungen schaffen würde, aber der Zauber müsste permanenten Schmerz und Verunstaltung verursachen, um zu verhindern, dass die Dämonen, die noch draußen waren, ihre Waldheimat verschlangen. Königin Alachia war in jenem Moment nicht bereit, einen so hohen Preis zu zahlen, was die Wächter zwang, weiter nach alternativen Optionen zu suchen.

Als die Zuflucht immer schwächer wurde, drangen immer mehr Dämonen ein und griffen die Bewohner an. Ein Dämon schlüpfte an der Verteidigung vorbei und forderte fast das Leben der Königin. Die Tragödie wurde durch das beherzte Eingreifen von Kellimar verhindert, einem Geißler, der die Kreatur auf Kosten seines eigenen Lebens erschlug. Mit der Erinnerung an diesen fast tödlichen Angriff und dem Gewicht aller auf ihren Schultern, die zur Verteidigung des Hofes gefallen waren, kam Alachia zu einer schicksalhaften Entscheidung. Da das Kaer um sie herum bröckelte, entschied sie, dass der schreckliche Preis des Rituals, von dem ihre Wächter glaubten, dass es das Elfenvolk retten würde, zu bezahlen war. Sie gab Kethos die Erlaubnis, fortzufahren, das Überleben ihres Volkes zu sichern und die dauerhafte Verwandlung ihrer Heimat zu vollziehen.

## Das Ritual der Dornen

Kethos Escalanas schuf das Ritual der Dornen, einen weltbewegenden Ritus der Blutmagie, der die Elfenvölker und die Gesamtheit des Wyrmwaldes schützen sollte. Alachias einzige Bedingung war, dass niemand außer ihr und den Wächtern jemals das wahre Ausmaß der Kosten des Rituals erfahren sollte, aus Angst, dass aus dem Plan, die Essenz des Waldes selbst zu verändern, ein zweites Schisma resultieren könnte. Kethos wirkte seinen Zauber mithilfe anderer Wächter und integrierte seine beiden Teile sorgfältig in ein nahtloses Ganzes. Während sie das Ritual auf jeden Elfen wirkten, webten die Wächter einen Faden zur Wahren Struktur des Waldes. Nur die Fäden der überlebenden Elfen verstärkten die Struktur des Waldes und zwangen die Wächter, die Notwendigkeit, ihre Aufgabe schnell zu erfüllen, auszugleichen und das Überleben mindestens einer knappen Mehrheit der Bevölkerung zu sichern.

Nachdem die notwendige Mehrheit der Elfen im Kaer das erste Ritual durchlaufen hatte, wirkten die Wächter den zweiten Teil. Der Wyrmwald existierte nicht mehr; er wurde durch den Blutwald ersetzt, benannt nach der Blutmagie, die verwendet wurde, um die Bewohner des Waldes zu retten, und nach dem Blut, mit dem die Elfen den Wald füttern würden. Im Bewusstsein ihrer neuen Rolle nahmen die Wächter der Königin auch einen neuen Namen an und nannten sich Blutwächter, um ihre Verantwortung für die Rettung des Waldes und des Elfenhofes vor der Plage widerzuspiegeln.

Der erste Teil des Rituals, der von den Blutwächtern als das Persönliche Ritual bezeichnet wird, ist alles, was die meisten Leute darüber wissen, was getan wurde. Der Zauber war eine Kombination aus Elementarismus und Blutmagie und erlaubte den Wächtern, einen Pflanzengeist mit der Wahren Struktur jedes Elfen zu verschmelzen. Der Schock dieser Verschmelzung und das qualvolle Trauma der Dornen töteten fast ein Drittel der Waldbevölkerung während der ersten Durchführung des Rituals. Von den Kindern, die in den folgenden Jahren dem Ritual der Dornen ausgesetzt waren, starb etwa jedes zehnte, eine Statistik, die auch heute noch gilt.

Das sichtbarste Ergebnis des Rituals waren die Dornen, die aus der Haut des Subjekts wuchsen und Wunden verursachten, die nie heilen würden und ständig Blut auf den Boden tropfen ließen. Der endlose Schmerz, der durch diese Wunden verursacht wurde, immunisierte den Namensgeber effektiv gegen die Dämonen, da viele von ihnen sich nur von dem Leiden ernähren konnten, das sie selbst geschaffen hatten. Die Dornen hatten noch einen anderen Zweck: das Blut zu entnehmen, das die magischen Schutzvorrichtungen ernähren sollte, die durch den zweiten Teil des Rituals errichtet wurden.

Die zweite Hälfte des Rituals, die unter den Blutwächtern als „die Umbenennung" bekannt ist, bleibt ein streng gehütetes Geheimnis. Die Umbenennung veränderte die Wahre Struktur des Waldes für immer und verwandelte ihn vom Wyrmwald in den Blutwald. Die Struktur des Blutwaldes war eine völlig neue Form, die ihn vor den Dämonen bewahrte. Um eine so beeindruckende Magie zu entfalten, brauchten die Wächter weitaus mehr Macht, als sie allein aufbringen konnten. Nur Blut konnte die Barrieren aufrechterhalten, die die Dämonen davon abhielten, jeden einzelnen Baum und jedes einzelne Blatt ihrer Heimat zu verschlingen. Blut, das Tropfen für Tropfen von jedem Elfen im passend benannten Blutwald gegeben wurde.

Das Holz absorbiert das Blut, das von den Dornen der Elfen auf den Boden tropft. Viele Bereiche des Waldes sind so blutgetränkt, dass es gelegentlich zu Pfützen auf dem Waldboden zusammenläuft. Die Blutwächter integrierten diesen konstanten Blutfluss in die Umbenennung, was dazu diente, das Ritual nach dem ersten Wirken aufrechtzuerhalten. Dieses Blut erneuert immer wieder die Schutzvorrichtungen, die bis heute aktiv sind und den Blutwald in den letzten drei Jahrhunderten frei von den Dämonen gehalten haben.

Als Königin Alachia den Plan ankündigte, das Ritual der Dornen zu wirken, tat sie dies mit großer Trauer und weinte öffentlich um das gewaltige Opfer, um das sie ihr Volk bat. Die offensichtliche Notlage ihrer Königin überzeugte die Elfen des Wyrmwaldes, dass ihr Überleben von diesem Ritual abhing und es keine andere Möglichkeit gab. Obwohl sie die Ereignisse, die zu dieser Abscheulichkeit führten, zutiefst bedauerten, unterwarfen sich die Elfen aus Treue zu ihrer Königin und ihrem Hof dem Ritual der Dornen. Die Bewohner des Wyrmwaldes, die sich des wahren Ausmaßes des Rituals nicht bewusst waren, akzeptierten permanente Qualen als den Preis für ihr Überleben.

Nur die Blutwächter verstanden die Auswirkungen des Rituals der Dornen, als es gewirkt wurde. Beide Hälften des Rituals waren notwendig, damit die jeweils andere wirksam war; falls ein Teil des Rituals endete, würden der Blutwald und sein Volk zerstört. Die ständige Versorgung des Waldes mit Blut erhält die

Schutzvorrichtungen gegen die Dämonen, aber auch die Wahre Struktur des Waldes selbst aufrecht.

## Anbruch der Neuen Welt

Geschützt durch ihre furchterregende Magie überlebten der Blutwald und seine Bewohner den Rest der Plage. Sobald es sicher war, wagten sich die Elfen aus den Untergrundzufluchten, die sie hastig ausgehoben hatten, um den Zustand ihres einst unberührten Waldes zu beurteilen. Vieles davon lebte noch, obwohl wenig unbeschädigt war. Königin Alachia war entsetzt über die Verletzungen des Waldes und befahl ihren Wächtern, mit der Arbeit zur Heilung der Vegetation zu beginnen. Die Wächter verwendeten wieder einmal Blutmagie im Dienste ihrer Königin. Sie pflanzten Samen und fütterten sie mit Tropfen ihres eigenen Blutes, sodass über Nacht Setzlinge sprossen und junge Bäume an einem einzigen Tag ihre volle Größe erreichten. Als Krönung ließ Alachia ihren Palast wiederauferstehen und richtete den Hof um ihn herum wieder ein. Innerhalb weniger Monate war der Wald wiederhergestellt worden, zumindest an der Oberfläche. Die Anzahl der Wächter, die ihr Leben im Dienst des Befehls ihrer Königin erschöpft hatten, ging in die Dutzende und trug zusätzlich zu dem Blutzoll bei, der dem Elfenhof abverlangt worden war.

Für einige Zeit blieb der Blutwald vom Rest der erwachenden Welt isoliert. Die Elfen selbst waren zu sehr damit beschäftigt, ihre Häuser wieder aufzubauen und den Wald wiederzubeleben, um Kundschaftertrupps zu schicken, und nur wenige Außenstehende reisten in den Jahren unmittelbar nach der Plage so weit von ihrer Heimat weg. Schließlich jedoch kamen Reisende, um zu sehen, was in der Gegend übrig geblieben war, die einst als Wyrmwald bekannt gewesen war. Als sie den Zustand der Gegend entdeckten, hatten die meisten Besucher Schwierigkeiten, ihren Schock und ihre Abscheu zu verbergen. Als sich die Geschichten über die Tragödie in der neuen Welt verbreiteten, hatten alle außer einigen wenigen Verhärteten Mitleid mit den schrecklich entstellten Elfen. Alachia wurde wütend, dass die Welt es wagte, ihr Volk so hart zu verurteilen, und verbot praktisch jeglichen Kontakt zwischen den Blutelfen und der Außenwelt.

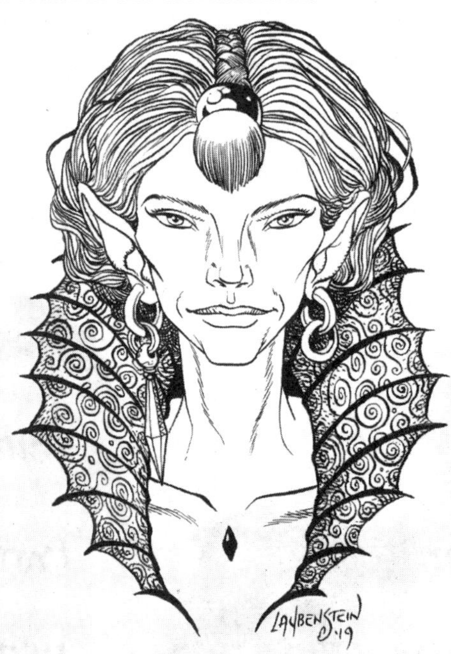

Die fast vollständige Isolation bleibt die offizielle Politik des Hofes, aber in den letzten Jahren haben praktische Erwägungen zur Lockerung dieser Einschränkungen geführt. Mehrere der großen Ranellen wollen den durch die Plage unterbrochenen gewinnbringenden Handel wieder aufnehmen, und Alachia will nicht, dass sich der Hof wegen dieses Missstandes gegen sie zusammenschließt. Sie sieht auch einen Vorteil darin, sich über Ereignisse außerhalb der Grenzen des Waldes informiert zu halten. Zu diesem Zweck schickt die Königin Abgesandte nach Throal, Urupa, Travar und anderen Orten. Einige Beobachter glauben, dass Alachia beabsichtigt, ihre verlorene Autorität über die Westlichen Königreiche und Shosara wiederherzustellen – ein Unterfangen, das nicht durch eine Politik der völligen Isolation erreicht werden kann. Aber ob sie ihre ehemaligen Untertanen davon überzeugen kann, eine dornendurchbohrte Königin zu akzeptieren, bleibt abzuwarten.

## Blutelfen im modernen Zeitalter

Der Blutwald ist derzeit die Heimat von rund 60.000 Elfen. Fast die Hälfte dieser Bevölkerung lebt in kleinen nomadischen Gemeinschaften, die von nur dreißig bis zu hundert Mitgliedern reichen. Diese Stämme leben als Jäger und Sammler vom Land und ziehen alle paar Monate in neue Lager. Die meisten Nomadendörfer reisen zwischen vier oder fünf Lagerplätzen umher und praktizieren einen sorgfältigen Ressourcenschutz in Übereinstimmung mit den Traditionen der Elfen und dem gesunden Elfenverstand.

Der Rest der Blutelfen lebt in permanenten Städten und Dörfern im ganzen Wald. Die meisten dieser Siedlungen, die von fünfzig bis hin zu fünftausend Einwohnern umfassen können, sind mit einer der Adelsfamilien des Blutwaldes verbunden. Die Anführer jeder der fünf großen Ranellen (s. *Die großen Ranellen*, S. 55) wohnen in den größten dieser Städte, die über die verschiedenen Regionen des Waldes verstreut liegen. Die Blutelfen fertigen ihre Häuser und andere Gebäude aus den Materialien des Waldes, manchmal mithilfe von Elementarmagie. Die meisten permanenten Gebäude sind neben und zwischen Bäumen gebaut und bestehen aus Ästen und Stämmen mit Dächern aus geflochtenen Blättern. Diese Gebäude sehen oft so aus, als ob sie mit dem Rest des Waldes mitwachsen würden, ein Beweis für die Handwerkskunst, die in jedem Gebäude steckt.

Wohlhabendere Elfen nehmen häufig die Dienste hochkreisiger Elementaristen in Anspruch, um ihre Häuser in den Bäumen selbst zu bauen. Einige dieser Häuser sind in den Stämmen besonders großer Bäume mit unterirdischen Kammern zwischen den Wurzeln gebaut. Andere Häuser sind in die Äste der größten Bäume gebaut und liegen bis zu vierzig Fuß über dem Boden. Größere Häuser verteilen sich auf mehrere Bäume, die dicht beieinander liegen, mit Stegen, die die Gebäude miteinander verbinden. Fähige Handwerker können es schwierig machen, das Haus vom natürlichen Wachstum der Bäume zu unterscheiden.

Viele Blutelfen, wo auch immer sie leben, haben begonnen, privat die Notwendigkeit infrage zu stellen, das Persönliche Ritual aufrechtzuerhalten, nachdem die Plage vorbei ist. Diese Elfen bleiben unwissend über das wahre Ausmaß des Rituals der Dornen, ohne sich bewusst zu sein, dass eine Abschaffung des Rituals sowohl für sie selbst als auch für den Blutwald katastro-

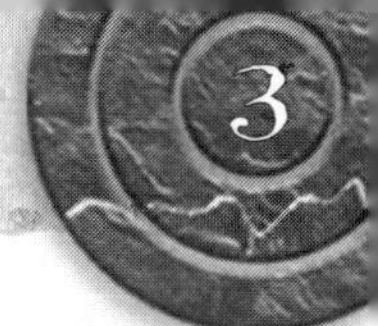


phal wäre. Das Entfernen der Pflanzengeister aus ihren Strukturen würde der Wahren Struktur des Waldes und jedes Blutelfen, der dies täte, irreparablen Schaden zufügen. Ebenso können die Elfen nicht einfach aufhören, das Ritual durchzuführen. Wenn die Blutversorgung des Waldes unterbrochen wird, beginnt sich die Wahre Struktur des Waldes aufzulösen. Selbst der Versuch, den Schaden rückgängig zu machen, indem man die Umbenennung erneut durchführt, könnte katastrophal sein. Die Wächter wirkten in den Jahren vor dem Ritual der Dornen so viele Zaubersprüche und blutmagische Rituale, dass es praktisch unmöglich ist, das knorrige Netz, aus dem die Wahre Struktur des Waldes besteht, zu entwirren. Der Akt der Umbenennung ist nie ohne Auswirkungen, und die Wächter können nicht vorhersagen, welche Folgen ein weiteres gewaltiges Ritual zur Veränderung der Struktur des Blutwaldes hätte.

Königin Alachia versteht, dass sie den Status quo beibehalten muss, um an ihrer Macht und ihrem Einfluss festzuhalten, und dieses Wissen prägt jede Entscheidung, die sie trifft. Alachia hält den Preis für das Überleben nicht für zu hoch, denn sie weiß, dass der Elfenhof und der Sitz ihrer Autorität ohne das Blut ihres Volkes nicht mehr existieren würden. Das Leid ihrer Untertanen ist ihr nicht egal, aber noch mehr sehnt sie sich nach der Macht, die sie durch ihre Loyalität besitzt. Auch wenn das Ritual der Dornen nicht rückgängig gemacht werden kann, glaubt Alachia seit Kurzem, dass es möglich sein könnte, das Herz des Waldes zu heilen, die Korruption zu beenden und die Wahre Struktur des Waldes zu reparieren. Wenn das gelingt, könnte der Tag kommen, an dem das Persönliche Ritual nicht mehr notwendig ist, aber diese Entscheidung liegt allein bei Alachia.

# DER ELFENHOF

Der Elfenhof ist das soziale, kulturelle und spirituelle Herz des Blutwaldes. Von ihrem prächtigen Palast aus regiert Königin Alachia die Elfen des Waldes, wie es ihre Vorgängerinnen vor ihr taten. Der Hof ist ein Ort von herzzerreißender Schönheit und qualvollem Schmerz, an dem Besucher und Einheimische gleichermaßen die schreckliche Majestät von Alachias Land bewundern.

Der Elfenhof wurde ursprünglich gegründet, um als kultureller und spiritueller Führer für Elfenvölker auf der ganzen Welt zu dienen. Diejenigen außerhalb des Wyrmwaldes gehorchten den Edikten der Elfenkönigin nicht aus politischem Druck oder Angst vor Vergeltung, sondern aus kulturellen und historischen Präzedenzfällen. In jenen Tagen wollten die meisten Elfen das Stigma vermeiden, von der Königin getadelt zu werden. Getrennt zu sein, wie die nördliche Nation Shosara, wurde als so harte Strafe angesehen, dass viele Elfen lieber hätten sterben wollen, als sie zu erleiden.

Im Laufe der Zeit übernahm der Elfenhof die Funktionen einer traditionelleren Regierung. Seit der Herrschaft von Königin Failla hat der Hof die Herrschaft über alltägliche Angelegenheiten wie den Handel zwischen Siedlungen, die Grenzsicherung und territoriale Streitigkeiten zwischen verschiedenen Dörfern oder Adelsfamilien übernommen. Aus der Notwendigkeit heraus ist eine grobe Form der Repräsentationsregierung entstanden, bei der die Consortis und andere Höflinge die Bewohner des Blutwaldes am Hof vertreten.

Jede Siedlung im Blutwald hat mindestens einen Vertreter, in der Regel einen Gemeindevorsteher oder Ältesten, der Anfragen oder Vorschläge an die Höflinge richtet, die die Interessen der Siedlung bei Hofe vertreten. Einige Siedlungen, meist solche, die für eine prominente Ranelle von Bedeutung sind, haben eine zusätzliche, von ihrer Führung getrennte Vertretung. Theoretisch erlaubt dieses System jedem Dorf eine Stimme am Hof. In der Praxis erreichen die meisten Anfragen und Beschwerden der Vertreter jedoch nie das Ohr der Königin.

Dieser Fehler im System hat den Hof nicht daran gehindert, mit Billigung der Königin darauf zu bestehen, dass die Siedlungen dazu beitragen, die Last der Aufrechterhaltung „ihrer" Regierung zu tragen. Jede Stadt und jedes Dorf unter der Herrschaft des Hofes muss bei der Aufrechterhaltung von Handelsrouten, defensiven Außenposten und der Versorgung der Blutwächter helfen. Die Anforderungen variieren je nach Größe und Bekanntheit der Siedlung. Die meisten nomadischen Stämme geben nur symbolische Unterstützung, während größere Siedlungen wie die Städte Araouane oder Letheran oft beträchtliche Summen in die Kasse des Hofes zahlen.

## HOFHIERARCHIE

Als Königin regiert Alachia absolut über den Blutwald und seine Bewohner. Privilegiert für den Zugang zur Königin sind die Consortis, die acht bedeutendsten Berater, die die großen Ranellen des Blutwaldes vertreten. Die nächst einflussreichsten sind die Blutwächter, die Hofzauberer, die für die Sicherheit des Waldes und die Erhaltung seiner Traditionen verantwortlich sind. Unter ihnen befinden sich die Geißler, die persönliche Garde der Königin. Obwohl sie nur über eine relativ geringe politische Macht verfügen, erlaubt es ihnen ihre Verbindung und Nähe zur Königin, mehr Einfluss zu nehmen, als das gemeine Volk erkennt. Die aktuellen Geißler profitieren auch von einer starken Allianz mit Erithander Talshara, einem der vertrautesten Berater Alachias.

Denjenigen, die mit dem Innenleben des elfischen Hofes nicht vertraut sind, mag es erscheinen, dass Alachia nur durch die Anbetung ihres Volkes regiert. Auch wenn die Elfen des Blutwaldes ihre Königin lieben, enthält diese Liebe eine gesunde Dosis Angst unter der Oberfläche. Die Autorität der Königin offen infrage zu stellen, ist am Hof fast unerhört. Die unausgesprochene Drohung der Verbannung oder Trennung hält die wenigen Abweichler davon ab, direkte Maßnahmen gegen Alachia zu ergreifen. Die Consortis und Blutwächter dienen als begrenzte Kontrolle ihrer Autorität, aber die geschickte Manipulation von Persönlichkeiten und Positionen durch die Königin unterminiert diese geringe Unabhängigkeit weitgehend.

Alachia wählt jeden Elfen aus, der als Consortis, Wächter oder Geißler dient. Sie nutzt diese Positionen, um die Ranellen gegeneinander auszuspielen und zu verhindern, dass eine von ihnen zu viel Einfluss gewinnt oder strategische Allianzen bildet, die Alachias Wünschen widersprechen. Durch die Auswahl und

Ernennung von Elfen, die ihr vor allem anderen treu ergeben sind, kann Alachia sicherstellen, dass ihre Ziele in den Köpfen des Hofes stets präsent bleiben.

Neben den Consortis, Wächtern und Geißlern beherbergt der Elfenhof unzählige weitere Höflinge: Pagen, Stallknechte, Schreiber, Dienstmädchen und so weiter. Es gilt als große Ehre, für die Arbeit am Hof ausgewählt zu werden, so sehr, dass selbst Kinder der prominentesten Familien auch die niedrigste Position annehmen. Königin Alachia beschäftigt auch Musiker, Dichter, Künstler und Tänzer, um ihre Höflinge und Ehrengäste zu unterhalten. Für die meisten ist die Möglichkeit, so nah am Zentrum der Macht zu sein, die Verwirklichung eines lebenslangen Traums. Selbst diejenigen, die mit einigen von Alachias politischen Linien nicht einverstanden sind, fühlen sich geehrt, ausgewählt zu werden.

Theoretisch basiert der Aufstieg bei Hofe auf der individuellen Leistung. In der Praxis, von der Speisekammer bis zu den Ratssälen, sind Vettern- und Günstlingswirtschaft an der Tagesordnung. Oft ist die Fähigkeit, sich bei seinen Vorgesetzten anzubiedern, die wichtigste Fähigkeit. Das gelegentliche ehrgeizige Individuum kann sich allein durch herausragende Taten bemerkbar machen, aber diejenigen, die am häufigsten aufsteigen, tun dies, indem sie wissen, wann sie die richtigen Dinge zu den richtigen Leuten sagen müssen.

### Das Gleichgewicht der Macht

Ein ungeschultes Auge könnte wenig Tiefe in der Politik des Hofes sehen. Die Herrschaft von Königin Alachia über ihre Untertanen scheint absolut zu sein und lässt kaum Möglichkeiten für politische Manöver zu. Die Wahrheit ist, dass die Königin sich die Loyalität der großen Ranellen sichern muss, ohne zu erlauben, dass eine Ranelle unangemessenen Einfluss oder Macht gewinnt.

Alachia benutzt die Consortis, um die Ranellen zu kontrollieren und zu manipulieren. Indem sie die Position an diejenigen vergibt, die nach ihr verlangen, erhält sie Unterstützung und Loyalität. Die häufige Änderung der Mitgliedschaft bei den Consortis zwingt die Ranellen, um ihre Gunst zu kämpfen, und garantiert, dass sie nie zusammen gegen sie arbeiten werden. Alachia achtet auch darauf, die Zugehörigkeit ihrer Consortis zwischen denen, die nur näher an ihrer Königin sein wollen, und denen, die besondere Gefälligkeiten suchen, auszugleichen.

Obwohl die Ranellen und Consortis die größte politische Macht vertreten, sind die meisten Elfen mehr von der magischen Kraft der Blutwächter beeindruckt. Tatsächlich sind die Wächter genauso mächtig wie jede andere Gruppe von hochkreisigen Zauberern, die für ein gemeinsames Ziel zusammenarbeiten (wie die Denairastas in Iopos). Die Wahrnehmung, dass die Macht der Wächter unbegrenzt ist, beruht auf mehreren Faktoren: ihrer Bereitschaft, mit Blutmagie zu experimentieren, der Bewegungsfreiheit, die sie innerhalb und außerhalb des Waldes genießen, und ihrer Rolle beim Wirken des Rituals der Dornen. Königin Alachia lässt den Wächtern viel Spielraum, weil sie von ihrer Loyalität überzeugt ist. Sie erfüllen viele wichtige Aufgaben für die Elfen des Blutwaldes, einschließlich Missionen, die sie ihnen persönlich zuweist. Der Elfenhof ist eine ständige Quelle von Gerüchten, die die jüngsten Taten der Verderbtheit der Wächter beschreiben. Die Wächter dementieren diese Geschichten nie, was die Ehrfurcht und das Mysterium verstärkt, das sie umgibt.

## Die Elfenkönigin

So wie der Elfenhof das Herz der Gesellschaft im Blutwald ist, ist die Königin das Herz der Blutelfen selbst. Sie steht an der Spitze der Hierarchie des Hofes und ist die absolute Herrscherin ihrer Untertanen. Traditionell eher eine kulturelle und soziale Ikone als eine konventionelle Monarchin, führt und bewacht die Königin ihr Volk als Gegenleistung für dessen Treue und Liebe.

Offiziell kann die Elfenkönigin nicht abgesetzt werden. Königinnen besteigen den Rosenthron lebenslang, und historisch gesehen starben sie entweder an natürlichen Ursachen, traten zurück, wenn sie es für angemessen hielten, oder – wie im Falle von Königin Failla – verzichteten im Angesicht des Widerstands. Nur eine Königin in der Geschichte des Waldes wurde getötet: Königin Dallia, die zusammen mit ihrem Gefolge vom Großen Drachen Alamaise ermordet wurde. Ein Militärputsch wurde nie versucht, was angesichts der unerschütterlichen Unterstützung der Geißler und Wächter für den Thron nicht verwunderlich ist. Außerdem gibt es kein formales Verfahren zur Ernennung einer neuen Königin. Jede neue Königin hat entweder den Thron mit der Unterstützung des gesamten elfischen Hofes bestiegen oder ist – wie im Fall Liaras – durch Prophetie zur Königin geworden.

## Königin Alachia

Alachia sitzt seit vor der Plage auf dem Rosenthron und erweckt in ihren Untertanen seitdem fortwährend eine tiefe Liebe. Ihre Schönheit ist legendär, unvermindert von den winzigen Dornen, die ihre zarte Haut durchdringen. Trotz ihrer Handlungen während der Plage und des Schismas haben alle Elfen Ehrfurcht vor ihr. Ungeschützte Elfen und andere Rassen der Namensgeber, die sie sehen, sprechen oft davon, an Ort und Stelle durch Angst und Verlangen gleichermaßen festgefroren zu sein. Selbst Besucher, die alle Blutelfen als korrupt betrachten, sind von Ehrfurcht ergriffen, wenn sie die Königin des Blutwaldes zum ersten Mal treffen.

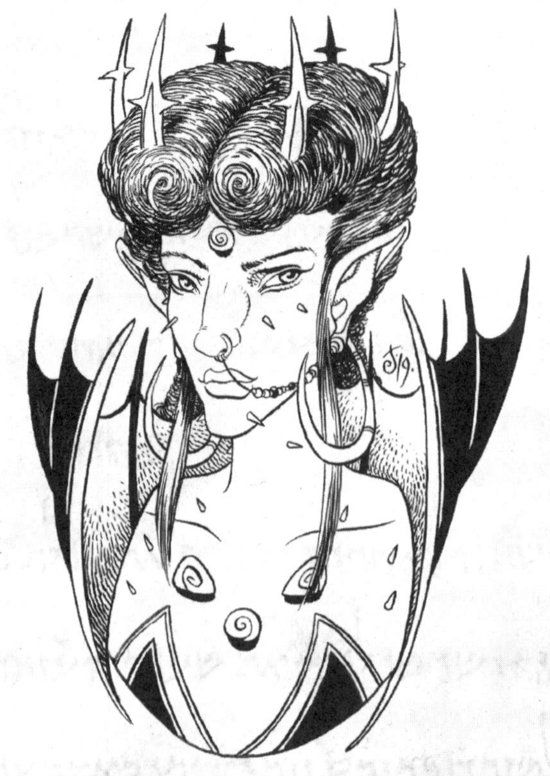

## DIE EICHELN VON EICHENHERZ

Alachia hat jahrelange persönliche Forschung betrieben, um nach Wegen zu suchen, das Herz des Waldes zu heilen. Im Gegensatz zu den Suchern des Herzens weiß sie jedoch, dass die Eicheln von Eichenherz diesem Zweck nicht dienen werden. Die Eicheln können verwendet werden, um ein neues Eichenherz zu erschaffen, aber das würde die Struktur des aktuellen, das in die Umbenennung eingebunden ist, auflösen. Die möglichen Folgen für den Blutwald und die Elfen, die durch das Persönliche Ritual mit ihm verbunden sind, wären katastrophal, sodass Alachia hinter den Kulissen Ressourcen investiert hat, um die Sucher und andere Elfennationen davon abzuhalten, zu viele Eicheln zu sammeln. Unter dem Vorwand, die Geschenke des Hofes an ihren rechtmäßigen Platz zurückzubringen, hat die Königin die Ritter der Distel und die Carithasca-Ranelle angewiesen, diese Aufgabe zu erfüllen.

Alachia ist im ganzen Wald als versierte Zauberin bekannt, aber nur wenige erkennen, dass ihre magischen Fähigkeiten weit über die üblichen Disziplinen hinausgehen, die von Adepten auf der ganzen Welt studiert werden. Sie ist eine Meisterin magischer Künste, die schon lange verloren sind, einschließlich uralter Ritualmagie und der Urmagie des Benennens. Wie die Drachenmagie ist auch Alachias magisches Talent ein wesentlicher Bestandteil ihres Seins. Es durchdringt alles an ihr, von ihrer jenseitigen Schönheit bis hin zu ihrer Kontrolle über das elfische Volk. Alachia hat in ihrem langen Leben auch mehrere Disziplinen verfolgt. Sie ist eine versierte Anhängerin der Troubadour-, Elementaristen- und Illusionisten-Disziplin und wahrscheinlich auch in anderen magischen Disziplinen ausgebildet.

### ATTRIBUTE

GES: 7 STR: 5 ZÄH: 6
WAH: 9 WIL: 10 CHA: 11

## CONSORTIS

Als Hauptberater und Kanzler der Elfenkönigin werden die Consortis traditionell aus den fünf bedeutendsten Ranellen ausgewählt. Selten kann ein Bürgerlicher in dieses prestigeträchtige Amt berufen werden, und wenn, dann meist, um eine andere Ranelle öffentlich zu brüskieren. Königin Failla, die die Consortis schuf, um eine mögliche Rebellion zu entschärfen, begann mit acht und erhöhte ihre Zahl schrittweise. Ihre Nachfolgerin, Königin Liara, hielt während ihrer Herrschaft zu verschiedenen Zeiten zwischen vier und fünfzehn Consortis. Königin Alachia hat die Zahl bisher konstant bei acht gehalten: einen für jeden der massiven Bäume, die den königlichen Palast tragen. Jede und jeder Consortis überwacht einen anderen Aspekt der Regierung des Hofes, obwohl sich diese Aufgaben in vielen Fällen überschneiden.

Seit ihrer Gründung dienen die Consortis nur so lange, wie s in der Gunst der Königin bleiben. Frühere Königinnen behie ten ihre Consortis oft mehrere Jahrzehnte lang. Im Gegensa dazu scheinen viele von Alachias Consortis mit den Jahreszeit zu kommen und zu gehen. Diejenigen, die ihre Position für e nige Zeit behalten, haben gelernt, das Spiel zu spielen, Alach gerade genug zu schmeicheln, um sie zu amüsieren, und sie g über die Ereignisse im Wald zu informieren, während sie diskr ihre eigenen Pläne verfolgen.

## DIE VERLOCKUNG ALACHIAS

Alachias wundersame Schönheit ist weit mehr als nur oberflächlich. Sie nutzt ihre Beherrschung der Magie, um ihr natürliches Aussehen zu verstärken und eine Vision von Schönheit zu schaffen, die selbst den abgebrühtesten Beobachter nachts wach hält. Alle Charaktere werden bei ihrem ersten Treffen mit Alachia von dieser Wirkung erfasst, sodass sie eine Willenskraft-Probe (17) ablegen müssen. Selbst wenn er einen Erfolg erzielt, ist der Charakter so von Alachias Schönheit beeindruckt, dass er nur auf Ansprache reagieren und keine Maßnahmen gegen Alachia oder ihre Diener ergreifen kann. Ein zusätzlicher Erfolg ermöglicht einem Charakter mehr Freiheit, aber er kann trotzdem nicht direkt gegen die Königin handeln. Mit zwei zusätzlichen Erfolgen widersteht der Charakter den Auswirkungen und kann beliebig handeln.

Charaktere, denen die Probe misslingt, werden vor Anbetung gelähmt und können fünf Runden lang nicht handeln. Nachdem diese Wirkung geendet hat, verhält sich der Charakter, als hätte er einen einzelnen Erfolg erzielt. Darüber hinaus behält ein Charakter, dem die Probe misslingt, eine tiefe Bewunderung für die Königin, die er nur durch zwei zusätzliche Erfolge bei einer nachfolgenden Charisma-Probe gegen Alachias Soziale Verteidigung überwinden kann.

Alachia wählt ihre Consortis im Allgemeinen aus denen au die ihre Ansichten unterstützen, obwohl auch einige, die mit il ren Ansichten nicht einverstanden sind, es geschafft haben, die Position zu erreichen. Diese Berater haben jedoch in der Reg eine kurze Amtszeit, da die Königin oft eine Consortis entläss die zu schnell bereit war, ihre eigene Meinung zu äußern. Lang jährige Consortis sind stolz auf ihr Geschick, die königlich Stimmung einzuschätzen und Alachias Denken zu beeinflusse indem sie mit sorgfältig überlegten Worten zum richtigen Zei punkt sprechen. Trotz ihrer Schwierigkeiten und Risiken füh die Chance, die Königin zu ihren Gunsten zu beeinflussen, daz dass die Ranellen die Position begehren.

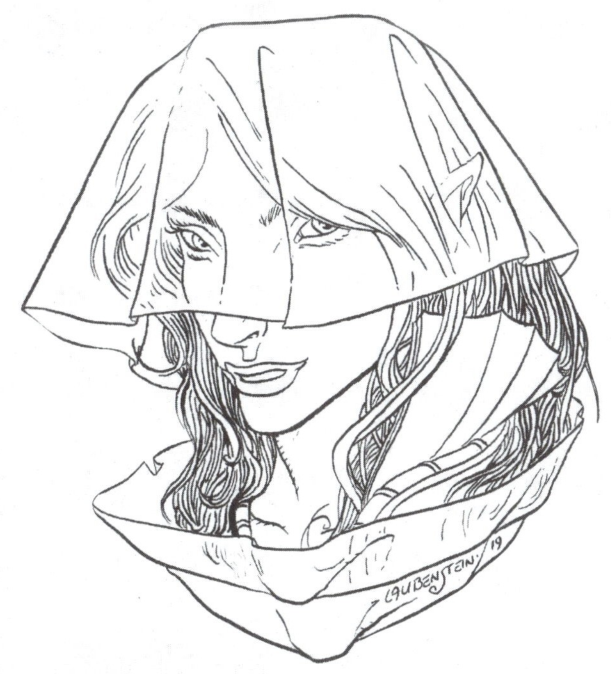


Die Isolation des Blutwaldes nach der Plage brachte die Notwendigkeit einer konventionelleren Regierung und Verwaltung mit sich. Dies bot auch die Möglichkeit, die Ranellen durch eine Erweiterung der Rolle der Consortis weiter zu besänftigen. Alachia hat jedem ihrer acht Berater einen Bereich zugewiesen, über den er den Hof berät und informiert. Spezifische Pflichten basieren in der Regel auf dem Fachwissen und der Zugehörigkeit jedes Einzelnen zu einer Ranelle. Alachia hat in einigen Fällen bewusst eine Consortis eingesetzt, um zu scheitern, damit sie sie berechtigterweise absetzen kann. Obwohl sie dies auch schon mal allein aus einer Laune heraus getan hat, verringert ein konkreter Grund dafür das Risiko, sich ihre anderen Berater zu Feinden zu machen.

Sieben der heutigen Consortis von Alachia sind Mitglieder oder Verbündete der fünf großen Ranellen. Das verbleibende Mitglied der Consortis stammt aus der Rasher-Ranelle, einem Kleinadelsgeschlecht aus der Region der Westgrenze. Von den fünf großen Ranellen haben die Jae'Helastri und Carithasca jeweils zwei Mitglieder unter den Consortis, während die Talshara, Daevenar und Escalanas jeweils nur eines haben. Da die Rasher bekannte Verbündete der Escalanas sind, glauben viele, dass ihre Anwesenheit unter den Consortis die Position der Escalanas stärkt.

Wie immer spiegelt diese besondere Auswahl an Consortis Alachias Bemühungen wider, die lautstärkeren Ranelle-Führer zu besänftigen und das Gleichgewicht der Hofpolitik zu wahren. Die Carithasca erhielten ihre zweite Consortis als Kompensation für ihre abgelehnten Anträge auf Öffnung der Grenzen des Blutwaldes. Die Jae'Helastri erhielten ihre zweite Ernennung, um ihre Intrigen zu zügeln. Viele sehen die Aufnahme der Rasher-Ranelle als eine indirekte Art, den Escalanas zwei Consortis zu gewähren, während andere glauben, dass mehr dahintersteckt. Die Prominenz der Escalanas unter den Blutwächtern verleiht ihnen einen beträchtlichen Einfluss am Hof, und viele stellen Alachias Motive infrage, ihnen mehr potenziellen Einfluss einzuräumen.

## DIE CARITHASCA—RANELLE

Haeleon Carithasca ist das älteste Mitglied der aktuellen Consortis. Er ist viel gemäßigter als die andere Consortis der Carithasca und befürwortet eine allmähliche Öffnung der Waldgrenzen, und zwar erst, nachdem er Alachia davon überzeugt hat, dass dies in ihrem besten Interesse ist. Dieser Ansatz hat zu Beschwerden von weniger geduldigen Ranelle-Mitgliedern geführt, aber Haeleons jahrelange Erfahrung und die Unterstützung durch die beeindruckende Matriarchin der Ranelle haben es ihm ermöglicht, solche Stürme leicht zu überstehen.

Gealleon Sea'lish hingegen ist erst seit einigen Jahren Consortis und ist kaum mehr als ein schrilles Sprachrohr für die Interessen ihrer Ranelle. Obwohl alle Consortis ihre Position nutzen, um die Wünsche ihrer eigenen Ranelle zu fördern, denken die meisten auch an das allgemeine Wohl des Blutwaldes. Gealleon hingegen stellt die Ziele der Carithasca vor fast allen anderen Anliegen. Sie will, dass die Grenzen des Waldes sofort, wenn nicht sogar früher, geöffnet werden, und streitet oft mit Haeleon über seinen schrittweisen Ansatz. Alachia findet ihre häufigen Meinungsverschiedenheiten sowohl amüsant als auch bequem: Indem sie ständig im Streit liegen, mindern die beiden Carithasca ihren eigenen Einfluss unter den Consortis.

Haeleon und Gealleon sind gemeinsam für die Überwachung des Handels im Wald und die Beratung der Königin in allen damit verbundenen Angelegenheiten verantwortlich. Mehrere der kleinen Ranellen, die den Großteil des Handels im Südlichen Rand betreiben, berichten an sie, und die Consortis wiederum berichten an den Hof. Haeleon hat es verstanden, die gelegentlichen unbeholfenen Sitzungen, in denen das Thema Schwarzmarktaktivitäten auftaucht, zu entschärfen. Beide Carithasca-Consortis tun, was sie können, um die Königin und die anderen Consortis davon abzuhalten, eine Untersuchung anzuordnen. Die Carithasca-Ranelle würde viel Gewinn verlieren, wenn der Beweis für ihre illegalen Aktivitäten ans Licht kommen würde.

## DIE DAEVENAR—RANELLE

Tarin Daevenar ist konservativ und engstirnig und nutzt seine Position, um Alachias Isolationspolitik zu unterstützen. Er sieht äußere Einflüsse als von Natur aus schädlich für das elfische Volk und steht oft im Widerspruch zu den Carithasca bezüglich ihrer Petitionen zur Öffnung der Grenzen.

Vielleicht aus einem perversen Sinn für Humor heraus hat Alachia den engstirnigen Tarin für die Überwachung der Beziehungen zu Nationen und Mächten außerhalb des Blutwaldes verantwortlich gemacht. Diese Pflicht bringt Tarin regelmäßig in Kontakt mit Botschaftern aus nahen und fernen Reichen, insbesondere Throal, Shosara und Sereatha. Trotz seiner Abneigung gegen ausländische Einflüsse hat Tarin Freundschaften mit mehreren regelmäßigen Besuchern geschlossen. Unter ihnen sind Mirial und Eyorgicus, die Kinder des Generalbotschafters von Throal, und Jorealla, die Botschafterin von Shosara. Tarin beaufsichtigt außerdem einen kleinen Stab von Botschaftern, die die Interessen des Blutwaldes in der Außenwelt vertreten. Der bekannteste dieser Abgesandten ist Geverian Halblächeln, der sich um eine Reihe von Außenbeziehungen des Hofes kümmert.

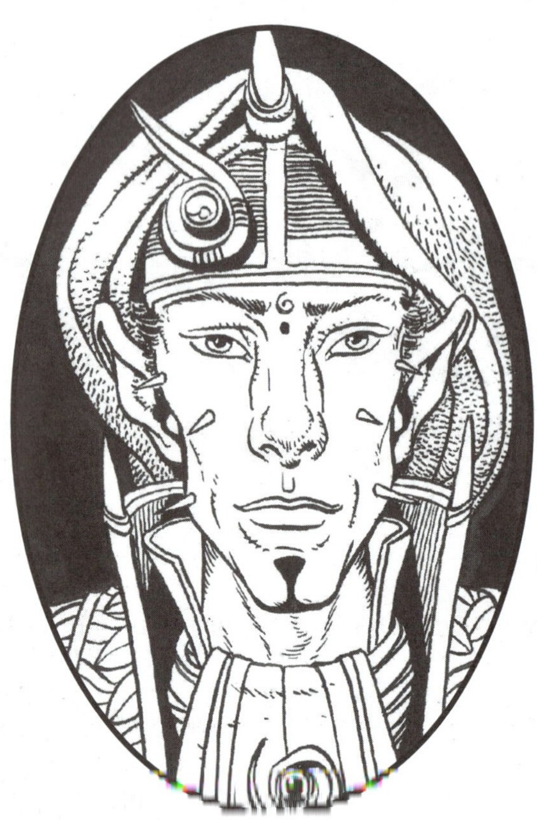

## Die Escalanas–Ranelle

Orlando Escalanas trat von seiner Position unter den Blutwächtern zurück, um seiner Ranelle und seiner Königin als Consortis zu dienen. Seine früheren Verbindungen machen ihn zu einem idealen Berater der Königin und anderer Consortis in magischen Angelegenheiten. Er hält Kontakt zu den Blutwächtern am Hof, meistens zu Aithne Eichenwald und Niriame Jae'Helastri. Er behält außerdem den Blutwächter Preystia Tales im Auge, der eine Heilung für die schleichende Befleckung sucht. Orlando schickt Kethos Escalanas heimlich regelmäßig Berichte über seine Ergebnisse und informiert so den Patriarchen der Ranelle über die Fortschritte von Tales.

## Die Jae Helastri–Ranelle

Larrin und Tiriame Jae'Helastri sind beide seit mehreren Jahren im Amt, Ersterer seit dem Rücktritt Mithran Jae'Helastris. Larrin und Tiriame verkörpern die Affinität ihrer Ranelle für Politik und spielen das diplomatische Spiel mit Leichtigkeit und Flair. Sie unterstützen oder verurteilen bei Bedarf Anträge anderer Consortis, um sicherzustellen, dass sie einen starken Einfluss auf das Kräfteverhältnis zwischen anderen Mitgliedern des Hofes ausüben. Diese Flexibilität macht die Jae'Helastri zu den unbeständigsten der Consortis, aber auch zu den am wenigsten störenden für Alachia persönlich. Allerdings verursacht ihre unverbesserliche Vorliebe für Intrigen manchmal Unannehmlichkeiten für die Königin. Alachia, die immer auf diese geborenen Intriganten achtet, hat eine Reihe von Spionen im Einsatz, um Jae'Helastri-Aktivitäten am Hof und anderswo im Blutwald zu überwachen.

Die Pflichten der Jae'Helastri-Consortis ergänzen ihre politischen Fähigkeiten. Larrin unterhält Kommunikationslinien zu den Siedlungen des Blutwaldes, verfolgt die wechselnden Standorte der Nomadengemeinschaften und hält auch Kontakt zu den festen Dörfern. Ein großer Stab von Schriftgelehrten und Boten, meist ebenfalls von den Jae'Helastri, unterstützt ihn bei diesen Aufgaben. Er koordiniert sich oft mit Mitgliedern der Carithasca-Ranelle, deren Handelskarawanen häufig als waldweiter Kurierdienst dienen.

Tiriame unterhält Beziehungen zwischen den kleinen und großen Ranellen. Sie vermittelt bei Streitigkeiten zwischen Höflingen aus verschiedenen Ranellen und sorgt dafür, dass die Anliegen jeder Ranelle der Königin zur Kenntnis gebracht werden. Obwohl Alachia nur diejenigen anhört, die sie anhören möchte, besteht sie dennoch darauf, dass Tiriame sie umfassend informiert hält, um den Anschein von Gerechtigkeit unter den Adelsfamilien des Waldes aufrechtzuerhalten. Tiriame unternimmt alle Anstrengungen, um objektiv zu bleiben, aber die Loyalität zu ihrer eigenen Ranelle steht ihr dabei oft im Weg.

## Die Rasher–Ranelle

Tonnaer Rasher repräsentiert die Rasher-Ranelle, eine kleine Ranelle von der Westgrenze, die eng mit den Escalanas verbündet ist. Tonnaer, der jüngste und am wenigsten erfahrene Consortis, ist in den meisten Angelegenheiten bisher Orlando Escalanas gefolgt. In einer kürzlich abgehaltenen Privataudienz ermutigte Alachia ihn, vor allem die Sorgen und Bedürfnisse seiner eigenen Ranelle im Hinterkopf zu behalten. Er ist ihren Ratschlägen in der Praxis noch nicht gefolgt, hat aber die Führer seiner Ranelle um Rat gefragt, wie weit sie die Escalanas-Ranelle unterstützen wollen. Alachia hat ihn mit der Erforschung der wachsenden Korruption im Herzen des Waldes beauftragt.

Obwohl viele Höflinge die Ernennung von Tonnaer als ein Manöver zugunsten der Escalanas-Ranelle betrachten, ist die Wahrheit eine andere. Das Heimatdorf der Ranelle, Kelling, ist diejenige dauerhafte Siedlung, die dem Herzen des Waldes am nächsten liegt, und Alachia findet die Expertise der Rashers im Umgang mit den Gefahren dieser korrupten Region von unschätzbarem Wert. Der Status von Tonnaer gibt der Königin nicht nur die Möglichkeit, Berichte aus erster Hand über das Herz zu erhalten, sondern gibt seiner Ranelle auch die Möglichkeit, Einfluss zu gewinnen, und hält die Escalanas-Ranelle davon ab, das Sammeln von Wahrem Holz in den westlichen Wäldern zu dominieren.

## Die Talshara–Ranelle

Ilisa Willowby vertritt die Talshara-Ranelle. Sie erhielt die Stelle anstelle von Rhisiart Talshara, nachdem dieser bei einer von Alachias privaten Dinnerpartys mehrere schreckliche soziale Fehltritte begangen hatte. Obwohl sie ursprünglich zur Consortis ernannt wurde, um Rhisiart eine Lektion zu erteilen, hat sich Ilisa inzwischen als kluge Wahl erwiesen.

In Einklang mit einer seit langer Zeit bestehenden Tradition berät Ilisa die Königin in allen Fragen der Sicherheit der Waldgrenzen. Ihre Pflichten bringen sie in regelmäßigen Kontakt mit Erithander Talshara, dem Anführer ihrer Ranelle, und Takaris Talshara, dem Verbindungsmann der Blutwächter. Ihr Umgang mit den beiden Männern hat Ilisa deutlich auf die Spannungen zwischen den Blutwächtern und den Talshara aufmerksam gemacht, wie man den Blutwald am besten verteidigen kann. Das Gleichgewicht zwischen ihnen aufrechtzuerhalten ist eine Fähigkeit, die sie noch immer zu meistern versucht.

## DER HOF UND SEINE UMGEBUNG

Der Elfenhof und die Umgebung des Palastes gehören zu den schönsten Orten im Blutwald. Alachia hat den Blutwächtern befohlen, das Gebiet zu pflegen und es frei von dem verzerrten Unterholz zu halten, das den Rest des Waldes bedeckt. Die als Elfenhof bezeichnete Region hat einen Durchmesser von etwa fünfzig Meilen, mit Alachias Palast im Zentrum. Fast 15.000 Elfen leben dort, die meisten in den zahlreichen kleinen Dörfern rund um den Palasthof und den Palast. Die meisten von ihnen schulden einer der großen Ranellen Treue, und die fünf größten Dörfer dienen einer großen Ranelle in der Nähe des Hofes als Heimat.

## DER PALASTHOF

Der Palast steht in der Mitte einer Lichtung von mehr als dreihundert Schritt Durchmesser, bekannt als der Palasthof. Die meisten Aktivitäten des Hofes finden innerhalb der Grenzen der Lichtung statt, ebenso wie jeder Empfang für Besucher. Um den äußeren Rand herum befinden sich große Bäume, deren Stämme die Häuser der Consortis, Blutwächter und unzähliger Höflinge beherbergen, die sich um das Tagesgeschäft des Hofes kümmern. Generell gilt: Je höher der Platz eines Elfen am Hof, desto näher ist sein Zuhause am Palast. Die Consortis leben in eleganten Baumhäusern direkt am Rande der Lichtung. Die bescheideneren Häuser der meisten Mitarbeiter des Palastes befinden sich bis zu zwei Stunden zu Fuß vom Palast entfernt.

### ALACHIAS PALAST

Als die Dämonen kamen, zog die gesamte Bevölkerung des Wyrmwaldes in das Gebiet um das Herz des Waldes. Königin Alachia nutzte mächtige Elementarmagie, um den Palast vor ihrer Abreise zu dekonstruieren, und hinterließ eine Lichtung mit acht Eichen, wo er einst stand. Als die Plage zu Ende war und die Blutwächter begannen, den Wald wieder wachsen zu lassen, verfügte Alachia, dass der Elfenhof wieder in seinen ursprünglichen Zustand zurückversetzt werden sollte. Als die Höflinge, Consortis und anderen Hofbewohner zurückkehrten, um ihre ehemaligen Häuser wieder aufzubauen, nutzte Alachia wieder mächtige Magie, um den Palast aus den acht Eichen wieder aufzubauen.

Der neue Palast ähnelte dem alten, enthielt aber einige Änderungen. Am bemerkenswertesten ist die imposante Treppe, die den Eingang bildet und in die Kammer der Stimmen führt. Die neue Treppe, die früher aus Baumästen bestand, wurde aus den Knochen von Elfen gebaut, die während des Rituals der Dornen starben. Alachia verewigte sie in der strahlend weißen Treppe, die sie öffentlich ihrem Andenken widmete. Keiner der Blutwächter weiß genau, wie Alachia den Palast wiederaufbaute, aber Gerüchte besagen, dass sie eine Eichel des legendären Eichenherz benutzte.

Der Palast erhebt sich acht Stockwerke hoch und ragt über die höchsten Bäume des Waldes. Er steht in einem Kreis von acht riesigen Eichen, deren Stämme und Äste ihn formen und stützen. Die Zweige verschlingen sich und bilden komplizierte Muster, die sich mit dem Wachstum der Bäume verändern. Zwischen den Bäumen bilden dicht verwobene, blühende Ranken die Palastmauern. Einige Wände im Erdgeschoss sind auf der Innenseite mit einer dünnen Schicht aus poliertem Holz verkleidet, oft in Farbtönen von Tiefbraun bis Hellgold. Die Wände sind mit Fensteröffnungen versehen, die mit zarten Spinnweben bedeckt sind, die das Sonnenlicht einfangen und in Regenbögen zerlegen. Die Böden bestehen aus gewebten Reben, die mit den oberen Zweigen der Bäume verflochten sind, und die Türen zwischen den Räumen sind Rosensträucher, die dick genug sind, um fest zu werden. Jeder der acht Fundamentbäume ist so breit wie ein großes Gebäude. Die hohlen Stämme enthalten Arbeits- und Unterhaltungsräume, die häufig von den Consortis genutzt werden.

# DIE AUSSENWELT

Seit Jahrtausenden regierte der Elfenhof Elfen in der ganzen bekannten Welt. Vor dem Schisma und der Plage genossen die Königin und ihre Untertanen Respekt, wohin sie auch reisten. Alachias Weigerung, die Schutzvorrichtungen der Theraner zu verwenden, gefolgt vom Ritual der Dornen, hat die Blutelfen diese Wertschätzung in Barsaive und den Ländern jenseits davon gekostet. Alachias bewusste Isolation des Blutwaldes von anderen Reichen spiegelt ihre persönliche Ablehnung einer Welt wider, die die Blutelfen als Gräuel betrachtet.

Seit dem Ende der Plage hat der Blutwald nur minimale Verbindungen zu Ländern außerhalb des Waldes. Alachia hätte vielleicht überhaupt keinen Kontakt bevorzugt, ist aber intelligent genug, um zu erkennen, dass eine völlige Isolation den Wald für unbekannte Feinde anfällig machen könnte. Deshalb hat sie begrenzte Kontakte erlaubt, meist mit Nationen und Personen in Barsaive, aber auch informell mit den Elfenreichen der Westlichen Königreiche und Shosaras. Diese Kontakte, so zaghaft sie auch sein mögen, ermöglichen es der Königin, sich über die Ereignisse in Barsaive und darüber hinaus auf dem Laufenden zu halten, sodass sie mit jeder möglichen Bedrohung für den Blutwald fertigwerden kann.

## KÖNIGREICH VON THROAL

Offiziell haben der Blutwald und Throal nichts anderes als einen offenen Dialog, so wie es jede befreundete Nation mit ihrem Nachbarn tun würde. Die Thronbesteigung von Kovar Maksei hat Alachia jedoch dazu veranlasst, die passive Beziehung des Blutwaldes zu Throal neu zu bewerten. Die bisherige Arbeit von Geverian Halblächeln konnte einen positiveren Blick auf die Kultur der Blutelfen im Zwergenreich kultivieren, und zwar so sehr, dass die Königin es für angebracht hielt, einen Blutelfenbotschafter als Zeichen der Unterstützung für den neuen Herrscher Throals einzusetzen. Die jüngste Enkelin von Tarin Daevenar, Elynaril, erhielt diese große Ehre, nachdem sie jahrelang darauf gedrängt hatte, dass ihre Familie eine wichtigere Rolle in der Hofpolitik spielen solle. Ihre Anwesenheit im Königreich von Throal ist im Jahr seit ihrer Ernennung alles andere als unbemerkt geblieben, und viele der Adelsgeschlechter fragen sich, welche Samen Alachia in ihrem König gesät haben könnte.

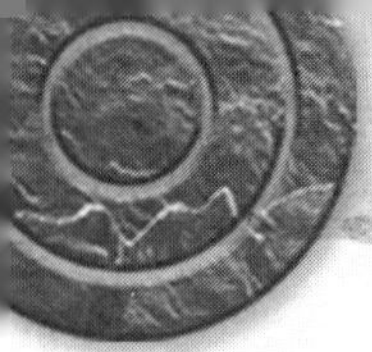



## THERA

Der Elfenhof unterhält keine offiziellen Beziehungen zu Thera und weigert sich, theranische Abgesandte zu empfangen. Alachia findet Theras Herrschaftsanspruch über Barsaive und den Blutwald lächerlich, und sie hat wiederholt erklärt, dass der Umgang mit Theranern mit Verbannung oder gar Trennung bestraft wird. Der Rückzug der Theraner aus Barsaive nach ihrer Niederlage im zweiten Krieg hat die Haltung der Königin zu diesem Thema weiter gestärkt: „Eine Nation, die ihre Besitztümer nicht verteidigen kann, hat kein Recht, sie überhaupt erst zu nehmen." Die Carithasca haben ein gewisses Interesse an Handelsabkommen mit Thera gezeigt, sollte Alachia jemals die Grenzen des Waldes öffnen, aber sie achten darauf, dass sie möglichst wenig darüber sprechen.

## IOPOS

Frühere Aktionen des mächtigen und geheimnisvollen Denairastas-Clans haben dem Elfenhof wenig Grund gegeben, den Herrschern von Iopos zu vertrauen. Ihre Beteiligung an der Anstiftung zum Konflikt zwischen Throal und Thera hat diese Meinung nicht verbessert, sodass Königin Alachia ihre Botschafter in einem ähnlichen Licht sieht wie jene des Theranischen Imperiums. Diese offizielle Missbilligung hat die Mitglieder der Escalanas-Ranelle jedoch nicht daran gehindert, Kontakt mit Jerleth, dem Neffen des iopanischen Herrschers Uhl Denairastas, aufzunehmen. Einige Mitglieder dieser Ranelle sind sogar heimlich in die Stadt gereist und haben sich mit den Zauberern des Clans getroffen. Der Hauptinitiator dieser verdeckten Aktivitäten ist Kethos Escalanas, der Wahres Holz und Wahre Erde gegen die Forschung der Denairastas über Rituale und Blutmagie eintauscht. Seit der Ermordung von König Varulus III. hat Kethos darauf bestanden, dass sich alle Vertreter der Denairastas mit ihm im Blutwald treffen. Er zieht es vor, einen so sicheren Abstand wie möglich zu allen Konfrontationen zwischen Iopos und Throal zu halten.

### ABENTEUERIDEE

Die Denairastas von Iopos haben heimlich Gruppen unabhängiger Abenteurer angeheuert, um sie bei ihren Expeditionen in den Blutwald zu unterstützen. Iopanische Zauberer, die sich als emsige Händler ausgeben, die Wahres Holz an der Westgrenze des Waldes sammeln wollen, haben zahlreiche erfolgreiche Reisen in die Escalanas-Heimat Letheran unternommen. Der Spielleiter kann eine der folgenden Optionen wählen, wie eine solche Mission ablaufen könnte:

#### OPTION 1

Die Denairastas nutzen die Abenteurer als Ablenkung, damit sie verschiedene Fallen zur Verteidigung der Waldgrenze auslösen. Ihre Aktionen sollen die Talshara-Hüter von ihrer üblichen Patrouillenroute abbringen und den Denairastas ermöglichen, unbemerkt hineinzuschlüpfen.

#### OPTION 2

Die Denairastas-Agenten werden von einer der magischen Fallen tödlich verwundet, als die Gruppe versucht, die Grenze des Waldes zu infiltrieren. Die Abenteurer haben die Aufgabe, ein instabiles magisches Objekt abzuliefern, das für die Forschung der Escalanas von entscheidender Bedeutung ist.

## KRATAS

Obwohl der Elfenhof keine offiziellen Beziehungen zur Stadt der Diebe unterhält, sind Kratas und der Blutwald durch die anhaltende Präsenz von Vistrosh miteinander verbunden. Vistrosh, ein ehemaliger Blutwächter, wurde vor fast dreißig Jahren aus dem Blutwald verbannt und lebt seitdem in Kratas. Zahlreiche Gerüchte verschleiern den Grund für seine Verbannung und veranlassen einige Höflinge, sich zu fragen, ob es sich dabei tatsächlich um einen kalkulierten Zug von Königin Alachia handelte, einen Geheimagenten in der Stadt zu installieren.

Vistrosh vergeudete keine Zeit damit, sich mit einigen der tödlichsten Mördern und Attentätern in Barsaive zu umgeben, die ihn sowohl fürchten als auch als mächtigen Zauberer und korrupten Elfen bewundern. Vistroshs Bande, Brochers Brut, wurde schnell zum Hauptrivalen der einflussreichsten Bande der Stadt, der Macht des Auges, angeführt vom ehrwürdigen Garlthik Einauge.

## DIE AROPAGOI DES SCHLANGENFLUSSES

Die Blutelfen haben mehr Kontakt mit den T'skrang von Haus Syrtis als mit allen anderen Namensgebern in Barsaive, wegen ihrer gemeinsamen Partnerschaft in Kaer Eidolon (S. 38). Die Beziehungen zu Haus Syrtis bleiben weitgehend neutral. Beide Seiten sehen Kaer Eidolon als für beide Seiten vorteilhaft an, würden dieses unverbindliche Bündnis aber bereitwillig auflösen, wenn die gegenseitige Bedrohung durch Haus Ishkarat nachlassen würde. Der Elfenhof hat fast keinen Kontakt mit den anderen T'skrang-Aropagoi.

## CARA FAHD

Königin Alachia überlegte einmal, formelle Beziehungen zur orkischen Nation Cara Fahd aufzunehmen. Angesichts der starken antitheranischen Gefühle der Orks sah Alachia sie als einen nützlichen Bauern gegen die wachsende Bedrohung entlang der Südwestgrenze Barsaives. Solche Pläne wurden jedoch nie in die Tat umgesetzt, da der throalische Angriff auf die *Triumph* der Königin eine viel direktere Möglichkeit gab, die Sicherheit des Blutwaldes vor den Aktionen des Theranischen Imperiums zu gewährleisten. Da die Stabilität von Barsaive seit dem Ende des zweiten Krieges wiederhergestellt ist, haben weder Alachia noch Krathis ein Interesse daran gezeigt, ein Bündnis zwischen ihren jeweiligen Nationen zu schmieden.

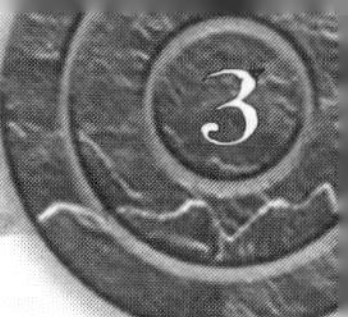


## HAVEN

Auch wenn Haven keine politische Macht ist, ist es für Alachia und die Blutwächter wegen der magischen Schätze in den Ruinen von Parlainth wichtig. Bereits jetzt haben die Bemühungen von Takaris Talshara und einer Gruppe angeheuerter Abenteurer die Blume des Ewigen Lebens für den Elfenhof zurückerobert. Die Königin und ihre Wächter glauben, dass in den Ruinen noch mehr magische Schätze und Wissen existieren. Jüngste Besuche des Blutwächters Fafedriel in Haven fielen häufig mit den Aktivitäten von theranischen und throalischen Agenten in der Region zusammen. Fraktionen im Dorf glauben, dass mehrere ungeklärte Ereignisse während dieser Überlappung zu verdächtig sind, um reine Zufälle zu sein, obwohl es keine Hinweise auf eine Beteiligung von Blutelfen zu geben scheint.

## DIE WESTLICHEN KÖNIGREICHE UND SHOSARA

Auch wenn die Westlichen Königreiche und Shosara seit dem Schisma keine Loyalität zum Blutwald gezeigt haben, hat Alachia nie aus den Augen verloren, diese Gebiete wieder unter ihre Herrschaft zu bekommen. Eines ihrer am strengsten gehüteten Geheimnisse sind die zahlreichen Botschafter, die sie mit Angeboten geschickt hat, um die drei Säulen der Elfenkultur wieder unter der Herrschaft eines einzigen Elfenhofes zu vereinen. In der Tradition würde dieser Hof in den Augen Alachias derjenige des Blutwaldes sein. Beide Nationen haben das Angebot der Königin abgelehnt und sich stattdessen entschieden, ihre Bemühungen darauf zu konzentrieren, zu definieren, was die elfische Tradition für sie selbst bedeutet. Diese Nationen haben das kleine Zugeständnis gemacht, regelmäßig Botschafter in den Wald zu schicken, als Zeichen des Respekts gegenüber dem jetzigen Elfenhof. Angesichts der langen Geschichte zwischen diesen Nationen ist es unwahrscheinlich, dass die heute bestehenden Bindungen jemals wirklich gebrochen werden.

Gerüchte über Geschützte Elfen, die in den Westlichen Königreichen und Shosara auftauchen, sind in den letzten Jahren häufiger geworden und haben zu vielen Spekulationen am Hof des Blutwaldes geführt. Einige glauben, dass Alachia ihre Spione positioniert, um die Stimmung für den Blutwald in der Öffentlichkeit dieser Nationen zu verbessern. Andere glauben, dass sich ihre Aktivitäten auf die Wiederbeschaffung der Eicheln von Eichenherz konzentrieren, da diese Geschenke der Königin keinen Platz bei denen haben, die sich geweigert haben, Alachias Herrschaft zu folgen. Was auch immer das beabsichtigte Ergebnis sein mag, es ist klar, dass die Westlichen Königreiche und Shosara weiterhin eine Rolle bei der Gestaltung der Zukunft des Blutwaldes spielen werden.

## DIE KÖNIGREICHE DER ELFEN

Königin Alachia hat von Zeit zu Zeit Abgesandte auf die Suche nach anderen Elfennationen geschickt, die während der Plage verloren gegangen sind. Solche Expeditionen haben wenig bis gar keinen Erfolg dabei gehabt, diese Königreiche wieder unter die Herrschaft des Blutwaldes zu bringen, da der Schock, die Blutelfen zum ersten Mal zu sehen, ein schwer zu überwindendes Hindernis war. Die Königin ist zufrieden mit den Schritten, die Geverian Halblächeln in Throal während der Herrschaft von König Neden gemacht hat, und hat beschlossen, dass ein subtilerer Ansatz der Schlüssel zur Wiederherstellung eines Dialogs mit diesen Königreichen sein könnte. Als Ungeschützter Elf und loyaler Untertan von Alachia scheint Geverian der ideale Kandidat zu sein, um die Hingabe der Elfen zu fördern, die dem Wald einst von außerhalb seiner Grenzen gezeigt wurde.

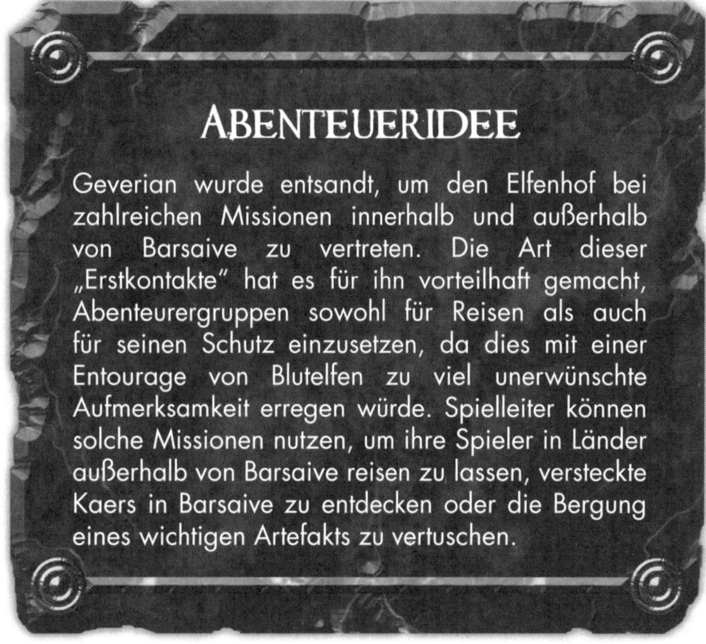

### ABENTEUERIDEE

Geverian wurde entsandt, um den Elfenhof bei zahlreichen Missionen innerhalb und außerhalb von Barsaive zu vertreten. Die Art dieser „Erstkontakte" hat es für ihn vorteilhaft gemacht, Abenteurergruppen sowohl für Reisen als auch für seinen Schutz einzusetzen, da dies mit einer Entourage von Blutelfen zu viel unerwünschte Aufmerksamkeit erregen würde. Spielleiter können solche Missionen nutzen, um ihre Spieler in Länder außerhalb von Barsaive reisen zu lassen, versteckte Kaers in Barsaive zu entdecken oder die Bergung eines wichtigen Artefakts zu vertuschen.

## AUSSENHANDEL

Königin Alachia ignoriert absichtlich einen gewissen diskreten Handel mit Namensgebern außerhalb des Blutwaldes. Während die Talshara-Ranelle Wahre Erde in Länder nördlich des Waldes verkauft und die Escalanas Wahres Holz gegen Wissen mit den Denairastas austauschen, findet der größte Teil des Schwarzmarkthandels am Südlichen Rand zwischen den Elfen und T'skrang statt, die in Kaer Eidolon stationiert sind.

Die am häufigsten außerhalb des Blutwaldes gehandelten Waren sind einzigartige Pflanzen oder tierische Felle, die nur im Wald zu finden sind, sowie Beispiele für ungewöhnliches elfisches Handwerk wie Waffen oder Blutbeerenwein. Andere sehr begehrte Gegenstände sind die Wahre Erde und das Wahre Holz, die in den nördlichen und westlichen Regionen des Waldes zu finden sind, sowie Tränke, die von den Blutwächtern hergestellt werden. Bisher haben die Elfen, die diesen Handel betreiben, ihre Operationen eingeschränkt und sind damit erfolgreich der Aufmerksamkeit derjenigen Blutelfen entgangen, die gegen einen so offenen Ungehorsam gegenüber den Erlassen der Königin Einspruch erheben könnten.

Trotz ihrer unerschütterlichen Ablehnung von politischen Beziehungen hat Alachia es ermöglicht, dass kleine Mengen bestimmter theranischer Güter in den Blutwald gelangen, vor allem über den Schwarzmarkt, der von Kaer Eidolon aus operiert. Sie mag bestimmte theranische Köstlichkeiten genauso sehr wie jeder andere am Hof und ist durchaus bereit, ihre eigenen Regeln zu brechen, wenn es ihr passt.

# DIE REGIONEN DES WALDES

## ÜBERBLICK

Neben Alachias Palast und den umliegenden Dörfern ist der Blutwald in vier Hauptregionen unterteilt: das Herz des Waldes, die Nordgebiete, die Westgrenze und den Südlichen Rand. Diese Gebiete sind die Heimat der primären Blutelfenpopulation in Barsaive und gelten als Domänen des Elfenhofes. Etwas außerhalb des Südlichen Randes liegt Kaer Eidolon, die Heimat der meisten Blutelfen außerhalb der Waldgrenze. Auch wenn die Königin Eidolon als unter ihrer Kontrolle betrachtet, wird es offiziell gemeinsam mit den T'skrang von Haus Syrtis verwaltet.

Die Quelle der Korruption des Blutwaldes ist die Region, die als das Herz des Waldes bekannt ist. Dieser Teil des Waldes hat sich in sich selbst verdreht und ernährt sich von seiner eigenen Qual. Die typischen Geräusche des Waldlebens wurden durch eine schreckliche Stille ersetzt, die gelegentlich von dem markerschütternden Gebrüll der Tiere durchdrungen wird, die durch die Region pirschen. Diese Kreaturen, die über die schlimmsten Vorstellungen der meisten Leute hinaus verzerrt sind, durchstreifen das Herz des Waldes auf der ständigen Suche nach Beute. Alle außer den tapfersten Blutelfen und den Blutwächtern meiden diesen schrecklichen Ort.

Die Nordgebiete bestehen aus kaum mehr als Wachposten und unbesiedelten Gebieten, die hauptsächlich von der Talshara-Ranelle kontrolliert werden. Die Region umfasst alles, von der nördlichen Grenze des Blutwaldes, die südlich von Goro'imri beginnt, bis hinunter zum nördlichen Teil des Dorfes Arralena. Die Nordgebiete sehen nur wenige Besucher von außerhalb des Waldes, obwohl sie gelegentlich Kontakt zu anderen Namensgeber-Siedlungen im Norden haben.

Der Südliche Rand bedeckt die südliche Grenze des Blutwaldes, beginnend an der äußersten südwestlichen Ecke des Waldes bis zum östlichen Rand knapp südlich von Da'seaishta. Für die meisten Besucher des Blutwaldes ohne diplomatische Referenzen findet der Kontakt mit den Blutelfen im Südlichen Rand statt. Die führende Ranelle des Südlichen Randes, die Carithasca, nutzt den Zugang zum Nachtfalterfluss, um ihre illegalen Handelsaktivitäten mit Parteien außerhalb des Waldes durchzuführen.

Die Westgrenze trifft an der äußersten südwestlichen Ecke des Blutwaldes auf den Südlichen Rand und verläuft entlang des westlichen Waldrandes bis unmittelbar südlich des Dorfes Goro'imri. Da sie so weit vom Elfenhof entfernt liegt, gehen viele Elfen davon aus, dass die Region die erste sein wird, die gegen die isolationistische Politik Alachias rebellieren und die Kommunikation mit Außenstehenden aufbauen wird. Andererseits nimmt die Escalanas-Ranelle, die dieses Gebiet kontrolliert, ihre Loyalität zur Königin sehr ernst und würde sich niemals offen ihren Edikten widersetzen. Dennoch haben viele Parteien von außerhalb des Blutwaldes versucht, um den Zugang zu den riesigen Vorkommen an Wahrem Holz zu verhandeln, die es in diesem Landstrich gibt.

Kaer Eidolon, ein Außenposten, der gemeinsam von Blutelfen und T'skrang aus dem Haus Syrtis bemannt wird, liegt einige Tagesreisen südlich der Grenze des Blutwaldes. Der Außenposten verdankt seine Existenz offiziell den expansionistischen Zielen der T'skrang des Hauses Ishkarat. Inoffiziell dient Kaer Eidolon als primäre Drehscheibe des illegalen Handels zwischen dem Blutwald und externen Parteien. Dieser lukrative Schwarzmarkt, die Hauptquelle für ausländische Waren im Blutwald, wurde größtenteils von der Carithasca-Ranelle geschaffen und gepflegt.

### ABENTEUERIDEE

Obwohl selten, wurden einige Familienlinien während ihrer Zeit innerhalb des Holzkaers aus dem Wald eliminiert. Fragmente dieser Ranellen saßen die Plage in anderen Teilen Barsaives aus und haben Jahrzehnte damit verbracht, die von ihren Vorfahren weitergegebenen Erbstücke zu bergen. Da Aufzeichnungen dieser Zeit von Außenstehenden ferngehalten werden, haben Ungeschützte Elfen aus diesen verlorenen Ranellen begonnen, Gruppen von Adepten ins Herz des Waldes zu schicken, um diese Artefakte zu finden. Spielleiter können solche Abenteuer darauf konzentrieren, Zugang zu dem Gebiet zu erhalten und/oder ein zerstörtes Kaer im Wald zu erkunden.

## DAS HERZ DES WALDES

Das Herz des Waldes hat etwa hundert Meilen Durchmesser und grenzt an fast jede andere größere Region des Blutwaldes. Abenteurer im Herzen des Waldes können sich durch gefährlichen Dschungel und blutgetränkte Sumpflandschaften oder geschwärzte Ödlandschaften wie die Verkohlte Heide kämpfen. Die Zitadelle der Blutwächter, in der sich die Wächter vor langer Zeit der Entdeckung magischer Schutzmaßnahmen gegen die Dämonen widmeten, liegt heute in Trümmern im Zentrum des Herzens. Die zerschmetterten Gebäude, die zerbrochenen Fundamente und die anhaltende Verzweiflung, die den Ort umgeben, sind ein Zeugnis für den hohen Preis, den die Blutelfen für das Überleben der Plage gezahlt haben.

Tief unter dem Herzen des Waldes liegen die Kaers, in denen einst die Bevölkerung des Blutwaldes lebte. Bis auf wenige Ausnahmen wurden alle Eingänge zu diesen riesigen Höhlen und Tunneln bei ihrer Aufgabe versiegelt. Keiner, der die Kaers betreten hat, ist je zurückgekehrt, um zu erzählen, was in ihnen zu finden ist, ob alte Schätze oder noch dort verweilende Schrecken.

Das wahre Ausmaß der Korruption des Herzens ist eines der bestgehüteten Geheimnisse des Blutwaldes. Königin Alachia hat jedem verboten, ohne ihre ausdrückliche Erlaubnis in das Herz des Waldes einzudringen, und setzt dieses Dekret mit Wachpatrouillen am Rande der Region durch. Die Verletzung des Edik-

Noch ungewöhnlicher als der Auftritt der Gesandten war der Grund für ihr Kommen. Sie schlugen vor, dass Haus Syrtis und der Blutwald einen Verteidigungspakt bilden sollten, um Haus Ishkarat in Schach zu halten. Als Symbol dieser Allianz würden Elfen und T'skrang gemeinsam eine Festung zu beiderseitigem Nutzen errichten. Die gut zu verteidigende Lage von Kaer Eidolon machte es zu einem perfekten Ort für eine solche Festung.

Alachia zog die Angelegenheit in Betracht und versprach eine Antwort zu einem späteren Zeitpunkt. Da die Idee von den T'skrang und damit von einem traditionellen Feind kam, neigte die Königin dazu, ihm zu misstrauen. Das schnelle und brutale Vordringen des Hauses Ishkarat nach Osten entlang des Schlangenflusses brachte seine Streitkräfte jedoch näher an den Nachtfalterfluss heran. Wenn es ihnen gelingen würde, die Gebiete von Haus Syrtis zu erobern, würde ein unbekannter Gegner an der Türschwelle des Blutwaldes stehen. Haus Syrtis war zumindest ein Feind, den Alachia kannte. Die Tatsache, dass sie einen so überraschenden Vorschlag gemacht hatten, deutete darauf hin, dass sie die Elfen als gleichwertige Verbündete brauchten.

Die Wahl des Standorts veranlasste Alachia, die Idee trotz der Risiken zu favorisieren, wenn auch nicht aus Gründen, die sie öffentlich zugeben würde. Als die Wächter aus dem Wald flohen, nahmen sie alles Nötige mit, um ihre magische Forschung fortzusetzen. In den Aufzeichnungen des Waldes finden sich keine stichhaltigen Beweise dafür, welche magischen Bücher oder Relikte sie mitgenommen haben könnten. Eine Festung auf den Ruinen bot die perfekte Gelegenheit, das Kaer zu erkunden und die dort verbliebenen Geheimnisse der Elfen zurückzuholen, sodass dieses Wissen in den richtigen Händen blieb.

Königin Alachia legte die Angelegenheit ihren Consortis vor. Haeleon Carithasca argumentierte zugunsten des Vorschlags und erinnerte den Hof an seinen langjährigen Antrag auf Öffnung der Grenzen des Blutwaldes. Tarin Daevenar wandte sich gegen das Bündnis mit der Begründung, dass der tägliche Kontakt mit den T'skrang die elfische Kultur durch ausländischen Einfluss verunreinigen würde. Die restlichen sechs Consortis waren über die Angelegenheit uneins, wodurch die Berater in einem Patt steckten.

Haeleon Carithasca wollte unbedingt das Fort bauen, da er ein großes Potenzial in dem Projekt sah. Kaer Eidolon bot den Carithasca die Möglichkeit, regelmäßige Transporte von Trenevar aus in ein Gebiet außerhalb des Waldes einzurichten, was es einfacher machte, sich dem königlichen Verbot bezüglich ausländischer Handelswaren zu entziehen. Im Laufe einer viertägigen Jagdgesellschaft gewann Haeleon Erithander Talshara mit seinem eloquenten, wenn auch nicht langlebigen Argument bezüglich des militärischen Wertes des Forts. Alachia hatte sich zu diesem Zeitpunkt schon fast entschieden, das Projekt zu unterstützen, und nahm Erithanders Unterstützung als positives Zeichen. Die Königin schickte sofort eine Nachricht über ihre Entscheidung an Haus Syrtis. Innerhalb weniger Wochen kamen die T'skrang-Bauteams an, um den Grundstein zu legen, nur um dort die Elfen vorzufinden, die bereits eifrig bei der Arbeit waren.

## Die Festung

Eidolon ist eine der wehrhaftesten Städte der Gegend und wird auf allen Seiten durch dreißig Fuß hohe Mauern geschützt. Der Großteil der Umgebung besteht aus flachen Sümpfen, die es schwierig machen, sich der Festung zu Fuß zu nähern. Nur eine Seite von Eidolon ist direkt dem Schlangenfluss ausgesetzt, der die etwa ein Dutzend Kais mit der Stadt verbindet. Diese Kais sind für die vielen militärischen und zivilen Schiffe bestimmt, die jeden Tag an der Festung anlegen und von dort aus abfahren.

Die Außenmauern verbinden sich zu einem sechseckigen Muster, mit einem Wachturm und einem Eingang zur Stadt an jeder Ecke. Auf der anderen Seite dieser Barriere befinden sich die Holzstände und Wagen, die von einheimischen Händlern benutzt werden, um Waren zu verkaufen, die aus der Umgebung von Barsaive hergebracht wurden. Diese semi-permanenten Geschäfte werden nur dann geräumt, wenn sich die Stadt auf einen Angriff vorbereitet. Gegenüber diesen Ständen und durch eine Zentralstraße von ihnen getrennt befinden sich Geschäfte in Ziegelbauten, die von dauerhafteren Einrichtungen wie Schmieden, Tavernen und Forschungsbibliotheken benötigt werden. Die Zentralstraße führt um die gesamte Stadt herum und ermöglicht den Bewohnern einen einfachen Zugang zu den unterirdischen Teilen von Eidolon, in denen sich ihre Häuser befinden.

Das Zentrum der Stadt liegt höher als die Zivilbezirke und wird durch eine zwanzig Fuß hohe Mauer geschützt. In diesem Bereich befinden sich die T'skrang-Verwaltungsbüros und die Blutelfenkaserne, sowie die Stadtkasse, die Waffenkammer, das Archiv und andere Verwaltungsgebäude. Haus Syrtis, die Carithasca- und die Talshara-Ranelle unterhalten bescheidene Anwesen im Zentralbezirk, um einen sicheren Ort für ihre Geschäfte zu haben.

### Blutelfen in Eidolon

Die Eidolon zugewiesenen Hüter folgen einem anderen Rotationsmuster als diejenigen in anderen Regionen des Blutwaldes, was die Ausbreitung der externen Kontamination innerhalb seiner Grenzen begrenzt. Ein Hüter, der nach Eidolon kommt, wird die Festung für die ersten drei Monate patrouillieren und dann mit Wachaufgaben innerhalb der inneren Bezirke beauftragt werden, wenn eine „frische" Ladung Blutelfen im Kaer ankommt. Der Hüter wird dann drei Monate lang zurückgeschickt, um die Außenposten am Südlichen Rand zu patrouillieren, bevor er zurückkehrt, um den Zyklus zu wiederholen. Dieses Schema minimiert die Auswirkungen der Waldsehnsucht (s. *Spielinformationen*, S. 150), wobei sichergestellt ist, dass immer ausreichend Blutelfen anwesend sind, die mit dem Lageplan von Eidolon vertraut sind, um es zu verteidigen. Politische Persönlichkeiten wie Rhisiart Talshara haben einen größeren Freiraum, wenn es um die Dauer ihres Aufenthaltes außerhalb des Waldes geht, und unternehmen in der Regel alle zwei bis drei Monate kurze Rückreisen.

## Abenteueridee

Die Spannungen in Kaer Eidolon zwischen Magistrat Ritizk, Rhisiart Talshara und den Suchern des Herzens haben in den letzten Jahren stetig zugenommen. Spielleiter können dieses politische Dreieck gerne als Mittel nutzen, um die Natur des Kaers im Laufe eines Abenteuers oder einer Kampagne zu verändern. Die Talshara könnten eine Gruppe anheuern, um Mitglieder der Sucher aufzuspüren und zu fangen, die Sucher könnten eine Ablenkung brauchen, um Mitglieder nach Eidolon oder hinaus zu schmuggeln, oder der Magistrat könnte einen Vorteil gegenüber den Elfenfraktionen erringen wollen, um seine eigenen Ziele zu erreichen. Interaktionen, die die politische Stabilität von Eidolon beeinflussen, werden von Königin Alachia oder der Shivalahala Syrtis nicht unbemerkt bleiben und sollten positive oder negative Folgen haben, die die Interaktionen mit ihren jeweiligen Reichen in der Zukunft beeinflussen.

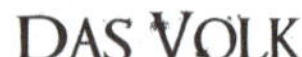

### Das Volk

Die Elfentruppen von Eidolon werden derzeit von Rhisiart Talshara (s. *Die Talshara-Ranelle*, S. 78) befehligt, dem jüngsten Sohn von Erithander Talshara. Die Ablösung der Blutelfentruppen findet alle drei Monate statt, was mit der regelmäßigen geplanten Ankunft der Versorgungsschiffe aus Trenevar zusammenfällt. Die Carithasca-Ranelle hat der Talshara-Ranelle ihre Flotte von Frachtschiffen zur Verfügung gestellt, ein Akt scheinbarer Großzügigkeit. Tatsächlich nutzen die Carithasca diese Versorgungstransporte, um ausländische Waren nach Trenevar zu schmuggeln, die dann per Schiff oder Karawane in den Blutwald und manchmal sogar bis zum Elfenhof gebracht werden.

Zusätzlich zu den Soldaten haben etwa 150 Ungeschützte Elfen innerhalb der Mauern von Eidolon ihr Zuhause gefunden. Seitdem die Nachricht von der Verwandlung des Waldes den Rest von Barsaive erreicht hat, haben Elfen, die außerhalb des Blutwaldes geboren wurden, mit den Folgen der Verwandlung zu kämpfen. Viele reisten ins Stammland, um es selbst zu begutachten, und einige entschieden sich dazubleiben. Alachia weigert sich zwar, sie im Wald leben zu lassen, aber ihre geschworene Treue macht sie zu nützlichen Werkzeugen. Alachia erlaubt diesen Pilgern in Kaer Eidolon zu wohnen und verstärkt so das Kontingent an Soldaten und Handwerkern, was die Festung zu einer florierenden Siedlung macht.

Während die Elfen den größten Teil der Verteidigung der Stadt übernehmen, beaufsichtigen die T'skrang das Tagesgeschäft von Eidolon. Andockpläne, Versorgungslager, Steuern und alles andere, was die Stadt am Laufen hält, werden von Magistrat Ritizk Syrtis überwacht. Alachia kämpfte ursprünglich gegen diese Regelung, aber die Talshara- und Carithasca-Ranelle überzeugten sie vom Gegenteil. Erithander war glücklich, sich ausschließlich auf die Verteidigung konzentrieren zu können, und Haeleon sah eine plausible Abstreitbarkeit für illegale Waren, die auf Schiffen landeten, die nach Trenevar fuhren. Zusätzlich zu den vielen

## Zwei Seiten derselben Münze

Sowohl Ritizk Syrtis als auch Rhisiart Talshara haben ihre jeweilige Position in Kaer Eidolon erhalten, nachdem sie den Ruf ihrer Familien beschädigt hatten. Beide wissen das voneinander und bilden eine Verbindung durch ihr gemeinsames Ziel, eines Tages zu politischer Bedeutung zurückzukehren. Dieser Respekt macht sie jedoch nicht blind für ihre missliche Lage, da beide bereitwillig den anderen verraten würden, wenn es eine Chance gäbe, dadurch ihr Exil zu beenden.

T'skrang-Handelsschiffen, die kommen und gehen, wie sie wollen, benutzen eine Reihe syrtisischer Militärschiffe Eidolon als Nachschubdepot, während sie den Schlangenfluss patrouillieren.

Wie die Carithasca-Schmuggelaktivitäten nutzen auch die Sucher des Herzens Eidolon als Möglichkeit, unentdeckt in Alachias Domäne einzudringen. Die Gruppe nutzt seit Jahren kleinere Nachschublieferungen, um die Grenzen des Blutwaldes zu durchdringen, was zu einem der wenigen Versäumnisse führt, die den Ruf der Talshara beeinträchtigen. Im Inneren des Waldes selbst sind nur Gerüchte über ihre Aktivitäten zu hören, was ihre Bewegungen für die Hüter schwer nachvollziehbar macht. Kaer Eidolon allerdings ist voller Sympathisanten für die Ziele der Sucher und entwickelt sich zu einem politischen Pulverfass mit einer brennenden Lunte. Die verdeckten Mitglieder der Gruppe werden von Tag zu Tag mutiger und zwingen die Blutelfen, mehr Druck auf Magistrat Ritizk auszuüben, um sie aus ihrem Versteck zu locken.

## Wichtige Charaktere

### Magistrat Ritizk Syrtis

Da Magistrat Ritizk ein älteres Mitglied von Haus Syrtis ist, glauben die meisten Elfen, dass er sich seine Position durch jahrelangen engagierten Dienst für seine Familie erworben hat. Die Wahrheit ist jedoch, dass er nach Eidolon strafversetzt wurde, wegen einer nicht näher benannten Schande für das Ansehen seines Hauses während seines Versuchs, sich die Position des Kämmerers zu sichern. Die Position wurde der ältesten Nichte von Ritizk übertragen, die ihren Onkel verbannte, damit er weit weg vom Aropagoi dient. Ritizk hat das letzte Jahrzehnt damit verbracht, Eidolon in eine Symphonie der Effizienz zu verwandeln, und plant weiterhin seine Rückkehr zur Macht in Haus Syrtis.

Ritizk hat täglichen Kontakt mit den Talshara, die in Kaer Eidolon stationiert sind, da ihre Patrouillen ein wesentlicher Bestandteil der Sicherheit der Stadt sind. Der Magistrat wird aus Respekt vor seinem Amt häufig zu Truppenbesprechungen eingeladen. Diese besucht er jedoch selten, da seine Vorschläge von den Hütern in der Regel ignoriert werden. Ritizk ist auch mit den meisten Carithasca-Schiffskapitänen bekannt, die häufig im Hafen von Eidolon Vorräte aufnehmen. Aufgrund seiner

Position ist er für den reibungslosen Betrieb des Hafens verantwortlich, was der Magistrat als Mittel benutzt, um sich einen Prozentsatz von jeder Schmuggelware zu sichern, die in den Blutwald gebracht wird.

Die Sucher des Herzens haben den Magistrat noch nicht in bedeutender Weise belästigt. Ritizks offizielle Haltung ist es, jedes bekannte Mitglied der Sucher unverzüglicht zu verhaften, aber viele scheinen aus der Haft zu entkommen, bevor eine Strafanzeige gestellt wird. Ob es nun jemand in seiner Regierung oder Ritizk selbst ist, jedenfalls scheint er mehr zu bellen als zu beißen, wenn es um diese Gesetzlosen geht.

### ATTRIBUTE

GES: 7 STR: 6 ZÄH: 6
WAH: 6 WIL: 5 CHA: 7

## ERKUNDUNG UND REISE

Wegen Königin Alachias isolationistischer Politik bleibt der Wald für viele Abenteurer in Barsaive eine Quelle des Staunens und der Ehrfurcht. Diejenigen, die zum Blutwald reisen, haben Schwierigkeiten wie nirgendwo sonst in Barsaive. Ein Eindringen in den Wald zu überleben ist eine Leistung, die es wert ist, besungen zu werden. Die Verteidigungseinrichtungen des Blutwaldes, sowohl die natürlichen als auch die von Elfen geschaffenen, garantieren, dass nur sehr wenige ungebetene Reisende, die sich über die äußersten Ränder des Waldes hinauswagen, überleben, um davon zu erzählen.

Auch wenn sie von diesen Gefahren wissen, lockt der Wald immer noch Außenstehende an, die versuchen, seine Geheimnisse aufzudecken oder seinen Reichtum zu ernten. Eilige Schürfexpeditionen tauchen heimlich in den Wald ein, auf der Suche nach Vorkommen von Wahrer Erde und Wahrem Holz. Andere werden von Geschichten über die Schönheit und Pracht des Elfenhofes angezogen. Von denen, die die Elfen suchen, werden die meisten abgewiesen, oder man hört nie wieder von ihnen.

### DAS BETRETEN DES WALDES

Die erste Herausforderung für Charaktere, die den Blutwald erforschen wollen, besteht darin, unentdeckt einen Weg hinein zu finden. Auch wenn die Größe der Grenzen des Waldes es unmöglich macht, jeden Teil des Waldes zu beobachten, nehmen die Grenzwachen ihre Aufgaben ernst. Um die Talshara-Hüter bei ihrer Aufgabe zu unterstützen, stellen die Blutwächter verschiedene Fallen entlang des Waldrands auf. Charaktere, die in den Blutwald eindringen, müssen den Südlichen Rand, die Westgrenze oder die Nordgebiete passieren. Jede Region bietet einzigartige Möglichkeiten und Hindernisse für Eindringlinge.

Die meisten Reisenden aus Barsaive nähern sich dem Wald entlang des Südlichen Randes. Wer auf dem Landweg reist, strebt nach den isoliertesten Abschnitten, die am weitesten vom Nachtfalterfluss und dem Dorf Arralena entfernt sind. Die Blutwächter sahen dies jedoch voraus und verwendeten eine besonders starke Pfadmagie (siehe S. 42), um diese Region des Waldes zu schützen, indem sie +2 zu seiner Mystischen Verteidigung hinzufügten. Reisende können durch die Überreste von unglücklichen Namensgebern gewarnt werden, die im Südlichen Rand verstreut liegen. Eine zuverlässigere Methode der Einreise ist die mit dem Boot entlang des Nachtfalterflusses oder des Kleinen Nachtfalterflusses. Obwohl jeder Fluss über viele Wachposten verfügt, können Abenteurer oft an ihnen vorbeischlüpfen, entweder im Laderaum eines größeren Schiffes oder im Schutze der Nacht. Einige Wachen können sogar überredet werden, den gelegentlichen Reisenden zu ignorieren, meist im Austausch gegen ausländische Köstlichkeiten, die von der Königin verboten wurden.

Die Westgrenze ist die schwierigste Region, durch die man in den Blutwald eindringen kann, zumindest auf dem Landweg. Seine Verteidigung besteht aus magischen Schutzvorrichtungen und Fallen, die die natürlichen Raubtiere des Waldes herbeirufen, darunter Mörderreben, Bluteichen und Wurzelläufer. Die meisten Reisenden, die die Westgrenze überschreiten wollen, fahren tatsächlich vom Südlichen Rand aus mit dem Boot auf dem Nachtfalterfluss entlang. Einmal an Burdoin vorbei, stellt der Fluss eine größere Gefahr dar als die Bewohner des Waldes. Nur Elfenschiffe können flussaufwärts nach Letheran, der Heimat der Escalanas-Ranelle, fahren.

Aufgrund der Entfernung von Barsaive und der unwirtlichen Umgebung sind die Nordgebiete eine unpraktische Wahl, um den Blutwald zu betreten. Ironischerweise gewährt die Region relativ einfach Zugang. Auch wenn die Außenposten der Talshara hier näher beieinanderliegen als in anderen Regionen, zwingt die riesige Fläche der Nordgebiete die Hüter, ihr Territorium reaktiv zu patrouillieren. Eine kleine Gruppe von Abenteurern mag es leichter finden, aus dieser Richtung in den Wald zu schlüpfen, aber sie müssen tief in den Wald vordringen, bevor sie vor einer Entdeckung sicher sind. Obwohl es möglich ist, die Nordgebiete über den Nachtfalterfluss und den Kleinen Nachtfalterfluss zu erreichen, ist es eine schwierige Aufgabe, ein ungebetenes Boot entlang eines dieser Flüsse zu steuern. Eindringlinge, die den Nachtfalterfluss benutzen, müssen sich den Talshara-Wachen aus dem Dorf Eamonn stellen. Der Kleine Nachtfalterfluss ist weitgehend ungeschützt, fließt aber direkt durch das Herz des Waldes, das schon selbst gewaltige Gefahren birgt.

### REISEN IM WALD

Die größte Herausforderung bei der Erkundung des Blutwaldes ist die Natur des Waldes selbst. Die Blutmagie, die die Elfen während der Plage praktizierten, verzerrte die Wahre Struktur des Waldes und verdrehte seine Schönheit zu einer ekelhaften Verspottung der Natur. Das ungewöhnlich dichte Wachstum von Pflanzen und Bäumen erschwert die Reise mehr als normal. Die Dichte des Unterholzes senkt die Reisezeiten auf etwa zwanzig Meilen pro Tag zu Fuß und dreißig Meilen pro Tag zu Pferd.

Vorsichtige Reisende können die Raubtiere überleben, die im Wald jagen, nur um dann Opfer einer scheinbar harmlosen Bluteiche oder Mörderrebe zu werden. Die Verderbnis des Herzens des Waldes dringt immer tiefer in die verschiedenen Regionen des Waldes ein, gespeist von jedem Tropfen Blut, der von den Dornen seiner Bewohner fällt. Blut durchdringt fast jedes Lebewesen im Wald: Pflanzen, Tiere, sogar die Erde selbst. In einigen Gebieten des Waldes taucht dickes Blut in den Fußspuren der Reisenden auf.

Die Pfadmagie ist eines der bedeutendsten Hindernisse für die Reise, sowohl auf dem Boden als auch auf Wasserstraßen. Diese Verzauberung durchdringt den ganzen Wald und lenkt die Bewegungen der Eindringlinge, indem sie das Land verschleiert und ihnen Hindernisse in den Weg stellt. Die Wasserstraßen werden durch eine etwas andere Magie geschützt, die dazu führt, dass Stürme über dem Fluss aufsteigen und alle nicht erwünschten Schiffe zur Umkehr zwingen.

### VERTEIDIGUNGSEINRICHTUNGEN

Die Blutwächter schützen den Blutwald mit vielen Verteidigungselementen, darunter Außenposten, Patrouillen, magischen Fallen und speziellen Verzauberungen. Offiziell sind die Blutwächter für die Verteidigung des Blutwaldes verantwortlich, aber traditionell arbeiten sie mit den Talshara-Hütern zusammen. Während die Blutwächter die magischen Schutzmaßnahmen des Waldes aufrechterhalten, haben die Talshara die Verantwortung für die Auswahl, Ausbildung und Führung der Fußsoldaten übernommen, die den Großteil der Verteidigungskräfte des Waldes ausmachen.

## TALSHARA—AUSSENPOSTEN

Die primäre Verteidigung der Grenzen des Blutwaldes sind die Außenposten, die entlang des Waldrandes errichtet wurden. Die Außenposten, die jeweils etwa siebzig Meilen voneinander entfernt liegen, bestehen aus einer Garnison von je sechzehn Verteidigern, von denen mindestens drei Adepten sind, und mehreren Wachtieren. Jeder Außenposten unterhält auch ein paar Kuriervögel, um die in der Nähe befindlichen Außenposten vor Eindringlingen zu warnen, Verstärkung anzufordern und Kontakt zu ihren Anführern am Hof zu halten. Die meisten dieser Außenposten liegen weniger als eine Tagesreise von der Grenze des Waldes entfernt.

Die an jedem Außenposten stationierten Hüter patrouillieren rotierend im Bereich zwischen den Außenposten. Acht Hüter bemannen den Außenposten, während die anderen acht in zwei Vierergruppen an den Grenzen patrouillieren, wobei eine Patrouille in eine Richtung zum nächsten Außenposten reist, die andere in die andere. Wenn die Patrouillen an ihrem jeweiligen Ziel ankommen, bilden sie die nächste stationäre Wache zusammen mit der aus der entgegengesetzten Richtung ankommenden Patrouille. Die Garnisonshüter, die den Außenposten bemannen, bilden zwei neue Patrouillen und machen sich zu den nächsten Außenposten auf. Mit diesem System bereist jeder Hüter über sechs Monate alle Außenposten und verbringt etwa die Hälfte seiner Zeit auf der Wache und die andere Hälfte auf Patrouille.

Die Hüter sind auch für die Pflege einer kleinen Anzahl von Geisterweiden (s. *Spielinformationen*, S. 151) verantwortlich, die strategisch im Wald platziert sind. Diese magisch aktiven Pflanzen warnen vor Eindringlingen und anderen Bedrohungen aus dem Astralraum. Alle Hüter sind darauf trainiert, das Notsignal der Weiden zu erkennen, aber nur drei Blutwächter können tatsächlich mit den Pflanzen kommunizieren: Takaris Talshara, Niriame Jae'Helastri und Preystia Tales (s. *Namhafte Blutwächter*, S. 44).

## FALLEN

Die Grenze wird außerdem durch ein Netz von Fallen geschützt, die etwa alle hundert Schritt von den Blutwächtern aufgestellt wurden, um Eindringlinge festzuhalten, bis sie von einer Patrouille eingesammelt werden können. Die meisten von ihnen sind zwar dazu bestimmt, Dornenmenschen zu erschaffen, wenn sie ausgelöst werden, aber die Zauberer der Escalanas haben auch Fallen erschaffen, die andere Kreaturen beschwören, um Eindringlinge anzugreifen, zum Beispiel Sturmkrähen und Elementargeister. Die Blutwächter verwenden auch traditionellere magische und mundane Fallen.

## PFADMAGIE

Eine der besten Abwehrmaßnahmen des Blutwaldes gegen unerwünschte Eindringlinge ist die Pfadmagie, eine Verzauberung, die von den Blutwächtern geschaffen wurde und die Pflanzen des Waldes dazu bringt, Pfade zu überwuchern und Reisende im Kreis zu führen, bis sie sich hoffnungslos verirrt haben. Wenn eine Gruppe den Blutwald uneingeladen betritt, legt der Spielleiter eine Pfadmagie-Probe mit Stufe 12 ab und vergleicht das Ergebnis mit der Mystischen Verteidigung der Eindringlinge. Gelingt die Probe auch nur gegen einen einzelnen der Charaktere, wird die Pfadmagie aktiviert und versucht, die Gruppe in die Irre zu führen. Während die Charaktere durch den Wald reisen, werden sich die Bäume verschieben, um Wege vor den Charakteren zu bilden und den Weg, den sie gerade gekommen sind, zu verbergen.

Um die Waldverschiebung zu bemerken, muss einem Charakter eine Wahrnehmungsprobe gegen die Mystische Verteidigung der Pfadmagie von 10 gelingen. Charaktere können Fähigkeiten wie das Talent Spurenlesen oder den Zauber Sicherer Pfad einsetzen, aber diese Methoden erfordern einen zusätzlichen Erfolg, um erfolgreich zu sein. Mindestens einem Charakter muss die Wahrnehmungsprobe alle 30 Minuten gelingen, damit die Gruppe unbeeinträchtigt reisen kann, andernfalls fällt sie der Pfadmagie zum Opfer und wird von ihrem Ziel abgelenkt. Charaktere können mit einer weiteren Wahrnehmungsprobe versuchen, ihren unbeabsichtigten Umweg in der nächsten halben Stunde zu bemerken.

Wenn die Pfadmagie eine Gruppe von Reisenden entdeckt, alarmiert sie den nächsten Grenzposten. Gruppen von vier bis sechs Hütern machen sich dann auf die Suche nach den unbefugten Personen, manchmal zusammen mit Blutwächtern oder Geißlern. Im Allgemeinen ignoriert die Pfadmagie Gruppen, zu denen ein Blutelf gehört, aber wenn der Blutelf länger als ein Jahr und einen Tag nicht im Wald war, erkennt die Pfadmagie ihn vielleicht nicht. In diesem Fall wird die Gruppe wie oben be-

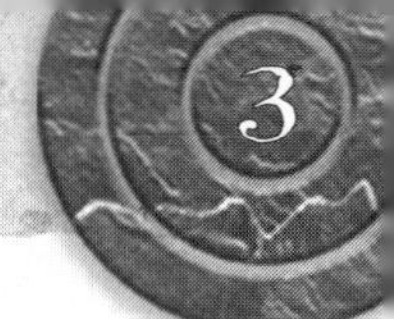


schrieben von der Pfadmagie aufs Korn genommen, erhält aber einen Bonus von +2 auf ihre Wahrnehmungsproben.

Pfadmagie kann auch Fähigkeiten beeinflussen, die verwendet werden, um einem Ziel im Blutwald zu folgen (wie z. B. Mystische Verfolgung) oder auf seinen Wasserwegen zu navigieren. Anstatt den richtigen Weg zu verbergen, lenkt die Magie den Benutzer von seinem Ziel ab. Wenn der Charakter entsprechende Fähigkeiten im Blutwald einsetzt, muss er mindestens einen zusätzlichen Erfolg gegen die Mystische Verteidigung der Pfadmagie erzielen, damit die Fähigkeit richtig funktioniert. Ein Misslingen bedeutet, dass der Charakter glaubt, dass seine geplante Route in die entgegengesetzte Richtung verläuft oder sein Boot sich in Richtung des nächsten Ausgangs aus dem Gebiet der Blutelfen dreht.

# Organisationen und Geheimgesellschaften

## Blutwächter

Die Wächter schützen den Wald seit Jahrhunderten gegen theranische Sklavenjäger, feindliche Armeen und alle anderen, die es wagen, seine Grenzen zu bedrohen. Offiziell sind diese Kriegerzauberer für jeden Aspekt der Verteidigung des Blutwaldes verantwortlich und damit beauftragt, ihn sicher für alle zu halten, die darin leben. Sie beaufsichtigen die Talshara-Hüter und Außenposten-Kommandanten im ganzen Wald.

Im Laufe der Jahre haben sich die Blutwächter zu den führenden magischen Experten des Elfenhofes entwickelt, insbesondere im Hinblick auf Blutmagie. Viele Blutwächter folgen zwei oder mehr Zauberer-Disziplinen, einige wählen aber auch andere Disziplinen. Die ältesten Blutwächter nutzen Blutmagie, um ihre Lebensdauer zu verlängern, eine Praxis, die vor allen außer Königin Alachia geheim gehalten wird.

Die Wächter glauben, dass Geschützte Elfen ihren Ungeschützten Brüdern von Natur aus überlegen sind und sie so weit über anderen Rassen der Namensgeber stehen, wie Namensgeber über Insekten stehen. Sie sehen diejenigen, die sich der theranischen Herrschaft als Preis für die Sicherheit vor der Plage unterworfen haben, als Schwächlinge ohne Ehre. Sie glauben, dass Blutelfen die einzigen wahren Überlebenden der Plage sind, weil sie sich an die Herausforderung angepasst haben, statt sich vor den Theranern zu erniedrigen und sich in erbärmlichem Schrecken zu verstecken.

Die Blutwächter, die im ganzen Blutwald respektiert und gefürchtet werden, sind eine von Alachias größten Stärken und ihre größte Schwäche. Ihre Magie hat den Blutwald am Leben erhalten und Alachia geholfen, ihre Macht darin zu erhalten, aber zu einem Preis, der möglicherweise höher ist, als sie es sich vorstellt. In letzter Zeit haben die Wächter begonnen, mehr Autonomie für sich zu beanspruchen, und berichten über ihre Handlungen im Nachhinein, anstatt die vorherige Zustimmung der Königin einzuholen. Im Moment findet Alachia ihre Forschung noch wertvoll genug, um diese kleinen Übertretungen zu übersehen. Die meisten Elfen am Hof glauben, dass die Wächter eine wichtige Aufgabe erfüllen müssen, sonst würde die Königin sie sicherlich bestrafen, weil sie ihr nicht gehorcht haben. Einige unwichtigere Stimmen vermuten, dass es Alachia egal ist, was die Blutwächter tun, solange sie ihre Position nicht bedrohen.

### Geschichte

Die Wächter der Königin wurden zu Beginn der Regierungszeit Faillas gegründet, um die Wildnis rund um den Palast der Königin zu pflegen, die Waldwege für Reisende sicher zu halten und Eindringlinge abzuwehren. Der Orden der Krieger-Zauberer wurde von Darelon Escalanas, dem damaligen Anführer der Escalanas-Ranelle, vorgeschlagen. Auch wenn einige seine Motive in Frage stellten, lobten selbst die Skeptiker die Diskretion und Subtilität der Wächter. Die Bewohner des Wyrmwaldes sahen sie nur selten, es sei denn, ein Eindringling erschien. Jeder, der es wagte, unbefugt einzudringen, wurde schnell von den kriegerischen und magischen Fähigkeiten der Wächter getötet.

Magie hatte allmählich Vorrang vor dem Kampf, während die Wächter Experimente durchführten, um ihre Fähigkeiten zum Schutz des Waldes zu erweitern. Königin Failla gab ihnen die Erlaubnis, alles zu erforschen, was ihr Volk und ihre Heimat besser schützen könnte. Diese Freiheit funktionierte gut, denn die immer raffiniertere Magie der Wächter half ihnen bei allen Aspekten ihrer Pflichten.

Im Laufe der Zeit erweiterten die Wächter ihre Forschungen in Richtung Geisterbeschwörung und Blutmagie, wovon einiges nur wenig mit ihren Pflichten zu tun hatte. Königin Failla war unerwartet tolerant gegenüber ihrer Erforschung der magischen Theorie und schlug sogar neue Forschungsgebiete vor. Gleichzeitig erteilte sie Teharrillon Talshara die Erlaubnis, eine neue Ranelle zu gründen, die sich bald einen Ruf für ihr militärisches Können erwarb. Die Talshara übernahmen allmählich die tägliche Aufgabe, die Grenzen des Waldes zu schützen, sodass die Wächter ihren magischen Aktivitäten mehr Aufmerksamkeit widmen konnten.

Einige Jahre später baten die Wächter Failla um einen abgelegenen Ort, an dem sie ihre Forschungen durchführen konnten. Der Segen der Königin erlaubte es ihnen, Tesrae k'Ailiu, die Zitadelle der Magie, zu gründen. Dort konnte der Orden tiefer in die Anwendung der Blutmagie eintauchen, ohne den Rest des Waldes diesen unnatürlichen Methoden auszusetzen.

### Die Wächter und die Plage

Als die Nachricht von der kommenden Plage den Wyrmwald erreichte, befahl Königin Alachia den Wächtern, einen Weg zu finden, wie das Elfenvolk den Dämonen widerstehen könnte. Sie hatte durch ihre eigenen Quellen von den theranischen Riten des Schutzes und des Übergangs erfahren und beschloss, die Hilfe der Theraner niemals anzunehmen. Es blieb den Wächtern überlassen, andere Schutzvorkehrungen zu treffen, wenn der Wald überleben sollte.

Die Wächter verfolgten verschiedene Forschungsansätze, von der elementaren Abschirmung bis hin zur Verschiebung des Waldes auf die Astralebene. Letzteres führte zu einer ähnlichen Methode, wie sie die Stadt Parlainth verwendete, aber die Wächter verwarfen sie letztendlich als zu mühevoll. Die Wächter entschieden sich, für den Wyrmwald ein riesiges hölzernes Kaer zu schaffen, in dem die gesamte Bevölkerung die Plage überstehen konnte. Einige Wächter hatten bezüglich dieser Zuflucht jedoch Zweifel, da sie glaubten, dass sie wiederholten Dämonenangriffen eventuell nicht standhalten würde. Alachia jedoch war von der Lösung begeistert und gab ihr den Vorzug gegenüber allen anderen Plänen. Während die Arbeit an den Ritualzaubern zur Vervollständigung des Kaers voranschritt, zog die Bevölkerung des Wyrmwaldes in die Gegend rund um die Zitadelle der Magie, die im Zentrum des Kaers liegen würde.

Die hölzerne Zuflucht um das Herz des Waldes herum blieb fast zweihundert Jahre lang intakt. Die Schutzvorrichtungen des Kaers begannen erst im dritten Jahrhundert der Plage zu versagen, als die Dämonen langsam ins Innere schlüpften. Alachia befahl ihren Wächtern, das Kaer zu verstärken oder andere Methoden zu finden, um die Elfen vor der wachsenden Macht der Dämonen zu schützen.

Eine Gruppe, angeführt vom leitenden Wächter Kethos Escalanas, entdeckte den Ritus, der zum Ritual der Dornen werden sollte. Der von einem Dämon gezeichnete Wächter Lysarin Grünzweig schuf die Feuerbirken, die die Verkohlte Heide bis heute bedrohen. Ein anderes Experiment erlaubte einem parasitären Dämon fast, den Wyrmwald zu zerstören, aber die Wächter zerstörten ihr schreckliches Experiment durch Blutmagie. Dieser drastische Akt zeigte auf die einzige Lösung, die das Elfenvolk retten konnte.

Kethos kombinierte dieses blutmagische Ritual mit seinem ursprünglichen Ritual der Dornen. Obwohl die meisten seiner Kollegen den Plan befürworteten, sprachen sich einige gegen ihn aus. Als Alachia seinen Vorschlag annahm, verließen die Wächter, die dagegen waren, das hölzerne Kaer zusammen mit etwa hundert Anhängern, um ihre eigene Zuflucht zu bauen. Sie erlagen den Dämonen, bevor sie ihre Arbeit fertigstellen konnten, und ihr halb gebautes Kaer liegt heute unter den Fundamenten der Festung, die als Kaer Eidolon bekannt ist.

Die schreckliche Veränderung des Waldes und seines Volkes durch das Ritual der Dornen ließ vielen Wächtern keine Ruhe und führte dazu, dass einige eher Selbstmord begingen, statt mit dem zu leben, was sie getan hatten. Andere glaubten, sie hätten ihr Volk enttäuscht, und befürchteten, dass Alachia sie töten würde. Zu ihrer Überraschung lobte Alachia sie als Retter und nannte die schreckliche Verunstaltung des Rituals ein Zeichen edler Opfergabe. Die Elfen, die den qualvollen Schmerz überlebten, übernahmen die Sichtweise ihrer Königin und lernten, ihre Dornen als ein Zeichen des Stolzes zu betrachten. In Anerkennung der Rolle, die ihr Orden spielte, wurden die Wächter der Königin fortan als Blutwächter bezeichnet.

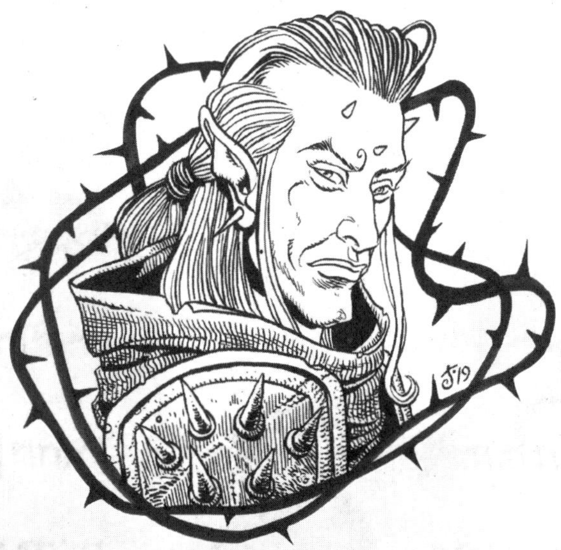

## Das Leben als Blutwächter

Die Blutwächter erfüllen viele Aufgaben, die zumindest teilweise mit dem Schutz des Blutwaldes zusammenhängen. Sie beraten die Königin und ihre Consortis in Fragen der Magie. Außerdem verstärken sie die Außenposten der Talshara, indem sie die magischen Fallen erhalten, die vor unerwünschtem Eindringen schützen, und sich manchmal sogar den Patrouillen anschließen. Blutwächter stellen auch magische Gegenstände für die Geißler her, darunter Dornenbögen, Dornenschwerter und verschiedene Blutamulette.

Die Königin wählt neue Blutwächter aus Kandidaten aus, die von aktiven Wächtern protegiert werden. Potenzielle Rekruten werden vor die Königin gebracht, wo sie mehrere Prüfungen und Herausforderungen durchlaufen, bevor sie angenommen oder abgelehnt werden. Diejenigen, die scheitern, können noch einmal einen Antrag auf Zulassung stellen, aber ein zweites Scheitern ist endgültig. Einmal ausgewählt, behält ein Wächter seine Position auf Lebenszeit, aber einige Wächter haben sich aus dem aktiven Dienst zurückgezogen und verfolgen ihre eigenen Interessen oder übernehmen andere Aufgaben.

## Namhafte Blutwächter

Takaris Talshara, Niriame Jae'Helastri und Aithne Eichenwald sind die leitenden Blutwächter derjenigen Gruppen, die mit der Erfüllung der täglichen Aufgaben des Ordens betraut sind. Jeder berichtet direkt an den leitenden Blutwächter Preystia Tales, der Alachia über die Aktivitäten der Wächter informiert.

### PREYSTIA TALES

Preystia Tales, der mächtigste und dienstälteste der heutigen Blutwächter, ist der erste Nicht-Escalanas, der zum leitenden Blutwächter ernannt wurde. Als Zauberer von überwältigender Fähigkeit hat ihn sein Daevenar-Erbe auch zu einem versierten Künstler und Handwerker gemacht. Seine Position gibt der Daevenar-Ranelle einen erheblichen Einfluss am Hof und kompensiert teilweise die begrenzte Schlagkraft ihres einzelnen Consortis. Preystia hat sich seinen Status und seine Ehrungen durch eine unerschütterliche Hingabe an Alachias Herrschaft verdient und nie auch nur ein einziges Mal das Beharren der Königin auf der Fortsetzung des Rituals der Dornen infrage gestellt.

Preystia hat sich auf einen Weg konzentriert, die Korruption des Herzens des Waldes zu beseitigen und gleichzeitig die Wahre Struktur des Blutwaldes intakt zu lassen. Zusammen mit diesem königlichen Befehl hat Alachia ihm die Erlaubnis gegeben, so viele Ressourcen der Wächter wie nötig zu nutzen. Preystia ist treu und gewissenhaft und unternimmt alle Anstrengungen, um die Wünsche der Königin zu erfüllen. Leider fängt er an zu glauben, dass der Schaden, der durch das Ritual der Dornen angerichtet wurde, nur mit schrecklichen Folgen für den Wald geheilt werden kann.

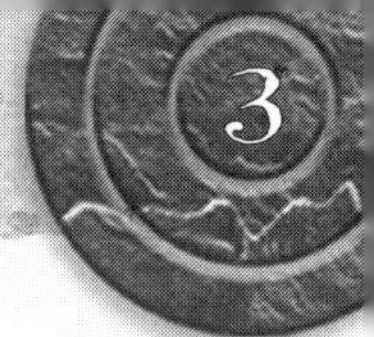


Preystia hat einen anderen, geheimen Ehrgeiz. So wie viele andere Blutwächter nutzt er blutmagische Rituale, um seine Lebensdauer zu verlängern und sich ein jugendliches Aussehen zu bewahren. Die meisten Wächter sind damit zufrieden, aber Preystia sucht die wahre Unsterblichkeit. Er hat die Legenden der sogenannten Großen Elfen studiert, die weit über die übliche Zeitspanne von Jahren hinaus leben, und will einer von ihnen werden. Er hat diesen Ehrgeiz noch nicht mit anderen geteilt, aber er hat erwogen, Rat bei Alachia zu suchen. Preystia glaubt, dass Alachia eine der Großen Elfen ist und daher das Geheimnis des ewigen Lebens kennen muss.

Nur wenige kennen das wahre Ausmaß von Preystias Kräften. Er hat viel Zeit damit verbracht, die Disziplinen des Elementaristen, des Illusionisten und des Geisterbeschwörers zu studieren, und ist einer von drei Wächtern, die an die Geisterweiden gebunden sind, die bei der Verteidigung des Blutwaldes helfen (s. *Spielinformationen*, S. 151).

### ATTRIBUTE

GES: 6 STR: 4 ZÄH: 5
WAH: 8 WIL: 8 CHA: 8

### TAKARIS TALSHARA

Takaris ist einer der wenigen Blutelfen, der Namensgeber von außerhalb des Waldes respektiert, und ein potenzieller Verbündeter für Abenteurer, die ein offenes Ohr in den Reihen der Wächter suchen. Er demonstriert seine Loyalität gegenüber Königin Alachia, indem er den Wald und seine Bewohner auf jede erdenkliche Weise schützt. Sein Engagement für diese Aufgabe, kombiniert mit seinem Talshara-Erbe, machte ihn zur logischen Wahl, die Instandhaltung der Verteidigungsanlagen des Waldes zu überwachen. Seine Ernennung in diese prestigeträchtige Position war eine Belohnung dafür, dass er die Blume des Ewigen Lebens in den Wald zurückbrachte.

Takaris hat durch schmerzhafte Erfahrungen gelernt, wie man das politische Spiel am Hof spielt. Seine derzeitige Gunst bei der Königin hat seinen Einfluss über seine Erwartungen hinaus verstärkt. Er bleibt der Notlage von Außenstehenden im Blutwald gegenüber aufgeschlossen, wird Alachia aber nicht zu sehr drängen, ihre Bedürfnisse zu berücksichtigen, weil er Angst hat, in Ungnade zu fallen.

Takaris unterhält einige wichtige Kontakte außerhalb des Blutwaldes, vor allem mit dem Magier Hiermon aus Haven. Takaris arrangierte mehrere Transaktionen mit Hiermon, von denen eine zur Bergung der Blume des Ewigen Lebens führte. Er schickt häufig Nachrichten und Zahlungen nach Haven mit Fafedriel, dem Blutwächter, der am häufigsten Expeditionen nach Parlainth leitet, um nach verlorenen Schätzen zu suchen. Takaris begleitet Fafedriel in seltenen Fällen, hat dies aber seit mehreren Jahren nicht mehr getan.

Takaris stellte sein Studium der Elementaristenmagie ein, um die Kriegerdisziplin zu studieren, und folgt damit den Traditionen seiner Ranelle. Er ist einer der wenigen Blutwächter, die im Hain der Dornen studieren, und einer von drei Wächtern, die mit den Geisterweiden verbunden sind, die die Grenzen des Waldes bewachen.

### ATTRIBUTE

GES: 7 STR: 7 ZÄH: 6
WAH: 6 WIL: 7 CHA: 7

### NIRIAME JAE'HELASTRI

Nur wenige Leute erwarteten, dass Niriame erfolgreich sein würde, als sie ihre Absicht ankündigte, sich den Blutwächtern anzuschließen, sobald sie mündig würde. Nur wenige ihrer Verwandten hatten eine signifikante Begabung für Magie gezeigt, geschweige denn das enorme Talent, das notwendig ist, um ein Wächter zu werden. Die Dominanz der Escalanas in den Reihen des Ordens machte es für andere Ranellen viel schwieriger, Chancen zu bekommen. Niriame war jedoch entschlossen und nutzte ihre gewaltigen magischen Talente, um sich einen Platz zu sichern. Sie hat sie seitdem verwendet, um kompromittierende Informationen über viele Leute zu sammeln, darunter auch über mehrere ihrer Mitblutwächter. Nur ihre Schönheit und ihr Charme haben viele davon abgehalten, zu erkennen, dass sie ihren rasanten Aufstieg in den Reihen anderen Geheimnissen als magischen verdankt.

Niriame ist eine der Beraterinnen Alachias in magischen Angelegenheiten geworden. Diese Verantwortung hat sie in engen Kontakt mit Orlando Escalanas gebracht, dem Consortis, der für die Beratung der Königin und des Hofes in solchen Angelegenheiten zuständig ist. Wie bei ihrem Onkel Mithran (s. *Die Jae'Helastri-Ranelle*, S. 74) liegt Niriames größte Begabung in der Politik. Einige sagen, dass sie in naher Zukunft eine Kandidatin für die Consortis ist. Niriame ist eine versierte Elementaristin und Magierin. Sie ist außerdem eine von drei Blutwächtern, die mit den Geisterweiden verbunden sind, die die astralen Grenzen des Waldes bewachen.

### ATTRIBUTE

GES: 6 STR: 5 ZÄH: 5
WAH: 7 WIL: 8 CHA: 6

### AITHNE EICHENWALD

Aithne Eichenwald stammt ursprünglich aus Sereatha und führt seine Blutlinie auf einen kleinen Zweig der Escalanas-Ranelle zurück. Wie viele seiner Verwandten zeichnet er sich durch seine magischen Künste aus und ist Alachia gegenüber absolut loyal. Obwohl das Ritual der Dornen das Leben seiner Frau und seiner Kinder forderte, glaubt Aithne immer noch, dass es die richtige Wahl für das elfische Volk war. Er teilt den Abscheu seiner Königin vor den Theranern und wäre lieber während der Plage gestorben, als ihren Schutz zu akzeptieren.

Nur wenige Blutwächter haben eine bedeutendere Rolle in der Politik übernommen als Aithne. Im Gegensatz zu vielen seiner Kollegen fühlt er sich wohl mit den Intrigen, die mit dem Leben am Elfenhof einhergehen. Obwohl er in mehreren magischen Disziplinen ausgebildet ist, dürstet er nicht nach Wissen wie viele seiner Ordensgeschwister. Stattdessen versucht er, die Lücke zwischen der abstrakten Forschung der Wächter und den Bedürfnissen des Waldes zu schließen. Aithne sieht Wissen ohne leitenden Zweck bestenfalls als bedeutungslos an, und schlimmstenfalls als Ursache für den Untergang des Suchenden.

Aithne hat nicht versucht, seine Position für Reichtum oder Macht zu nutzen. Diese Demonstration persönlicher Integrität kann die Tiefe des Vertrauens erklären, das die Königin ihm entgegenbringt. Man weiß, dass Aithne den Disziplinen des Elementaristen, des Geisterbeschwörers und des Magiers folgt.

### ATTRIBUTE

GES: 7 STR: 5 ZÄH: 6
WAH: 8 WIL: 8 CHA: 8

## GEISSLER

Die Geißler dienen als Leibgarde Königin Alachias und der Consortis und sorgen für die Sicherheit auf dem Palastgelände. Alle Mitglieder sind hochqualifizierte Adepten in den Disziplinen Krieger, Schwertmeister, Schütze, Tiermeister oder Steppenreiter. Nur wenige Geißler folgen den Zauberer-Disziplinen. Das überlassen sie lieber den Blutwächtern.

Die Geißler sind sehr loyal. Sie sind bereit, zur Verteidigung ihrer Königin zu sterben, und übernehmen ohne zu fragen jede Aufgabe, die Alachia ihnen überträgt. Die meisten Geißler stammen aus der Talshara-Ranelle, einige aber auch aus anderen Ranellen oder sogar aus den Reihen der Bürgerlichen. Jeder Elf, der in ihre Reihen eintreten möchte, absolviert eine lange Zeit der Kampfausbildung, einschließlich Taktik und verschiedener Kampfstile. Nach Abschluss des Trainings erhält der Geißler eine seiner Disziplin entsprechende Fadenwaffe und eine magische Rüstung, die von den Blutwächtern hergestellt wird. Diese Gegenstände tragen ein Bild von gekreuzten Schwertern vor dem Rosenthron, dem Symbol der Geißler seit ihrer Gründung.

Auch wenn sie selten rohe Gewalt zeigen, erinnern die Geißler Alachias Untertanen an die ihr zur Verfügung stehende Kampfkraft. Mehr als hundert Mann stark, werden sie sich an die Seite Alachias begeben, falls irgendetwas oder irgendjemand sie bedroht. Die Bindung der Geißler an ihre Herrscherin ist so stark, dass sie wahrscheinlich jede Herausforderung gegen die Herrschaft der Königin zerschlagen würden, ohne dass sie sie zum Handeln auffordern müsste. Die einzige andere Macht, die dem Kampfvermögen der Geißler nahe kommt, sind die Talshara-Hüter, die die Grenzen des Waldes schützen.

### NAMHAFTE GEISSLER

Geißler, die sich durch außergewöhnliche Loyalität, ungewöhnliche Dienste oder einzigartige Umstände auszeichnen, sind Elindrel Talshara, Wilsaron Goldefeu und Narrek Leeron.

#### ELINDREL TALSHARA

Elindrel stammt aus dem Dorf Burdoin im Südlichen Rand und wurde nach seiner Ausbildung am Hain der Dornen ein Hüter. Er ist ein versierter Krieger, wie es viele Hüter sind, aber Elindrels Tapferkeit unterschied ihn erst zu seiner Zeit in Kaer Eidolon von seinen Kollegen. Seine Fähigkeiten mit der Klinge, sein Talent für Führung und seine bedingungslose Loyalität machten ihn zum idealen Kandidaten als Liaison zwischen den Elfentruppen und Magistrat Ritizk Syrtis. Elindrels Fähigkeit, die unterschiedlichen Truppen zu koordinieren, spielte eine wichtige Rolle beim Sieg über die Ishkarat-Streitkräfte in der Schlacht von Sejanus. Als Erithander Talshara Elindrels Dienstakte für ausreichend hielt, um eine Beförderung zu rechtfertigen, arrangierte er eine Einladung an den Elfenhof, damit Alachia seine Kandidatur als Geißler in Betracht ziehen konnte.

Auch wenn alle Untertanen Alachias ihr ergeben sind, nähert sich Elindrels Hingabe dem Gefühl, das normalerweise den Passionen vorbehalten ist. Tatsächlich sieht er die Königin als die Verkörperung von Astendar. Die Geschichten, die ihre Schönheit und bezaubernde Präsenz beschreiben, hatten ihn nicht auf die Wirkung vorbereitet, sie persönlich zu treffen. Elindrel verliebte sich sofort und hoffnungslos in Alachia, ein Gefühl, das heute noch genauso stark ist wie damals, als er sie zum ersten Mal sah. In Anerkennung seiner absoluten und unbestechlichen Hingabe an sie nahm Alachia Elindrel in die Reihen der Geißler auf.

Elindrels innigster Wunsch ist es, zu Alachias persönlichem Champion ernannt zu werden. Ihr letzter Champion wurde vor einem halben Jahrhundert im Kampf getötet. Auch wenn jeder unter den Geißlern die Chance ergreifen würde, seiner Königin in einer solchen Rolle zu dienen, hat sie sich bis jetzt geweigert, einen Ersatz zu benennen. Für Elindrel spricht, dass er bei den wenigen Gelegenheiten, bei denen es nötig war, als Alachias Interimschampion gedient hat.

Die Schande, die sein Verwandter Rhisiart der Talshara-Ranelle brachte, schmerzt Elindrel tief. Es ist für ihn unvorstellbar, dass ein Untertan der Königin nicht instinktiv ihre geringste Laune voraussehen kann. Elindrel hatte Rhisiart für seine frühere Position in Kaer Eidolon empfohlen. Gerüchte besagen, dass Elindrels Motivation weniger darin bestand, dass Rhisiart seine Ehre wiedererlangte, als vielmehr darin, ihn aus den Augen der Königin zu entfernen.

### ATTRIBUTE

GES: 7 STR: 6 ZÄH: 7
WAH: 6 WIL: 5 CHA: 6

#### WILSARON GOLDEFEU

Wilsaron hat Alachia bei vielen Gelegenheiten gut gedient, öffentlich und heimlich. Seine Fähigkeiten als Bogenmacher, Pfeilmacher und Schütze sind legendär. Ein echter Goldefeu-Kriegsbogen, erkennbar an dem stilisierten, mit Silber eingelegten Efeublatt, wird jedem Händler, der das Glück hat, einen zu erhalten, einen hohen Preis einbringen. Der einzige Bogen ohne diese Erkennungsmerkmale ist einer, den Wilsaron für Missionen reserviert, die Geheimhaltung erfordern.

Als Mitglied einer kleinen Ranelle hat Wilsaron wenig Geduld mit Hofintrigen. Er ist ein Mann der leisen Töne, schwer zu erzürnen und übertrieben ehrlich. Seine mangelnde Bereitschaft, Politik zu spielen, hat ihn davon abgehalten, in den Reihen der Geißler weiter voranzukommen, obwohl viele seiner Kollegen glauben, dass seine Einsicht und sein mildes Temperament ihn zu einem ausgezeichneten Kommandanten machen würden. Die Königin vertraut ihm und hat gelegentlich seinen Rat in militärischen Angelegenheiten eingeholt. Nach Goldefeus Meinung beweist diese königliche Gunst, dass er mehr als in der Lage ist die Geißler zu führen; nur die Macht der Talshara-Ranelle hat weniger verdienstvolle Kameraden über ihn gestellt.

### ATTRIBUTE

GES: 9 STR: 7 ZÄH: 7
WAH: 8 WIL: 7 CHA: 6

### NARREK LEERON

Obwohl Narrek kein Mitglied der Talshara-Ranelle ist, hat er mächtige Talshara-Verbindungen. Er ist Absolvent des Hains der Dornen, wo er bei Erithander Talshara studierte. Narrek ist ein begeisterter Anhänger der persönlichen Vision seines Mentors für den Wald und folgt sowohl der Krieger- als auch der Schwertmeisterdisziplin. Derzeit ist er in den Nordgebieten eingesetzt und führt Patrouillen rund um sein Heimatdorf Laggan. Obwohl viele der Leeron-Ranelle Hoffnungen haben, am Hof an Bedeutung zu gewinnen, hat Narrek eine starke Loyalität gegenüber den Talshara entwickelt. Seine enge Verbindung zu Erithander könnte dazu führen, dass er den Talshara treu bleibt, wenn er gezwungen wird, zwischen ihnen und seiner eigenen Familie zu wählen.

### ATTRIBUTE

GES: 8 STR: 7 ZÄH: 6
WAH: 8 WIL: 7 CHA: 6

## DIE RITTER DER DISTEL

Ursprünglich als ein Zweig der Geißler gegründet, um während der Plage die Ordnung aufrechtzuerhalten, sind die Ritter der Distel gewachsen, um den Interessen des Hofes in allen Elfenreichen zu dienen. Die Ritter sind als Attentäter und Spione gefürchtet . Sie sind Königin Alachia treu ergeben und haben sich einen gefährlichen Ruf aufgebaut, der von Gerüchten und Legenden umhüllt ist. Diejenigen außerhalb des Blutwaldes haben nur selten einen der distelförmigen Anhänger aus Silber gesehen, die einen Ritter kennzeichnen. Diejenigen, die es getan haben, schätzen sich glücklich, am Leben zu sein, und erzählen aus Angst, dass das Glück sie verlässt, nur selten davon.

### GESCHICHTE

Vor dem Ritual der Dornen richteten die meisten Geißler ihre Aufmerksamkeit auf externe Bedrohungen, um den Hof zu schützen. Allerdings waren die Dämonen eine erhebliche Belastung für den Geist der Elfen, sowohl der gewöhnlichen als auch der adligen. Alachia brauchte eine Möglichkeit, Lücken in der mentalen Stärke ihres Volkes zu erkennen und diskret mit ihnen umzugehen, um die Ordnung aufrechtzuerhalten. Dieses Bedürfnis führte zur Gründung der Ritter der Distel. Mit ihrer Diskretion, Effizienz und bedingungslosen Loyalität waren die Ritter entscheidend dafür, dass sich die Elfen in ihrem Kaer nicht selbst zerfleischten.

Als es wieder sicher war, sich in die Welt hinauszuwagen, wurden die Fähigkeiten der Ritter für den Hof noch wertvoller. Sie gehörten zu den einzigen Blutelfen, die als Gesandte ausgesandt wurden, und sie hatten den offiziellen Zweck, Gerüchte über den entstellten Elfenhof zu zerstreuen. Aber diejenigen, die Alachia am besten kennen, bezweifeln, dass dies ihre wahre Absicht war. Sie glauben nicht, dass die Königin die Meinung von Außenstehenden so hoch einschätzen würde, dass sie ihre loyalsten Untertanen schicken würde, um sie über den Zustand des Hofes aufzuklären. Angesichts des Rufs des Ritters ist es viel wahrscheinlicher, dass Alachia ihre Augen und Ohren über das ganze Land verteilte.

### ABENTEUERIDEE

Auch wenn die Aktivitäten der Ritter der Öffentlichkeit verborgen bleiben, erfordert die Art ihrer Aktivitäten außerhalb des Blutwaldes den Einsatz von Adepten, die keine Blutelfen sind. Von Kaer Eidolon aus haben die Agenten der Ritter eine Reihe unabhängiger Gruppen angeheuert, um Aufgaben zu erledigen, die für ihre aktuellen Ziele wichtig sind. Der Spielleiter kann eine der folgenden Optionen wählen, wie eine solche Mission ablaufen könnte:

#### OPTION 1

Shaylyn heuert eine Gruppe an, um eine Reihe von versiegelten Befehlen zu Agenten außerhalb von Barsaive zu transportieren. Diese Befehle werden von anderen interessierten Parteien begehrt, die entweder versuchen, einen Finderlohn auszuhandeln, oder einfach versuchen, sie gewaltsam an sich zu nehmen.

#### OPTION 2

Die Gruppe wird von Alavara angeheuert, um eine Lieferung aus Shosara zurück zum Blutwald zu transportieren. Die Lieferung wird gestohlen oder auf irgendeine Weise aus dem Besitz der Gruppe entfernt, sodass sie sie wiederbeschaffen muss, um die vereinbarte Zahlung zu erhalten.

#### OPTION 3

Folwin könnte die Gruppe benutzen, um die Ermordung eines Kleinadligen in der Stadt Sereatha durchzuführen. Die Gruppe könnte die Tat entweder selbst begehen oder von Folwin als Sündenbock benutzt werden.

In den letzten Jahren wurden die meisten Ritter außerhalb des Blutwaldes auf längere Einsätze geschickt. Gerüchte über ihre Aktivitäten verbreiteten sich sogar unter den Geißlern, wobei Shaylyn Talsharas private Berichte an die Königin Gegenstand häufiger Diskussionen waren. Viele glauben, dass die Ritter die Reiche nach Eicheln von Eichenherz durchsuchen. Andere glauben, dass Alachia ihr Netzwerk von Spionen auf Sereatha und Shosara ausdehnt. Nur die Königin und ihre Ritter kennen die Wahrheit.

### NAMHAFTE RITTER DER DISTEL

Nur wenige Mitglieder der Ritter der Distel wurden jemals öffentlich als solche identifiziert. Normalerweise schaffen es nur die Geschichten ihrer Taten aus den Palasthallen heraus. Shaylyn Talshara, Alavara Faleth und Folwin Leeron gehören alle gerüchteweise zu den Rittern.

tes bringt den Tod mit sich – vorausgesetzt, die schuldige Partei überlebt die Gefahren des Herzens. Auch wenn sie sich nicht öffentlich dazu geäußert hat, hat Alachia leise deutlich gemacht, dass sie nicht will, dass Außenstehende das Wissen über den wahren Zustand des Herzens nutzen, um ihre Argumente zu untermauern, dass Blutelfen jenseits jeder Erlösung verdorben seien. Nur wenige Elfen wissen, wie das Herz zu dem wurde, was es ist, obwohl viele Gerüchte Alachia mit der Tragödie verbinden. Trotz des königlichen Verbots reisen Elfen aus dem ganzen Blutwald häufig ins Herz, um nach dem kostbaren Wahren Holz zu suchen, das dort wächst.

Noch beängstigender als der Zustand des Herzens des Waldes ist sein Wachstum. Die Korruption breitet sich weiter in den Wald aus, fast drei Meilen pro Jahr auf jeder Seite. Die Blutwächter behaupten, daran zu arbeiten, die Ausbreitung zu stoppen, hatten aber bisher keinen Erfolg. Die Bewohner der südlichen Siedlungen entlang des Kleinen Nachtfalterflusses fragen sich, welche Auswirkungen die Korruption auf den Fluss haben könnte. Viele Dorfbewohner behaupten, dass das Herz jedes Jahr schneller wächst.

## Geschichte

Während jede Generation der Wächter der Königin mehr magisches Wissen suchte, begannen sie, über die bestehenden Grenzen der traditionellen Experimente hinauszugehen. Mehrere ihrer talentiertesten Zauberer begannen, die Grenzen der Blutmagie zu erforschen, ein gefährliches Unterfangen, von dem sie wussten, dass es über das hinausgehen würde, was die Elfenkultur für natürlich hielt. Dies veranlasste die Wächter, Königin Failla um einen Zufluchtsort zu bitten, an dem sie ihre Zauber und Rituale weit entfernt von denjenigen erforschen konnten, die ihre Methoden verurteilen würden. Failla gab dieser Bitte statt und erlaubte ihnen, sich den Ort selber auszusuchen.

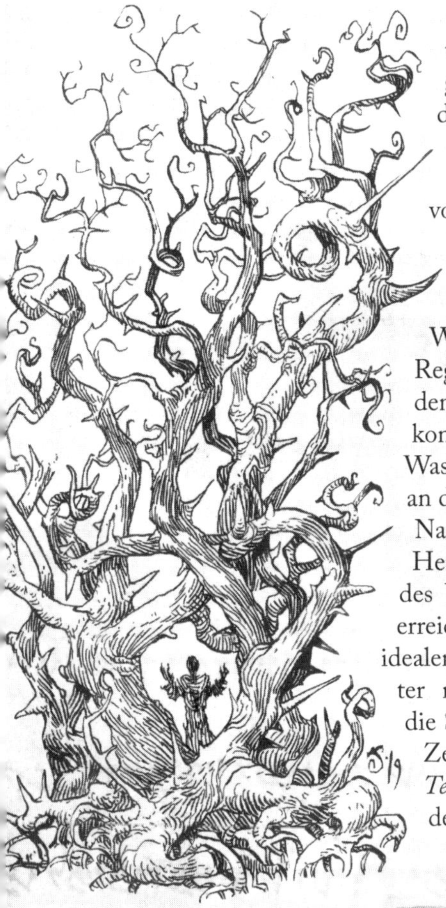

Die Wächter wählten daraufhin die Region, die als das Herz des Waldes bekannt ist, ein dünn besiedeltes Gebiet, das so voller magischer Kraft war, dass die meisten Elfen es für einen heiligen Ort hielten. Wahres Holz war in der Region reichlich vorhanden, zusammen mit Vorkommen von Wahrem Wasser und Wahrer Erde an den Ufern des Kleinen Nachtfalterflusses. Das Herz war von jedem Teil des Waldes aus leicht zu erreichen, was es zu einem idealen Ort für die Wächter machte. Sie nannten die Stadt, die sie in ihrem Zentrum gebaut hatten, *Tesrae k'Ailiu*: die Zitadelle der Magie.

Von Tesrae k'Ailiu aus beobachteten die Wächter jahrhundertelang das Herz des Waldes. Zunächst erlaubten sie Elfen aus dem ganzen Wald freien Zugang. Diese Besucher kamen, um Wahres Holz zu sammeln oder sich einfach an der schillernden Schönheit des Ortes zu erfreuen. Einige entschieden sich sogar dafür, das Herz des Waldes zu ihrer Heimat zu machen. Im Laufe der Zeit schränkten die Wächter den Zugang anderer Elfen ein und ermutigten Bewohner, die keine Wächter waren, fortzugehen. Als Alachia den Rosenthron bestieg, gehörte das Herz des Waldes ausschließlich den Wächtern und ihren geladenen Gästen. Andere Elfen waren in der Region praktisch nicht vorhanden, bis zu den Anfängen der Plage, als die Bevölkerung des Wyrmwaldes in das riesige Holzkaer umzog, das die Wächter mit mächtiger Elementarmagie hatten wachsen lassen.

Als Alachia erkannte, dass das Kaer den Dämonen nicht die gesamte Plage hindurch standhalten würde, befahl sie ihren Wächtern, eine andere Lösung zu finden. Nach einigen Sackgassen entdeckten der Wächter Kethos Escalanas und seine Kollegen eine Methode, von der sie glaubten, sie könne die Dämonen in Schach halten: das Ritual der Dornen. Die Methode hatte einen hohen Preis, so hoch, dass Alachia das Ritual ablehnte, als die Wächter es ihr zum ersten Mal präsentierten. Obwohl sie sehen konnte, wie das hölzerne Kaer um sie herum zerbröckelte, befürchtete Alachia, den Elfenvölkern dauerhaften Schmerz und Verunstaltung zuzufügen. Ein solcher Akt könnte den Hof sehr wohl bis zur Unkenntlichkeit verändern, was ihn ungeeignet machte, das Herz der elfischen Kultur zu bleiben, und die Königin selbst ungeeignet, die Hüterin der elfischen Wege zu bleiben. Auch wenn sie wusste, dass das Ritual der Dornen ihre einzige Hoffnung sein könnte, befahl Alachia ihren Wächtern, einen anderen Weg zu finden.

## Wahnsinn in den Flammen

Während andere Wächter einen Weg suchten, die Elfen zu retten, bemühte sich ein Elementarist namens Lysarin Grünzweig, den Wald selbst vor den Dämonen zu retten. Was weder Lysarin noch seine Anhänger wussten, war, dass er von einem Dämon gezeichnet worden war. Die Berührung des Dämons veränderte seine Wahrnehmung und verdarb seine Arbeit, was zu einer Katastrophe führte.

Unter dem Einfluss des Dämons kam Lysarin zu dem Schluss, dass er die Bäume des Waldes schützen könnte, so wie das Ritual der Dornen die Elfen schützen sollte. Indem er Wahres Feuer mit dem elementaren Geist eines Baumes verwebte, konnte er dem Baum unvorstellbare Qualen zufügen, die ihn gegen die Befleckung eines Dämons immunisieren würden. Bevor er seine Forschung abschließen konnte, erfuhren seine Kollegen jedoch von seinen Plänen und befahlen ihm aufzuhören. Leider verzerrte das Dämonenmal weiterhin Lysarins Realität und überzeugte ihn, sein Werk im Geheimen zu vollenden.

Seine ersten Experimente ließen Bäume verdreht, geschwärzt und leblos zurück. Lysarin hielt durch, bis er das erreichte, was sein dämonenbefleckter Verstand für einen Erfolg hielt: eine einzige Birke mit einem Körnchen Wahren Feuers, das in ihrem Herzen brannte. Obwohl dieser Baum genauso äußerlich verdreht und verkohlt war wie seine misslungenen Versuche, lebte er. Leider trieb der unendliche Schmerz des Brennens den Geist der Birke in den Wahnsinn. Dies war die erste Feuerbirke, eine Perversion, die jede lebende Pflanze in ihrer Nähe zerstört.

Einmal erfolgreich, bereitete Lysarin ein Ritual vor, um einen ganzen Birkenhain zu verwandeln. Er schlüpfte durch die äußere Verteidigung des zerfallenden Kaers und fand einen geeigneten Ort für sein Experiment. Die anderen Wächter erfuhren von seinen Plänen, kamen aber zu spät, um sie zu vereiteln. Lysarin vollendete das Ritual und brannte das Gebiet nieder. Von Qualen in den Wahnsinn getrieben, flohen viele der Pflanzengeister der betroffenen Bäume nach jenseits des Hains und infizierten andere Bäume mit dem schrecklichen Feuer, das sie in sich trugen. Tausende von Bäumen starben in den Flammen, bevor es den Wächtern gelang, das Massaker einzudämmen. In der Verwirrung verschwand Lysarin. Niemand weiß, ob er bei dem Brand ums Leben kam oder ob er noch irgendwo existiert und seine verdrehten Experimente in einer versteckten Ecke des Waldes durchführt.

Die Feuerbirken gehören zu den schlimmsten Gefahren des Blutwaldes. Lysarins Hain wurde durch die Feuer dauerhaft vernarbt und ist heute als Verkohlte Heide bekannt. Weder lebt eine Kreatur in ihr, noch wächst dort etwas Reines. Nur wenige törichte Elfen wagen sich an diesen Ort und suchen die seltenen Körnchen des Wahren Feuers, die durch Lysarins Ritual zurückgelassen wurden. Gelegentlich sprießen Feuerbirkenschösslinge aus dem Boden, werden aber schnell von Blutwächterpatrouillen zerstört, die geschworen haben, die zerstörerischen Pflanzen zu vernichten.

### Vorsätzliche Zerstörung

Ein Versuch, den Wyrmwald zu retten, verursachte fast seinen Verlust an die Dämonen. Das Experiment führte schließlich zur Korruption des Herzens des Waldes und des Blutwaldes, obwohl man dies erst nach der Plage erfuhr. Für heutige Ohren klingt das, was die Wächter taten, verrückt. Die Elfen suchten so verzweifelt nach einer Alternative zum Ritual der Dornen, dass selbst das verrückteste Risiko vertretbar schien. Der Plan beinhaltete eine Art parasitären Dämon, der durch die Verteidigung des Wyrmwaldes geschlüpft war. Die Wächter kannten eine bemerkenswerte Nebenwirkung dieser Dämonen: Die Anwesenheit des Parasiten ließ alle anderen Dämonen seinen Wirt ignorieren.

Durch Experimente fanden sie heraus, dass sie das Wachstum und den Fortschritt des parasitären Dämons mit relativer Leichtigkeit kontrollieren konnten. Sie konnten ihn sogar töten, ohne dem Wirt dauerhaften Schaden zuzufügen. Die Wächter glaubten, dass eine sorgfältig kontrollierte Exposition gegenüber diesem kleinen Dämon die gesamte Bevölkerung des Wyrmwaldes für andere Dämonenarten unsichtbar machen könnte. Die Wächter begannen, Pflanzen und Tiere mit dem Dämon zu infizieren, und beobachteten sorgfältig, wie er sich ausbreitete und wie viel Kontrolle sie behalten konnten. Zuerst fanden sie es leicht, das Wachstum des Dämons zu begrenzen, ohne sichtbare negative Auswirkungen auf die Testsubjekte.

Gerade als sie im Begriff waren, ihre Entdeckungen Königin Alachia zu präsentieren, entkam der Parasit ihrer Kontrolle. Die meisten Probanden starben plötzlich, und die wenigen Überlebenden waren bis zur Unkenntlichkeit verzerrt. Der Dämon befiel alles in der Umgebung: Tiere, Pflanzen, sogar den Boden selbst. Es war nur eine Frage der Zeit, bis sich die Infektion auf die Elfen ausbreitete. Da die Wächter nicht in der Lage waren, die Ausbreitung des Parasiten zu verhindern, hatten sie keine andere Wahl, als drastische Maßnahmen zu ergreifen.

Mit mächtigen blutmagischen Ritualzaubern formten die Wächter die Wahre Struktur des Herzens des Waldes um. Die Veränderung vernichtete den Dämon und rettete den Wyrmwald und seine Bewohner vor der drohenden Zerstörung. Die Wächter berichteten Königin Alachia über ihr Versagen, und da ihr die Zeit davonlief, hatte sie keine andere Wahl, als das Ritual der Dornen durchzuführen.

Das finale Ritual war jedoch anders als das, das Alachia abgelehnt hatte. Der Kampf um die Eindämmung ihres verpfuschten Experiments hatte das Wissen der Wächter über die Blutmagie erweitert. Kethos Escalanas modifizierte das Ritual, um den gesamten Wyrmwald umzubenennen, was seiner Wahren Struktur eine neue Form gab. Dieser Akt mächtiger Magie hielt den Wald und seine Bewohner sicher vor den Dämonen, zerstörte aber die Essenz dessen, was er retten sollte.

### Unvermeidbare Kosten

Eine Zeit lang glaubten die Elfen des Blutwaldes, dass sie gewonnen hatten. Die Dämonen fegten über Barsaive, ließen aber einen Großteil des Waldes intakt. Die magischen Schutzvorrichtungen, die durch das Ritual der Dornen geschaffen worden waren, hielten die zerstörerischsten Dämonen sogar auf dem Höhepunkt der Plage in Schach. Die Schutzvorrichtungen wurden von dem Blut genährt, das jeder Geschützte Elf bereitwillig gab, und blieben intakt, bis die Wächter es für sicher hielten, aus ihren unterirdischen Zufluchten zu kommen.

Am Ende der Plage befahl Königin Alachia den Blutwächtern, die Teile des Waldes, die durch die Dämonen zerstört worden waren, neu wachsen zu lassen und zu reparieren. Die Wächter arbeiteten unermüdlich, um dieses Ziel zu erreichen, und selbst das Herz des Waldes wurde zu dem schönen Ort wiederhergestellt, der es einst gewesen war. Nur die Verkohlte Heide weigerte sich, ins Leben zurückzukehren.

Leider zeigten sich nach einigen Monaten die ersten Anzeichen des wahren Zustands des Waldes. Die Bäume des Herzens des Waldes wuchsen unnatürlich schnell und verdrehten sich schrecklich in sich selbst. Riesige Dornen spalteten die Rinde vieler Bäume und erzeugten zerklüftete Wunden, durch die übel riechender Saft tropfte. Die Blutmagie, die die Elfen und ihr Heimatland am Leben erhalten hatte, hatte die Struktur des Waldes unwiederbringlich verändert. Schlimmer noch: Die Magie, mit der der Wald wieder wachsen gelassen wurde, verschlimmerte den Schaden, den sie hatte heilen sollen. Das befleckte Holz war und ist hungrig nach Blut. Jeder Tropfen, der von den Dornen der Blutelfen fällt, nährt diese Korruption, während sich das Herz des Waldes ausdehnt.

## Die Nordgebiete

Die Nordgebiete sind die größte der fünf Regionen des Blutwaldes. Sie erstrecken sich über weite Teile der dünn besiedelten Wildnis. Mehrere kleinere Nebenflüsse des Nachtfalterflusses und des Kleinen Nachtfalterflusses fließen durch sie hindurch. Keiner von ihnen ist groß genug, um starken Flussverkehr aufzunehmen, aber die in der Region heimischen Elfen benutzen Flöße, um die Nebenflüsse zwischen den Nomadenlagern zu befahren und mit Dörfern in den südlichen Teilen des Waldes zu handeln.

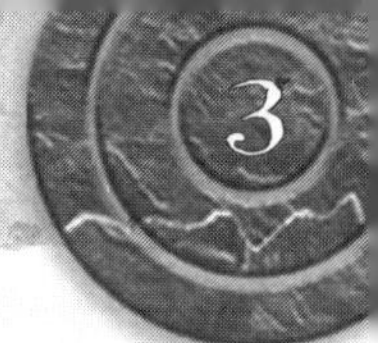


Das bemerkenswerteste dieser Dörfer, Araouane, ist die Heimat der Talshara-Ranelle und von Lord Erithander, dem Anführer und ältesten Mitglied der Ranelle. In der Nähe von Araouane befindet sich der Hain der Dornen, das Talshara-Kriegskolleg, in dem Blutelfen trainieren, um sich den Reihen der Hüter und Geißler anzuschließen. Ein paar kleine Ranellen sind ebenfalls in den Nordgebieten zu Hause und leben zwischen den wohlhabenden Talshara. Das vielleicht ungewöhnlichste Merkmal der Region ist das Dorf Goro'imri, in dem Blutelfen und andere Namensgeberrassen friedlich nebeneinander leben. Diejenigen, die nicht aus ihren Häusern verstoßen wurden, bevor sie sich in diesem einzigartigen Dorf niederließen, erhielten diesen Status, als sie sich entschieden, dieser kleinen, aber wachsenden Gemeinschaft beizutreten.

### Das Land

Die Nordgebiete beherbergen einige der gefährlichsten Pflanzen und Tiere des Waldes, was sie für viele zur schroffsten Wildnis im Wald macht. Das Reisen im Wald ist an sich schon schwierig, aber die Vegetation in den Nordgebieten bildet ein Unterholz, das so dicht ist, dass es die normalen Reisegeschwindigkeiten um ein Viertel senkt. Das Gebiet enthält reiche Vorkommen an Wahrer Erde und ein paar kleine Orichalkumadern, und der Abbau dieser Elemente macht den größten Teil des Reichtums der Talshara aus. Die Ranelle muss einen bestimmten Prozentsatz für den Elfenhof beiseitelegen, aber der Verkauf des verbleibenden Anteils erlaubt es der Ranelle, andere Waren zu erwerben. Dabei hat es die Ranelle zu einigem Wohlstand gebracht.

### Das Volk

Die Nordgebiete enthalten wenig Ackerland und zwingen die meisten Blutelfen der Region, von der Jagd auf Wild und dem Sammeln von wilden Pflanzen zu leben. Sie folgen mit ihren Lagern den Jahreszeiten, um Wurzeln, Beeren, Kräuter und andere essbare Pflanzen zu ernten, wenn sie reif sind. Die sechs dauerhaften Dörfer überleben durch den Handel untereinander und mit anderen dauerhaften Siedlungen im Wald.

Über die etablierten Handelsrouten und Treffpunkte der Ranelle hinaus handeln einige abenteuerlustige Talshara-Waffenschmiede heimlich mit Nomaden und Dorfbewohnern aus Ländern nördlich des Blutwaldes. Diese Außenseiter reisen zu abgelegenen Orten entlang der Waldgrenze, um Roherz gegen Waffen und Rüstungen der Elfen zu tauschen. Da das einzige Ziel der Waffenschmiede bei dieser illegalen Aktivität darin besteht, die Verteidigung des Waldes weiter zu stärken, haben bisher weder Erithander Talshara noch Königin Alachia versucht, diese Aktivitäten einzuschränken.

## Die Westgrenze

Die Westgrenze ist vielleicht die isolierteste Region des Blutwaldes. Fast 400 Meilen Wald, darunter das dunkelste und korrupteste Wachstum im Blutwald, trennen die Westgrenze vom Palast der Elfenkönigin. Etwa 200 Meilen südwestlich liegen die Scolberge, und etwa 300 Meilen westlich die Stadt Iopos, die auf der weitgehend unbewohnten Ebene liegt, die den größten Teil des nordwestlichen Barsaive bedeckt.

Das Leben an der Westgrenze wird von der Escalanas-Ranelle dominiert. Von der Stadt Letheran aus, der größten Siedlung an der Westgrenze, überwacht die Ranelle die Ernte der reichen Vorräte an Wahrem Holz in der Region. Aufgrund ihrer Isolation vom Elfenhof sind die Bewohner der Region auf die Escalanas angewiesen, wenn es um Schutz und die Schlichtung kleinerer Streitigkeiten geht. Der Respekt und die Dankbarkeit der Bewohner gegenüber der Ranelle vermischen sich teilweise mit Furcht, denn es wird seit Langem gemunkelt, dass einige Escalanas-Zauberer dunkle, unheilvolle Riten der Blutmagie praktizieren.

### Das Land

Dichte Wälder bedecken den größten Teil der Region, mit dichtem Unterholz, das fast jeden Weg zwischen den Siedlungen überwuchert. Dieses Gewächs verlangsamt die durchschnittliche Geschwindigkeit von Reisenden zu Fuß auf etwa zwanzig Meilen pro Tag. Das dichte Laub wird am äußersten Rand des Waldes, etwa zehn Meilen von der Grenze entfernt, etwas dünner. Nur sehr wenige dauerhafte Wege sind groß genug, um in dieser Region als Straßen bezeichnet zu werden, obwohl gut befahrene Pfade die Dörfer entlang des Nachtfalterflusses verbinden.

Wie die meisten anderen Bereiche des Blutwaldes birgt auch die Westgrenze allgegenwärtige Gefahren. Jäger müssen besonders auf Todesblümchen und Blutwespen aufpassen, die in der Region besonders fruchtbar sind. Selbst Elfen, die in ihren Dörfern bleiben, müssen auf das gelegentliche Eindringen eines Kolosses (s. *Earthdawn Kompendium*, S. 154) oder Dorrzahns (s. *Spielleiterhandbuch*, S. 168) achten. In den letzten Jahren sind aus dem Herzen des Waldes alle möglichen seltsamen und gefährlichen Kreaturen entkommen, die die umliegenden Dörfer heimsuchen. Eindringlinge von außerhalb des Waldes sind hier selten, obwohl die reichen Vorkommen an Wahrem Holz in der Region gelegentlich kleine, ungebetene Sammel-Expeditionen anlocken. Die Hüter und Schutzvorrichtungen, die entlang der Grenze präsent sind, stoppen alle außer den furchtlosesten Abenteurern, lange bevor sie die Quellen von Wahrem Holz erreichen.

### Das Volk

Die Blutelfen der Westgrenze zählen zu den treuesten Untertanen von Königin Alachia. Trotz ihrer Isolation vom Hof folgen sie traditionell dem Beispiel der Escalanas, die sich durch ihre Hingabe und ihren Dienst an der Königin auszeichnen. Die Jae'Helastri, langjährige Rivalen der Escalanas, munkeln, dass die gepriesene Loyalität der westlichen Elfen vor allem ein Versuch ist, die große Distanz zwischen ihnen und dem Hof auszugleichen. Unabhängig davon weiß Alachia, dass sie sich darauf verlassen kann, dass die Westgrenze ihrem Beispiel kritiklos folgt.

Die Grenzelfen zeichnen sich auch durch ihre Eigenständigkeit aus, die durch ihre Isolation und die Härten des Lebens in der Region geprägt ist. Die Knappheit des Wildes zwingt den Großteil der Bevölkerung dazu, als Nomaden zu leben und ihre Siedlungen regelmäßig zu verlegen, um zu vermeiden, dass das Wild an einzelnen Orten überjagt wird. Infolgedessen genießen die meisten Bewohner der Westgrenze wenig Freizeit. Entlang des Waldrandes und des Nachtfalterflusses befinden sich einige dauerhafte Siedlungen.

## Der Südliche Rand

Der Südliche Rand liegt den wichtigsten Handelsrouten des nördlichen Barsaive am nächsten und ist der Teil des Blutwaldes, der der Außenwelt am vertrautesten ist. Diese Region ist dichter besiedelt als der Rest und wird von der mächtigen Carithasca-Ranelle überwacht, die seit der Herrschaft der verstorbenen Königin Failla reich ist. Ihre Heimatstadt Trenevar ist das wichtigste Handelszentrum des Waldes, sowohl für den erlaubten als auch den unerlaubten Handel.

Ein großer Teil des nördlichen Territoriums der Region ist seit der Plage unbewohnbar geworden, da sich die Korruption aus dem Herzen des Waldes kreisförmig ausbreitet. Elfenleere Bauern- und Fischerdörfer liegen an den Ufern des Kleinen Nachtfalterflusses Sie wurden verlassen, als ihre Bewohner in sicherere Gebiete flohen. Die Dorfbewohner, die dem betroffenen Gebiet am nächsten sind, beobachten den Fluss vorsichtig und achten auf Anzeichen von Befleckung in seinem Wasser. Trotz der Zusicherungen Königin Alachias und des leitenden Blutwächters Preystia Tales befürchten viele, dass sich das Herz nach Süden ausbreiten wird, bis es sie umschließt. Einige prominente Bürger aus den nördlichsten bewohnbaren Dörfern haben Königin Alachia um ein stärkeres Handeln gebeten, aber sie hat sich noch nicht offiziell mit ihrem Anliegen befasst.

### Das Land

Die Bäume wachsen hier weniger dicht, und die einheimischen Elfen haben viele der üppigen Lichtungen in große Gemüsegärten verwandelt. Der Boden in diesen Gebieten ist dunkel und fruchtbar und bringt Lebensmittel von beeindruckender Größe und köstlichem Geschmack hervor. Die Ernte dieser Höfe wird im ganzen Rest des Waldes geschätzt. Anstelle der schmalen, zugewachsenen Pfade, die anderswo typisch sind, bietet der Südliche Rand Straßen, die frei und breit genug sind, um von Wagen befahren zu werden. Zusätzlich zu den Straßen befördert der westliche Zweig des Nachtfalterflusses häufig kleine Handelsschiffe aus den Nordgebieten und der Westgrenze nach Trenevar.

### Das Volk

Alle acht Tage reisen Blutelfen aus den Dauersiedlungen der Region in die Marktstadt Trenevar, die größte Gemeinde des Randes. Einheimische Bauern und Fischhändler verkaufen die reichhaltigen Produkte und Fische, die hier kultiviert werden, während andere mit Waren handeln, die nur in anderen Regionen des Waldes erhältlich sind. Gelegentlich bringen Schmugglerschiffe Schmuggelware vom Schlangenfluss den Nachtfalterfluss hoch.

## Kaer Eidolon

Kaer Eidolon ist die einzige vom Elfenhof anerkannte blutelfische Siedlung außerhalb des Blutwaldes. Es wurde vor zehn Jahren im Auftrag der Carithasca- und der Talshara-Ranelle erbaut und steht an einem Ort mit einer tragischen Geschichte. Das alte Kaer, vier Tage südlich der Waldgrenze, wurde während der Plage teilweise von Elfen gegraben, um der Verderbnis durch die Dämonen zu entkommen. Fast dreihundert Jahre später würden ihre Arbeiten zu einer beispiellosen Allianz zwischen dem Elfenhof und den T'skrang von Haus Syrtis führen. Heute dient Eidolon als wichtiger militärischer und wirtschaftlicher Vorposten für beide Namensgeber-Rassen.

Kaer Eidolon erhielt seine Feuertaufe, als eine vereinte Streitkraft von Elfen und T'skrang einen Ishkarat-Vorstoß in der Schlacht von Sejanus zurückschlug. Während die T'skrang-Geschichten natürlich die Rolle der syrtisischen Flussschiffe betonen, erwiesen sich die elfischen Truppen, die das Fort besetzten, als ebenso entscheidend. Der schnelle, überwältigende Sieg schenkte beiden Seiten großen Respekt vor den Kampfkünsten der jeweils anderen Seite und förderte die weitere Zusammenarbeit zwischen ihnen. Die Schlacht verbesserte auch den Status der Talshara-Ranelle, die fast alle Soldaten der Blutelfen stellt, die sich derzeit in der Festung befinden.

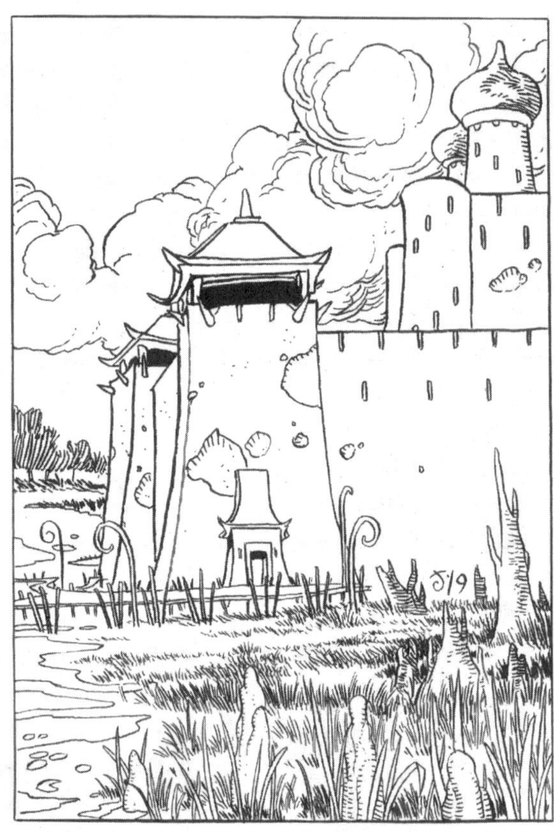

### Geschichte

Die ursprünglichen Bewohner des Kaers, eine kleine Gruppe von Wächtern, flohen in dieses Gebiet, als die Plage etwa zur Hälfte vorbei war. Obwohl ihre Namen aus allen Aufzeichnungen gestrichen wurden, besagt die Legende, sie hätten den Wyrmwald verlassen, nachdem ihr Experiment mit einem parasitären Dämon schrecklich schiefgelaufen wäre. Die Wächter glaubten, dass ihre Magie zum Scheitern verurteilt war, reisten vier Tagesreisen weit aus dem Wald heraus und begannen, eine Zuflucht nach theranischer Art zu bauen. Leider überrannten und verschlangen die Dämonen sie, bevor sie es vollenden konnten. Elfische Forscher, die nach der Plage über die Ausgrabungen stolperten, nannten den Ort Eidolon, was auf Sperethiel „Phantom" bedeutet.

Bald darauf bat eine Gesandte aus dem Hause Syrtis um eine Audienz am Elfenhof. Der Besuch war angesichts der historischen Feindschaft zwischen den Elfen und T'skrang höchst ungewöhnlich. Der Vertrag, der ihren vorherigen Grenzstreit beendete, gab den Elfen die Souveränität über den nördlichen Nachtfalterfluss, kostete sie aber die Kontrolle über seinen Südlauf. Legenden beschreiben den Vertrag sowohl als einen Sieg der Elfen als auch als ein ungerechtfertigtes Zugeständnis an die T'skrang, die angeblich „die Passionen täuschten, indem sie ihre Gaben missbrauchten".

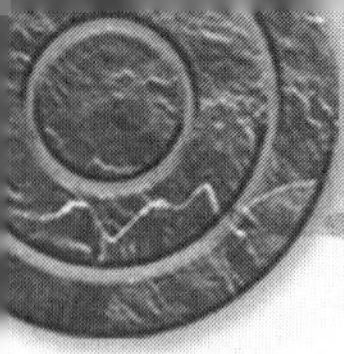

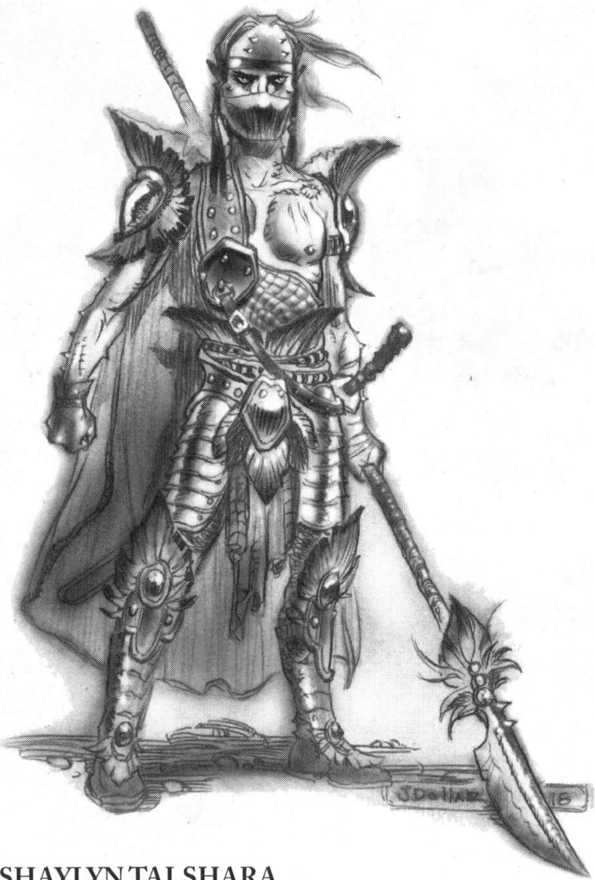

#### SHAYLYN TALSHARA

Shaylyn wurde mit der Leitung der Ritter am Ende der Plage betraut und ist damit eine der wenigen Elfen, die ihre Aktivitäten seit dieser Zeit genau kennt. Ihr Naturtalent mit dem Bogen war von klein auf ersichtlich und wurde während ihrer Ausbildung im Hain der Dornen weiter verfeinert. Shaylyn schloss ihr Studium als Beste ihrer Klasse ab, sodass weder jemand darüber überrascht war, dass sie bei den Geißlern aufgenommen wurde, noch dass sie sich in ihren Reihen hervorgetan hat. Nach jahrzehntelangem Dienst wurden ihr Instinkt als Kriegerin und ihr unerschütterlicher Glaube an die Führung der Königin mit einem von Alachia selbst in Auftrag gegebenen Goldefeu-Kriegsbogen und der Mitgliedschaft bei den Rittern belohnt.

#### ATTRIBUTE

GES: 7 STR: 8 ZÄH: 6
WAH: 7 WIL: 6 CHA: 7

#### ALAVARA FALETH

Alavara wurde in einem Kaer im Talwald in eine kleine Ranelle geboren, dazu erzogen, den elfischen Traditionen zu folgen, und träumte davon, eines Tages ihren Platz als Beschützerin des Wyrmwaldes einzunehmen. Als sie den Blutwald erreichte, wurde ihr der Wohnsitz wegen ihres Ungeschützten Status verweigert. Alavara ließ sich in Goro'imri nieder, während sie überlegte, sich dem Ritual der Dornen zu unterziehen. Sie bewunderte die Talshara-Patrouillen, die Goro'imri verteidigten, obwohl sie keinen Befehl dazu hatten, und beschloss, ihren Platz unter den Blutelfen einzunehmen, egal, was es kosten würde. Alavaras Geschick im Bereich der Spionage wurde fast sofort erkannt, und ihre Ernennung als Geißlerin gilt als glänzendes Beispiel dafür, was Ungeschützte Elfen anstreben sollten. Ihr aktueller Aufenthaltsort ist nicht allgemein bekannt, aber Gerüchte besagen, dass sie im Königreich Shosara im Einsatz ist.

#### ATTRIBUTE

GES: 7 STR: 7 ZÄH: 6
WAH: 7 WIL: 6 CHA: 7

#### FOLWIN LEERON

Folwins Name ist in den Ländern außerhalb des Waldes nicht bekannt, aber seine Taten als einer der tödlichsten Agenten Alachias sind es. Die persönlichen Aufzeichnungen der Königin bescheinigen ihm mehr als ein Dutzend Attentate allein in Barsaive. Keiner dieser Todesfälle wurde auf den Blutwald zurückgeführt, obwohl bei allen von ihnen ein starkes magisches Gift verwendet wurde. Die Beschreibungen von Folwin variieren bei den Consortis stark, was zu der Theorie führt, dass er ein Meister der Verkleidung ist. Folwin ist derzeit vermutlich in Sereatha tätig.

#### ATTRIBUTE

GES: 8 STR: 7 ZÄH: 6
WAH: 7 WIL: 6 CHA: 8

### DIE BEDÜRFNISSE VIELER ...

Kellimars Bruderschaft hat nur ein einziges Ziel: den Blutwald um jeden Preis zu schützen, was ein Spielleiter auf die für seine Kampagne am besten geeignete Weise nutzen kann. Diese Gruppe erhält weder ihre Befehle vom Elfenhof noch lässt sie sich daran hindern, Maßnahmen zu ergreifen, die von der Öffentlichkeit als illoyal angesehen werden. Die Bruderschaft wird mit Agenten anderer Nationen zusammenarbeiten, mit Schmugglern handeln und sogar Außenstehenden helfen, den Wald zu durchqueren, wenn sie das Gefühl hat, dass dies zum Schutz der Elfenvölker beitragen wird. Sie ist dem Rosenthron und dem Symbol des Schutzes, das er vor allem anderen darstellt, treu ergeben – nicht unbedingt der Königin, die auf ihm sitzt.

## KELLIMARS BRUDERSCHAFT

Auch wenn viele glauben, dass die Bruderschaft eine Gutenachtgeschichte ist, die die Talshara ihren Kindern erzählen, verteidigt sie den Elfenhof schon seit vor dem Ritual der Dornen. Die Mitglieder der Bruderschaft arbeiten außerhalb der offiziellen Kanäle und beschäftigen sich nicht mit Politik. Sie konzentrieren sich stattdessen auf die Aufgabe, die sie selbst übernommen haben: den Schutz des Waldes um jeden Preis.

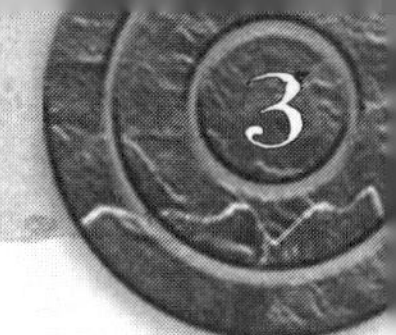


## GESCHICHTE

Nachdem Kellimar Talshara sein Leben für Königin Alachias Verteidigung geopfert hatte, überzeugte sein Mut eine Reihe von Geißlern, sicherzustellen, dass der Wyrmwald vor weiteren Dämonenangriffen geschützt blieb. Sie bildeten eine kleine, eng verbundene Gruppe innerhalb der Geißler und nahmen es auf sich, alle Dämonen zu jagen, die das Elfenvolk bedrohten. Jaheros Talshara übernahm das Kommando über diese Gruppe und benannte sie im Gedenken an seinen älteren Bruder. Als die Gefahr durch die Dämonen nach der Durchführung des Rituals der Dornen nachließ, erweiterte diese Gruppe ihren selbst auferlegten Zweck um die Beseitigung jeder wahrgenommenen Bedrohung für den Blutwald.

Die Aktivitäten der Bruderschaft, die außerhalb der normalen Befehlskette operieren, sind außerhalb ihres Ordens selten bekannt. Die Königin scheint diese Gruppe im Auge zu behalten, obwohl sie im Allgemeinen zufrieden scheint, ihnen ihre unbefugten Handlungen weiter zu erlauben. Ihre Verteidigung des Blutwaldes dient – im Moment – auch Alachias eigenen Zielen. Die meisten Gerüchte über die Bruderschaft tauchen rund um das Dorf Thigreach auf. Ab und zu behauptet ein Lehrling der Großfeuerschmiede, Jaheros gesehen zu haben, wie er einen speziell gefertigten Gegenstand abholte, aber keines der Mitglieder der Schmiede hat diese Sichtungen jemals bestätigt.

Von den Gerüchten, die diese Gruppe umgeben, behauptet eines, dass die Bruderschaft Kellimars Leiche, kurz nachdem er im Kampf gefallen war, wegbrachte. Die Krypta, die irgendwo im Wald versteckt ist und als seine letzte Ruhestätte dient, ist angeblich auch der Ort, von dem aus die Bruderschaft den Blutwald verteidigt. Kellimars Rosenblüten-Rüstung (s. *Earthdawn Kompendium*, S. 116) soll sich im Zentrum dieser Krypta befinden und darauf warten, dass der nächste Held des Waldes diesen legendären Mantel anlegt.

## NAMHAFTE MITGLIEDER DER BRUDERSCHAFT

### JAHEROS TALSHARA

Von klein auf von seinem Bruder ausgebildet, teilten sich die beiden zusätzlich zu dem zwischen Geschwistern ein Band von Schüler und Mentor. Jaheros war an Kellimars Seite, als dieser von dieser Welt ging, und beschuldigt sich selbst, dass er das Leben seines Bruders nicht retten konnte. Ab dem Zeitpunkt, da das Schicksal des Elfenvolkes an einem gefährlichen Ritual hing, widmete er sein Leben der Aufgabe, sicherzustellen, dass kein Elf noch einmal sein Ende durch die Hand eines Dämons fand. In den folgenden Jahren wurde festgestellt, dass Jaheros' Führung der Bruderschaft ein entscheidendes Element bei der erfolgreichen Beseitigung versteckter Bedrohungen für das Elfenvolk war. Er fühlt sich gezwungen, die Aktivitäten der Gruppe seit dem Ende der Plage fortzusetzen, und fragt sich, ob die Elfen des Blutwaldes jemals wieder wirklich sicher sein werden.

#### ATTRIBUTE

GES: 8 STR: 7 ZÄH: 6
WAH: 6 WIL: 7 CHA: 7

### LAERDYA WILLOWBY

Kurz nach der Plage nutzte Laerdya, Cousine von Ilisa Willowby, die Loyalität ihrer Familie zum Hof und ihre persönliche Kampfkraft für eine Ernennung zu den Geißlern. Laerdya wuchs mit Geschichten über Kellimars Bruderschaft auf und glaubte immer, dass die Gerüchte über ihre Taten wahr seien. Ihre Taten als Geißlerin zeigten, dass sie eine treue Verteidigerin des Waldes war, aber ihre scharfen taktischen Sinne ließen sie oft zweifeln, ob die Elfen alles taten, was sie konnten, um sich selbst zu schützen. Laerdyas frischer Blick auf die Verteidigung des Blutwaldes erregte die Aufmerksamkeit von Jaheros. Er entwickelte einen Test für sie und sandte sie aus, um eine Lieferung von Erz aus dem Südlichen Rand zu sichern, von der er wusste, dass sie mit illegalen Mitteln angeliefert wurde. Laerdya ignorierte Alachias isolationistische Politik, sicherte die Lieferung und rechtfertigte ihre Handlungen gegenüber Jaheros, indem sie argumentierte, dass diese Art von Handel für das Überleben des Blutwaldes von entscheidender Bedeutung sei. Jaheros war von ihrer Entschlossenheit beeindruckt und bat sie, sich der Bruderschaft anzuschließen. Seitdem gehört Laerdya zu ihren Reihen.

#### ATTRIBUTE

GES: 7 STR: 7 ZÄH: 6
WAH: 8 WIL: 7 CHA: 6

## SUCHER DES HERZENS

Auch wenn sie von Königin Alachia als arrogante Außenseiter bezeichnet werden, sind die Ziele der Sucher des Herzens den Zielen der Königin bemerkenswert ähnlich. Beide arbeiten daran, das Herz des Waldes zu heilen und den Blutwald wieder in seinen ursprünglichen Glanz zu versetzen. Ihre Methoden sind jedoch sehr unterschiedlich, wobei die Sucher glauben, dass der einzige Weg darin besteht, das Ritual der Dornen rückgängig zu machen. Infolgedessen wurde die Gruppe aus dem Wald verbannt und verfolgt ihre Ziele seitdem im Verborgenen.

### GESCHICHTE

Die Sucher des Herzens verfolgen ihren Ursprung auf die Verbannung von Monus Byre und Yoruial Tan aus dem Blutwald zurück. Diese beiden Ungeschützten Elfen stammten aus Kaers, die die Plage überlebten, und idealisierten den Wald während ihres Heranwachsens angesichts der Schrecken, die jeder erlebt hatte. Sie waren die ersten aus ihren Kaers, die zurück zum Elfenhof in den Wyrmwald reisten, nur um entsetzt zu sein, als sie den Blutwald sahen, der an seine Stelle getreten war. Die befleckte Natur des Waldes überzeugte sie beide, dass etwas Drastisches getan werden musste.

Monus und Yoruial starteten ihre Kampagnen, um die Blutelfen zu sammeln, getrennt voneinander und schlossen sich schließlich in den kleinen Dörfern am Südlichen Rand zusammen. Die Bürger dieser Siedlungen waren fasziniert von den Geschichten, dass Kaers außerhalb des Waldes die Plage ohne das Ritual der Dornen überlebt hatten, und begannen, Alachias Entscheidung, diese Praxis fortzusetzen, infrage zu stellen. Diese Dissidenten wurden schließlich zum Schweigen gebracht, was Monus und Yoruial zwang, sich aus dem Blutwald zurückzuziehen, um ihre Botschaft zu verbreiten. Der gegenseitige Respekt, den sie füreinander empfanden, hatte sich zu einer tiefen Verbindung entwickelt, aber sie verloren nie das gemeinsame Ziel der Wiederherstellung des Waldes aus den Augen. Sie beschlossen, in ihre jeweiligen Kaers zurückzukehren, um die Ausbildung und die Verbündeten zu suchen, die sie in ihrem kommenden Kampf brauchen würden.

Nach ihrer Rückkehr nach Kaer Oribella (s. *Die Öde*, Seite 110) erzählte Monus von der verdrehten Wahrheit, die zur Erschaffung des Blutwaldes geführt hatte. Nachdem sie sich jahrelang mit der magischen Theorie der Blutmagie beschäftigt hatte, war sie überzeugt, dass der Schaden an Eichenherz nur rückgängig gemacht werden konnte, wenn seine ursprüngliche Struktur wiederhergestellt wurde. So etwas zu tun, überstieg jedoch ihre derzeitigen Fähigkeiten. Wie sie es beschreibt, begannen Visionen ihre Träume zu überwältigen, die ihre Aufmerksamkeit auf die Eicheln von Eichenherz richteten. Monus erinnerte sich daran, dass Yoruials Familie vor der Plage eine Eichel als Geschenk erhalten hatte, und erkannte, dass die nächsten Schritte auf ihrer Reise weg von der Sicherheit ihrer Heimat führten.

Zusammen mit mehreren anderen Mitgliedern des Kaers fühlte Monus' Schwester Renna einen ähnlichen Ruf, eine Methode zur Wiederherstellung des Wyrmwaldes zu finden und ihr Leben ebenfalls ihrer Aufgabe zu widmen. Diese kleine Gruppe von Abenteurern machte sich auf den Weg, um die Eichel zu beschaffen, von der sie glaubten, dass sie Antworten bringen würde. Aber alles, was sie fanden, waren weitere Fragen. Nachdem sie das Artefakt analysiert hatte, erkannte Monus, dass seine Struktur nur ein Bruchteil derer von Eichenherz war. Sie würden mehr Eicheln finden müssen, um eine komplette Struktur zu rekonstruieren, und diese Eicheln befanden sich derzeit im Blutwald oder über die zerbrochenen Nationen der Elfen verstreut. Yoruial und seine Verbündeten erklärten sich einverstanden, Monus bei ihrer Aufgabe zu helfen, was die Gruppe hervorbrachte, die schließlich als die Sucher des Herzens bekannt werden sollte.

Die ersten Jahre waren glückselig, und die Gruppe durchreiste Barsaive auf der Suche nach den Geschenken der Königin, die sie brauchten. Yoruial war ein talentierter Troubadour und stand oft im Mittelpunkt der Verhandlungen mit Elfenansiedlungen. Weil dies viele dazu veranlasste, ihn als den Anführer der Gruppe zu sehen, erlaubte es Monus, ihre Bemühungen darauf zu konzentrieren, die magischen Geheimnisse zu lösen, die der Schlüssel zu ihrem Erfolg waren. Diese Vereinbarung endete abrupt an dem Morgen, an dem Yoruial tot aufgefunden wurde, grausam ermordet, ohne eine Spur davon, wer dafür verantwortlich war. Die Gruppe war von dem Vorfall erschüttert, aber er stärkte auch ihre Entschlossenheit. Die Gruppe versammelte sich um Monus, die beschloss, dass es endlich an der Zeit war, die Sucher des Herzens in die Öffentlichkeit zu bringen.

Nachdem die Gruppe ihr Netzwerk von Anhängern auf die meisten Siedlungen Ungeschützter Elfen in Barsaive erweitert hatte, erregte sie die Aufmerksamkeit von Namensgebern im ganzen Land. Sie begannen, gegen die Fortführung des Rituals der Dornen und die daraus resultierende Korruption, die es in den Wald brachte, zu protestieren. Diese Aktionen blieben von Königin Alachia nicht unbemerkt, die daraufhin Propaganda einsetzte, um die Mitglieder der Sucher als gefährlichen Kult darzustellen. Die Geschichten über ihre Taten begannen ein Eigenleben anzunehmen, und führten dazu, dass die Gruppe als instabil und verrufen galt. Diese Rückschläge behinderten Monus' Forschung, da sie an einem Punkt angelangt war, an dem eine detaillierte Analyse der aktuellen Struktur von Eichenherz notwendig war.

Die Sucher konnten unter den Geschützten Elfen erst Fortschritte machen, als Kaer Eidolon gegründet wurde. Dort konnte der Zweck der Gruppe gehört und unverändert im Blutwald verbreitet werden. Mit Eidolon als stabiler Ausgangsbasis konnte Monus mehrere geheime Reisen ins Herz des Waldes unternehmen, um das wahre Ausmaß seiner Zerstörung zu bestimmen. Als sich die Botschaft der Sucher in Alachias Reich verbreitete, schickte die Königin ihre Wächter, um den störenden Einfluss an der Waldgrenze zu beseitigen. Viele Sucher wurden daraufhin aus Eidolon vertrieben, aber einige verbergen sich immer noch in der Siedlung und treiben die Agenda ihrer Gruppe voran.

In jüngster Zeit haben die Sucher ihren Einflussbereich auf Sereatha und Shosara ausgedehnt. Ihr plötzlicher Aufstieg in den Westlichen Königreichen deutet darauf hin, dass sie ihr Netzwerk jahrelang im Geheimen aufgebaut haben. Auch wenn dies angesichts der Verbindung zwischen den Suchern und Kaer Oribella Sinn ergibt, ist es unklar, warum sie so plötzlich ihre Anwesenheit bekannt gemacht haben. Die Aktivitäten der Sucher in Shosara sind viel weniger verbreitet, und dort finden noch keine größeren Demonstrationen statt. Es ist wahrscheinlich, dass die Sucher ihre Aktivitäten in diesem Gebiet darauf konzentriert haben, ihre Mitgliederzahl hinter den Kulissen aufzubauen.

## Namhafte Sucher des Herzens

### MONUS BYRE

Obwohl ihre Familie ursprünglich aus einer Stadt in den Westlichen Königreichen stammt, die während der Plage verloren ging, ist Kaer Oribella der einzige Ort, den Monus als Heimat ansieht. Sie wurde in den letzten Jahren der Plage geboren und ist zu jung, um sich aus erster Hand an die Dämonen zu erinnern. Sie erlitt jedoch einen erheblichen Verlust durch einen kleinen Dämon, der an Oribellas Verzauberungen vorbeischlüpfte. Der Angriff forderte das Leben ihrer Eltern, sodass Monus und ihre Schwester von Verwandten aufgenommen wurden, die die Mädchen als ihre eigenen aufzogen.

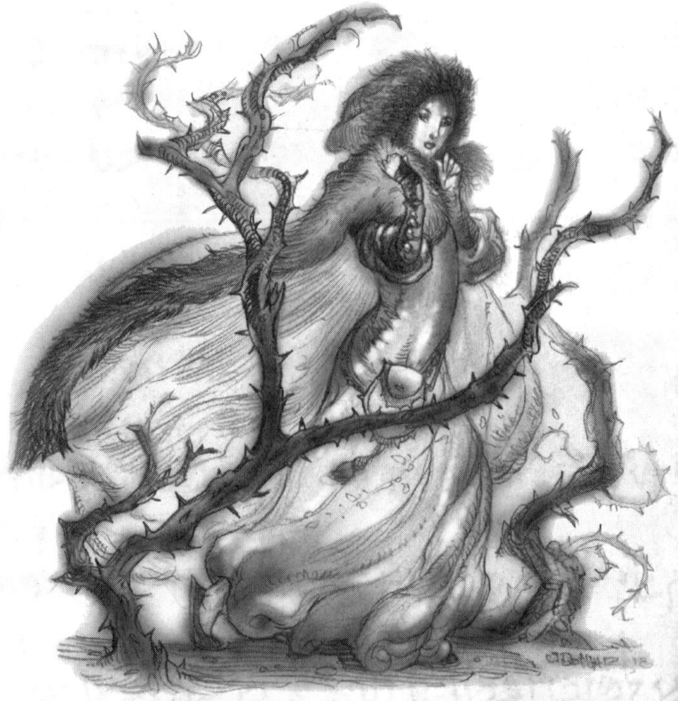

Monus wuchs mit den Geschichten über den Wyrmwald auf und idealisierte ihn als sicheren Zufluchtsort für die Elfenkultur. Nachdem sie das Erwachsenenalter erreicht und das Schicksal ihrer leiblichen Eltern erfahren hatte, fühlte sie den Ruf des Waldes und konzentrierte ihre Aufmerksamkeit darauf, Kaer Oribella davon zu überzeugen, sich wieder dem Elfenhof anzuschließen. Monus durfte sich der Delegation anschließen, die von Oribella entsandt wurde, um die Beziehungen zu Königin Alachia wiederaufzunehmen, obwohl ihre Begeisterung nach der Entdeckung der Wahrheit darüber, wie der Hof die Plage überlebt hatte, verschwand. Diese Entdeckung erschütterte das Elfenparadies, das sie in ihrem Kopf aufgebaut hatte, und zwang Monus, eine dunklere Sicht der Welt zu akzeptieren, als sie es bis dahin gewohnt gewesen war. Viele sagen, dass dies sie verändert habe, aber in Wahrheit hat es nur ein Gefühl an die Oberfläche gebracht, dass etwas mit der Welt nicht stimmt. Monus kam zu dem Schluss, dass der Blutwald nicht mehr das Leuchtfeuer der Elfenkultur war, das er einmal gewesen war, und widmete den Rest ihres Lebens seiner Wiederherstellung.

Monus erkannte, dass Ungeschützte Elfen niemals dem Loyalitätsdekret Alachias zustimmen würden, und beschloss, diese Politik durch ihr Volk zu reformieren. Als sich ihre Delegation auf den Rückweg machte, stahl sich Monus davon und begann, heimlich Unterstützung im ganzen Südlichen Rand zu sammeln. Yoruial Tan, ein Ungeschützter Elf mit ähnlichen Ambitionen, hatte ebenfalls seinen Weg in diese Siedlungen gefunden, und die beiden beschlossen, ihre Kräfte zu bündeln. Ihre Zeit bei den Blutelfen war kurz, da ihre Pläne schnell die Aufmerksamkeit der Blutwächter auf sich zogen. Monus und Yoruial sprachen sich gegen das Ritual der Dornen aus und sammelten Unterstützung unter denen, die ihre Argumente hören wollten. Dies geschah in direkter Opposition zur Königin, also stellten die Wächter sie vor die Wahl: ihre Aussagen zu widerrufen und sich dem Ritual zu unterziehen oder aus dem Wald verbannt zu werden. In dem Wissen, dass sie den Wald ohne die Unterstützung der anderen Elfenreiche nicht erlösen konnten, kehrten Monus und Yoruial schweren Herzens in ihre jeweiligen Heimatdörfer zurück.

Zurück in Oribella tat Monus alles, was sie konnte, um Unterstützung für ihre Sache zu gewinnen. Ihr erster Schritt war die Suche nach einem Mentor. Monus hatte die Geschichten von Darfins Tapferkeit während der Plage gehört und vermutete, dass es niemanden gab, der besser geeignet war, ihr die Wege der Welt beizubringen. Der Einsiedler tat sein Bestes, um isoliert zu bleiben, nachdem das Kaer seine Tore geöffnet hatte, aber Monus hatte das Gefühl, dass sein Wissen für ihren Erfolg entscheidend sein würde. Es bedurfte einiger Überzeugungsarbeit, aber ihre natürliche Begabung für die Disziplinen der Magierin und der Elementaristin beeinflusste seine Meinung zu ihren Gunsten. Nachdem sie Darfins rigoroses Training durchlaufen hatte und sich in die Theorie der blutmagischen Rituale vertieft hatte, erhielt Monus erstmals Visionen von Eichenherz' Eicheln.

Monus versammelte ihre engsten Verbündeten und machte sich in ganz Barsaive auf die Suche nach diesen Artefakten, in der Hoffnung, dass sie den Schlüssel zur Heilung der Korruption des Blutwaldes in der Hand halten würden. Sie fand zahlreiche wohlgesonnene Siedlungen mit Dutzenden von hilfsbereiten Namensgebern und verkündete nach vielen Jahren der Arbeit die Absichten der Gruppe, indem sie die Sucher des Herzens enthüllte. Geschichten über ihre Mission haben sich inzwischen weit verbreitet, obwohl nur ein kleiner Bruchteil dieser Geschichten zum Kern ihrer Absichten vordringt. Auch wenn Monus früher häufig in und um Kaer Eidolon gesehen wurde, operiert sie neueren Gerüchte zufolge irgendwo in Shosara.

## Attribute

GES: 7 STR: 7 ZÄH: 6
WAH: 7 WIL: 6 CHA: 8

### RENNA BYRE

Renna ist nur ein paar Jahre jünger als ihre Schwester Monus, und die beiden werden oft für Zwillinge gehalten. Sie wuchsen Seite an Seite in Kaer Oribella auf und waren selten länger als einen Tag getrennt. Als Monus eine der Elfen war, die für die Delegation des Kaers zum Blutwald ausgewählt wurden, wurde Renna zum ersten Mal von ihrer Schwester getrennt. Sie dachte über die Tragödie nach, die ihre leiblichen Eltern während der Plage befallen hatte – Gedanken, die eine herzzerreißende Traurigkeit in ihr auslösten. Renna nahm sich vor, dafür zu sorgen, dass Monus ihr nicht auch noch genommen würde. Sie begann, mit den magischen Künsten zu experimentieren, und wartete geduldig auf die Rückkehr ihrer Schwester.

Die Geschichten über den Blutwald, die Monus zurückbrachte, besudelten das, was eine fröhliche Wiedervereinigung hätte sein sollen. Renna erfuhr von der Qual, die durch das Ritual der Dornen verursacht wurde, und als sie sah, wie hingebungsvoll Monus seitdem daran arbeitete, dem Wald zu seinem früheren Glanz zu verhelfen, schwor sie, ihrer Schwester auf jede erdenkliche Weise zu helfen. Monus bestand darauf, dass sie beide eine Lehre bei Darfin anstreben sollten, dem mysteriösen Einsiedler, der angeblich im Laufe einer einzigen Nacht das Kaer gerettet hatte. Rennas autodidaktisches Studium hatte sich auf die Geisterbeschwörung beschränkt, aber ihre Ausbildung bei einem richtigen Mentor zeigte ihr Talent für Illusionsmagie.

Monus' Visionen von Eichenherz' Eicheln verängstigten Renna, als sie zusah, wie ihre Schwester langsam in eine leichte Besessenheit verfiel. Die Anzeichen waren zunächst subtil, aber Renna beobachtete eine spürbare Veränderung in Monus' Verhalten, nachdem sie die erste Eichel von Yoruial Tan erhalten hatte. Ihre restlichen Reisegefährten hielten diese Bedenken nur für ein Zeichen der übermäßigen Fürsorge, die die Byre-Schwestern einander bekanntlich zeigten. Dies hier jedoch war anders, und Renna kannte ihre Schwester gut genug, um es zu erkennen. Yoruials plötzlicher Tod erschwerte die Sache noch weiter, denn jetzt lastete der edle Zweck der Gruppe allein auf Monus' Schultern. Renna drängte ihre Bedenken beiseite und beschloss, ihre Aufmerksamkeit darauf zu richten, Monus vor allem anderen sicher zu halten.

Nach Jahren, in denen sie in Barsaive Unterstützer um sich versammelt hatten, verkündeten die Sucher des Herzens der Welt ihre Absichten. Monus übernahm die Rolle von Yoruial Tan in der Öffentlichkeit, während Renna es vorzog, hinter den Kulissen zu arbeiten. Ihre Fähigkeiten mit Illusionsmagie waren nützlich, als die Sucher begannen, ihre Wurzeln in Kaer Eidolon zu schlagen. Durch die Siedlung konnte die Gruppe außerhalb des Waldes operieren, war aber dennoch nah genug, um Mitglieder in der Region zu gewinnen. Es bedurfte einer sorgfältigen Planung und subtiler Verhandlungen, aber schließlich konnten die Sucher das Herz des Waldes studieren. Leider holte Monus'

Ruf sie ein, und die Blutwächter vertrieben sie, sodass sie in andere Elfenreiche ausweichen mussten. Trotz ihrer Bedenken, sich wieder von ihrer Schwester zu trennen, erfüllte Renna Monus' Wünsche und übernahm ihre Position als Anführerin der Sucher in Eidolon.

Die unsichere Situation zwischen den T'skrang und den Elfen in Kaer Eidolon ist Rennas Hauptanliegen. Eine wachsende Zahl ihrer Untergebenen verliert die Hoffnung auf friedlichen Protest und fragt sich, ob die Blutelfen überhaupt auf etwas anderes als Gewalt reagieren werden. Faelar, Rennas Stellvertreter, hat ihr in letzter Zeit besondere Schwierigkeiten bereitet, indem er sich für energischere Aktivitäten einsetzte. Renna ist überfordert, weil sie nicht nur der Entdeckung durch die Blutelfen entgehen, sondern auch den T'skrang-Magistrat beschwichtigen und die größte Zelle der Organisation führen muss.

### ATTRIBUTE

GES: 7 STR: 7 ZÄH: 6
WAH: 8 WIL: 7 CHA: 6

### DARFIN ESCALANAS

Darfins Geschichte ist eine Mischung aus halbwegs wahren Gerüchten, widersprüchlicher Fiktion und rätselhaften Legenden. Die ältesten Geschichten gehen auf Sereatha zurück, wo er in eine herausragende Position in einer der drei großen Ranellen der Stadt geboren wurde. Damals wurde Darfin als einer der stärksten Unterstützer der Ablehnung der theranischen Riten des Schutzes und des Übergangs angesehen.

Sein Glaube an die Fähigkeit Alachias, eine andere Methode zum Überleben der Plage zu finden, wurde durch den Verlust seiner Frau und seiner Töchter erschüttert. Die Befleckung durch einen Dämon war durch die Verteidigung von Sereatha gedrungen, eine Tragödie, die hätte vermieden werden können, wenn Darfin nicht blind das Edikt der Königin unterstützt hätte. Darfin war wegen seiner Taten beschämt, trat von seiner Position in der Ranelle zurück und widmete seine Bemühungen der Vorbereitung des sereathanischen Kaers. Die meisten glauben, dass dies seine letzte Handlung vor seinem Tod gewesen sei.

Weitere Geschichten über Darfin erscheinen hundert Jahre später, obwohl unklar ist, ob es sich um denselben Mann handelt. Geschichten von Kaer Oribella erzählen von einem Elfen, der in einer Zeit großer Gefahr auftauchte. Auf halbem Weg durch die Plage begannen die verzauberten Siegel des Kaers zu versagen, und die Ältesten kämpften darum, den Schutz aufrechtzuerhalten. Einer der Flüchtlinge, die vor der Versiegelung des Kaers aufgenommen worden waren, trat vor, reparierte eigenhändig die Verzauberungen und rettete das Kaer vor dem Untergang.

Der Fremde, bekannt als Darfin, war eindeutig in den magischen Künsten ausgebildet und zog die Aufmerksamkeit anderer Namensgeber im Kaer auf sich. Viele baten darum, sein Lehrling zu werden, aber Darfin bestand darauf, in einem isolierten Teil des Kaers eine einsame Existenz zu führen. Nur von zweien ist bekannt, dass es ihnen seit dem Ende der Plage gelungen ist, seine Dienste als Lehrer zu erlangen: Monus und Renna Byre, die Waisenmädchen, die Darfin an die Kinder erinnerten, die er vor langer Zeit verloren hatte.

Nur wenige Gerüchte von Darfin rund um Kaer Oribella sind heute zu hören. Auf Nachfrage behauptet der Regierungsrat des Kaers, dass Darfin einige Zeit nach der Wiedereröffnung des Kaers gegangen sei, um nach den unsäglichen Schrecken, die er während der Plage erlebt hatte, in die Schönheit seiner Heimat zurückzukehren. Angesichts seiner starken Bindungen zu den Byre-Schwestern glauben einige allerdings, dass er als Mitglied der Sucher des Herzens untergetaucht ist. Einige wenige glauben sogar, dass er ihre Agenten in den Westlichen Königreichen anführt.

### ATTRIBUTE

GES: 7 STR: 6 ZÄH: 7
WAH: 8 WIL: 9 CHA: 7

### ABENTEUERIDEE

Faelar ist unzufrieden mit der Gefangennahme eines engen Freundes und entwickelt einen Plan, um ihn aus dem Gewahrsam der Talshara zu befreien. Renna wird nicht zulassen, dass die Mission fortgesetzt wird, da sie glaubt, dass es sich um eine Falle handelt, die dazu gedacht ist, die Sucher zu entlarven. Daher beauftragt Faelar eine externe Gruppe mit der Durchführung der Rettung. Sein Plan ist ein direkter Frontalangriff, der für eine Gruppe geeignet ist, die für den schweren Kampf ausgerüstet ist. Faelar hat wahrscheinlich einen subtileren Weg übersehen, um sein Ziel zu erreichen, den vorsichtigere Gruppen stattdessen verfolgen können.

### FAELAR EILHORN

Faelar wurde kurz nach Beginn des Ersten Theranischen Krieges in einem kleinen Dorf außerhalb der vielen Kaers in den Zwielichtgipfeln geboren. Als die theranischen Streitkräfte ihren Angriff auf Barsaive begannen, war Faelars Heimat eine der ersten Siedlungen, die als Beispiel dafür dienten, was mit denen passierte, die es wagten, sich gegen die theranische Herrschaft zu stellen. Im Alter von sechs Jahren gehörte er zu einer Handvoll überlebender Elfen, die Richtung Osten nach Throal flohen.

Im Gegensatz zu Monus und Renna hatte Faelar nicht die Unterstützung einer liebenden Familie, die sein Temperament milderte. Er wuchs in einem Heim auf, das mit den Waisenkin-

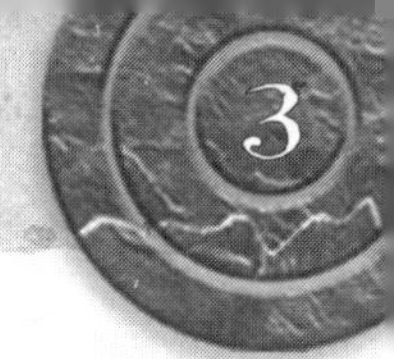


dern zwergischer Soldaten gefüllt war, und wurde gehänselt, weil er einer der wenigen Elfen war, die dort untergebracht waren. Die anderen machten sich oft über seinen dürren Körper lustig und quälten ihn mit Geschichten über den „verdrehten Blutelfen", zu dem er heranwachsen würde. Faelar glaubte nicht an die Geschichten über den Blutwald, die er von den anderen Kindern hörte, und begann, die anderen Namensgeber-Rassen wegen ihrer Grausamkeit zu verachten. Er träumte davon, eines Tages mit seinem Volk in seiner angestammten Heimat, dem Wyrmwald, zusammenzukommen.

Die Hänseleien, die Faelar als Kind erlebte, vermittelten ihm ein unausgewogenes Gefühl von Recht und Unrecht, was ihn dazu brachte, sein Leben dem Kampf gegen die wahrgenommene Ungerechtigkeit gegen das elfische Volk zu widmen. Nachdem er in den Blutwald gereist war und selbst die Qualen gesehen hatte, die durch das Ritual der Dornen verursacht wurden, kämpfte Faelar darum, die Zerrüttung des Elfenhofes zu heilen. Die Königin hatte eine große Gräueltat gegen sein Volk begangen, und doch war es ihr erlaubt gewesen, diese Ungerechtigkeit unangefochten fortzusetzen. Faelar hörte, dass die Sucher des Herzens die Elfen zum Handeln riefen, und beschloss, sie zu suchen. Seine Hingabe an die Gerechtigkeit machte ihn zu dem Verbündeten, nach dem die Schwestern suchten, und ihr Bestreben, den Wald wiederherzustellen, entsprach Faelars Zielen. Als die Reihen der Sucher bei Kaer Eidolon wuchsen, wurden Faelars Führungsqualitäten zu einem wichtigen Teil des Erfolgs der Gruppe.

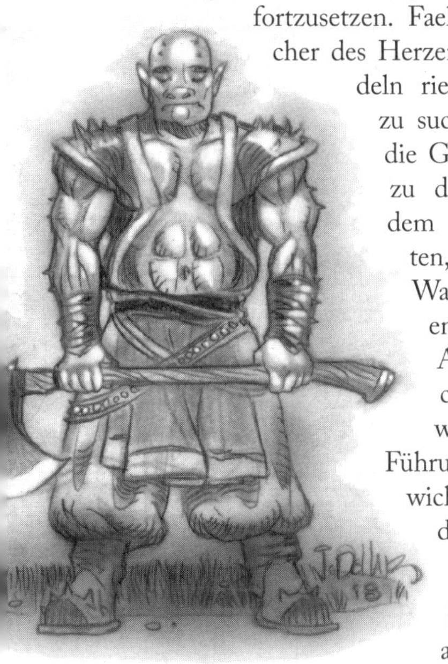

Faelar, der mit Renna in Eidolon zusammenarbeitet, ist nicht mit dem Ansatz einverstanden, den sie verfolgt. Die Organisation arbeitet seit mehreren Jahrzehnten, und obwohl ihre Mitgliederzahl deutlich gestiegen ist, hat Faelar noch keine wirklichen Fortschritte bei der Wiederherstellung des Herzens des Waldes gesehen. Renna hat ihm versichert, dass Monus' Forschung mit jeder Eichel, die sie erhalten, voranschreitet, aber sein jugendlicher Überschwang hat seine Geduld erschöpft.

Faelar hat begonnen, sich innerhalb seiner Aufgaben Freiheiten zu nehmen, da er glaubt, dass die bisher angewandten passiven Taktiken unzureichend sind. Anstatt um Hilfe zu verhandeln, hat er begonnen zu drohen. Anstatt gegen ein Unternehmen zu protestieren, das den Suchern seine Dienste verweigert, stiehlt er Vorräte. Faelar ist durch die bisherigen Ergebnisse ermutigt und hält sein Handeln im Dienste des Gesamtziels der Gruppe für gerechtfertigt. Da Monus aus Eidolon vertrieben wurde, ist es nur eine Frage der Zeit, bis seine Handlungen weiter eskalieren.

### Attribute

GES: 7 STR: 7 ZÄH: 6
WAH: 7 WIL: 6 CHA: 7

## Sucher der Lohe

Gerüchte über Elfen, die die Feuerbirken anbeten, kursieren unter den Blutwächtern, seit die Verkohlte Heide geschaffen wurde. Auch wenn die Wächter diese Ketzer in Alachias Anwesenheit nie erwähnen würden, sind diese von einer seltenen Seltsamkeit zu einem gefährlichen Kult geworden, der versucht, die Birken im ganzen Blutwald zu verbreiten. Jemand hat damit begonnen, sie zu organisieren, und wenn nichts geschieht, könnte der Wald auf nichts anderes als verkohlte Überreste reduziert werden.

### Geschichte

Die Methode von Lysarin Grünzweig, Wahres Feuer mit dem Elementargeist eines Baumes zu verweben, ergab sich aus der Befleckung eines Dämonenmals. Der Dämon fand Freude an der Qual der Elementargeister und nutzte Lysarins Verzweiflung, den Wald vor dem Dämon zu retten. Lysarin war jedoch nicht das einzige Namensgeber-Werkzeug, das für diesen verdrehten Zweck verwendet wurde. Auch wenn das Ritual der Dornen die Blutelfen vor Dämonen schützt, die den Namensgebern Schmerz zufügen wollen, macht es sie nicht immun gegen solche mit anderen Absichten.

Während der Plage stießen die Blutwächter, die in der Verkohlten Heide patroullierten, manchmal auf einen oder zwei Elfen, die in Flammen standen. Bei der Untersuchung dieser Orte entdeckten sie wenig mehr als ein paar glühende Aschehaufen. Ursprünglich hielt man diese Elfen für unglückliche Seelen, die von einer Feuerbirke angegriffen wurden, während sie versuchten, Körnchen Wahren Feuers zu ernten, aber die zunehmende Häufigkeit ihres Auftretens in den letzten Jahren wies auf etwas Unheimlicheres hin. Erst als die Wächter in diesen Gebieten magische Runen anstelle von Asche entdeckten, nahm das Geheimnis Gestalt an. Diese Elfen benutzten ein Ritual, das dem von Lysarin entwickelten ähnelt, und setzten seine Arbeit für einen dunklen Zweck fort. Die Blutwächter betrachten diese Elfen als genauso gefährlich für den Blutwald wie die Feuerbirken und jagen sie, wann immer sie sich zeigen.

Gerüchte über verrückte Elfen in der Verkohlten Heide sind außerhalb der Reihen der Blutwächter selten. Die Wächter glauben, dass diese Elfen, die durch das Ritual der Dornen in den Wahnsinn getrieben wurden, einen Weg erforschen, um Wahres Feuer in ihre eigenen Strukturen zu weben. Der Prozess würde den ständigen Schmerz der Blutelfen verstärken, indem sie ihren Dornen eine ewige Flamme hinzufügen. Die Wächter haben diese Angelegenheit mehrmals Königin Alachia vorgelegt und darauf bestanden, dass diese Elfen mit allen Mitteln eliminiert werden. Die Königin war nicht bereit, die Existenz einer solchen Bedrohung anzuerkennen, und weigerte sich, die vorgeschlagene Jagd durchzuführen. Diese Gruppe könnte nur aus einem Fehler im Ritual der Dornen resultieren, den es natürlich nicht geben kann.

### Namhafte Sucher der Lohe

#### Zaleria Dornelis

Zaleria, geboren nach der Plage, ging den Weg harter Arbeit und Ausdauer, um schließlich ein geschätztes Mitglied der Blutwächter zu werden. Ihre Jugend gewährte ihr einen offenen Geist, wenn es um magische Forschung ging, was sie zu einer idealen Kandidatin machte, um ein Mittel zur Verhinderung der Ausbreitung der Feuerbirken zu erforschen. Leider kannte keiner der Wächter die Tiefe der Korruption, die Lysarin Grünzweig befallen hatte, als er die Feuerbirken erschuf. Die Informationen, die er zurückgelassen hatte, brachten Zaleria auf einen dunklen Pfad, und führten dazu, dass sie vom gleichen Dämon beeinflusst wurde und davon besessen ist, seine Arbeit fortzusetzen. Mit Zugang zu Lysarins ursprünglicher Forschung, der Freiheit, die Verkohlte Heide zu betreten, und dem Wissen über den Zeitplan der Blutwächterpatrouillen hat Zaleria diese Handvoll korrumpierter Blutelfen in einen organisierten Kult verwandelt.

### Attribute

GES: 6 STR: 5 ZÄH: 6
WAH: 7 WIL: 7 CHA: 6

### Abenteueridee

Zaleria ist bereit, jede praktikable Methode zur Förderung der Ziele ihrer Gruppe anzuwenden, bis hin zur Manipulation von Außenstehenden, um ihre Agenda umzusetzen. Eine Möglichkeit wäre, dass sie eine Gruppe an den Verteidigungsanlagen des Blutwaldes vorbeischmuggelt und sie einen Feuerbirken-Setzling aus der Verkohlten Heide entfernen lässt. Der Versuch sollte von einer Blutwächterpatrouille vereitelt werden, kann aber auch als Möglichkeit genutzt werden, um die Sucher der Lohe in deine Kampagne einzuführen. Zaleria wird durch Vermittler tätig sein, sowohl innerhalb als auch außerhalb des Waldes, und ihre Anhänger können dazu dienen, die Wächterpatrouille zu beruhigen und das sichere Verlassen des Waldes durch die Charaktere zu ermöglichen. Zalerias Beteiligung wird sich erst nach umfangreicher Arbeit und Untersuchung des Kultes zeigen.

## Die Singvögel

In den letzten drei Jahrzehnten hat Alachia zahlreiche Ungeschützte Elfen und Individuen anderer Rassen angeworben, die als ihre Spione in Barsaive und darüber hinaus dienen. Dieses Spionagenetzwerk, das die Singvögel genannt und vom Exil-Blutwächter Vistrosh geleitet wird, informiert Alachia über Ereignisse außerhalb der Grenzen des Waldes und trägt so wesentlich zu ihrer Macht bei.

Elfische Singvögel dienen Alachia aus Treue, auch wenn sie ihre Hingabe oft mit magischen Gegenständen oder einer Zahlung in Silber belohnt. Angehörige anderer Rassen dienen ihr aus eigenen Gründen – einige aus Gier, andere aus Bewunderung, nachdem sie die Königin von Angesicht zu Angesicht getroffen haben. Beim Beitritt zur Organisation schwört jeder von ihnen einen Bluteid, die Existenz der Gruppe und die Verbindung zu Alachia nie preiszugeben. Die Verletzung dieses Eides bedeutet den fast sofortigen Tod.

Die Singvögel operieren in Barsaive, in einigen Provinzen des Theranischen Imperiums und den anderen Elfennationen. Gerüchten zufolge hat die Gruppe Blutelfen als Mitglieder, die als Diener kleinerer Höflinge fungieren, um von innerhalb ein Auge auf den Elfenhof zu halten. Die Singvögel berichten an Alachia über Brieftauben, Kurierdienste und Handelskarawanen, die am Südlichen Rand entlangziehen.

Die Agenten erhalten ihre Aufträge über ein ausgeklügeltes Netzwerk von Kontakten, von denen keiner auf Vistrosh zurückführt. Der ehemalige Wächter erteilt Befehle über Brochers Brut, seine Bande in Kratas. Sollte jemand eine Verbindung zwischen der Brut und den Singvögeln aufdecken, wird er wahrscheinlich annehmen, dass Vistrosh die Spione Alachias ausspioniert.

### Namhafte Singvögel

#### VISTROSH

Vistrosh kann für sich beanspruchen, der einzige Blutwächter zu sein, der jemals aus dem Wald vertrieben wurde. Er führt Brochers Brut an, die zweitstärkste kriminelle Bande in Kratas. Er hat seit seinem Exil alle Verbindungen zur Carithasca-Ranelle widerrufen und jeden Kontaktversuch seiner Verwandten abgelehnt.

Eine beliebte Erklärung für Vistroshs Exil zeigt ihn als ehemaligen Liebhaber, der die Königin beleidigte. Eine andere wirft ihm einen Anschlag auf Alachias Leben vor. Keine der beiden Geschichten ist wahr. Vistroshs Verbannung ist ein aufwendiger Vorwand für einen Plan, der nur ihm und der Königin bekannt ist. Er wurde auf Alachias Befehl ausgeschickt, um als Anführer der Singvögel zu dienen. Vistroshs wahre Position ist eines der am strengsten gehüteten Geheimnisse der Königin und selbst bei den Singvögeln unbekannt.

Als Teil seiner Tarnung schickt Vistrosh Alachia Briefe, in denen er darum bittet, in den Blutwald zurückkehren zu dürfen. Diese enthalten häufig verschlüsselte Berichte über die jüngsten Aktivitäten in Barsaive und darüber hinaus. Vistrosh hat sich als unschätzbar erwiesen, um Alachia über Ereignisse in Barsaive auf dem Laufenden zu halten, einschließlich der Ankunft des theranischen Behemoths am Bannsee und der Ermordung von König Varulus III.

Die Singvögel werden seit dem Zweiten Theranischen Krieg durch verschiedene Ereignisse auf Trab gehalten und beobachten die iopanischen Wahrer der Treue genau. Vistrosh ist ein versierter Zauberer, der sowohl der Illusionisten- als auch der Magierdisziplin folgt. Seine Position in Kratas hat dazu geführt, dass er auch die Diebesdisziplin verfolgt.

### Attribute

GES: 7 STR: 4 ZÄH: 6
WAH: 8 WIL: 8 CHA: 8

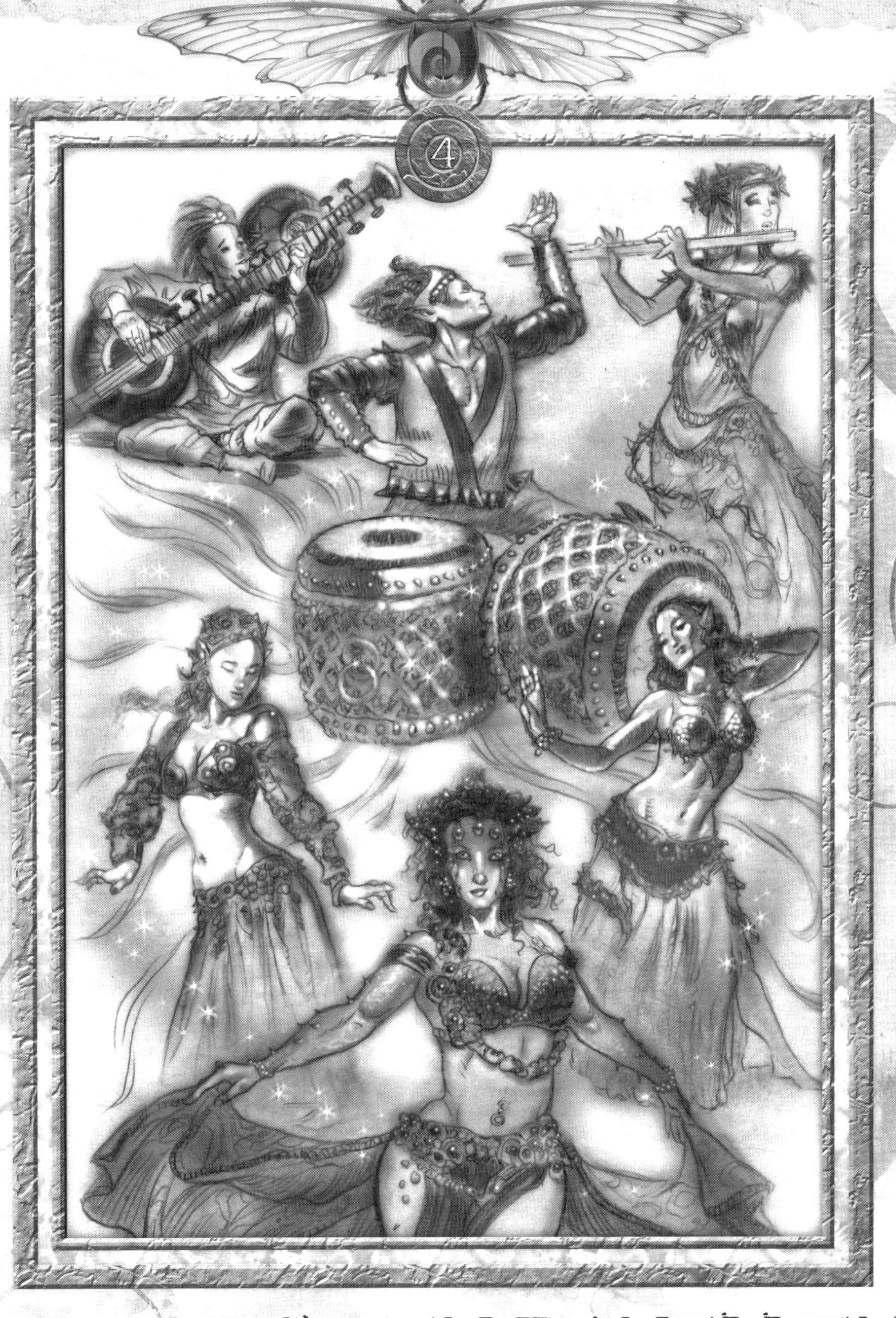


# DIE GROSSEN RANELLEN

*„Oh, ja! Ich liebe die Ranellen der Elfen. Köstlich. Bin ein großer Kenner ihrer Kunst.“*

*– Ballero Medico, zwergischer Händler und notorischer Lügner*

Von den Ranellen des Blutwaldes haben fünf die meiste Macht am Hof. Aus diesen sogenannten großen Ranellen werden am häufigsten die Consortis ausgewählt. Jede von ihnen dominiert einen Aspekt des elfischen Lebens, wie Handel, Handwerk oder militärische Macht, und übt einen bedeutenden Einfluss auf diesem Spezialgebiet aus. Die fünf großen Ranellen sind die Carithasca, Daevenar, Escalanas, Jae'Helastri und Talshara.

Die Carithasca-Ranelle findet man hauptsächlich im Südlichen Rand, obwohl die Außenposten entlang der Westgrenze immer zahlreicher werden. Die Carithasca konzentrieren sich auf den Handel innerhalb des Waldes, haben aber auch den Schwarzmarkthandel über Trenevar und Kaer Eidolon unter Kontrolle. Sie gehören zu den prominentesten Stimmen am Hof, die Alachia drängen, die Grenzen für den Außenhandel zu öffnen. Die Königin lehnt ihre Petitionen immer noch ab, gewährt der Ranelle aber gelegentlich einen kleinen Gefallen, um ihre Aufmerksamkeit umzulenken.

Die Mitglieder der Daevenar-Ranelle sind bekannt für ihr Handwerk und ihre Kunst und schmücken den Elfenhof oft als persönliche Unterhaltungskünstler der Königin. Alachias Geschmack ändert sich so schnell wie ihre Stimmung, sodass die Daevenar schon vor langer Zeit gelernt haben, nicht auf ihre Zustimmung zu achten. Stattdessen widmen sie sich ihrer Kunst und genießen die königliche Gunst, solange sie andauert. Einige Daevenar betrachten Politik als Kunstform und verfolgen Termine bei den Consortis mit derselben Hingabe, die ihre Verwandten für Malerei oder Gesang empfinden. Die Daevenar wohnen am äußersten westlichen Rand des Palasthofes, der Alachias Palast umgibt.

Die Escalanas-Ranelle kann sich beispielloser Erfolge in den magischen Künsten rühmen. Mitglieder dieser Ranelle bilden den Kern der Blutwächter und erhalten immer noch die meisten Ernennungen für diese Position. Die Escalanas sind zwar am bekanntesten für ihre magischen Aktivitäten, aber sie sind die vielfältigste der fünf großen Ranellen. Ihre Mitglieder leben im ganzen Blutwald und üben eine Vielzahl von Berufen aus. Die Escalanas werden von den Bewohnern des Waldes respektiert und gefürchtet, ein Ruf, den sie sowohl als nützlich als auch als unbequem empfinden.

Die Mitglieder der Jae'Helastri leben in allen Teilen des Blutwaldes, obwohl ihr Stammsitz nur zwei Stunden zu Fuß von Alachias Palast entfernt liegt. Die Jae'Helastri haben seit der Gründung der Consortis mehr Ernennungen für diese Position erhalten als jede andere Ranelle, und sie gelten als konkurrenzlos in ihrer gewählten Kunst der politischen Manipulation.

Die Talshara-Ranelle ist in den Nordgebieten prominent. Viele der Kundschafter- und Krieger-Adepten des Blutwaldes stammen aus dieser Familie, ebenso wie viele der Geißler der Königin. Sie beteiligen sich selten an den politischen Manövern des Hofes und hatten seit vor der Plage keinen Consortis mehr – eine Situation, die sich erst vor Kurzem geändert hat. Die Expertise der Talshara in der Kriegsführung und ihre bedingungslose Loyalität zu Alachia sorgen jedoch dafür, dass ihre Stimme bei Bedarf gehört wird.

# Die Carithasca–Ranelle

Vor der Plage erwirtschaftete diese mächtige Ranelle ein Vermögen im Handel. Die Carithasca hatten exklusive königliche Patente für den Handel mit mehreren im Wyrmwald produzierten Waren und Ressourcen und nutzten ihre politische Gunst, um ein beeindruckendes Netzwerk von Tochtergesellschaften unter den kleinen Ranellen aufzubauen. Diese kleineren Familien erledigten die meiste Arbeit, indem sie Karawanen durch Barsaive führten, während die Carithasca den Löwenanteil der Gewinne einnahmen.

Die Plage stoppte den Handel außerhalb des Wyrmwaldes, aber die Carithasca blieben wohlhabend, indem sie ihre exklusiven Handelsrechte innerhalb der Grenzen des Waldes behielten. Obwohl viele kleine Ranellen über die anhaltende Dominanz der Carithasca über den Handel nörgeln, erkennen die meisten an, dass sie ihren Wohlstand ihren Verbindungen zu der prominenten Familie verdanken. Die Carithasca ihrerseits nutzen jede Gelegenheit, um ihre Untergebenen zu belohnen. Söhne und Töchter von verbündeten Ranellen können auf Förderung durch die Carithasca für Positionen bei Hofe zählen, und die Carithasca haben sogar Teilrechte an ihren königlichen Patenten auf besonders loyale kleine Ranellen übertragen.

Auch wenn sie eine Macht sind, mit der man innerhalb des Blutwaldes rechnen muss, träumen die Carithasca davon, die Handelsbeziehungen zur Außenwelt wiederherzustellen. Seit dem Ende der Plage haben sie alle ihnen zur Verfügung stehenden Mittel eingesetzt, um Königin Alachia davon zu überzeugen, die Grenzen des Waldes wieder zu öffnen. Dies zu erreichen, würde den Reichtum und die Macht wiederherstellen, die sie vor der Plage hatten, aber das ist nur ein Grund. Sie wollen auch, dass der Blutwald seine Bedeutung in der Welt wiedererlangt. Sie glauben, dass Elfen von Natur aus für die Führung geeignet sind, und wollen das übernehmen, was sie als den rechtmäßigen Platz ihrer Rasse an der Spitze betrachten.

Eine erhebliche Opposition gegen die Carithasca kommt von der Daevenar-Ranelle. Sie neigen dazu, die Carithasca als eine Gruppe von aufstrebenden, geldgierigen Händlern und unkultivierten Narren zu betrachten, die den Preis von allem, aber den Wert von nichts kennen. Die Daevenar waren eine große Ranelle, bevor der Sturz der Laryskova-Ranelle die Carithasca nach oben brachte, und viele der älteren Generationen betrachten die Carithasca immer noch als neureiche Bürgerliche ohne Manieren und Geschmack. Die Daevenar unterstützen entschlossen Alachias Entscheidung, den Wald von ausländischen Einflüssen freizuhalten, und sehen in dem beständigen Streben nach offenen Grenzen ein weiteres Zeichen für die Unwissenheit der Carithasca.

## Geschichte

Schon bevor sie eine große Ranelle war, war die Carithasca-Familie bekannt für ihre Fähigkeit, alles zu beschaffen, was ein Kunde wollte. Es mochte Zeit und Silber brauchen, aber Carithasca-Händler wussten, wie sie das beschaffen konnten, was ihre Kunden suchten. Von seltenen Gewürzen bis hin zu ungewöhn-

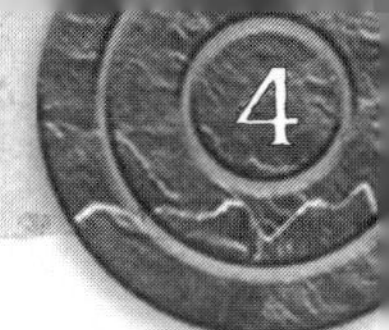


lichen magischen Gegenständen, nichts schien außerhalb ihrer Reichweite zu liegen. Der Familienlegende zufolge gehörte ein Jugendlicher namens Eamyn Carithasca zu den zehn Kriegern, die Königin Dallia auf ihrer verhängnisvollen Reise nach Shosara begleiteten. Wie die Geschichte erzählt, überredete Eamyn Alamaise, das Leben der überlebenden Eskorte zu verschonen, indem er ihm einen Rubin aus der Krone des Königs von Skavien versprach. Da die Namen der Eskorte von Königin Dallia nicht bis heute überdauert haben, gibt es allerdings keinen Beleg für diese Geschichte.

In den Jahren vor der Trennung von Shosara wurde die Carithasca-Ranelle zu einer bedeutenden Macht unter den kleinen Ranellen des Südlichen Randes. Die Erbin der Ranelle, Ethenia Carithasca, hatte begonnen, Gunst für ihre Familie zu sammeln, indem sie Königin Faillas Thronbesteigung unterstützte. Der Aufstieg der Ranelle zur Prominenz begann jedoch erst spät in Faillas Regierungszeit. Der Unmut der Königin über die Laryskova-Ranelle führte dazu, dass mehrere wichtige Handelsstreitigkeiten zugunsten der Carithasca beigelegt wurden, was ihnen die notwendigen Mittel an die Hand gab, um am Hof an Bedeutung zu gewinnen.

Anhaltende königliche Gunst erlaubte es der Ranelle, ihre Handelsrechte auf den gesamten Südlichen Rand auszudehnen, häufig auf Kosten der Laryskova. Unter anderem erhielten die Carithasca ein königliches Patent, das ihnen die Exklusivrechte verlieh, den Elfenhof mit Saenor zu beliefern, einer Flussgrasart, die wegen ihres köstlichen Geschmacks sehr geschätzt wird. Zusammen mit diesem Patent erhielten sie eine Konzession, die ihnen Anspruch auf Ländereien am Nordufer des Nachtfalterflusses gab, eine Quelle des Streits zwischen den rivalisierenden Ranellen. Die Entscheidung von Königin Failla zugunsten der Carithasca war ein schwerer Schlag für die Macht der Laryskova.

Bald darauf ernannte Failla Ethenia zu einer ihrer Consortis. Durch diese Position konnte Ethenia ihren ältesten Enkel Seosamh mit Milina Escalanas verheiraten, der Enkelin des leitenden Wächters der Königin. Diese Allianz steigerte das Prestige der Carithasca noch weiter. Nachdem die gescheiterte Laryskova-Gerüchtekampagne Königin Liara auf den Thron gebracht hatte, verbannte die Eiserne Königin die rebellische Ranelle und übergab ihre umfangreichen Besitztümer den Carithasca. Dieses Geschenk war mit mehreren königlichen Patenten verbunden, was die Reise der Carithasca vom Kleinadel zur Spitze der politischen Macht vollendete.

Während der Herrschaft von Königin Liara nutzten die Carithasca ihren Besitz an Handelspatenten, um ein Netzwerk von Allianzen zwischen den kleinen Adelsfamilien zu schmieden. Als Alachia den Rosenthron bestieg, hatten sich die Carithasca als das unbestrittene Handelskonsortium des Wyrmwaldes etabliert.

Die Plage kostete die Carithasca-Ranelle einen beträchtlichen Teil ihrer Einnahmen, hatte aber kaum andere Auswirkungen auf das Familienvermögen. Sie unterstützten von ganzem Herzen Alachias Ablehnung der theranischen Schutzmaßnahmen und blieben für eine Zeit lang ein wichtiger Kanal für magische Ressourcen aus der Außenwelt. Gerüchten zufolge lehnte Ethenia die Durchführung des Rituals der Dornen ab, aber ihre Einwände, wenn überhaupt, kosteten sie nichts von dem guten Willen ihrer Herrscherin. Einige führen die ungewöhnliche Toleranz von Königin Alachia für diese Ablehnung auf Erpressung zurück, auch wenn niemand sagen kann, weswegen. Andere sagen, es beweise, dass die Gerüchte über Opposition falsch seien. Unabhängig davon stehen die Carithasca immer noch hoch in der Gunst der Königin. Obwohl es unwahrscheinlich war, dass Alachia ihnen die Bitte um die Öffnung des Waldes für Außenstehende gewähren würde, erfüllte sie eine andere Bitte, die den Carithasca sehr am Herzen lag: die Gründung Kaer Eidolons, des gemeinsamen defensiven Außenpostens außerhalb der Grenzen des Waldes.

## WICHTIGE PERSÖNLICHKEITEN

Seit der Herrschaft von Königin Failla ist die Carithasca-Ranelle die Hauptmacht im Südlichen Rand. Mit einer beeindruckenden und ungewöhnlich langlebigen Matriarchin, zwei von acht Consortis am Hof und starken Verbindungen zu zahlreichen kleinen Ranellen sind die Carithasca eine Macht, mit der man rechnen muss.

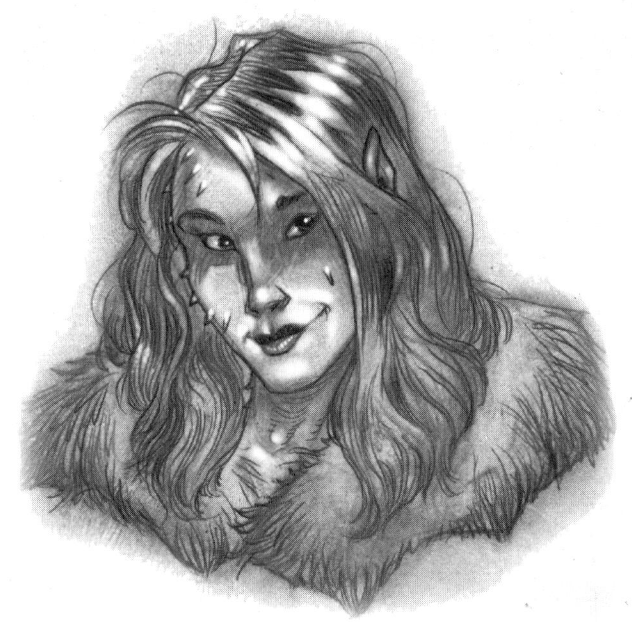

### ETHENIA CARITHASCA

Die Matriarchin der Carithasca-Ranelle, Ethenia Carithasca, begann ihre lange Karriere am Hof während der Herrschaft Königin Dallias. Obwohl sie nur für wenige Monate vor Dallias tragischem Tod gedient hatte, hatte Ethenias brillantes Tanz- und Flötenspiel sie zu einer der Favoriten der Königin gemacht. Ethenia hatte die Ehre, die älteren Höflinge zu begleiten, als Lady Failla sich als Kandidatin für den Rosenthron präsentierte. Ethenia war die Erste, die das Wunder des fallenden Blattes, das Failla als rechtmäßige Königin bewies, lobte, und wurde in den folgenden Jahren großzügig für ihre Treue belohnt. Das deutlichste Zeichen der Gunst kam, als Königin Failla Ethenia trotz des geringen Status der Carithasca-Ranelle zur Consortis machte.

Ethenia diente bis nach der Plage als Consortis und beriet die Königinnen Liara und Alachia. Ihr wird zugeschrieben, dass sie einige der grausamsten Reaktionen Liaras gemildert hat, und sie soll die Einzige gewesen sein, die in der Lage war, ihre schwärzesten Stimmungen zu besänftigen. Rivalen, die ihre leise Art für Schwäche hielten, fanden sich jedoch schnell Ethenias beeindruckendem Willen und politischer Schlagkraft unterlegen. Besonders eng ist ihre Freundschaft mit Königin Alachia, die so stark ist, dass sie die deutlichen Meinungsverschiedenheit der beiden über das Ritual der Dornen aushält.

Ethenia unterstützte Alachias Ablehnung der theranischen Riten des Schutzes und des Übergangs und die Schaffung des riesigen hölzernen Kaers. Da sie zu denen gehört, die immer ihre Wetten absichern, überredete sie Alachia allerdings, auch den Aushub von unterirdischen Zufluchten zu erlauben. Da der Vortrieb der Tunnel keine theranische Magie erforderte und die Carithasca für die Arbeit zahlten, erlaubte Alachia Ethenia, ihren Willen durchzusetzen.

Die unterirdischen Zufluchten waren weitgehend fertiggestellt, als das hölzerne Kaer unter dem Ansturm der Dämonen nachzugeben begann. Ethenia glaubte, dass die Wächter der Königin eine ordentlich elfische Methode zum Schutz der Zufluchten und andere Möglichkeiten zum Schutz des Waldes untersuchten. Als Alachia jedoch das Ritual der Dornen befürwortete, war Ethenia entsetzt und lehnte den Plan offen ab. Der katastrophale Ritus würde den Wald genauso wahrscheinlich zerstören wie ihn retten. Ethenia behauptete, dass eine andere, sicherere Wahl klüger wäre. Sie flehte Alachia an, Ressourcen in die Erforschung elementarer Erdmagie zu investieren, um die unterirdischen Kaers gegen die Dämonen zu versiegeln. Der Wald selbst würde vielleicht nicht überleben, aber das Elfenvolk würde weiterleben, um seine Heimat wiederaufzubauen. Alachia bestand darauf, dass die Zeit für sicherere Entscheidungen abgelaufen sei, und befahl ihren Wächtern, mit dem Ritual fortzufahren.

Das Ritual der Dornen führte zu der einen wirklichen Tragödie in Ethenias langem Leben. Ihre älteste Tochter, Rhenyia, überlebte das Persönliche Ritual nicht. Doch selbst dieser Verlust reichte nicht aus, um Ethenias Glauben an ihre Königin zu erschüttern. Sie glaubt immer noch, dass das Ritual ein Fehler war, hat sich aber eingeredet, dass Alachia in einer schrecklichen Situation die bestmögliche Wahl traf. Seit dem Ende der Plage hat Ethenia das Thema Ritual in Anwesenheit der Königin nie wieder angesprochen.

Kurz nach der Plage bat Ethenia Alachia, Expeditionen auszuschicken, um das Schicksal der anderen Elfenvölker zu erkunden. Sie schlug auch vor, Abgesandte in Barsaives Königreiche zu schicken, um herauszufinden, wer überlebt hatte, und ihnen mitzuteilen, dass der Elfenhof noch existierte. Ethenia hoffte, den Blutwald in die Position zu bringen, die später vom Königreich Throal eingenommen wurde, aber ihre Bemühungen endeten, bevor sie Ergebnisse brachten. Alachia entschied sich für die Isolation und blieb dieser Politik treu. Ethenia ist dagegen, aber ihre langjährige Erfahrung in der Hofpolitik und ihre persönliche Beziehung zu Alachia haben sie den Wert der Subtilität gelehrt. Sie begnügt sich damit, langsam daran zu arbeiten, Alachias Meinung zu ändern, und vertraut auf ihre Fähigkeit, schließlich erfolgreich zu sein.

Ethenia zog sich kurz nach dem Ende der Plage von ihrem Posten als Consortis zurück und übergab die Position mit dem Segen der Königin an ihren Neffen Haeleon. Obwohl sie ihren Wunsch nach „einem ruhigen Leben, umgeben von den Angehörigen, die mir am Herzen liegen“, verkündete, glauben nur wenige, dass das der wirkliche Grund ist. Einige Kritiker schreiben ihre Entscheidung der Langeweile oder Exzentrik zu, aber die meisten ihrer Höflingskollegen bezweifeln, dass sie aus so trivialen Gründen handeln würde. Verbündete und Feinde gleichermaßen, die sich Ethenia meistens durch ihren langjährigen Dienst am Hof erworben hat, sind sich ihrer Diplomatie und Freude am politischen Spiel wohlbewusst. Viele glauben, dass ihr „Ruhestand“ ein Trick ist, um die Macht ihrer Ranelle zu erweitern, indem sie der jüngeren Generation eine Chance gibt, sich zu beweisen.

Ethenia ist intelligent und ehrgeizig. Sie träumt von der Öffnung der Grenzen des Blutwaldes und davon, dass Alachias Hof wieder seinen rechtmäßigen Platz auf der Weltbühne einnimmt. Auch wenn sie sich einen verstärkten Handel wünscht, den ein solcher Schritt ihr Ranelle bringen würde, ist ihr größter Wunsch, dass Alachia weltweit anerkannt und geehrt wird, wie es ihrer hohen Geburt und ihrer großen Macht entspricht. Natürlich hat Ethenia ihre eigene Rolle in dieser Fantasie zu spielen: als die Macht hinter dem Thron und eine wahre Vertraute der mächtigen Elfenkönigin.

## Attribute

GES: 6 STR: 5 ZÄH: 5
WAH: 7 WIL: 9 CHA: 8

### HAELEON CARITHASCA

Haeleon Carithasca, ein leicht übergewichtiger Elf mittleren Alters, ist der ältere der beiden Consortis seiner Ranelle. Er ist der älteste Sohn des Lieblingsbruders von Ethenia und wurde ihr Pflegesohn, nachdem Ethenias Tochter und seine eigenen Eltern während des Rituals der Dornen gestorben waren. Er steht seiner Tante sehr nah und schreibt ihr zu, dass sie ihm alles beigebracht hat, was er über Politik weiß. Er war ein begabter Schüler und kommt Ethenias Geschick beim Spiel des Hofes fast gleich. Er teilt auch ihre Überzeugung, dass der einzige Weg, die Ziele ihrer Ranelle zu erreichen, darin besteht, sich langsam zu bewegen. Er sagt gerne: „Man fängt mehr Blutaffen mit Früchten als mit Dornenranken.“

Haeleons gelassene Herangehensweise irritiert einige Mitglieder der Ranelle, die sie als nichts weiter als diplomatische Verzögerung betrachten. Diejenigen, die unklug genug sind, ihn zu beschuldigen, die Interessen der Ranelle zu vernachlässigen, finden sich jedoch oft beim monatelangen Kopieren alter Kontobücher wieder. Obwohl Haeleon Ethenias volles Vertrauen hat, berät er sich regelmäßig mit ihr in ihrem Haus in Da'seaishta. Er unternimmt außerdem Reisen nach Trenevar, um ein Auge auf die Aktivitäten der Carithasca im Allgemeinen zu werfen.

Haeleon ist klug, geduldig und aufmerksam, und es gibt wenig, was seinem Blick entgeht. Er genießt einen guten Witz oder einen guten Wein und spielt diesen Aspekt bewusst aus, damit andere ihn unterschätzen. Er bevormundet seine Carithasca-Mitconsortis, die er für ein kleines Mädchen hält, das noch viel zu lernen hat, und schätzt Alachia sehr, glaubt aber, dass sie blind ist, wenn es um äußere Einflüsse geht. Haeleon glaubt von ganzem Herzen, dass der Hof Außenseiter bereitwillig einladen sollte, damit diese Unglücklichen etwas aus der Auseinandersetzung mit den elfischen Wegen lernen können.

Haeleon empfindet keine besondere Feindseligkeit gegenüber den Theranern, vor allem, weil er sie nicht für wert hält, verachtet zu werden. Ihr Gründer war dumm genug, sich der Königin zu widersetzen und den Hof zu verlassen. Wie sehr kann da das Handeln seiner ebenso fehlgeleiteten Nachkommen eine Rolle spielen? Der Handel mit theranischen Luxusgütern, den Haeleon von einem planlosen Unterfangen zu einer reibungslos organisierten Operation gemacht hat, ist Ausdruck seiner Haltung gegenüber dem Imperium: Man nehme von den Theranern, was man will, mache einen Gewinn und vergesse sie dann.

### ATTRIBUTE

GES: 5 STR: 5 ZÄH: 5
WAH: 7 WIL: 6 CHA: 6

### GEALLEON SEA'LISH

Gealleon ist die älteste Tochter der Sea'lish-Familie, eines bedeutenden Zweigs der Ranelle. Sie ist jung und unerfahren in den Wegen des elfischen Hofes. Sie erhielt ihre Position als Kompensation für die Ablehnung der jüngsten Petition der Carithasca zur Öffnung der Grenzen des Blutwaldes.

Anders als Haeleon widmet sich Gealleon der Förderung der Carithasca-Interessen, selbst wenn das auf Kosten der Agenda des Blutwaldes insgesamt geht. Sie hat ihm schon mehrfach öffentlich widersprochen, weil sie hoffte, ihn damit so verlegen zu machen, dass er endlich etwas unternimmt. Gealleon ist intelligent genug, um die Manieren bei Hof an der Oberfläche zu begreifen, aber die darunterliegenden Feinheiten entgehen ihr. Für sie sind ihre eigenen Ansichten die einzigen, die Sinn ergeben, und sie findet es schwer zu verstehen, dass andere die Welt nicht genauso sehen wie sie. Sie hat allerdings einiges von dem Charme ihrer Familie und lernt mit der Zeit, ihn einzusetzen.

Einige glauben, dass Ethenia Pläne für Gealleon hat und deshalb nicht versucht hat, sie durch ein raffinierteres Familienmitglied zu ersetzen. Andere glauben, dass sie Gealleons jugendliche Arroganz nützlich findet. Indem Gealleon die Aufmerksamkeit auf sich zieht, lässt sie Haeleon vernünftiger aussehen. Gealleon verübelt Haeleon sein gönnerhaftes Verhalten ihr gegenüber und würde ihn nur zu gerne irgendwie bloßstellen. Einige glauben, dass ihr gemeinsames Erbe das Einzige ist, was Gealleon davon abhält, sich aktiv gegen Haeleon zu verschwören.

### ATTRIBUTE

GES: 6 STR: 5 ZÄH: 6
WAH: 7 WIL: 6 CHA: 7

### KAPITÄN TRELLIUS

Kapitän Trellius und sein Schiff, die *Fliegender Adler*, sind ein vertrauter Anblick auf dem unteren Nachtfalterfluss, wo sie Waren zwischen Trenevar und Kaer Eidolon transportieren. Er befördert außerdem Handelsgüter zu seinem Heimatdorf Sirthechan, nur ein paar Meilen westlich von Trenevar. Er gehört zur Gadulka-Ranelle, einem kleinen, aber wohlhabenden Haus, das bis zur Zerstörung der Werften in Dren Hathal für seine Schiffsbauexpertise berühmt war. Von ihrer Schiffsbaukunst ging vieles verloren, aber Trellius baute die *Adler* mithilfe von Wissen, das in seiner Familie mündlich weitergegeben worden war. Er sieht das Bewahren dieses Wissens als eine heilige Verpflichtung gegenüber seinen Vorfahren, die das Handwerk, das sie liebten, auf Befehl der Königin opferten.

Trellius wurde nach der Plage geboren und unterzog sich mit fünfzehn Jahren dem Ritual der Dornen. Das Trauma des persönlichen Rituals verfolgt ihn noch immer, wie bei so vielen, die sich der Verwandlung in ihrer Jugend unterzogen. Jetzt, wo die Dämonen verschwunden sind, hält er das Ritual für unnötig,

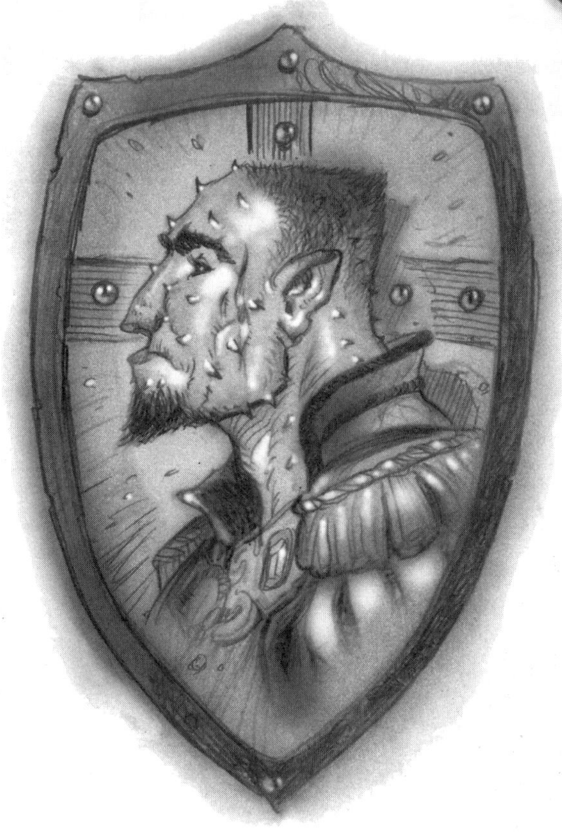

und die Grausamkeit, es beizubehalten, hat dazu geführt, dass er sich gegen den Status quo gewendet hat. Er sieht sich selbst als Alachias treuer Untertan, aber er glaubt, dass sie bezüglich des Rituals falschliegt. Er ist zu fast allem bereit, um dabei zu helfen, diese Praxis zu beenden, abgesehen davon, die Königin und den Hof offen anzugreifen.

Zusätzlich zu seinen legalen Flussreisen ist Trellius ein Schmuggler und schmuggelt meist gewöhnliche Güter, die er in kleinen Städten am Schlangenfluss in der Nähe von Kaer Eidolon eingetauscht hat. Für einen happigen Preis schmuggelt er gelegentlich auch Leute in den Blutwald. Er ist ein bereitwilliger Verbündeter der Sucher des Herzens und hofft, dass das Ritual der Dornen endet, wenn sie es schaffen, den Wald zu heilen. Illegale Fracht wird in verborgenen Fächern unter dem Hauptfrachtraum der *Adler* transportiert, um den neugierigen Augen der Grenzhüter zu entgehen.

Eine Reihe von Vollsteckern der Talshara verschließen im Tausch gegen Schmuggelware die Augen vor Trellius' Ladung. Sie haben noch einen weiteren Grund, ihn mit Samthandschuhen zu behandeln, auch wenn Trellius das nicht erkennt. Seine Reisen außerhalb des Blutwaldes machen ihn zu einem der nützlichsten Verbindungsmänner der Königin zu den Singvögeln. Das Spionagenetzwerk verfolgt seine Bewegungen sorgfältig und benutzt ihn oft als unwissentlichen Boten. Sie beauftragen ihn oft, einen persönlichen Brief zu überbringen oder Informationen weiterzugeben, die als Klatsch und Tratsch getarnt sind und von denen sie wissen, dass er sie weitergeben wird.

In seinen zwanzig Jahren auf dem Nachtfalterfluss hat Trellius viele der Geheimnisse des Flusses gelernt. Nur wenige Blutelfen kennen das Gewässer besser. Seine Fähigkeiten haben ihm sogar einen Ruf unter den T'skrang-Seglern eingebracht. Manche von ihnen nehmen einige Mühen auf sich, um ihn zu treffen, damit sie bei einem Essen Geschichten austauschen können. Ihre gemeinsame Liebe zum Flussleben ermöglicht es ihnen, die Dornen von

Trellius zu übersehen – so sehr, dass jeder, der unhöflich genug ist, Trellius in der Öffentlichkeit anzustarren, vom Schwanz eines Bootsmanns quer durch den Raum befördert wird.

Die *Fliegender Adler* ist eine modifizierte Handelsgaleere mit einem einzigen Segel. Nur ihr Kapitän und Baumeister weiß, dass das Segel mit elementarer Luft in der Art der alten Elfenschiffe verwebt ist, von denen die *Mallornica* das einzige erhaltene Beispiel ist. Die *Adler* hat viele Reparaturen gesehen. Ihr Rumpf sieht so aus, als sei er an mehr Stellen geflickt, als jeder vernünftige Seemann es zulassen würde. Das Flickwerk ist jedoch eigentlich eine Panzerung, die die *Adler* mehr als einmal gegen Piraten hat bestehen lassen. Die Panzerung ist stärker als die Standardpanzerung, die normalerweise bei Handelsgaleeren verwendet wird.

### Attribute

GES: 7 STR: 5 ZÄH: 6
WAH: 6 WIL: 7 CHA: 8

## Permanente Siedlungen

Das Land der Carithasca befindet sich hauptsächlich im Südlichen Rand des Blutwaldes und beherbergt mehr permanente Siedlungen als bei jeder anderen Ranelle im Blutwald. Die meisten davon sind einfache Bauern- und Fischerdörfer, die von Flüchtlingen besiedelt sind, die vor der Verderbnis fliehen, die sich aus dem Herzen des Waldes ausbreitet. Die Carithasca unterhält auch Da'seaishta, sodass die Höflinge der Ranelle in der Nähe des Elfenhofes wohnen können.

### Trenevar

Dieser Hafen ist der Sitz des Reichtums der Carithasca im Blutwald und die größte Stadt im Südlichen Rand. Von allen Elfensiedlungen ähnelt Trenevar am ehesten einem typischen barsaivischen Marktflecken. Es verfügt über mehrere feste Gebäude, einige sogar aus Stein, und eine große Anzahl von Kais, um die Boote unterzubringen, die aus anderen Teilen des Waldes kommen. Größere Frachtschiffe fahren regelmäßig von Trenevar nach Kaer Eidolon und transportieren legale Waren und Truppen sowie Schmuggelware. Die Lage am Zusammenfluss der Nachtfalterflüsse und die Nähe zur Südgrenze des Waldes machen die Stadt zu einem wichtigen Handelszentrum für den gesamten Wald.

Trenevar liegt an der südlichen Hauptstraße zum Elfenhof. Adlige Höflinge schicken regelmäßig Diener auf Besorgungen, um die verbotenen Luxusgüter abzuholen, die die Händler aus Trenevar gerne anbieten. Andere Höflinge kommen zum wöchentlichen Markttag und hoffen, inmitten der Vielzahl von Dorfbewohnern, die zum Kauf und Verkauf kommen, unauffällig zu bleiben. Bauern mit Wagenladungen Gemüse, Fischhändler aus den Flussdörfern und unzählige andere strömen auf den Markt der Stadt, um ihre Waren zu verkaufen oder nach Schnäppchen zu suchen.

Im Vergleich zu berühmten Märkten wie Throals Großem Basar ist der Markttag in Trenevar eine verhaltene Angelegenheit. Der Platz ist klein, kaum mehr als vierzig Schritt im Durchmesser, und hat kaum etwas von der Farbe und dem Trubel eines typischen Freiluftmarktes. Es gibt kein lautes Verhökern von Waren oder auffallendes Scherzen, da Blutelfen ein solches Verhalten als ungebührlich ansehen. Wenn ein Kunde etwas kaufen möchte, wird er es tun. Der Verkäufer wartet leise und bedient höflich diejenigen, die sich nähern. Die Vielfalt der verfügbaren Waren, ein Füllhorn im Vergleich zum Rest des Waldes, ist im Gegensatz zum Rest von Barsaive stark eingeschränkt.

Das Anwesen der Carithasca steht am östlichen Rand von Trenevar, inmitten der ausladenden Zweige einer riesigen Eiche. Der Familienlegende zufolge wuchs die Eiche aus einer Eichel von Eichenherz selbst. Es ist schwer zu sagen, wo die Mauern des Herrenhauses enden und die Äste der Bäume beginnen, obwohl Knospen und Blüten in den wärmeren Monaten es leichter machen. In einem Zeichen des Reichtums der Ranelle ist das Dach aus blauem Schiefer gefertigt, der nur in den Tylonbergen zu finden ist. Ethenia Carithasca beauftragte den Abbau und Transport des Steins zum Wyrmwald während der Herrschaft Liaras.

Das Gelände des Herrenhauses erstreckt sich über fast drei Meilen in alle Richtungen, außer im Westen. Auf ihm wachsen die Obstgärten, die der Stolz der Sea'lish-Familie sind. Der Apfelbrand der Carithasca ist im ganzen Blutwald berühmt und galt vor der Plage in den meisten Orten von Barsaive als Delikatesse. Das Anwesen umfasst auch Gemüsefarmen und Baumhaine, deren Früchte wertvolle medizinische Eigenschaften haben.

### Abenteueridee

Die Märkte in Trenevar sammeln die besten elfischen Waren, die innerhalb des Blutwaldes erhältlich sind, in einem einzigen Bereich. Solche Waren sind eine verlockende Angelegenheit für Schmuggler, die oft den Hafen des Dorfes nutzen, um ausländische Schmuggelware gegen die Köstlichkeiten einzutauschen, die nur innerhalb der Grenzen des Waldes erhältlich sind. Solche Geschäfte werden oft unter den Decks legitimer Handelsschiffe getätigt, um so wenig Verdacht wie möglich zu erregen. Dieses lukrative Unterfangen ist jedoch nicht ohne Risiken, da der Handel mit illegalen Waren schwerwiegende Folgen hat, wenn man erwischt wird. Trotzdem sind Schmuggler bekannt dafür, von Zeit zu Zeit Massentransaktionen durchzuführen und Gruppen von Adepten als zusätzliche Versicherung gegen Ishkarat-Piraten während solcher Missionen anzuheuern.

### Dren Hathal

Vor der Plage gehörten die Werften von Dren Hathal zu den besten in Barsaive. Robuste Docks erstreckten sich über Hunderte von Schritt entlang des Nachtfalterflusses. Türme mit massiven Flaschenzugsystemen, die dazu bestimmt waren, fertige Kiele über das Wasser zu schwenken, ragten in den Himmel. Wie bei allem, was die Elfen herstellen, waren die Bauhallen von Dren Hathal sowohl schön als auch nützlich. Elfische Handwerker aus den verschiedenen Schiffsbau-Ranellen bauten die Gebäude aus verschiedenfarbigem Holz. Die begehrtesten waren mit Schnitzereien von Vögeln, Fischen, Seerosen und anderen Motiven verziert.

Brücken aus dickem Flussschilf verbanden die Flaschenzugtürme und oberen Fenster der größten Bauhallen, wo die Kiele für die großen Segelschiffe montiert wurden. Riesige Lagerhäuser aus Wahrem Holz säumten das Flussufer, und riesige Trommeln aus Wahrer Luft schwebten in der Nähe der Türme wie tanzende Räder. Jeden Tag wimmelte es in den Werften vor Aktivität, von den Tischlerarbeiten über das Segelweben bis hin zur Endmontage jedes wunderbaren Schiffes.

All das änderte sich mit der Nachricht von der Plage. Als Königin Alachia die theranischen Riten des Schutzes und des Übergangs ablehnte, sprach sie für die Elfenvölker überall und ging davon aus, dass selbst die am weitesten entfernten Elfengemeinschaften ihrer Führung folgen würden. Die anderen Nationen teilten ihren Hass auf das Imperium jedoch nicht – oder waren vielleicht pragmatischer. Als die Anzeichen der Plage immer deutlicher wurden, brachen immer mehr elfische Gemeinschaften der Königin die Treue und bezahlten die Theraner für ihr Überleben. Selbst im Wyrmwald stieß Königin Alachia auf Widerstand. In dem, was als Schisma bekannt wurde, verließen ganze Ranellen den Wald und flohen zu Orten, die durch die theranischen Riten geschützt waren.

Die Schiffsbau-Ranellen hatten enge Verbindungen zur Laryskova-Ranelle, die während der Herrschaft Königin Faillas verbannt wurde, und sahen sich als Freidenker. Obwohl sie sich nie offen gegen die Autorität der Königin stellten, hielten sich ihre Führer für zu wichtig für den Hof, um mehr als eine symbolische Kritik an ihren unkonventionellen Ansichten zu erleiden. Alachia entschied, dass, wenn diese Ranellen dazu gebracht werden könnten, ihre Loyalität zu demonstrieren, sich auch die übrigen Ranellen anpassen würden. Die Königin verlangte einen Beweis für die Hingabe der Schiffsbauer: die Zerstörung von Dren Hathal. Die dramatische Geste, die zuverlässigste und schnellste Methode, den Kontakt des Waldes mit der Außenwelt zu zerstören, würde als ein Zeichen für ihr Volk dienen. Von da an wären sie auf sich selbst gestellt, um zu überleben.

Alachias Befehl schockierte die Schiffsbau-Ranellen. Einige weigerten sich und verließen lieber ihre Heimat, anstatt, wie es ein Chronist der damaligen Zeit ausdrückte, „unsere Seelen zu zerstören". Andere baten die Königin, es sich anders zu überlegen, aber ohne Erfolg. Zum Wohle des elfischen Volkes waren die Ranellen gezwungen, zwischen Alachias Befehl und ihren eigenen Wünschen zu wählen. Die Schiffsbauer gaben sich geschlagen und setzten Dren Hathal in Brand. Der Brand erleuchtete den Himmel meilenweit. Mehr als ein paar Elfen wurden von Qualen überwältigt, als sie sahen, wie ihr Juwel brannte, und warfen sich in die Flammen. Die gesamte Elfenflotte, außer der abtrünnigen *Mallornica*, wurde ebenfalls verbrannt. Berichte von Überlebenden sprechen davon, dass die Schiffe selbst schrien, während die Flammen sie verzehrten.

Überreste einiger der Docks und Lagerhäuser sind bis heute erhalten, obwohl sie stark verkohlt und verrottet sind. Einige der Häuser der Schiffsbauer, die der Baumgrenze am nächsten liegen, sind noch weitgehend intakt. Diese wurden von Alachias Geißlern verschont, die dafür sorgten, dass die Flammen andere Teile des Waldes nicht bedrohten. Alles, was von den Türmen übrig geblieben ist, sind geschwärzte Stümpfe. Keine der Schilfbrücken überlebte. Unbekannte magische Geräte liegen verbrannt und zerbrochen in den Werften. Am traurigsten anzusehen sind die Leichen großer Schiffe, von denen nur noch verkohlte Halbrümpfe und ab und zu ein gebrochener Mast übrig sind. Der Gestank der Trauer, der über der Ruine hängt, ist so intensiv, dass die Einheimischen behaupten, die „Geister der Werften" jedes Mal schluchzen zu hören, wenn ein starker Westwind weht.

Die Geistergeschichten sind mehr als nur ein Gerücht. Dren Hathal wird von zahlreichen Geistern und anderen geisterhaften Wesen heimgesucht, von Spektraltänzern bis hin zu den Geistern von Schiffsbauern, die einst den Ort liebten. Die Geschichten am heimischen Kamin erzählen von den Elfen, die verbrannten und ihre Sterbeorte als Halbgeister heimsuchen, besessen vom Hass auf diejenigen, die sie dazu brachten, ihr Zuhause zu zerstören. Andere Geschichten erzählen von Geistern, die in der endlosen Nachstellung ihres eigenen Todes oder der Zerstörungen, die sie begangen haben, gefangen sind. Die meisten der Geister, die in den Werften herumspuken, sind wahnsinnig und neigen dazu, unbefugte Eindringlinge ohne Provokation anzugreifen.

Ein Bericht spricht von einer Spektraltänzerin, die um das östlichste Dock herum schwebt. Die Tänzerin tötete drei Begleiter des Tagebuchschreibers, bevor es ihm gelang, mit ihr zu kommunizieren. Er erfuhr, dass der Name der Tänzerin Mereniya Gadulka gewesen war und sie geblieben war, um die Werften nach ihrer Zerstörung zu betrauern. Mereniya, die durch ihre Rolle bei der Tragödie in eine fast katatonische Depression getrieben wurde, war eine leichte Beute für die Dämonen. Sie machten sie zu einer Spektraltänzerin und banden ihre Struktur an Dren Hathal.

Ein weiterer Bericht erzählt von einer ganzen Besatzung von Namensgeber-Geistern, den Schatten von Schiffsbauern, die Selbstmord begingen, als die Werften zerstört wurden. Diese

## ABENTEUERIDEE

Die meisten T'skrang-Schiffskapitäne wissen, dass sie sich von Dren Hathal fernhalten müssen. Ab und zu jedoch wird ein Flussschiff von Haus Syrtis in der Gegend vermisst. Die Familien der verlorenen Besatzungsmitglieder tun ihr Bestes, um den Magistrat von Kaer Eidolon davon zu überzeugen, diese Vorfälle zu untersuchen, müssen aber häufig feststellen, dass ihre Anfrage unbeantwortet bleibt. Es ist bekannt, dass Abenteurergruppen Verträge über die Durchführung unabhängiger Untersuchungen auf Veranlassung beider Parteien akzeptieren, obwohl ihre Ergebnisse selten angenehm sind. Spielleiter können ein Abenteuer darauf aufbauen, sich über Kapitän Trellius Zugang zum Gebiet zu verschaffen oder eine aktive Untersuchung des Gebietes durchzuführen.

Geister können in mondhellen Nächten gesehen werden, wie sie ein Spektralschiff bauen, das sie nie fertigstellen werden.

Das einzige Lebewesen, das die Ruinen regelmäßig besucht, ist Kapitän Trellius, der eine der halb eingestürzten Bauhallen und das angrenzende Lagerhaus als Versteck für Schmuggelware nutzt. Die verschiedenen Geister um die Ruinen herum betrachten Trellius als ein Familienmitglied und mischen sich selten in seine Aktivitäten ein.

### Da'seaishta

Da'seaishta liegt am südlichen Rand des Elfenhofes und ist die zweite Heimat der Carithasca-Ranelle sowie das Zentrum für einen Großteil des Handels, der durch die Siedlungen rund um den Hof führt. Alle Lieferungen für den Hof werden nach Da'seaishta gebracht, wo die Carithasca ihre Verteilung auf Befehl Alachias überwachen. Unter der Leitung der beiden Consortis der Ranelle ist Da'seaishta ein blühendes Handelszentrum. Karawanen kommen und gehen fast täglich aus und in alle Ecken des Waldes. Die Dorfmärkte bieten eine Auswahl an Waren aus dem gesamten Blutwald und sogar von Orten jenseits der Landesgrenze.

Haeleon und Gealleon haben beide ein Haus im Dorf. Im Gegensatz zu ihren Mitconsortis neigen sie dazu, mehr Zeit in diesen Häusern zu verbringen als in denjenigen, die dem Palast näher sind. Ethenia lebt ebenfalls in Da'seaishta statt im Anwesen der Familie in Trenevar. Durch ihre enge Freundschaft mit Alachia und ihre anhaltende Rolle in der Hofpolitik zieht sie die Region dem Südlichen Rand vor.

## Aktuelle Aktivitäten

Kleine Dörfer auf dem Land der Carithasca nehmen immer mehr Flüchtlinge auf, da die Verderbnis aus dem Herzen des Waldes sie aus ihren Häusern vertreibt. Die Führer der Ranelle haben öffentlich erklärt, dass jeder Elf in der Region ein Zuhause auf dem Land der Carithasca finden könne. Privat hat Ethenia jedoch den größten Teil ihres Einflusses darauf verwendet, den Hof davon zu überzeugen, etwas gegen dieses Problem zu unternehmen, bevor die Überbevölkerung zu einem ernsthaften Problem wird.

Gerüchte über den Carithasca-Handel mit den Eicheln von Eichenherz werden von Mitgliedern auf allen Ebenen der Ranelle hartnäckig bestritten. In Wahrheit hat Haeleon aber heimlich mit mehreren interessierten Parteien zusammengearbeitet, um Eicheln in Barsaive aufzuspüren und zu erwerben. Auch wenn das Talent der Carithasca, die Versorgung mit einem Produkt zu etablieren, lange bevor die Nachfrage besteht, bekannt ist, ist dies ein Markt, auf dem die Carithasca hinter ihren Konkurrenten zurückbleiben. Haeleons Jagd nach den Eicheln ist so diskret, dass er noch keine Händler außerhalb der Kernblutlinie der Carithasca eingesetzt hat. Die Identität seines Klienten in diesem Bestreben ist ein Detail, das niemandem außer ihm bekannt ist.

## Das lange Spiel

Haeleons Hauptgrund für die Suche nach den Eicheln ist, die außerhalb des Blutwaldes gelegenen Eicheln an Königin Alachia zurückzugeben. Er glaubt, dass diese Geste der Loyalität sie davon überzeugen wird, ihre Grenzen für die Welt zu öffnen. Ethenia weiß, dass die Königin seit einigen Jahren privat von den Artefakten besessen ist, und schlug dies als den besten Weg vor, um sie zu beruhigen. Haeleon, der stets bestrebt ist, sein Portfolio zu diversifizieren, hat einige Eicheln in die Hände der Sucher des Herzens fallen lassen. Auf diese Weise eröffnet er mehrere Wege, um die Ziele der Ranelle zu erreichen. Wenn es den Suchern gelingt, das Herz des Waldes zu heilen, glaubt Haeleon, dass er die Überbevölkerung des Carithasca-Territoriums beseitigen und die Beschränkungen des Außenhandels lockern kann, bei minimalem Risiko für seinen derzeitigen politischen Status.

Da sich die meisten königlichen Patente der Carithasca auf den Handel beziehen, widmet Gealleon die meisten ihrer Bemühungen der Wiederherstellung des Handels mit anderen Nationen in Barsaive. Auch wenn die Ranelle die Weisheit Alachias respektiert, den besten Kurs für den Wald und seine Bewohner zu wählen, ist sie sich auch des Gewinns bewusst, der außerhalb des Waldes erzielt werden kann. Bis Alachia einen neuen Kurs für den Wald wählt, muss sich die Carithasca damit begnügen, diesen Handel in sehr geringem Umfang durchzuführen.

## Abenteueridee

Gealleon hat eine Reihe von freiberuflichen Abenteurergruppen genutzt, um geheime Handelsabkommen mit anderen Nationen abzuschließen. Solche Geschäfte nehmen viele Formen an: Einige sind kleine Transaktionen mit unabhängigen Händlern, während andere mehrjährige Geschäfte mit den Anführern anderer Regierungen sind. Da Gealleon diese Geschäfte nicht persönlich verhandeln kann, muss sie die Verlockung eines angemessenen Prozentsatzes nutzen, um vertrauenswürdige Agenten in ihrem Namen zu gewinnen. Abenteuer, die darauf abzielen, im Namen von Gealleon ein Abkommen zu schließen, können eine Gruppe in fast jede Ecke von Barsaive oder darüber hinaus schicken und als Mittel zur Einführung der Carithasca-Agenda genutzt werden, die Grenzen des Blutwaldes für den Außenhandel zu öffnen.

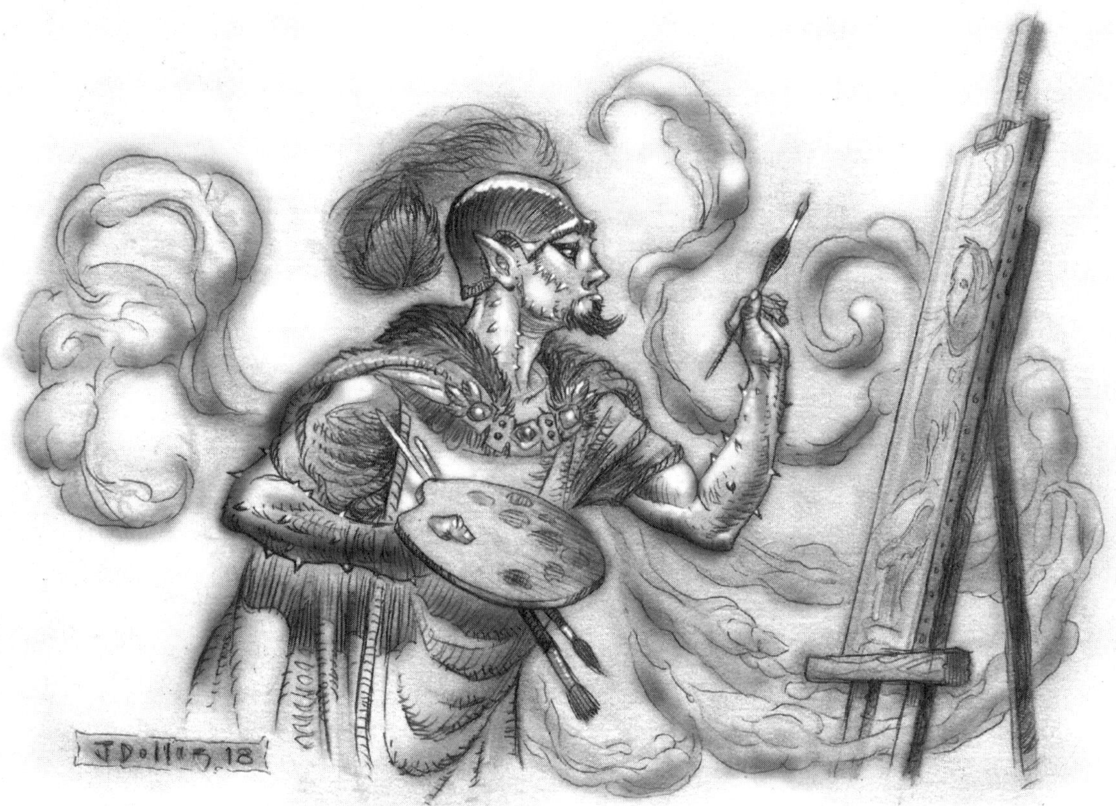


# DIE DAEVENAR—RANELLE

Die Daevenar, die als die besten Künstler und Handwerker im Blutwald bekannt sind, sind eine der ältesten und einflussreichsten Ranellen. Ihre Liebe zur Kunst hat sie seit der Herrschaft von Königin Failla zu Lieblingen der Elfenköniginnen gemacht, wobei Alachia sie besonders schätzt. Ihre Fähigkeit, den Blutwald, sein Volk und die Königin in verschiedenen Kunstformen zu feiern, hat ihnen Respekt und einen Platz im Herzen des elfischen Hofes eingebracht. Alachia ist ihnen so wohlgesonnen, dass sie jederzeit zwischen einem und drei Daevenar-Consortis ernennt. Der aktuelle Consortis ist der Anführer der Ranelle, Tarin Daevenar.

Sollten die Daevenar versuchen, ihre Vorteile auszunutzen, könnten sie fast die politische Kontrolle über den Hof übernehmen. Zum Glück für die anderen Ranellen sind die Daevenar damit zufrieden, einen subtileren Einfluss auszuüben. Die Daevenar äußern ihre Ansichten selten im offenen Rat und ziehen es vor, ihre Gefühle durch ihre Kunst zu vermitteln. Diese Strategie hat den zusätzlichen Vorteil der selektiven Mehrdeutigkeit. Es ist einfacher, die Rede eines politischen Rivalen anzugreifen, als ihnen dessentwegen nachzugehen, was sie vielleicht durch ein Bild oder ein satirisches Gedicht sagen.

Die Daevenar schätzen künstlerische Fähigkeiten mehr als jedes andere Merkmal. Infolgedessen hat die Ranelle im Laufe der Geschichte der Elfen viele berühmte Künstler und Handwerker hervorgebracht. Daevenar-Handwerker stellen elegante Versionen von Alltagsgegenständen her, von begehrten Schwertern und Bögen bis hin zu fein gefertigtem Besteck, Möbeln und anderen Waren. Einige Mitglieder konzentrieren sich ausschließlich auf künstlerische Kreationen, hochkomplexe Werke, deren Herstellung Monate dauern kann. Zu den Künstlern der Daevenar gehören Maler, Musiker, Schriftsteller, Holzschnitzer und Bildhauer. Letztere sind am seltensten, da Stein im Blutwald nicht gerade reichlich vorhanden ist. Daevenar-Bildhauer haben schon erhebliche Summen ausgegeben, um Marmor und andere Steinarten außerhalb der Waldgrenzen zu erwerben, nachdem sie die königliche Erlaubnis für einen solchen ansonsten verbotenen Handel eingeholt hatten.

Die Unterstützung von Alachias Weigerung, die theranischen Riten des Schutzes und des Übergangs anzunehmen, hat ihre Wurzeln in der Überzeugung der Daevenar, dass jeder Einzelne Meister seines eigenen Schicksals sein muss. Einen anderen zu befehligen oder zu kontrollieren, besonders durch Versklavung, ist das größte aller Übel. Der durchschnittliche Daevenar sieht die Theraner in etwa so, wie andere Namensgeber die Blutelfen sehen: als die Verkörperung der Verderbtheit. Die Daevenar bestehen darauf, dass der Durst des Imperiums nach Macht, seine Unterwerfung anderer Länder und seine Praxis der Sklaverei, es ohne jede Möglichkeit auf Erlösung verdorben haben.

Diese Ehrfurcht vor den Rechten des Einzelnen scheint dem anderen Grundprinzip der Ranelle zuwiderzulaufen: der bedingungslosen Treue zum Rosenthron. Der Versuch, die Unterstützung für eine Königin zu rationalisieren, die das Leben ihres Volkes so streng kontrolliert wie Alachia, hat zu Streitigkeiten innerhalb der Familie geführt. Diese Diskussionen sind in letzter Zeit häufiger geworden, da die Stimmung gegen die Fortsetzung des Rituals der Dornen im Wald wächst.

Letztendlich glauben die bekanntesten Daevenar, dass Alachia die bestmögliche Arbeit geleistet hat, um ihr Volk in einer unmöglichen Situation zu schützen. Sie hat ihm weder befohlen, Krieg zu führen, noch hat sie es wie die Theraner versklavt. Jeder

Einzelne bleibt frei, seinen eigenen Weg zu gehen. Alachia hindert ihre Untertanen zum Wohle ihres Volkes als Ganzes daran, den Blutwald zu verlassen. Nach Ansicht der Daevenar muss die Elfenkönigin die Traditionen und die Lebensweise der Elfen bewahren. Ihre ist die älteste und fortschrittlichste Zivilisation der Welt und muss überleben. Wenn das bedeutet, dass die Königin von den Elfenvölkern Opfer fordern muss, dann sei es so.

## GESCHICHTE

Die Daevenar sind am elfischen Hof seit den frühesten Tagen der Herrschaft von Königin Failla berühmt. Der Legende nach kam die Ranelle zum ersten Mal an die Macht, als Failla eine ihrer Gründerinnen, die Holzschnitzerin Tilyria Daevenar, mit der Herstellung des Rosenthrons beauftragte. Seitdem wird der Name Daevenar mit feinster Handwerkskunst und unerschütterlicher Loyalität zur Königin in Verbindung gebracht. Der Einfluss der Ranelle hat im Laufe der Jahrhunderte zu- und abgenommen, aber sie war nie ohne politischen Einfluss.

Obwohl die Daevenar-Ranelle oft als ein Haufen von Dichtern und Träumern abgetan wird, hat sie mehr Einfluss auf die Angelegenheiten am Hof gehabt, als die meisten Leute glauben. Die Daevenar zählen mehrere Helden in ihrer Geschichte, vom Waffenschmied und Schwertmeister Merwyn Daevenar während der Herrschaft Königin Liaras bis hin zu Baltana Daevenar, die sich in der Schlacht von Sejanus mit einem Bogen auszeichnete. Ihren wichtigsten Beitrag leistete die Ranelle jedoch nach dem Ritual der Dornen. Während dieser dunklen Zeit trugen ihre Kunstwerke dazu bei, die Moral eines Volkes zu erhalten, das sich in einem erschreckenden und schmerzhaften Übergang befand.

Das Trauma des Rituals veranlasste viele Elfen ihre Loyalität zum ersten Mal infrage zu stellen. Viele sahen sich für immer schrecklich verändert von dem, was Elfen seit Jahrhunderten gewesen waren. Die Skulpturen, Porträts und Balladen, die von Daevenar-Künstlern in den folgenden Jahren geschaffen wurden, halfen den Blutelfen, sich als ein Volk zu verstehen, das durch Schmerz stark gemacht wurde. Die Dornen verstärkten ihre Haltung und Anmut. Das Ritual hatte sie nicht verdorben, sondern in etwas Besseres verwandelt. Im Gegensatz zu anderen Namensgebern lebten sie nicht jeden Moment in Angst vor den Dämonen und fragten sich, wann ihre Zufluchten versagen würden. Sie allein waren sicher, und ihre Existenz sollte durch ihre eigenen magischen Verdienste fortgesetzt werden.

Dieses inspirierende Porträt bewahrte die Bewohner des Blutwaldes davor, in den ersten Jahren der Verzweiflung zu erliegen, und gab ihnen die Hoffnung, die sie zum Überleben brauchten. Heute betrachten viele Blutelfen die Daevenar als künstlerische Stimme des Waldes. Dieser Einfluss, kombiniert mit der Bevorzugung durch die Königin, sichert der Ranelle auf Jahre hinaus einen Platz am Elfenhof.

### WICHTIGE PERSÖNLICHKEITEN

Trotz des starken künstlerischen Charakters der Daevenar-Ranelle haben sich mehrere Mitglieder auf anderen Gebieten entwickelt. Der derzeitige Anführer der Blutwächter, Preystia Tales, stammt von den Daevenar ab. Die Ranelle hat auch Mitglieder unter den Consortis, den Hütern und den Geißlern.

#### TARIN DAEVENAR

Der bekannteste Daevenar am Hof ist Tarin, Consortis der Königin und Anführer der Ranelle. Viele Höflinge sahen seine Ernennung vor drei Jahrzehnten als eine einfache Laune Alachias, aber er hat sich als vertrauenswürdiger Berater etabliert. Die Leute neigen dazu, ihn als politisches Leichtgewicht abzutun, weil sie ihn nach den komplizierten Stickereien auf seinem Mantel und nicht nach seinen Handlungen beurteilen. So sehr Tarin auch ein Trendsetter in Sachen Mode sein mag, ist sein Einfluss doch größer, als die meisten wissen. Seine Kollegen sind manchmal geneigt anzunehmen, dass sein künstlerischer Hintergrund ihn für Gefühlsausbrüche prädisponiert – eine Fehleinschätzung, die er zu seinem Vorteil nutzt.

Tarin gehört zu Alachias konservativsten Consortis und ist der stärkste Verfechter ihrer isolationistischen Politik. Er sieht die meisten anderen Rassen der Namensgeber als negative Einflüsse an und gibt nur widerwillig zu, dass die Blutelfen von den Zwergen von Throal etwas Wertvolles lernen könnten. Die einzigen Ausnahmen von der Isolation des Waldes, die Tarin befürwortet, sind Besuche von Elfen aus Shosara und Sereatha, von denen Tarin wünscht, dass sie sich wieder der Führung des Elfenhofes unterstellen. Seine Bereitschaft, mit Ungeschützten Elfen umzugehen, könnte aus einem Treffen mit dem sereathanischen Botschafter Caimbueul resultieren, der Tarin bei einem kürzlichen Besuch am Hof beeindruckte.

Viele sehen es als ein Stück perversen Humors an, dass Alachia Tarin die Verantwortung dafür gegeben hat, den Hof bezüglich der Beziehungen mit Nationen von außerhalb – insbesondere mit Shosara, Sereatha, Barsaive und dem Theranischen Imperium – zu beraten. Diese seltsame Aufgabe zeigt eine sorgfältige Überlegung. Tarins starke Einwände gegen den Außenkontakt stellen sicher, dass nur die entschlossensten ausländischen Nationen ihn davon überzeugen werden, der Königin zu empfehlen, formelle Beziehungen mit ihnen aufzunehmen.

Tarins Konservatismus erstreckt sich nicht auf spirituelle Überzeugungen. Er ist Dae'mistishsa, ein freier Anhänger, der sich derzeit auf dem Pfad der Weisen befindet. In seiner Jugend galt er als einer der besten Troubadoure im Blutwald. Obwohl er die Disziplin nicht mehr gewissenhaft verfolgt, ist er immer noch einer der begabtesten Praktizierenden in der Daevenar-Ranelle.

### ATTRIBUTE

GES: 5 STR: 5 ZÄH: 6
WAH: 7 WIL: 6 CHA: 8

#### BALTANA DAEVENAR

Als eine der wenigen Daevenar, die sich in der Kampfkunst auszeichnen, verbrachte Baltana den größten Teil ihres Militärdienstes bei der Talshara-Garnison in Kaer Eidolon. Wie es für Absolventen des Hains der Dornen üblich ist, diente sie vor ihrem Einsatz in der Festung als Hüterin, wo ihr ihr Fachwissen in den Disziplinen der Kundschafterin und der Schützin in der Schlacht von Sejanus zugute kam. Kurz vor der Schlacht infiltrierte sie mit zwei T'skrang-Soldaten die Ishkarat-Festung am Vorssee und kam rechtzeitig zurück, um über die Angriffspläne von Haus Ishkarat zu berichten. Diese Heldentat brachte Baltana die Aufmerksamkeit von Erithander Talshara und der Königin ein. Auf Erithanders Wunsch wurde Baltana zur Geißlerin ernannt, eine Position, die sie immer noch innehat.

Ihre Zeit als Hüterin brachte Baltana in Kontakt mit den Ansichten der Sucher des Herzens. Im Gegensatz zu ihren Talshara-Brüdern wies Baltana die Propaganda der Sucher nicht zurück, ohne ihre Argumente selbst zu prüfen. Sie sympathisierte mit vielen Punkten der Sucher und dachte sogar, dass es der Gruppe erlaubt sein solle, ihre immer stärkeren Beweise bei Hofe vorzulegen. Aber natürlich äußerte Baltana ihre Meinung nicht. Wie bei allen Daevenar war ihre Treue zu Königin Alachia absolut, und es war verboten, mit den Suchern zu sympathisieren.

Während ihrer Tätigkeit in Kaer Eidolon wurden Baltanas Überzeugungen wahrhaft auf die Probe gestellt. Als sie die blühende Gemeinschaft von Blutelfen, Ungeschützten Elfen und T'skrang sah, die zusammenarbeiteten, stellte sie zum ersten Mal in ihrem Leben Alachias Führung in Frage. Im Laufe mehrerer Jahre sprach Baltana mit Sympathisanten für die Sache der Sucher und erfuhr, wofür sie standen. Schließlich traf sie Monus Byre, die ihre laufende Arbeit ausführlich beschrieb und das Schicksal der Organisation in Baltanas Hände legte. Anstatt sie zu verhaften, versprach Baltana Monus ihre Loyalität in der Hoffnung, dass der Wald eines Tages wieder zu seiner ursprünglichen Schönheit zurückkehren würde.

Baltana, eine der vielleicht unwahrscheinlichsten Spione im Blutwald, setzt ihr Leben als Agentin für die Sucher des Herzens täglich aufs Spiel. Ihre Position bei den Geißlern verleiht ihr einen beispiellosen Zugang zu Sicherheitsbereichen und Hofbesprechungen. Sie dient oft als persönliche Leibwächterin wichtiger Höflinge, wurde aber auf deren Wunsch auch schon mit der Bewachung von Consortis beauftragt.

### Attribute

GES: 9 STR: 6 ZÄH: 6
WAH: 8 WIL: 6 CHA: 5

## Permanente Siedlungen

Die meisten Daevenar leben in Se'vianna, dem Stammsitz der Ranelle, etwa zwei Stunden zu Fuß vom Palast entfernt. Einige Daevenar-Elfen leben in den Nordgebieten und dem Südlichen Rand.

### Se'vianna

Se'vianna liegt am östlichen Rand des Elfenhofes direkt gegenüber dem Dorf Estandia. Fast alle der über zweitausend Einwohner sind Künstler und Handwerker. Die meisten sind mit der Daevenar-Ranelle verwandt, aber etwa ein Viertel der Bevölkerung sind Künstler und Handwerker von anderen Ranellen. Diese Elfen kamen nach Se'vianna, um unter den erfahrenen Praktizierenden ihres Fachs zu leben. Künstler und Handwerker aus dem ganzen Blutwald kommen hierher, um hier zu leben, zu arbeiten und zu studieren. Se'vianna beherbergt mehrere Schulen, die sich auf verschiedene Kunstformen spezialisiert haben, darunter Schmiedekunst, Holzschnitzen und Lederverarbeitung.

Für diejenigen, die wissen, wonach sie suchen müssen, ist Se'vianna eine der schönsten Siedlungen des Elfenhofs. Die Werke der ansässigen Künstler schmücken die Gebäude und Straßen. Die jüngste künstlerische Mode erfordert jedoch Arbeiten, die sich nahtlos in ihre Umgebung einfügen. Ein Reisender kann durch einen Teil des Dorfes gehen, ohne die zarte Schönheit zu bemerken, an der er vorbeikommt.

Das Herrenhaus der Daevenar, die Heimat des Anführers der Ranelle, ist das größte Gebäude des Dorfes. Für die meisten Elfen wirkt das Herrenhaus seltsam unscheinbar. Sein Äußeres ist so gedämpft, dass das Haus auf den ersten Blick schlicht wirkt. Wer jedoch im Kunsthandwerk bewandert ist, sieht das Gebäude als das Wunder, das es ist. Man muss schon genau hinsehen, um zu bemerken, dass die Schönheit des Herrenhauses in den komplizierten Oberflächendetails und der überlegenen Handwerkskunst liegt. Das passt perfekt zu den Daevenar, da sie es vorziehen, diejenigen zu beeindrucken, die ihre Fähigkeiten zu schätzen wissen.

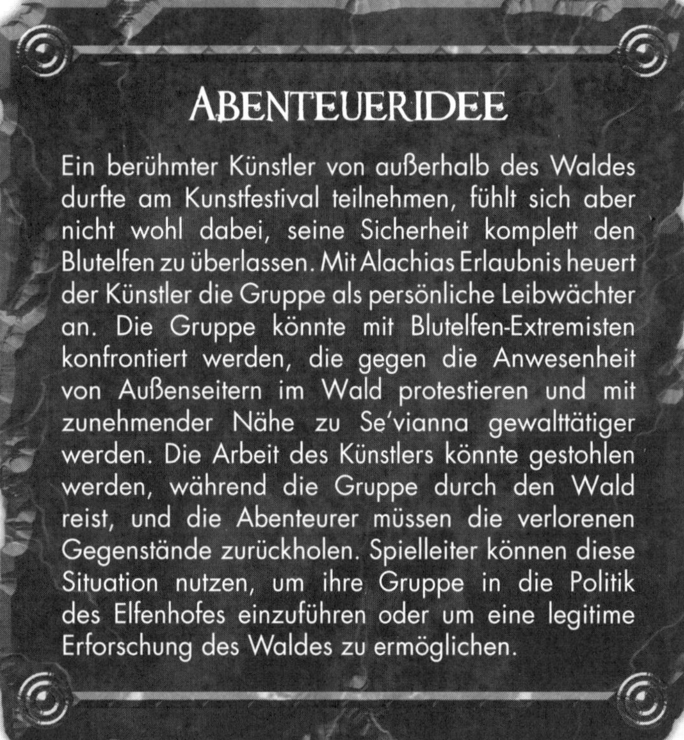


Von den prominenten Daevenar-Mitgliedern am Hof lebt nur Tarin in Se'vianna. Preystia Tales hat ein Haus in der Nähe des Palastes, während Baltana zusammen mit den anderen Geißlern im Dorf Tallamnia lebt.

Abgesehen von mehreren Handwerksgilden gibt es in Se'vianna eine der wenigen Waffenschmieden im Blutwald, die nicht von der Talshara-Ranelle oder den Blutwächtern kontrolliert wird. Waffenschmiede aus beiden Gruppen schicken oft Lehrlinge zum Studium in die Schmiede, wo sie die Kunst des Waffenschmiedens von den besten Meistern des Waldes lernen. Einige der von den Blutwächtern hergestellten Fadenwaffen werden hier hergestellt, bevor sie verzaubert werden.

Se'vianna veranstaltet jährlich ein Kunstfestival, das von hochrangigen Mitgliedern der Ranelle, der Königin und einer von Tarin Daevenar ausgewählten Jury von Höflingen beurteilt wird. Dieses Festival setzt oft Trends unter den Künstlern im Wald. Kürzlich hat Alachia ausgewählten Künstlern außerhalb des Blutwaldes die Teilnahme am Festival gestattet, vor allem aus Shosara und Sereatha. Außenstehende, die für die Teilnahme ausgewählt werden, betrachten dies zu Recht als eine große Ehre.

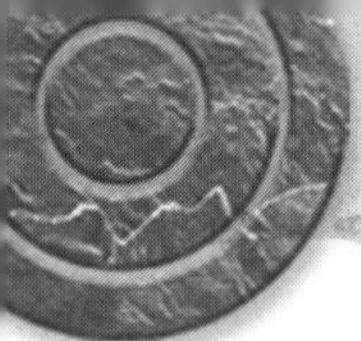



## Aktuelle Aktivitäten

Tarin hat es sich zur persönlichen Aufgabe gemacht, der Carithasca-Ranelle eine Lektion zu erteilen. Er weiß seit einiger Zeit von den Schmuggelaktivitäten der Ranelle, aber als er der Königin seinen Verdacht und seine fragmentarischen Beweise vorlegte, wies sie die Vorwürfe als Fehlinterpretationen zurück, die aus der politischen Rivalität der beiden Ranellen herrührten. Seitdem ist Tarin auf der Suche nach einem soliden Beweis für die Beteiligung der Carithasca, nach irgendetwas, das so verwerflich ist, dass selbst Alachia es nicht beiseiteschieben kann. Er hatte bisher wenig Glück, denn die Carithasca sind clevere Schmuggler und verwischen ihre Spuren gut. Dennoch verfolgt Tarin weiterhin das, was er für einen der größten Verratsfälle am modernen Hof hält.

### Abenteueridee

Beweise für die Carithasca-Schmuggelaktivitäten sind im Blutwald schwer zu finden, aber ihre externen Partner sind selten so vorsichtig mit Aufzeichnungen über diese Transaktionen. Tarin glaubt, dass er die Beweise, die er von diesen Händlern sucht, erwerben kann, und hat über eine Reihe von Vermittlern Abenteurergruppen damit beauftragt. Der Spielleiter kann eine der folgenden Optionen als Hauptziel für sein Abenteuer wählen.

#### Option 1

Die Informationen sind leicht auffindbar, aber der Transport zurück zur Grenze des Blutwaldes ist bei jedem Schritt mit Komplikationen verbunden. Die Carithasca haben Wind von Tarins Plan bekommen und arbeiten aktiv darauf hin, dass die Gruppe ihre Aufgabe nicht erfüllen kann. Ein solches Abenteuer sollte damit enden, dass die Carithasca-Ranelle die Beweise selbst kauft, möglicherweise indem sie sich als Tarins Agent ausgibt, und die Gruppe mit Gewalt aus dem Wald vertreiben lässt.

#### Option 2

Der Kaufmann hat jahrelang lukrative Geschäfte mit den Carithasca gemacht und ist nicht bereit, das zu übergeben, was die Gruppe sucht. Sie muss die Beweise entweder stehlen oder einen Ersatzvertrag für den Handel abschließen, den der Händler verlieren wird, wenn die Carithasca enttarnt werden. Wenn die Beweise gestohlen werden, sollten sie gefälscht oder anderweitig nicht mit der Carithasca-Aktivität verbunden sein. Die Sicherung eines Ersatzvertrages kann eine Vermittlungsgebühr für die Gruppe einbringen, aber die Carithasca sollten eingreifen, um die fortdauernde Treue des Händlers zu gewährleisten.

Als Tarins persönliche Leibwächterin am Hof hat Baltana Zugang zu vielen Informationen, die für die Arbeit der Sucher wichtig sind. Tarins Aufsicht über ausländische Delegationen gibt Baltana die Möglichkeit, Informationen aus dem Wald weiterzugeben, und sie gibt oft verschlüsselte Nachrichten an unwichtige Mitglieder dieser Entouragen weiter. Tarin unternimmt auch regelmäßige Reisen nach Kaer Eidolon, um weniger vertrauenswürdige Delegationen willkommen zu heißen, was Baltana nutzt, um Informationen zu transportieren, die zu sensibel sind, um sie mit anderen Mitteln zu senden. Sie findet auch Tarins Interesse an der Carithasca-Ranelle nützlich. Die Sucher nutzen den Schwarzmarkthandel als Möglichkeit, Gegenstände und Spione in den Blutwald zu bringen. Tarin hat den Hütern mehrere Sendungen gemeldet, die möglicherweise Schmuggelware enthalten. Baltana ist in der Lage, eine Nachricht zu senden, bevor die Ladung abgefangen werden kann, was die begrenzten Vorräte und das wertvolle Personal der Sucher schützt.

# Die Escalanas-Ranelle

Die Escalanas-Ranelle stellt traditionell die meisten Wächter und anderen Zauberer, die in Diensten der Königin stehen. Die Ranelle ist vor allem für die Leistungen ihres Anführers Kethos Escalanas bekannt, der im ganzen Blutwald als Schöpfer des Rituals der Dornen verehrt wird. Ihre angestammte Heimat liegt an der Westgrenze des Waldes, obwohl die Mitglieder der Ranelle zu Gemeinden im ganzen Wald gehören und eine Vielzahl von Berufen ausüben.

Da die Escalanas eine alte Tradition der Befolgung der magischen Disziplinen pflegen, wird allgemein (aber fälschlich) angenommen, dass sich alle Escalanas in den magischen Künsten versuchen. Auch wenn sie im ganzen Wald für ihre Rolle bei der Schaffung des Rituals der Dornen respektiert werden, wird ihr Ruhm oft aus den gleichen Gründen zur Infamie.

## Geschichte

Die Escalanas, eine der ältesten Ranellen im Blutwald, haben ihren Ursprung in einer Adelsfamilie, die während Königin Melyoras Herrschaft aus den Westlichen Königreichen hierherzog. Auch wenn die Ursprünge ihrer magischen Kraft und ihres Wissens unbekannt sind, sprechen viele Geschichten aus Sereatha über die magischen Fähigkeiten, die die Escalanas-Blutlinie hat. Die Ranelle, die von irgendwo westlich der Stadt der Türme stammt, übt in einer Reihe von Elfenstädten einen beträchtlichen Einfluss aus. Die ältesten Geschichten des elfischen Volkes erzählen von einer einzigen Adelsfamilie, die den Herrschern vieler Elfen- und anderer Namensgeber-Städte als Berater diente. Einige glauben, dass diese Legenden die Escalanas beschreiben.

Als bestimmte Ranellen im Wyrmwald und am Elfenhof an Einfluss zu gewinnen begannen, hinterließen die Escalanas schnell ihre Spuren. Da sie ihre magischen Aktivitäten nach ihrem Umzug in den Wald fortgesetzt hatten, waren sie gut positioniert, um dem Hof einzigartige Zauber, magische Gegenstände und kleine Rituale anzubieten, die die Gunst der Königin gewannen. Obwohl die Anführer der Familie der Königin ihre

Loyalität versprachen, lag die Gelegenheit, ihre Hingabe ein für alle Mal zu beweisen, noch in der Zukunft.

Der erste Schritt der Ranelle zur Etablierung ihrer Bedeutung erfolgte zu Beginn von Königin Faillas Regierungszeit. Auf der Suche nach einer neuen Richtung für ihre magische Forschung begann die Ranelle das Potenzial der Blutmagie zu erforschen. Der damalige Anführer der Ranelle, Darelon, schlug der Königin vor, einen Orden von Kriegermagiern zu bilden, um die Grenzen des Wyrmwaldes zu patrouillieren und seine Reisenden zu schützen. Andere Ranellen deuteten an, dass die Escalanas egoistische Gründe für die Förderung dieser Agenda hätten, aber Failla stimmte zu und gründete die Wächter der Königin.

Die Wächter der Königin, die hauptsächlich aus Escalanas-Elfen bestehen, haben sich vielfach als würdig erwiesen, indem sie schnell und leise Bedrohungen für den Wald und sein Volk beseitigten. Im Laufe der Zeit widmeten sich die Wächter der Suche nach neuen Einsatzmöglichkeiten für die Magie, mit der sie ihre Aufgaben erfüllten, immer mit dem Ziel, ihrer Königin besser zu dienen. Durch disziplinübergreifendes Experimentieren fanden die Wächter Wege, die Wege frei von Unterholz zu halten, entdeckten eine Möglichkeit, durch sympathetische Magie mit den Bäumen über weite Strecken zu kommunizieren, und waren Vorreiter bei anderen Innovationen. Failla und die nachfolgenden Königinnen unterstützten diese Forschungen und vertrauten darauf, dass die Ranelle nichts tun würde, um dem Wyrmwald oder seinen Bewohnern zu schaden.

Viele Jahre später baten die Wächter Königin Failla um einen Ort, an dem sie ihre Forschungen durchführen konnte. Am Elfenhof waren die Bestrebungen jedes Mannes und jeder Frau offene Geheimnisse, und die Escalanas wünschten sich Privatsphäre bei der Durchführung unberechenbarer magischer Forschungen. Solche Aktivitäten könnten zu gefährlich sein, als dass man sie zwischen den Häusern und Geschäften ihrer Mitelfen durchführen sollte. Die Königin folgte diesem Wunsch und erlaubte den Wächtern eine eigene Gemeinschaft im Herzen des Waldes zu gründen. Umgeben von einem großen Nachschub an Wahrem Holz bauten die Wächter ihre Zitadelle und begannen mit der Erforschung alternativer Anwendungen der Blutmagie.

Während des Schismas unterstützte jedes Mitglied der Escalanas und damit der Wächter Alachias Entscheidung, die Riten des Schutzes und des Übergangs abzulehnen. Die unerschütterliche Hingabe der Ranelle gewann ihr die Gunst der Königin und steigerte den Einfluss der Escalanas so dramatisch, dass viele Mitglieder eine Gegenreaktion von anderen Ranellen befürchteten. Familienoberhaupt Pelios erkannte die mögliche Katastrophe und zog die Ranelle, obwohl Escalanas-Höflinge und Wächter protestierten, von den meisten Aktivitäten bei Hof zurück, wobei die Beziehung der Ranelle zum Hof durch ihn persönlich und über die beiden Escalanas-Consortis aufrechterhalten wurde.

Die Jae'Helastri flüsterten ihre Missbilligung und deuteten an, dass die Escalanas mit zwei Consortis zu viel Macht hatten. Der Anführer der Jae'Helastri deutete auch an, dass die Escalanas eine Geringschätzung gegen die Königin beabsichtigten, indem sie ihre Mitglieder vom Hof zurückzogen. Aber trotz des unruhigen Grollens der anderen Ranellen überstanden die Escalanas diese stürmische Zeit unbeschadet.

Erst als die Wächter sich bemühten, eine Alternative zu den theranischen Riten zu finden, erlangten die Escalanas ihre größte Bedeutung. Die Forschung und Arbeit von Kethos Escalanas schuf den Hauptteil des Rituals der Dornen, für das er als Retter des Elfenvolkes gefeiert wurde. Pelios Escalanas überlebte das Ritual nicht, weswegen die Escalanas Kethos als ihren neuen Anführer wählten. Mit seiner beispiellosen Popularität, seinen beachtlichen Fähigkeiten als Zauberer und einem gewissen Maß an politischem Geschick führte Kethos seine Ranelle zu unbestrittener Prominenz am Hof. Er hielt die Position der Ranelle während der Plage erfolgreich aufrecht und tut es auch weiterhin.

Vor etwa fünf Jahren verbannte Alachia Kethos für ein Jahr und einen Tag vom Elfenhof. Keiner außer Kethos und der Königin kennt den Grund, obwohl die meisten Höflinge annehmen, dass es etwas mit Magie zu tun hatte. Die Jae'Helastri deuten an, dass Kethos wegen des Herumspielens mit verbotenen Riten verbannt wurde, auch wenn sie nicht sagen können, was diese Riten beinhalten könnten. Die Strafe war weniger streng, als es scheint, da Kethos seine Anwesenheit am Hof bereits auf die wichtigsten zeremoniellen Anlässe beschränkt hatte. Auch wenn dieses scheinbare Exil nun zu Ende ist, scheint er sich darauf zu verlassen, dass die Consortis und Höflinge der Ranelle den Einfluss seiner Familie aufrechterhalten und ihn über wichtige Entwicklungen auf dem Laufenden halten. Der Grund für dieses mangelnde Interesse an der Hofpolitik bleibt jedoch für alle außer Kethos selbst ein Rätsel.

## Die Frucht des verbotenen Wissens

Seit zwanzig Jahren widersetzen sich Escalanas-Blutwächter den Erlassen Alachias gegen den Kontakt mit der Außenwelt, indem sie sich heimlich mit Mitgliedern des Denairastas-Clans aus Iopos treffen. Im Austausch gegen Wahre Elemente teilen die Denairastas ihr Wissen über Ritual-, Blut- und Elementarmagie. Die Wächter halten diesen Handel für einen akzeptablen Verstoß gegen die Richtlinien der Königin, weil sie denken, dass das Wissen, das sie dadurch gewinnen, ihnen hilft, den Blutwald besser zu verteidigen.

Alachia hat bisher keine Schritte unternommen, um diese Treffen zu unterbinden, obwohl sie schon so lange darüber Bescheid weiß, wie sie stattfinden. Nur ihre vertrauenswürdigsten Berater wissen, ob Alachias Versäumnis, die Escalanas zu bestrafen, ihr Vertrauen in Kethos und seine Ranelle, die stillschweigende Zustimmung zur Argumentation der Wächter oder einen anderen Faktor widerspiegelt. Kethos geht davon aus, dass Alachia seine Bemühungen, die verzerrte Struktur des Waldes zu heilen, gutheißt, obwohl er nie erwarten würde, dass sie das zugibt. Sie vertraut ihm, Geschäfte mit den Denairastas diskret und mit Blick auf die Sicherheit des Waldes zu tätigen.

Nachdem die Nachricht von der Beteiligung der Denairastas an der Ermordung von König Varulus III. den Blutwald erreichte, beendete Kethos seine geheimen Treffen mit ihnen. Aus Angst, dass der Elfenhof in einen Konflikt zwischen Iopos und Throal gerät, wollte er keine Spur von Escalanas-Kontakt außerhalb des Waldes schaffen, die seine Rivalen aufdecken könnten. Im Laufe der Zeit hat Kethos die Treffen jedoch unter der Bedingung wieder aufgenommen, dass die Abgesandten der Denairastas in den Blutwald reisen. Es ist ein riskanter Zug angesichts der Doppelzüngigkeit des Clans, aber Kethos glaubt, dass die Durchführung der Treffen in seinem Heimatgebiet ihm eine gewisse zusätzliche Kontrolle gibt. Er möchte auch, dass die Vertreter der Denairastas einige seiner Forschungen genauer untersuchen, als es außerhalb des Waldes möglich ist.

## Jerleth Denairastas

Jerleth ist der aktuelle Abgesandte der Denairastas bei der Escalanas-Ranelle. Jerleth, einer von Uhls vielen Neffen, ist auch ein Cousin von Jada Denairastas, der Zauberin, die Varulus III. ermordete. Wie die meisten seiner Familie ist Jerleth ein hervorragender Zauberer, der in den Disziplinen des Elementaristen und des Geisterbeschwörers sehr versiert ist.

Jerleth ist kalt und arrogant und erinnert Kethos regelmäßig daran, dass die Denairastas die Oberhand in dieser Beziehung haben. Das Wissen um diese geheimen Treffen würde dem Ruf der Ranelle irreparablen Schaden zufügen und Alachia dazu zwingen, die Escalanas zu bestrafen. Jerleths endloser Vorrat an abfälligen Bemerkungen über das Schicksal des Blutwaldes und die Methode der Blutwächter, sich vor den Dämonen zu schützen, erzürnt Kethos auf beinahe unerträgliche Weise. Der Escalanas-Anführer hätte Jerleth schon getötet, wenn er nicht die gewaltigen Fähigkeiten des Iopaners brauchen würde.

Jerleth mag den Umgang mit den Blutelfen nicht, findet aber ihre aktuelle Forschungsrichtung faszinierend. Von allen in seiner Familie ist er einem Gelehrten am ähnlichsten und interessiert sich mehr für die theoretischen Anwendungen der Magie, als dafür, sie zu nutzen, um Macht zu erlangen. Obwohl er sein arrogantes Wesen nicht ablegen kann, ist sein Wunsch, Kethos' Rätsel zu lösen, echt und lässt ihn auf eine Art und Weise mit dem Escalanas-Führer in Kontakt treten, die im Denairastas-Clan fast einzigartig ist: Meistens sagt er die Wahrheit.

## Attribute

GES: 6 STR: 5 ZÄH: 5
WAH: 7 WIL: 7 CHA: 6

## Wichtige Persönlichkeiten

Die Escalanas beeinflussen das Leben im Blutwald hauptsächlich durch die Blutwächter, von denen die meisten aus ihrer Ranelle stammen. Kethos' Verbannung vom Hof hatte kaum Auswirkungen, da er bereits den größten Teil seiner Macht an die Escalanas-Consortis delegiert hatte. Diese vertrauenswürdigen Höflinge haben regelmäßigen Kontakt mit Königin Alachia und nutzen diesen Zugang, um die Ziele ihrer Ranelle zu verfolgen.

### Kethos Escalanas

Obwohl er die Führung der Ranelle allein durch die Schaffung des Rituals der Dornen erlangte, hat sich Kethos als fähiger Verwalter erwiesen. Seine Weisheit führte ihn dazu, sich mit nützlichen Beratern zu umgeben, die die Anwesenheit der Ranelle am Hof managen und den Einfluss der Escalanas in anderen Bereichen des Elfenlebens aufrechterhalten.

Kethos Escalanas wurde mehrere Jahrzehnte vor der Plage geboren. Schon vor der Pubertät zeigte er ein beeindruckendes Talent für Magie und nutzte seine arkanen Fähigkeiten, um einer der Wächter der Königin zu werden. Während des Schismas belohnte die Königin seine unerschütterliche Unterstützung mit einem prominenten Platz am Hof. Diese Nähe brachte einen überraschenden, schiefen Sinn für Humor in Kethos zum Vorschein, den Alachia als reizvoll empfand. Sie waren schon mehrmals ein Liebespaar, wobei jede Affäre mit der gleichen, bittersüßen Note endete. Jedes Zwischenspiel begann damit, dass Alachia das Geschenk von Kethos wiederentdeckte, sie kurzzeitig ihre Verantwortung vergessen zu lassen, und endete damit, dass sie ihn wegschickte, weil er sich über ihre Verpflichtungen lustig gemacht hatte. Ihre andauernde Beziehung bietet beiden Elfen ein bequemes Muster, auf das sie zurückgreifen können, sodass sie sich auch nach der Verbannung von Kethos nahe bleiben können.

Der Glaube der Königin an Kethos' Fähigkeiten wurde in den ersten Jahren der Plage bestätigt, als Alachia den Wächtern befahl, einen Weg zu finden, den Wyrmwald und seine Elfen vor den Dämonen zu schützen. Seine früheren Forschungen führten Kethos zu der Annahme, dass die Elfen in der Lage sein könnten, sich gegen die Dämonen zu immunisieren, indem sie elementare Dornenpflanzengeister in ihre Wahre Struktur einbinden. Mit dieser Theorie als Basisannahme setzte Kethos die Forschung in Gang, die zum Ritual der Dornen führte, wobei ein Großteil der nachfolgenden Forschung unter seiner direkten Aufsicht durchgeführt wurde. Als Alachia dem Ritual zustimmte, war Kethos entschlossen, die Verantwortung zu übernehmen, falls sich seine Prämisse als fehlerhaft erwies, und er war der erste Elf, der sich der Verwandlung unterzog. Als er überlebte, galt das Ritual als Erfolg, und die Wächter begannen, die gesamte Waldbevölkerung dem Ritual zu unterziehen.

Trotz des Schreckens des Rituals und der verheerenden Anzahl von Elfen, die bei den Riten starben, erntete Kethos Anerkennung für seinen Beitrag zur Erhaltung des Elfenvolkes und des Elfenhofs. Seine fähige Führung der Escalanas bewies erneut, dass seine Weisheit über sein magisches Wissen hinausging.

In den letzten zwanzig Jahren hat Kethos der Hofpolitik den Rücken gekehrt und sich in sein Haus in Letheran zurückgezogen. Seine Beteiligung an den lokalen Aktivitäten beschränkt sich auf die wichtigsten Anlässe. Sein offensichtlicher Mangel an Interesse hat mehrere seiner Berater veranlasst, ihn zu fragen, ob er einen Rücktritt beabsichtigt, um Platz für neues Blut zu machen. Kethos weist solche Fragen mit einem Lächeln und der höflichen Weigerung zurück, diese Angelegenheit zu diskutieren. Diejenigen, die am Hofe am meisten darauf bedacht sind, ihre eigenen Schicksale voranzubringen, führen Kethos' Haltung auf den Starrsinn des Alters zurück. Sie bemerken auch, dass sich langsam sein fortgeschrittenes Alter zeigt, woraus sie schließen, dass er sich nicht mehr mit den Bemühungen beschäftigen will, sein Leben mit Blutmagie zu verlängern.

Die Wahrheit ist, dass Kethos' jüngster Versuch, sein Leben magisch zu verlängern, gescheitert ist. Als er erfuhr, dass sein Leben früher als erwartet enden würde, begann er, all seine Energie darauf zu verwenden, seine selbsternannte letzte Mission zu erfüllen: seine größte Leistung rückgängig zu machen und dafür zu sorgen, dass das Ritual der Dornen nicht mehr notwendig ist. Das Hauptproblem, mit dem er dabei konfrontiert wird, ist die Natur des Rituals selbst. Obwohl Kethos Königin Alachia gebeten hat, mit der Durchführung des Rituals an Neugeborenen aufzuhören, wusste er, dass Veränderung allein nicht die Lösung war. Kethos glaubt, dass der Schlüssel zum Ende des Rituals der Dornen darin liegen könnte, die Wahre Struktur des Waldes einfach zu verschieben, anstatt den Wald umzubenennen.

Wenn der Blutwald so verändert werden könnte, dass er auch ohne die ständige Blutversorgung durch die Dornen der Elfen überlebt, könnte seine verdrehte Natur langsam weniger werden und schließlich ganz verschwinden. Falls die anderen Wächter von Kethos' Forschungsvorhaben wüssten, würden sie vielleicht vermuten, dass der Escalanas-Anführer seine geistigen Fähigkeiten verliert. Von allen Wächtern sollte sich gerade Kethos an die unerwarteten und unkontrollierbaren Ergebnisse erinnern, die das Wirken von Blutmagie auf Blutmagie mit sich bringt. Der Blutwald ist ein Beweis für die Torheit, ein blutmagisches Ritual mit zusätzlicher Blutmagie zu verändern. Falls Kethos einen weiteren solchen Versuch vorschlagen würde, würde das seine Wächterkollegen zutiefst entsetzen.

Kethos wurde vom Hof verbannt, weil er Alachias Entscheidung infrage gestellt hatte, das Ritual fortzusetzen. Er nutzte diese Gelegenheit als Vorwand, um sich weiter von allen politischen Verpflichtungen loszusagen und tiefer in die Erforschung der rituellen Blutmagie einzutauchen. Er hofft, eine für Alachia akzeptable Lösung zu finden, bevor seine Zeit abgelaufen ist, hat aber bisher kaum Fortschritte gemacht. Kethos ist ein versierter Zauberer und hat die Disziplinen des Elementaristen, des Geisterbeschwörers und des Magiers studiert.

## ATTRIBUTE

GES: 5 STR: 5 ZÄH: 6
WAH: 7 WIL: 7 CHA: 7

### ORLANDO ESCALANAS

Orlando Escalanas dient als Consortis am Elfenhof. Er und Kethos kennen sich seit ihrer Kindheit, und Orlando ist Kethos' engster Vertrauter und vertrautester Berater. Wie Kethos zeigte auch Orlando schon in jungen Jahren magisches Talent und diente bei den Wächtern der Königin. Als Kethos die Führung der Escalanas-Ranelle übernahm, überredete er die Königin, Orlando zum Consortis zu ernennen.

Orlandos offizielle Aufgaben sind die Vertretung der Interessen der Ranelle bei Hof und die Beratung seines Anführers bei dessen politischer Agenda. Orlando übernahm auch die Rolle des inoffiziellen Meisters der Spione für die Ranelle und ist für die Überwachung der Aktivitäten des Hofes zuständig. Er ist sehr effektiv darin, die Verschwörungen anderer Ranellen gegen die Escalanas aufzudecken und diese Aktivitäten auf andere Ziele abzulenken.

Selbst bei den Escalanas ahnen nur wenige, wie eng Kethos und Orlando zusammenarbeiten. Vor vielen Jahren inszenierten Kethos und Orlando bei Hof einen sehr öffentlichkeitswirksamen Streit und machten eine große Schau daraus, sich zu zerstreiten. In den folgenden Monaten fing Orlando an, Andeutungen zu streuen, dass Kethos seine geistigen Fähigkeiten verliere und dass er selbst die Ranelle leiten solle. Kethos wiederum begann seinen anderen Beratern zu sagen, dass er das Gefühl habe, dass Orlando anfange, seine eigenen Interessen über die der Ranelle zu stellen. Wenn es nach Kethos ginge, würde er Orlando sofort ersetzen, aber diese Entscheidung müsse die Königin treffen. Innerhalb weniger Stunden war der Hof erfüllt von Gerüchten über die vermeintliche Fehde der beiden. Ein paar unternehmungslustige Seelen wetteten sogar auf ihren Ausgang.

Die beiden bleiben in der Öffentlichkeit kühl und distanziert. Nicht einmal ihre engsten Partner vermuten, dass der lang anhaltende Streit eine kalkulierte Fiktion ist. Im Laufe der Jahre haben Kethos' Rivalen am Hof und in der Ranelle Beschwerden über Kethos an Orlando gerichtet. Sie haben sich sogar in Orlandos Gegenwart gegen Kethos verschworen und nie bemerkt, dass Orlando alles, was sie sagten, seinem Freund berichtete. Dieses Arrangement erwies sich besonders während Kethos' Verbannung vom Hof als wertvoll. Sein anhaltender Rückzug aus der Ranelle-Politik hat seine Feinde, darunter die Jae'Helastri, ermutigt, Orlando zu drängen, Kethos um die Kontrolle der Escalanas herauszufordern. Infolgedessen war Orlando in der Lage, den Widerstand gegen Kethos und die Escalanas-Ranelle zu überwachen, zu manipulieren und zu bekämpfen. Jetzt, da das politische Spiel sorgfältig sortiert ist, kann Kethos seine ganze Aufmerksamkeit darauf richten, eine Lösung für die Wahre Struktur des Waldes zu finden.

## ATTRIBUTE

GES: 7 STR: 5 ZÄH: 6
WAH: 8 WIL: 8 CHA: 7

### ELETHERIA ESCALANAS

Von allen seltsamen Kreaturen, die in der Westgrenze lauern, gibt es niemanden, der wie die legendäre Eletheria Escalanas die Herzen der Blutelfen mit Angst erfüllt. Einige jüngere Elfen behaupten, sie sei eine mythische Gestalt, ein Monster, das aus den Urängsten der Blutelfen geboren worden sei. Ihre Geschichte wurde so oft erzählt, dass die Elfen nicht mehr wissen, wie viel davon wahr ist. Selbst die Skeptischsten sprechen ihren Namen nur flüsternd aus, damit sie nicht ihre Aufmerksamkeit erregen, und zögern, sich in Vollmondnächten in den westlichen Wald zu wagen.

Alle Geschichten stimmen in bestimmten Punkten überein. Eine Elfe namens Eletheria – eine atemberaubende Schönheit mit langen schwarzen Haaren, einem blassen Teint und markanten grünen Augen – gehörte vor der Plage zur Escalanas-Ranelle. Sie war bekannt für ihren Witz, ihre Schönheit und ihr magisches Talent. Zahlreiche Verehrer umwarben sie, darunter der junge Kethos Escalanas, und viele nahmen an, dass sie eines Tages ihre Ranelle leiten würde. Zusammen mit den anderen Wächtern versuchte sie in den Tagen vor der Plage, einen Weg zu finden, den Wyrmwald und seine Elfen zu schützen.

Etwas lief schief. Einige Geschichten behaupten, dass Eletheria schlicht und einfach unter der Belastung ihrer Arbeit zusammenbrach. Andere behaupten, dass sie mit Magie experimentierte, die so abscheulich war, dass die anderen Wächter sie aus ihrer Mitte verbannten. Wieder andere behaupten, dass sie sich selbst als Subjekt ihrer Experimente benutzte und unwissentlich jenseits jeder Möglichkeit auf Erlösung korrumpiert wurde. Die skandalöseste Erklärung ist jedoch, dass Alachia auf das wachsende Band zwischen Kethos und Eletheria eifersüchtig wurde und bestimmte Wächter drängte, einen Vorwand für die Verbannung der jungen Elfe zu finden. Wie die Legende geht, intervenierte Kethos nicht in Eletherias Namen, weil er befürchtete, dass dies seine Arbeit zum Schutz der Bewohner des Wyrmwaldes gefährden könnte.

Was auch immer der Grund war, jedenfalls verließ Eletheria das Herz des Waldes in den frühen Jahren der Plage und reiste bei Vollmond allein nach Letheran. Es gibt keine Beweise dafür, dass sie jemals dort ankam, noch spricht eine Geschichte davon, dass sie irgendwo Zuflucht suchte. Die Elfen der Westgrenze nahmen an, dass sie in der Wildnis ums Leben kam oder eine neue Identität an einem anderen Ort im Wald annahm.

Das Geheimnis ihres Verschwindens wurde unwichtig, als die Elfen gegen den Angriff der Dämonen kämpften und sich darauf vorbereiteten, das Ritual der Dornen zu vollziehen. Die Escalanas vergaßen Eletheria sogar bis nach dem Ende der Plage. Nachdem die Elfen den Wald wieder besiedelt hatten, tauchten entlang der Westgrenze Berichte über seltsame und verstörende Ereignisse auf. Eine unbekannte Macht überfiel Blutwächter auf Patrouille außerhalb der Escalanas-Dörfer.

Zuerst nahmen die Elfen an, dass die Todesfälle das Ergebnis von Begegnungen mit korrumpierten Tieren war, die aus dem Herzen des Waldes gewandert waren, oder des anhaltenden Einflusses von Dämonen. Nach einigen Monaten begann sich jedoch ein Muster herauszubilden. Alle Opfer waren auf die gleiche Weise getötet worden: Ihre Herzen waren aus ihrer Brust gerissen worden und ihre Körper blutleer. Die Angriffe fanden in Vollmondnächten statt und schienen mit den Sichtungen eines blassen, Ungeschützten Elfenmädchens mit langen schwarzen Haaren und grünen Augen zusammenzufallen.

Diese Berichte führten zu Gerüchten, dass Eletheria irgendwie überlebt hatte und in die Wälder der Westgrenze zurückgekehrt war, um Rache an Kethos und Alachia zu üben. Einige behaupten, dass die Elfe sich selbst mit Blutmagie am Leben erhält und ihre Opfer von Blut entleert, um ihre Existenz fortführen zu können.

Andere sagen, dass Eletheria die Braut eines Dämons wurde, der den Elfenhof zerstören will. Einige Geschichten behaupten, dass die korrumpierten Tiere des Waldes die Brut dieser unheiligen Vereinigung sind. Alachia, Kethos und die Blutwächter tun diese Gerüchte als Geschichten ab, um Kinder zu erschrecken, und sind nicht bereit, das Thema weiter zu diskutieren.

Auch wenn das Geheimnis um diese Ereignisse und das Schicksal von Eletheria vielleicht nie gelöst wird, bleibt eines sicher. In Nächten, in denen der Mond voll ist, wandert jemand – oder etwas – durch die Wälder der Westgrenze, und die Blutwächter scheinen machtlos, ihn oder es zu stoppen.

### Attribute

GES: 7 STR: 7 ZÄH: 8 q
WAH: 8WIL: 8 CHA: 8

### Abenteueridee

In ihrem verzweifelten Bestreben, dieses Geheimnis zu lösen, haben die Blutwächter Gruppen von Abenteurern von außerhalb in den Wald geholt, um die Gerüchte über Eletheria Escalanas zu untersuchen. Solche Gruppen könnten ihren verlorenen Geist entdecken, eine Kreatur, die ihr Abbild benutzt, um ihre Opfer anzulocken, oder einfach eine Reihe unerklärlicher Ereignisse, die sie nicht miteinander verbinden können. Die Wahrheit über Eletherias Schicksal wird offen gelassen, sodass Spielleiter die Geschichte entsprechend den Bedürfnissen ihrer Kampagne entwickeln können. Gruppen von außerhalb können vielleicht sogar zusätzlichen Hintergrund sammeln, indem sie mit Kethos sprechen, der eher bereit wäre, dieses Thema mit Nicht-Blutelfencharakteren zu diskutieren.

## Permanente Siedlungen

Die Escalanas unterhalten nur wenige Dörfer von beträchtlicher Größe. Ihr Heimatdorf Letheran ist das größte. Calabria dient als Haupthandelsaußenposten am südlichen Rand der Westgrenze. Kleinere Escalanas-Siedlungen bestehen aus Arbeitern, die das Wahre Holz ernten, und Händlern, die am Ufer des Nachtfalterflusses ihr Zuhause finden. Viele Blutelfen fürchten Estandia, das Escalanas-Dorf am Hof, wegen der hohen Zahl von Blutwächtern, die dort leben.

### Letheran

Mehr als zweitausend Elfen leben in Letheran. Die meisten stammen aus der Escalanas-Ranelle, aber auch andere Elfen entscheiden sich dafür, in diesem Dorf ihr Zuhause zu finden. Viele Expeditionen, die Wahres Holz ernten wollen, starten von Letheran aus, der nördlichsten Handelsstation für Schiffe, die

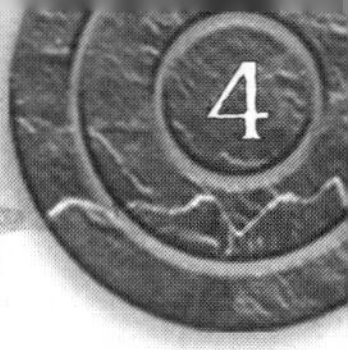


den Nachtfalterfluss hinauffahren. Diese Schiffe werden in der Regel von Blutelfen betrieben, obwohl man in seltenen Fällen auch Ungeschützte Elfen und syrtisische T'skrang aus Kaer Eidolon an den Hafenanlagen von Letheran sieht.

Letheran ist das wohlhabendste Dorf am Nachtfalterfluss. Die florierende Ernte von Wahrem Holz treibt den Handel mit den Dörfern in der Westgrenze und dem Südlichen Rand an. Trotz dieses Wohlstands hat Letheran wenig Ähnlichkeit mit den größeren Dörfern weiter südlich.

Letheran verfügt über einige bescheidene Piers, die sich in den Fluss erstrecken, und die Dorfflotte besteht nur aus wenigen kleinen Schiffen. Schlichte Holzgebäude säumen das Flussufer, aber die meisten Bewohner Letherans leben in Wohnungen in den hohen Eichen. Einige dieser Häuser liegen über dem Fluss und bieten einen herrlichen Blick auf die Wasserstraße und die Stadt. Weiter weg vom Ufer des Flusses wachsen alte Eichen, die sich Hunderte von Fuß gen Himmel strecken. Diese enthalten die größten der Baumhäuser Letherans und bieten einen weiten Blick über das Laubdach. Von diesen Wohnungen aus kann man den westlichen Rand des Blutwaldes sehen.

Im Zentrum des Dorfes steht das Herrenhaus der Escalanas. Es ist das größte und am aufwendigsten dekorierte Haus des Dorfes und wurde in den Stamm einer mächtigen alten Eiche gebaut. Es ist die Heimat vieler unmittelbarer Familienangehöriger von Kethos und anderer prominenter Ranelle-Mitglieder. Kethos unterhält ein kompliziertes Höhlennetz unter dem Herrenhaus, in dem sich sein magisches Labor befindet. Obwohl Gerüchte darüber unter den Elfen des Dorfes kursieren, glauben die meisten Bewohner nicht, dass dieser Komplex existiert.

Ein weiteres bemerkenswertes Wahrzeichen ist die Geisterweide, die entlang des Flussufers in der Nähe der nördlichen Grenze der Stadt wächst. Die Dorfbewohner schätzen diesen Baum und bezahlen eine Gruppe sorgfältig ausgewählter Gärtner, die sich um ihn kümmern. Die Gärtner bewachen die Weide, um sicherzustellen, dass ihr kein Schaden zugefügt wird, und überwachen sie auf Warnungen vor ungebetenen astralen Besuchern.

Auch wenn die Escalanas-Ranelle eine bedeutende Präsenz in Letheran hat, überlässt sie die Verwaltung einem von der Stadt gewählten Bürgermeister. Die Wahl findet alle zehn Jahre statt, und die Escalanas hatten nie Schwierigkeiten, die wahlberechtigten Personen davon zu überzeugen, den von der Ranelle bevorzugten Kandidaten zu wählen. Der derzeitige Bürgermeister, ein Bürgerlicher namens Larin, hat die Position seit fast fünfzig Jahren inne.

## CALABRIA

Calabria, ein Handelsaußenposten zwischen der Westgrenze und dem Südlichem Rand, ist die unabhängigste Siedlung der Westgrenze. Vertreter wohlhabender Carithasca-Händler, abtrünnige elfische Flusshändler, Schmuggler, die sich auf Wahres Holz spezialisiert haben, Schwarzmarkthändler, politische Radikale und Flüchtlinge aus den Ranellen leben hier in angespannter Harmonie. Vereint durch ihre Verachtung für Autoritäten und ihr Misstrauen gegenüber Außenstehenden, kommen die meisten auf der Suche nach einem Zufluchtsort vor den Blutwächtern, wütenden Ranellen oder einer anderen Autorität hierher. Andere kommen, um die verbotenen Waren auf dem Basar zu verkaufen oder zu probieren. Elfen von der anderen Seite der Westgrenze kommen, um theranischen Wein zu probieren oder die Dienste eines „Unterhalters" aus einem der mondänen Dörfer des Südlichen Randes zu kaufen.

Calabria liegt in der Nähe einer scharfen Kurve des Nachtfalterflusses und ist von meilenweitem dichtem Wald umgeben, der es auf dem Landweg fast unzugänglich macht. Die Siedlung besteht aus zahlreichen maroden Behausungen und Höhlen, die inmitten großer Felsvorsprünge liegen, die das Flussufer bilden. Am Rande des Wassers bilden die Felsvorsprünge kleine, versteckte Lagunen, die Schiffe vor dem Flussverkehr verbergen können.

Trotz der Hindernisse, die das Gelände mit sich bringt, haben externe Parteien in der Vergangenheit Calabria gefunden. Expeditionen der Königin, der Carithasca und der Escalanas haben es geschafft, das Dorf zu verschiedenen Zeiten zu finden, aber keiner hat es geschafft, die Siedlung dauerhaft zu zerstören. Räubertruppen können heruntergekommene Behausungen plattmachen und unbeaufsichtigte Schiffe abfackeln, aber die Gefangennahme der Bewohner Calabrias ist schwieriger. Sie fliehen beim ersten Anzeichen eines Angriffs in den umliegenden Wald und kehren zurück, wenn die Gefahr vorüber ist. Angesichts der offensichtlichen Sinnlosigkeit, Calabria zu zerstören, haben die Escalanas- und die Carithasca-Ranelle entschieden, dass das Dorf keine wirkliche Gefahr für ihre Macht darstellt. Nun akzeptiert die gelegentliche Flusspatrouille, die auf das Dorf stößt, eine kleine „Steuer" von den Bewohnern, um weiterzuziehen.

Calabria hat keine formalen Gesetze oder Regierungen. Der typische Bewohner hat wenig Respekt vor Autorität, und die Bevölkerung der Siedlung verändert sich ständig, während alte Bewohner gehen und neue kommen. Traditionell verfolgen die Bewohner eine Leben-und-leben-lassen-Philosophie und mischen sich nicht in das Geschäft der anderen ein, es sei denn, es erregt Aufmerksamkeit und gefährdet die Sicherheit der Bewohner. Nach altem Brauch wird jeder, der dieses einfache Edikt nicht einhält, getötet oder verbannt.

## ESTANDIA

Estandia, die zweite Heimat der Escalanas-Ranelle, liegt am westlichsten Punkt der Elfenhofregion. Angesichts der Entfernung zwischen dem Hof und dem Land der Escalanas ist die Nähe von Estandia zum Palast entscheidend für die Aufrechterhaltung des Einflusses der Ranelle am Hof. Orlando Escalanas hat hier eine Residenz, obwohl er die meiste Zeit in einem kleineren Privathaus in der Nähe des Palastes verbringt.

In Estandia gibt es die größte Blutwächterpopulation aller Waldsiedlungen. Fast alle Wächter, die am Hof arbeiten, leben hier, mit Ausnahme von Takaris Talshara und Niriame Jae'Helastri. Der Kommandeur der Blutwächter, Preystia Tales, lebt in Estandia, wenn er am Hof ist, statt in Se'vianna. Das Leben hier verschafft Preystia eine enge Verbindung zu seinen Wächterkollegen am Hof, was er für die Aufrechterhaltung der Ordnung für hilfreich hält.

Es überrascht nicht, dass Estandia zum Zentrum der magischen Forschung am Hof geworden ist. Viele Wächter führen hier kleine Experimente durch, und Königin Alachia ist oft zu Besuch, um sie zu beobachten. Sie kommt auch nach Estandia, wenn sie in einem weniger formalen Rahmen mit Preystia oder anderen Wächtern sprechen möchte. Viele von den Wächtern hergestellte magische Gegenstände entstehen in Estandia, und seine Märkte bieten die feinste Auswahl an magischen Gütern in ganz Barsaive.

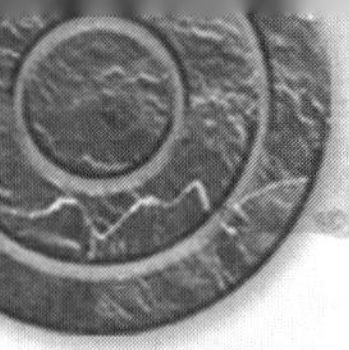


## ABENTEUERIDEE

Der Markt in Estandia ist bei Sammlern von elfischen Artefakten sowohl innerhalb als auch außerhalb des Blutwaldes bekannt. Viele Leute begehren die hier produzierten Fadengegenstände und sind bereit, einen hohen Preis zu zahlen, um die isolationistische Politik Alachias zu umgehen und Zugang zu ihnen zu erhalten. Abenteuer zu diesem Zweck sollten sich stark auf das Reisen innerhalb des Waldes und die Begegnung mit seinen verschiedenen Verteidigungsanlagen konzentrieren. Der Spielleiter kann eine der folgenden Optionen als Gesamtziel der Gruppe wählen.

### OPTION 1

Ein Sammler möchte einen in Estandia gefertigten Gegenstand erwerben, der für ein Mitglied der Geißler bestimmt ist. Über sein Kontaktnetz hat er herausgefunden, wann und wie die Sendung zu ihrem Empfänger transportiert wird. Die Gruppe wird angeheuert, um sich in den Blutwald zu schleichen und die Ausrüstung aus der Karawane zu stehlen.

### OPTION 2

Die Gruppe wird von einem ausländischen Adligen kontaktiert, der einen Fadengegenstand estandianischer Herkunft erworben hat. Die Person möchte sich Schlüsselinformationen für den Gegenstand aneignen und heuert die Gruppe an, um sie für sich zu entdecken, was einen Besuch im Blutwald erfordert.

## AKTUELLE AKTIVITÄTEN

Im Angesicht seiner Sterblichkeit weiß Kethos, dass der Status quo im Blutwald schließlich zu seiner Zerstörung führen wird. Einer der wenigen Elfen zu sein, die sich des Ausmaßes der unnatürlichen Existenz des Waldes bewusst sind, versetzt Kethos in die einzigartige Lage, ihn möglicherweise heilen zu können. Er kennt auf seiner Suche nach Wissen keine Tabus und greift häufig auf die Denairastas zurück, um sich ihr Wissen über rituelle Blutmagie anzueignen.

Der größte Teil von Kethos‘ Forschung ist aus einer vagen Vision von der Geburt von Eichenherz entstanden, auch wenn er niemandem erzählt, dass dies der Funke war, der ihn auf sein aktuelles Vorhaben gebracht hat. Es dauerte fast ein Jahrzehnt, bis er das Ritual, das er in der Vision sah, ausgetüftelt hatte, aber Kethos ist zuversichtlich, dass er die Eichenherz-Eicheln benutzen kann, um ein neues Herz des Waldes zu erschaffen. Das wäre für die Blutelfen jedoch verheerend, da das Persönliche Ritual ihre Wahren Strukturen mit denen des Blutwaldes verflochten hat. Kethos arbeitet daran, das Geburtsritual an eines anzupassen, das die beschädigte Struktur des Waldes repariert. Er hat die Sucher des Herzens als willige Verbündete für diese Aufgabe gefunden. Sie liefern ihm alle Eicheln von Eichenherz, die er benötigt, um seine Forschungen fortzusetzen.

## ABENTEUERIDEE

Der Transport von Eichenherz' Eicheln innerhalb des Blutwaldes ist selbst für den erfahrensten Abenteurer ein schwieriges Unterfangen. Für die Sucher des Herzens jedoch hat die Unterstützung von Kethos' Forschung aktuell höchste Priorität. Die Verfolgung ihrer Gruppe macht manchmal den Einsatz unabhängiger Abenteurer für diese Aufgabe erforderlich, da das gelegentliche Eindringen von Nicht-Elfen in den Wald weit weniger Aufmerksamkeit erregt als die Anwesenheit bekannter Agenten der Sucher. Ein Schmuggelunternehmen von Kaer Eidolon nach Letheran könnte genutzt werden, um die Eicheln von Eichenherz und das Geheimnis hinter Kethos' zurückgezogener Forschung in die Kampagne einer Gruppe einzuführen..

Orlando hat alle Hände voll zu tun, um das Tagesgeschäft der Ranelle am Hof zu leiten. Er muss wachsam bleiben, denn Gerüchte über Kethos‘ anhaltenden Ungehorsam ermutigen seine Feinde. Bisher hat Orlando jede Herausforderung von Kethos‘ Autorität diskret umgelenkt, ohne die Loyalität zu enthüllen, die er immer noch für seinen Anführer empfindet. Privat verbringt Orlando jede Woche mehrere Stunden in düsterer Reflexion über den bevorstehenden Verlust seines lebenslangen Freundes.

Auch wenn er sich mit dem Wissen, das Kethos bald sterben wird, abgefunden hat, ist Orlando tief deprimiert, dass sein Freund seine letzten Monate in seinem Labor und nicht mit der Familie verbringt. Schlimmer noch, er muss diese Klage tief in seinem Herzen vergraben, denn davon hängt ihre gegenwärtige Täuschung ab. Orlando würde alles tun, um Kethos zu helfen, seinen letzten Wunsch zu erfüllen, aber die Anstrengung, dies zu tun, hat ihn fast zerbrechen lassen. Er ist sich nicht sicher, ob er die Last der Hofpolitik weiterhin tragen kann, wenn der unvermeidliche Tag kommt, an dem ihm die Führung seiner Ranelle auferlegt wird.

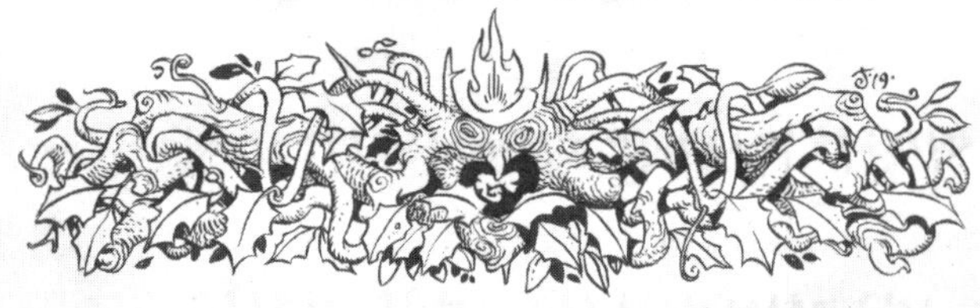

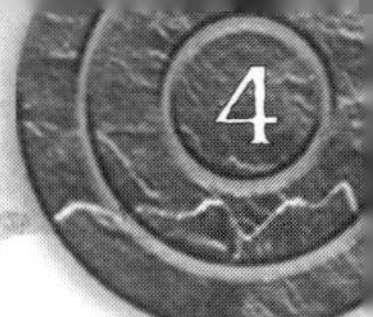


# DIE JAE'HELASTRI—RANELLE

Nur wenige Ranellen kennen den politischen Tanz des Hofes so gut wie die Jae'Helastri. Die meisten Höflinge müssen die Kunst der Politik erlernen, aber diese Elfen scheinen sie mit der Muttermilch aufzusaugen. In kurzer Zeit hatten sich die Jae'Helastri als einflussreiche Ranelle am Hof etabliert. Zwei der aktuellen Consortis stammen aus dieser Ranelle, und zahlreiche andere Berater können ihre Abstammung durch Blut oder sorgfältig geplante Ehen auf die Jae'Helastri zurückverfolgen.

Im Gegensatz zu den anderen Ranellen leben die Jae'Helastri nicht vom Reichtum des Landes. Stattdessen betrachten sie sich als Händler eines einzigen, lebenswichtigen Gutes: Informationen. Sie sammeln, nutzen und handeln mit ihnen mit unübertroffener Geschicklichkeit. Auch wenn einige ihren Mangel an materiellem Reichtum als Schwäche betrachten, betrachten die Jae'Helastri ihn als Vorteil. Unbelastet von Stammländereien, lokalen Pächtern, der Instandhaltung von Karawanenrouten oder der Provinzpolitik können sie sich voll und ganz den Hofangelegenheiten widmen und sich einen Vorteil gegenüber ihren Konkurrenten verschaffen.

Die Jae'Helastri machen es sich zur Aufgabe, alles über jeden zu wissen. Wenn jemand diese Praxis als Erpressung bezeichnet, nimmt die Ranelle daran großen Anstoß. Sie nutzen ihr Wissen nicht aktiv, um jemanden in Zugzwang zu bringen. Ihr Vorrat an Geheimnissen lässt ihre Feinde einfach zweimal nachdenken, bevor sie sich gegen sie wenden.

Die Jae'Helastri haben ein Händchen dafür, die Geheimnisse ihrer Rivalen zu ergründen, ein Talent, das wahlweise der Magie zugeschrieben wird, einem Mammut-Netzwerk von Spionen oder einfacher Bestechung. Sie verwenden all diese Ansätze, aber ihr Ruf ist größer als ihre Macht. Jeder mit einem schlechten Gewissen geht davon aus, dass die Jae'Helastri die Wahrheit kennen. Ob das nun stimmt oder nicht, jedenfalls ist ein gutes Gewissen ein seltenes Gut unter denjenigen, die in die Politik gehen.

## GESCHICHTE

Die Jae'Helastri können nicht die illustre Geschichte anderer Ranellen beanspruchen, aber sie sind schnell zu einem einflussreichen Akteur in der Politik des Blutwalds geworden. Mit ihrer unerschütterlichen Unterstützung von Königin Alachia gelangten sie kurz vor der Plage zu Bedeutung und trugen dazu bei, die Stabilität des Hofes in dieser schwierigen Zeit zu erhalten. Im Gegensatz zu Ranellen, die ihre Wurzeln in einflussreichen Familien haben, stammen die Jae'Helastri aus bescheidenen Verhältnissen. Sie begannen als eine kleine Familie mittelmäßiger Kunsthandwerker in einem Dorf in der Nähe des Palastes.

Viele der heutigen einflussreichen Mitglieder der Ranelle wurden durch Heirat zu Jae'Helastri. Ein Witz besagt, dass der sicherste Weg für einen Bürger, einen Platz am Hof zu bekommen, darin besteht, eine Tochter der Jae'Helastri zu verführen. Die Heirat mit den Jae'Helastri hat mehrere ehrgeizige und politisch kluge Neuankömmlinge an die Spitze der Elfenpolitik gebracht.

Der Gründer der Familie war Cyrenal Jae'Helastri, ein im Vergleich zu seinen Kollegen mittelmäßiger Blutwächter. Auch wenn ihm die Begeisterung für magisches Wissen nie fehlte, so beherrschte er doch nie die komplexeren Künste, die nötig waren, um in den Reihen der Blutwächter aufzusteigen. Cyrenal, der dazu bestimmt war, unter den Wächtern niemals Macht zu erlangen, sah sich woanders um.

Als sich der Blutwald nach der Plage wiederaufbaute, bemerkte Cyrenal die wachsende Kluft zwischen den Blutwächtern und den Beratern der Königin am Hof. Keine der beiden Gruppen verstand oder vertraute der anderen, da jede ihre Macht angesichts des Einflusses der anderen bewahren wollte. Cyrenal entschied sich, als Bindeglied zwischen den beiden zu dienen, angeblich, um das Geschäft des Elfenhofs zu erleichtern. Seine Handlungen als inoffizielle Verbindungsperson versetzten ihn in die Lage, mehr über die Wächter und Consortis zu erfahren, als beide Seiten allein entdecken konnten.

Die Arbeit zwischen den beiden Seiten lehrte Cyrenal zwei Lektionen, mit denen er die Jae'Helastri zu ihrer jetzigen Position führte. Zuerst lernte er den Wert von Informationen, insbesondere von sensiblen Informationen. Zweitens meisterte er die Kunst, gegnerische Fraktionen gegeneinander auszuspielen. Cyrenal erkannte die Macht, die er durch diese Methoden kultivieren konnte, und wurde zu einem konkurrenzlosen Informationsmakler für die höchsten Ebenen bei Hof. Die Wächter sahen ihn als die beste Informationsquelle über die Consortis, während die Consortis ihn als die beste Informationsquelle über die Wächter sahen.

Cyrenal nutzte die Geheimnisse beider Seiten, um Gunst bei der jeweils anderen zu erlangen, und stieg in eine einflussreiche Position auf. Seine Familie orientierte sich an seinem Erfolg. Sie lernten alles, was sie konnten, ermutigten zum Klatschen und lernten Geheimnisse, wo immer sie konnten. Bald wagten es nur wenige, sich den Jae'Helastri offen zu widersetzen, aus Angst, dass diese verraten würden, was sie wussten.

Nach Cyrenals Tod übernahm sein Neffe Mithran die Leitung der Ranelle. Wie sein Onkel ist Mithran schlau, gerissen und in keinster Weise vertrauenswürdig. Er leitet einen Rat von acht älteren Ranelle-Mitgliedern, die den Geheimnisschatz der Familie bewahren. Zu dieser Gruppe, die *Respitish od Telenetish* („Diejenigen, die zuhören und lernen") heißt, gehören Consortis Tiriame Jae'Helastri, ihre Blutwächter-Schwester Niriame und Mithrans Schwester Joella.

Die Agenten der Jae'Helastri schreiben die Informationen, die sie sammeln, niemals auf, damit keine Aufzeichnungen entdeckt werden können. Die Meister der Spione der Ranelle pflegen eine mündliche Tradition und teilen ihr Wissen bei Bedarf mit anderen. Jedes der acht Ratsmitglieder ist dafür verantwortlich, die Geheimnisse einer bestimmten Gruppe aufzudecken, wie zum Beispiel einer anderen Ranelle, der Blutwächter, der Geißler oder der Consortis.

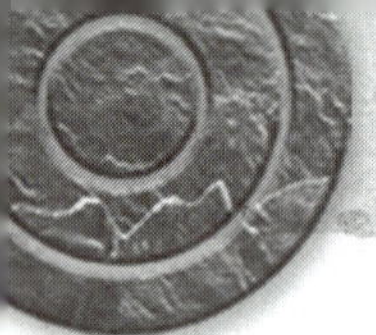



## Wichtige Persönlichkeiten

Der Einfluss der Jae'Helastri erstreckt sich fast auf den ganzen Blutwald. Zu den Ranelle-Mitgliedern gehören Blutwächter, Consortis und andere prominente Persönlichkeiten am Hof.

### MITHRAN JAE'HELASTRI

Mithran altert langsam, ist aber immer noch beeindruckend und der derzeitige Anführer der Jae'Helastri. Er diente fast vierzig Jahre lang als Consortis, trat aber zugunsten seines Sohnes Larrin zurück. Seitdem überwacht er die Aktivitäten der Ranelle von seinem Haus in Triammelle aus.

Mithrans Haare zeigt mittlerweile Streifen von Silber, aber seine grünen Augen sind immer noch scharf und leuchtend. Obwohl er zu Völlerei neigt, ist er durch ein aktives soziales Leben in guter Verfassung geblieben. Sein Verhalten ist entspannt, und er ist mehr daran interessiert, die schönen Dinge des Lebens zu genießen, als sein persönliches Prestige zu erhöhen. Dieses Bild verschleiert seine wahre Natur, aber im Großen und Ganzen ist Mithran ein Gentleman für diejenigen, die ihn nicht verärgern. Diejenigen, die es sich mit ihm verscherzen, finden jedoch schnell heraus, dass der charmante Höfling auch rücksichtslos sein kann.

In letzter Zeit ist Mithran häufiger in Alachias Gesellschaft aufgetreten, besonders seit dem Tod seiner Frau. Einige seiner Verwandten sehen eine Verbindung, aber im Moment sind Mithran und Alachia nur gelegentliche Gefährten beim Abendessen. Geflüster, dass sich Alachia ein Kind wünscht, hat sich wie ein Lauffeuer verbreitet, und Gerüchte besagen, dass Mithran der Vater der Wahl sein könnte. Wenn das wahr ist, könnte dies den ohnehin schon bedeutenden Einfluss der Jae'Helastri erhöhen.

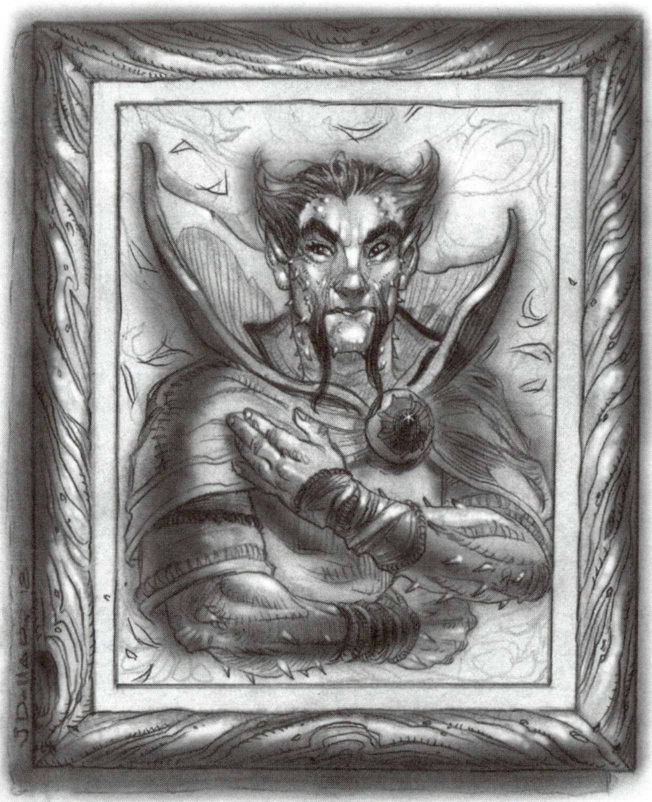

Mithran ist sich der politischen Mängel bewusst, die die jüngeren Mitglieder seiner Ranelle zeigen. Sie sind ein wenig zu begierig darauf, Regeln zu brechen, und könnten alles gefährden, wofür seine Generation gearbeitet hat. Wie Cyrenal vor ihm weiß Mithran die Tugend der Mäßigung und Diskretion zu schätzen, insbesondere im Umgang mit einflussreichen Höflingen. Zu wissen, wann und wo man Grenzen setzt, ist eine schwierige Kunst, die viele der jüngeren Jae'Helastri noch nicht beherrschen.

Mithran befürchtet, dass eigensinnige Jugendliche feststellen könnten, dass ihre Bemühungen nach hinten losgehen, wenn sie ihr Handeln nicht unter Berücksichtigung möglicher Folgen mildern. Zum Beispiel wollen viele jüngere Jae'Helastri die Grenzen des Waldes öffnen, um ihren politischen Einfluss über den Wald hinaus zu erweitern. Mithran sympathisiert mit ihren Wünschen, weiß aber, dass eine zu starke Äußerung eine Gegenreaktion bei den Consortis oder sogar der Königin hervorrufen könnte. Wenn es ihr passte, könnte Alachia den Aufschrei nutzen, um die gesamte Ranelle zu diskreditieren. Das will Mithran vermeiden und versucht, seine jüngeren Verwandten davon zu überzeugen, geduldig zu sein.

Mithran hat eine Ausbildung in der Disziplin des Troubadours erhalten.

#### Attribute

GES: 6 STR: 5 ZÄH: 5
WAH: 7 WIL: 7 CHA: 8

### LARRIN JAE'HELASTRI

Larrin, Mithrans ältester Sohn, hat ihn vor etwa einem Jahrzehnt als Consortis ersetzt. Die anderen Ranellen beschwerten sich vorhersehbar über einen zweiten Consortis der Jae'Helastri, aber Alachia akzeptierte Mithrans Empfehlung und ernannte Larrin trotzdem. Ihm wurde die Aufgabe übertragen, die Kommunikation zwischen dem Hof und den Siedlungen in Blutwald offen zu halten, eine Aufgabe, die den Fähigkeiten und Zielen der Jae'Helastri gut entspricht.

Larrin ist der Sohn seines Vaters und stellt die Interessen der Jae'Helastri in den Vordergrund. Die Interessen der Königin und des Hofes stehen an zweiter Stelle. Larrin ist kein Adept, was seine Fähigkeit, andere zu beeinflussen, umso beeindruckender macht.

#### Attribute

GES: 5 STR: 3 ZÄH: 5
WAH: 6 WIL: 6 CHA: 7

### TIRIAME JAE'HELASTRI

Als sie vor 25 Jahren zur Consortis ernannt wurde, war Tiriame die jüngste Elfe, die diese Position je innehatte. Sie ist intelligent und aufmerksam und fand sich schnell in die Besonderheiten der Hofpolitik ein. Seit der Ernennung ihres Cousins Larrin hat es sich Tiriame zur Aufgabe gemacht, ihm beizubringen, was sie gelernt hat.

Tiriame ist dafür verantwortlich, dem Hof die Anliegen der Ranellen zur Kenntnis zu bringen, eine Pflicht, die ihr Zugang zu den Informationen gewährt, die die Jae'Helastri für nützlich halten. Sie pflegt eine sympathische, fast mütterliche Art und Weise, die trotz des Rufs ihrer Familie als Intrigantin Leute dazu bringt, ihr fast alles zu erzählen. Mehr als ein naiver Höfling hat Tiriame schon die einzige ehrliche Jae'Helastri genannt, die je geboren wurde.

Bevor sie in die Politik ging, überlegte Tiriame, sich den Hütern anzuschließen. Sie studierte die Disziplin der Schwertmeisterin, bevor sie sie aufgab, um eine Ausbildung zur Troubadoura zu beginnen.

### ATTRIBUTE

GES: 7 STR: 5 ZÄH: 6
WAH: 6 WIL: 5 CHA: 7

## PERMANENTE SIEDLUNGEN

Die Jae'Helastri leben in verschiedenen Regionen des Blutwaldes und verfolgen dort ihre Interessen abseits des Elfenhofs, wie es die meisten Ranellen tun. Viele Mitglieder leben eine halbe Tagesreise vom Hof entfernt im Dorf Triammelle. Von dort aus spinnt Mithran sein Netz der politischen Intrige.

### TRIAMMELLE

Das Heimatdorf der Jae'Helastri ist Triammelle, eine große Siedlung im nordöstlichen Teil der Elfenhofregion. Alle zweitausend Einwohner sind mit den Jae'Helastri verbündet, was Triammelle zu einer der wenigen Waldsiedlungen macht, die nur von Mitgliedern einer Ranelle bewohnt werden. Fast alle prominenten Jae'Helastri haben dort ein Zuhause, darunter Mithran, Niriame, Larrin und Tiriame. Die letzten drei haben auch Residenzen in der Nähe des Palastes, wo sie die meiste Zeit verbringen.

Das Herrenhaus der Jae'Helastri ist das größte und aufwendigste Gebäude des Dorfes. Es steht zwischen zwei riesigen Eichen und wird von ihren miteinander verbundenen Zweigen über dem Boden gehalten. Eine große Treppe aus Ästen und Reben führt zum Hauptgebäude. In den Baumstämmen und um sie herum im Erdgeschoss befinden sich die Küchen, Speisekammern und Lagerschuppen sowie mehrere kleine Hütten, in denen das Personal des Herrenhauses lebt.

Zweimal im Jahr veranstaltet Mithran formelle Partys und lädt die Königin, die Consortis, die Blutwächter und die Anführer der anderen großen Ranellen ein. Die meisten Consortis und viele Höflinge nehmen an diesen Veranstaltungen teil, ebenso wie die Ältesten der Familien, die den Jae'Helastri treu ergeben sind. Weder Alachia noch ihre Wächter halten ihre Anwesenheit für notwendig und nehmen nur in seltenen Fällen teil. Diese Partys geben den Jae'Helastri die Möglichkeit, sich mit anderen Ranellen und dem Großteil des Elfenhofs zu treffen. Die Jae'Helastri veranstalten diese Treffen, denen sie einen weniger formalen Anstrich geben, damit sich die Gäste entspannen können, weil sie hoffen, dabei Klatsch und andere wertvolle Informationen zu erfahren.

Triammelle beherbergt außerdem Schulen und Colleges, die im ganzen Wald bekannt sind. Auch wenn die meisten Siedlungen kleine Schulen haben, schicken viele Elfen, vor allem wohlhabendere, ihre Kinder nach Triammelle. Der Lehrplan konzentriert sich auf das Lesen und Schreiben von Sperethiel, die Geschichte und Kultur der Elfen, die Magietheorie und den künstlerischen Ausdruck.

### ABENTEUERIDEE

Auch wenn Klatsch und Tratsch wertvoll sein können, erfordern die Jae'Helastri-Methoden manchmal konkretere Beweise im Dienste ihrer Ziele. Mithran nutzt diese Partys, um seine politischen Rivalen nach Triammelle zu locken und es den Jae'Helastri-Spionen zu erleichtern, ihre jeweiligen Häuser zu infiltrieren. Bei der Suche nach besonders sensiblen Informationen schaltet Mithran in seltenen Fällen externe Gruppen als eine weitere Ebene der Abstreitbarkeit ein. Gruppen können ausgesandt werden, um während der Festivitäten fast jede Art von Beweisen von einem anderen wichtigen Ort innerhalb des Waldes zu beschaffen. Spielleiter können dies als Mittel nutzen, um das Innenleben der Elfenpolitik oder die aktuellen Aktivitäten anderer großer Ranellen zu enthüllen.

## AKTUELLE AKTIVITÄTEN

Mithran glaubt nicht, dass Alachia Kethos Escalanas wegen einer einfachen Meinungsverschiedenheit vom Hof verbannen würde, da er seit über einem Jahrhundert einer ihrer engsten Vertrauten ist. Das Jae'Helastri-Geschick, zu wissen, dass es ein Geheimnis zu lüften gibt, hat Mithran dazu veranlasst, die Angelegenheit zu untersuchen. Er begann mit der Nutzung der Kontakte der Ranelle unter den Wächtern, was in einer Sackgasse endete. Niemand weiß etwas anderes als die offizielle Geschichte, die Preystia Tales erzählt.

Mithran hat seine Spione am Hof inzwischen neu justiert, da er das Gefühl hat, dass die Wahrheit irgendwo in seinen Hallen liegt. Dies gibt ihm auch die Möglichkeit, Larrin und Tiriame im Auge zu behalten, die es sich zur Aufgabe gemacht haben, die Ressourcen der Jae'Helastri für ihre eigenen Zwecke einzusetzen. Stolz darauf, dass sie ein gewisses Talent für Feinfühligkeit gezeigt haben, wartet Mithran darauf, zu sehen, welche Früchte ihre Arbeit tragen wird.

Larrin ist verzweifelt darauf aus, sich zu beweisen, und hat versucht, das Rätsel um Kethos Escalanas zu lösen, das Mithran so sehr umtreibt. Larrin hat erhebliche Ressourcen aufgewendet, um das Netzwerk seiner Ranelle-Spione nach Letheran zu erweitern. Er konnte mehrere Agenten platzieren, einige unter den Hafenarbeitern der Stadt und andere in den Geschäften in der Region, die mit Wahrem Holz handeln. Larrin konnte sogar die Treue eines der Gärtner der Geisterweide gewinnen, eine Leistung, mit der er besonders zufrieden ist.

Trotz dieses Erfolgs konnte Larrin bisher nicht entdecken, an der Beherrschung welches unnatürlichen magischen Wissens Kethos in seinen letzten Jahren arbeitet. Er glaubt, dass der Grund, warum Kethos verbannt wurde, in dieser Forschung versteckt ist, eingeschlossen unter dem Haus der Escalanas. Leider sind seine Versuche, einen Agenten im Herrenhaus zu platzieren, bisher gescheitert.

Tiriame ist auf eine Verschwörung irgendwo auf den höchsten Ebenen des Elfenhofs gestoßen. Das Rätsel begann mit einer Reihe von gesicherten Lieferungen, die das Dorf Trenevar verließen und kurz vor Erreichen der Hofregion zu verschwinden schienen. Als sie weitergrub, fand sie heraus, dass es nur ein Drittel dieser Lieferungen tatsächlich in den Palasthof geschafft hatte. Der Rest verschwand auf einem von vielen Wegen tiefer im Wald. Es dauerte mehrere Monate, bis sie die Ladung erfahren konnte: Jede enthielt eine Eichel von Eichenherz.

Wie ein solcher Schatz im Wald geschmuggelt wurde, war ein Geheimnis, das Tiriame nur schwer verstehen konnte. Noch wichtiger war die Frage, wer mutig genug war, dies zu tun. Sie glaubte nicht, dass sich Königin Alachia die Mühe machen würde, solche Artefakte zu erwerben, ohne ihre Rückkehr zu feiern. Der Handel mit Eicheln von Eichenherz ist eine Liga jenseits des Schmuggels, der normalerweise mit den Carithasca in Verbindung gebracht wird. Zusammen mit dem Mangel an Beweisen für ihre Beteiligung hat Tiriame sie als potenzielle Schuldige eliminiert.

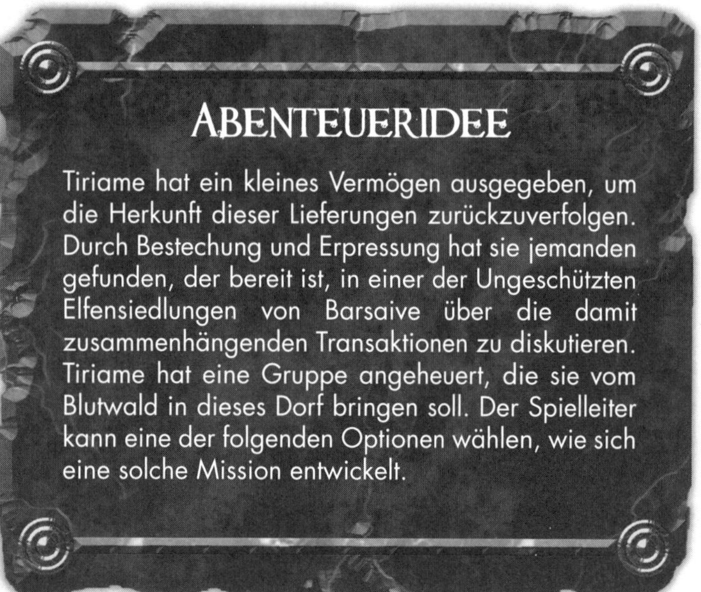

## ABENTEUERIDEE

Tiriame hat ein kleines Vermögen ausgegeben, um die Herkunft dieser Lieferungen zurückzuverfolgen. Durch Bestechung und Erpressung hat sie jemanden gefunden, der bereit ist, in einer der Ungeschützten Elfensiedlungen von Barsaive über die damit zusammenhängenden Transaktionen zu diskutieren. Tiriame hat eine Gruppe angeheuert, die sie vom Blutwald in dieses Dorf bringen soll. Der Spielleiter kann eine der folgenden Optionen wählen, wie sich eine solche Mission entwickelt.

### OPTION 1

Die Gruppe kommt an, findet aber Tiriames Kontaktmann ermordet vor. Die Untersuchung könnte eine beliebige Anzahl von Schuldigen aufdecken, aber die Spur sollte schließlich zu einer Beteiligung der Blutelfen zurückführen. Wer auch immer verantwortlich ist, die Rechtfertigung für diesen Tod wird sein, dass der Kaufmann mit Eicheln von Eichenherz gehandelt hat. Die Schändung solcher Artefakte wird mit dem Tode bestraft. Auch wenn der Weg hier enden sollte, wird sich Tiriame über die Bestätigung freuen, dass es wirklich eine Verschwörung gibt.

### OPTION 2

Das erste Treffen an der Grenze zum Blutwald könnte durch eine Hüterpatrouille unterbrochen werden, die nur allzu passgenau vor Ort erscheint, was zur Verhaftung der Gruppe führt. Tiriame wird anbieten, der Gruppe ihr Honorar zu zahlen, wenn die Gruppe aus dem Wald entkommen kann, ohne Tiriames Beteiligung zu enthüllen. Andere Blutelfen-Charaktere könnten daran interessiert sein, den Grund für das Betreten des Waldes zu erfahren, und eine ähnliche Kompensation anbieten, um Kenntnisse über dieses Treffen zu erlangen, damit sie etwas gegen Tiriame in der Hand haben.

Die einzigen anderen Verdächtigen, die die Mittel und das Motiv haben, sind die Blutwächter. Selbst mit dem ihr zur Verfügung stehenden Spionagenetzwerk der Jae'Helastri hat es sich als nahezu unmöglich erwiesen, Beweise für eine Beteiligung von Wächtern an dieser Schmuggeloperation zu finden. Tiriame hat ihre Aufmerksamkeit darauf gerichtet, die externe Quelle dieser Lieferungen aufzuspüren, weil sie glaubt, dass sie den Beweis, den sie braucht, um die Verschwörung aufzudecken, von den Partnern der Täter erpressen kann.

# DIE TALSHARA—RANELLE

Die Talshara-Ranelle hat viele Generationen von Kriegern ausgebildet, die der Königin und dem Blutwald gedient haben. Eine Tradition der Exzellenz in fast jeder Kampfdisziplin hat den Glauben an die Fähigkeiten der Talshara-Ranelle gefördert. Neben der Ausbildung des größten Teils der Waldmiliz stellt die Talshara-Ranelle auch den größten Teil der Hüter und Geißler. Obwohl viele den Talshara treu ergebene Hüter tatsächlich zu den kleinen Ranellen gehören, sorgt die Gunst der Königin dafür, dass die meisten Geißler zu den mit den Talshara verbundenen Familien gehören.

Die Talshara haben sich Königin Alachia gegenüber als unerschütterlich loyal erwiesen. Sie hat diese Loyalität zurückgezahlt, indem sie Erithander Talshara, dem Anführer der Ranelle, am Hof besondere Aufmerksamkeit geschenkt hat. Sie nimmt seinen Rat ernst und erlaubt ihm, unverblümt zu sprechen, ohne die blumigen verbalen Verzierungen, die am Hof üblich sind.

## GESCHICHTE

In den Tagen der Königin Failla diente ein junger Elfenkrieger namens Teharrillon Talshara treu und vollbrachte wiederholt Heldentaten. Als Belohnung gewährte Failla dem jungen Elfen die Erlaubnis, die Talshara-Ranelle zu gründen.

Die Ranelle gewann schnell an Gunst, indem sie im Namen des Wyrmwaldes und seiner Königin Taten vollbrachte. Als ihr Ruf wuchs, schworen immer mehr jüngere, abenteuerlustigere Elfen den Talshara ihre Treue, damit sie ihre Namen zu der wachsenden Legende hinzufügen konnten. Bald stand die Talshara als eine von sechs Ranellen in den Nordgebieten, die dafür bekannt waren, ihre Kraft in die Verteidigung des Waldes gegen Eindringlinge zu investieren.

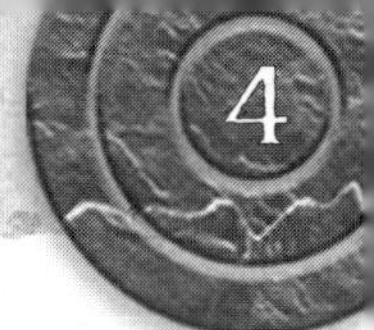


Während der Orichalkum-Kriege wuchs die Talshara-Legende, als ihre Krieger mehrere Angriffe von trollischen, menschlichen und zwergischen Feinden abwehrten. Gegen Ende der Kriege schlugen die Zwerge von Scytha einen Vertrag zwischen ihrem Königreich und dem Elfenhof vor. Obwohl die Consortis Königin Liara davon abrieten, glaubte die Königin, dass das Angebot eine echte Gelegenheit darstellte, das Blutvergießen zu beenden. Im Geiste des Friedens vereinbarte Liara, sich mit den Gesandten Scythas in der Stadt Gudamis zu treffen. Diese menschliche Siedlung lag zwischen der südöstlichen Grenze des Wyrmwaldes und den westlichsten Ausläufern der Berge von Scytha.

Auch wenn Liara glaubte, dass Frieden möglich sei, erlaubte sie ihren Beschützern, Vorsichtsmaßnahmen zu ergreifen. Zwei Talshara-Geißler, die als Späher vorausgeschickt wurden, entdeckten eine große Anzahl von Zwergenkriegern, die sich in einem Lagerhaus am Rande von Gudamis verborgen hielten. Ihr Plan war eindeutig Liara zu überfallen und den Wyrmwald ins Chaos zu stürzen.

Nachdem sie die Handlung im Voraus entdeckt hatten, entwarfen die Späher einen Plan, um den Verrat der Zwerge aufzudecken. Sie zündeten das Lagerhaus an und zwangen die Zwergentruppen ins Freie, als sich die Gruppe der Königin der Stadt näherte. Obwohl die Streitkräfte der Königin zahlenmäßig weit unterlegen waren, nutzten sie die momentane Verwirrung des Feindes zum Angriff und kämpften, um Liara zu beschützen. Nachdem sie den Hinterhalt enttarnt hatten, rannten die Späher an die Seite der Königin. Beide zeichneten sich im anschließenden Kampf aus, und einer von ihnen opferte sein Leben, indem er einen für Liara bestimmten Pfeil abfing.

Nach ihrer Rückkehr in den Wyrmwald ehrte Königin Liara den gefallenen Krieger, indem sie an seinem Ritual des Ewigen Lebens teilnahm und eine Statue nach seinem Bild in Auftrag gab – ein Gegenstand, der bis heute in Alachias Gemächern aufbewahrt wird. Liara zeigte zusätzliche Gunst, indem sie weitere Talshara als persönliche Leibwächter wählte und aus dieser Ranelle mehr Kandidaten für die Geißler zuließ als aus jeder anderen. Im Laufe der Zeit zog die Position der Talshara am Hof immer mehr kleinere Ranelle an, die ihnen die Treue versprachen. Dieser Zustrom von Talenten und Ressourcen ermöglichte es den Talshara, die anderen Ranellen in den Hintergrund zu drängen, die die Verantwortung für die Verteidigung des Waldes teilten, und so den Platz der Talshara unter den fünf großen Ranellen zu festigen.

## Die Plage

Als die Plage näher rückte, beauftragte Königin Alachia die Talshara, die Dämonen abzuwehren, während ihre Wächter das hölzerne Kaer vorbereiteten. Zu diesem Zweck gründete Sariellesrae Talshara den Hain der Klingen, eine Kampfschule, die sich der Ausbildung von Adepten und Nicht-Adepten widmete. Alle, die den Wyrmwald verteidigen wollten, kamen zu den Talshara, und die Schule brachte Hunderte hervor, die ihr Leben opferten, um die Dämonen so lange wie möglich in Schach zu halten.

Auch nachdem das Kaer an seinem Platz war, fuhren die Talshara fort zu lehren, entschlossen, wachsam zu bleiben, um die Integrität des Kaers zu verteidigen. Die Dämonen überwältigten schließlich das Kaer, aber die mutigen Bemühungen der Verteidiger gaben den Elfen Zeit, das Ritual der Dornen zu vollziehen. Bis heute ehren die Blutelfen die Opfer der Talshara-Ranelle und der von ihnen ausgebildeten Krieger.

Nach der Plage nahmen die Talshara ihre Tätigkeit als Beschützer des Blutwaldes wieder auf. In diesen ersten Jahren wehrten sie Angriffe von Orkbrennern und Trollpiraten ab, die annahmen, dass der Wald ein leichtes Ziel für Plünderungen sein würde. Gleichzeitig opferten andere Talshara ihr Leben, indem sie die verwüsteten Überreste des Waldes patrouillierten, um alle verbliebenen Dämonen und ihre Konstrukte zu zerstören und den Wald zu sichern, damit die Blutwächter den Wald wiederherstellen konnten.

### Wichtige Persönlichkeiten

Auch wenn die Talshara aufgrund ihrer Verantwortung Einfluss am Hof haben, ist ihre Position in letzter Zeit geschwächt worden. Sie waren politisch noch nie besonders geschickt, und Talshara-Soldaten besetzen selten mehr als eine Consortis-Position. Ihre aktuelle Consortis ist eine Bürgerliche mit starken Talshara-Bindungen. Erithander Talshara bleibt ein treuer Berater der Königin, aber die Verfehlungen der Etikette seines Sohnes Rhisiart veranlassten Alachia, Rhisiarts Schreiberin an seiner Stelle als Consortis zu ernennen. Die meisten prominenten Ranelle-Mitglieder sind nicht geneigt, sich zu beschweren. Stattdessen schätzen sie sich glücklich, mit einer Bürgerlichen als Consortis und einem milden Fall königlicher Missbilligung davongekommen zu sein.

#### Erithander Talshara

Als Anführer der Talshara genießt Erithander den Respekt und die Verehrung der Elfen im ganzen Blutwald. Seine dreihundert Jahre haben seinem rabenschwarzen Haar nicht mehr als ein paar Silberstreifen hinzugefügt. Wie viele andere Anhänger von Kampfdisziplinen glaubt Erithander an Wirtschaftlichkeit und Effizienz. Er spricht nicht oft, aber wenn er es tut, äußert er seine Meinung klar und prägnant. Seine überdurchschnittliche Körpergröße erweckt den Eindruck, als würde er sich auf diejenigen stürzen, mit denen er interagiert. Zusammen mit seinem aufmerksamen Blick hat ihm das den Spitznamen „Greif" eingebracht.

Erithander wurde während der Plage vor dem Ritual der Dornen geboren und nahm die traditionellen Disziplinen seiner Familie an. Vielleicht weil er von Anfang an gelehrt wurde, die Ranelle zu führen, und den Willen dazu besaß, trat Erithander fast unverändert aus dem Ritual hervor: immer noch brutal ehrlich, unerschütterlich loyal und mit unantastbarer Integrität.

Auch wenn sein Körper unter ständiger Qual leidet, haben ihm Jahre der Disziplin erlaubt, eine Art Einheit mit dem Pflanzengeist zu finden, der mit seiner Struktur verschmolzen ist. Nur wenige Blutelfen haben in ihrer Verwandlung einen solchen Frieden gefunden. Diejenigen, die Erithanders einzigartige Sichtweise erkennen, glauben, dass seine persönliche Vision von Sa'mistishsa ihn zu diesem Frieden geführt haben könnte. Es ist wahrscheinlich, dass seine Bemühungen, sein Herz und seinen Verstand zu verbinden, es ihm ermöglichten, ein einzigartiges Verständnis zu erlangen, das eine Gelegenheit bietet, die Gegenwart des Geistes in seinen Pfad aufzunehmen.

Schon früh im Leben folgte Erithander der Kriegerdisziplin und diente als Geißler. Die Hingabe seiner Familie an die

Kampfdisziplinen und seine persönliche Hingabe an die Königin führten dazu, dass er in späteren Phasen der Pfade die Disziplinen des Schützen, des Tiermeisters und des Schwertmeisters studierte. Die kombinierten Talente dieser Disziplinen machen Erithander gut geeignet, die mit der Verteidigung des Blutwaldes beauftragte Ranelle zu führen.

Erithander widmet einen Großteil seiner Zeit und Mühe dem Wohl der Ranelle, verfolgt aber auch eine ehrgeizige private Agenda. Er war sich immer der Machenschaften der anderen Ranellen bewusst, mit denen diese ihr eigenes Prestige am Hof erhöhen wollen, und erhielt erst kürzlich eine Erinnerung daran, dass die Talshara-Position nicht unantastbar ist. Nachdem die Jae'Helastri allein mit Anspielungen und Gerüchten einen fadenscheinigen Angriff auf die Talshara verübt hatten, bat die Königin Erithander, die Verleumdung der anderen Ranellen öffentlich zu widerlegen. Diese Erklärung, die darauf abzielte, die Jae'Helastri zu züchtigen, anstatt die Talshara zu beschämen, zwang Erithander, sich der Möglichkeit zu stellen, dass eine andere Ranelle versuchen könnte, die Vorhut der Verteidigung des Waldes zu werden.

Um sicherzustellen, dass seine geliebte Königin nie gezwungen sein würde, sich auf minderwertige Krieger zu verlassen – seiner Meinung nach jeder, der nicht von den Talshara ausgebildet wurde – hat Erithander seine Macht am Hof gefestigt, indem er sich die Loyalität jeder kleinen Ranelle in den Nordgebieten erworben hat. Sein oberstes Ziel ist es, die Position der Ranelle so zu stärken, dass die Verantwortung für die Ausbildung und Kontrolle der Hüter für immer in Talshara-Hand bleibt. Andere Ranelle-Anführer und Consortis mögen über den Zweck von Erithanders jüngsten Aktivitäten spekulieren, aber selbst seine lautstarken Gegner werden nur schwer beweisen können, dass der Talshara-Anführer jemals eines rachsüchtigen oder verräterischen Gedankens schuldig gewesen ist.

Um seine Strategie voranzutreiben, fördert Erithander Jugendliche aus kleinen Ranellen für die Ausbildung im Hain der Dornen, der modernen Version des Hains der Klingen. Dadurch steigt nicht nur die Zahl der Hüter, die für die Patrouillen an den Grenzen des Waldes zur Verfügung stehen, sondern Erithanders Großzügigkeit verschafft ihm auch die Treue der Ranellen, zu denen diese jungen Adepten gehören.

Die Tatsache, dass die Talshara und nicht die Blutwächter die Aktivitäten der Hüter steuern, verleiht der Ranelle einen weiteren Einfluss. Da die Mehrheit der Geißler zu den Talshara gehört, kann Erithander jungen Blutelfen den Einsatz in dieser Elitegruppe als Anreiz anbieten, sich seiner Ranelle anzuschließen. Auch wenn die Königin eigentlich die Geißler ernennt, hört Alachia auf Erithanders Empfehlungen für Posten in ihrer Leibwache.

### Attribute

GES: 9 STR: 6 ZÄH: 6
WAH: 7 WIL: 6 CHA: 7

### RHISIART TALSHARA

In Anlehnung an die Familientradition verbrachte Rhisiart Jahre damit, die nördlichen Grenzen des Waldes zu patrouillieren. Rhisiart, ein gutaussehender, sympathischer junger Elf, verbrachte die langen Monate, indem er eine große Anzahl von Büchern las und seine Konversationsfähigkeiten bei seinen Mithütern verfeinerte. Als Königin Alachia anfing, kleine Gruppen in die Außenwelt zu schicken, um elfische Artefakte zu bergen, wählte sie Rhisiart für eine dieser Missionen. Weil er Talshara war, hatte Alachia keinen Zweifel daran, dass er loyal bleiben würde, und sie wusste, dass sein neugieriges Wesen ihm gute Dienste leisten würde. Sie gab Rhisiart die Erlaubnis, mit einem Schreiber zu reisen, und schlug die bescheidene und intelligente Ilisa Willowby vor. Erfreut über die Berichte über ihre Fortschritte, schickte Alachia das Paar auf immer sensiblere Missionen.

Als Rhisiart immer mehr Gunst bei der Königin fand, überlegte Erithander, seinen Sohn dauerhaft an den Hof zu schicken. Nach seiner Rückkehr von einer Mission in Throal rief Alachia Rhisiart in den Palast. Sie fand in ihm eine erfrischende Abwechslung zum normalerweise praktischen, oft säuerlichen Talshara. Seine Unkenntnis der Hofetikette war ein besonderes Vergnügen, denn Alachia beobachtete, wie seine überschwängliche Empörung die trägen Höflinge und würdevollen Consortis empörte. Als Belohnung für seinen Dienst überlegte sie ernsthaft, die zurücktretende Consortis Kylanthra Landryss durch Rhisiart zu ersetzen.

Die Königin lud Rhisiart zu einer kleinen Dinnerparty zu seinen Ehren ein. Auch wenn sie seinen Mangel an Raffinesse amüsant fand, wenn es andere betraf, wurde das Ausmaß der Naivität des jungen Mannes deutlich, als er den ganzen Abend über immer schwerwiegendere soziale Fehler beging. Seine Schande war vollkommen, als er Alachias Kommentare zur theranischen Invasion am Bannsee als Einladung zu einem freundschaftlichen Streit mit der Königin verwechselte. Als Strafe dafür, dass er nicht einmal die grundlegendste Hofetikette gelernt hatte, entließ Alachia ihn vom Abendessen und verbannte ihn bis auf Weiteres vom Hof. Als schlussendliche Erniedrigung wählte die Königin Ilisa Willowby als Consortis an seiner Stelle.

Rhisiart ist verzweifelt bemüht, den Schaden an seinem Ruf wiedergutzumachen. Er schickte Alachia ein Jahr lang nach dem schicksalhaften Vorfall jeden zweiten Tag eine Entschuldigung in Gedichten, erhielt aber keine Hinweise darauf, dass sie seine Bitten um Vergebung auch nur las. Der einzige Lichtblick ist, dass seine ehemalige Schreiberin ihn immer noch als Freund betrachtet und ihn über die Ereignisse am Hof auf dem Laufenden hält.

Erithander war von seinem Sohn sehr enttäuscht und ist besorgt, dass sich Rhisiarts Fehler stark auf die Ranelle auswirken. In der Hoffnung, dass er wieder etwas Gunst findet, wurde Rhisiart mit dem Befehl über die Garnison in Kaer Eidolon betraut. Dort kann er dem Ruf der Talshara wenig weiteren Schaden zufügen, und wenn er mit der Bedrohung durch die Sucher des Herzens fertig wird, kann er sich vielleicht wieder bei Königin Alachia beliebt machen.

### Attribute

GES: 6 STR: 5 ZÄH: 5
WAH: 6 WIL: 6 CHA: 6

### ILISA WILLOWBY

Ilisa, während der Plage als Tochter zweier Palastbediensteter von Alachia geboren, verbrachte ihre prägenden Jahre damit, darauf vorbereitet zu werden, einen Teil der Aufgaben ihres Vaters im Königlichen Archiv zu übernehmen. Auch wenn sie eine große Begabung für die Organisation, Pflege und Analyse von Manuskripten zeigte, sehnte sie sich danach, ihre Talente für

zeitgenössischere Arbeiten einzusetzen. Obwohl es ihr nie erlaubt sein würde, die Königin um eine andere Position zu bitten, sympathisierten Ilisas Eltern dennoch mit ihr und machten sich daran, ihrer Tochter ein neues Leben zu ermöglichen.

Als Alachia vorschlug, dass Ilisa als Schreiberin von Rhisiart Talshara durch Barsaive reisen sollte, machte sich Ilisa kurz Sorgen um die Angemessenheit, allein mit einem unverheirateten Mann zu reisen, erkannte aber die Gelegenheit, die ihr gegeben wurde, und nahm das Angebot an. Alachia erwartete, dass Ilisa Rhisiarts Enthusiasmus mildern würde, während sie jedes relevante Detail ihrer Reisen aufzeichnete. Sie hoffte auch, dass einige der Manieren der bei Hofe geborenen Schreiberin die rauen Kanten von Rhisiart polieren würden.

Als Rhisiart und Ilisa nach ihrer Mission in Throal zum Hof zurückkehrten, wies die Königin das Paar an, ihre Notizen zu überprüfen und einen vollständigen Bericht über ihr Abenteuer zu erstellen. Als Anerkennung für Ilisas Beitrag lud Alachia sie zu dem Abendessen zu Ehren von Rhisiart ein. Als die Königin den jungen Talshara entließ, stand auch Ilisa auf, um zu gehen, weil sie annahm, seine Übertretung würde als ihr Versagen angesehen. Aber Alachia machte deutlich, dass die Schreiberin nicht für die Fehler ihres Meisters verantwortlich war, und erhob Ilisa in die Consortis-Position, die für Rhisiart bestimmt gewesen war.

Ilisa hegt keine Illusionen über ihre Position. Sie weiß, dass Alachia sie als Talshara-Consortis benannt hat, um Rhisiart wegen seines Mangels an Manieren zu beschämen, als Warnung für andere Ranelle und als Demonstration von Alachias Macht. Nichts davon hat jedoch den Wunsch von Ilisa verringert, ihre Qualifikation für die Stelle nachzuweisen, so kurzlebig sie auch sein mag. Sie nutzt ihre Ausbildung, ihre Talente und ihre Reiseerfahrung, um sachkundige Ratschläge zu vielen Themen zu geben.

Ihre Leistung war sowohl für Erithander als auch für die anderen Consortis eine angenehme Überraschung, da ihre Direktheit und Einsicht in seltenen Fällen sogar von Alachia gelobt wurde. Ilisa rahmt ihre Worte nicht mit Schichten von Täuschung ein, wie es am Hof üblich ist. Stattdessen benutzt sie eine respektvolle Offenheit, die die Königin zu schätzen scheint.

Ilisa schuldet Rhisiart Treue wie jedem Mitglied der Talshara, aber sie hält ihn auch für ihren besten Freund und ist entschlossen, ihn auf die Pflichten als Consortis vorzubereiten. Sie weiß, dass Alachia letztendlich entscheiden wird, dass die Aussage, die sie mit Ilias Beförderung getroffen hat, von ihrem Hof verstanden wurde, was dann nach Meinung von Ilisa Rhisiart eine zweite Chancen bieten wird. Ilisa dient derweil nach besten Kräften in der Hoffnung, dass ihr Leben als niedere Schreiberin hinter ihr liegt.

### Attribute

GES: 6 STR: 4 ZÄH: 5
WAH: 7 WIL: 6 CHA: 7

## Permanente Siedlungen

Von den Talshara-Siedlungen in den Nordgebieten kennen die meisten Außenstehenden nur Araouane, die Heimatstadt der Ranelle. Die Mitglieder, die in der Nähe des Elfenhofs wohnen, unterhalten Häuser im Dorf Tallamnia. Ihre restliche Bevölkerung lebt verstreut in autarken Siedlungen in den Nordgebieten.

### Araouane

Araouane steht im Zentrum der Nordgebiete, etwa zehn Tagesreisen nordwestlich des Palastes der Königin und einen Tag von der Nordgrenze des Waldes entfernt. Araouane wurde in Erinnerung an Erithanders erste Frau benannt, die das Ritual der Dornen nicht überlebte, und ist um einen kleinen See herum gebaut, der von ruhigen Bächen gespeist wird, die die sanften Hügel im Westen hinunterfließen. Eine dichte Wand aus kultiviertem Dornengestrüpp umgibt das Dorf.

Die dreitausend Einwohner der Stadt leben auf Hügeln und bewaldetem Land rund um den See. Die meisten wohnen in einfachen, gut gestalteten Hütten auf dem Boden. Kaufleute und wohlhabendere Bewohner leben in Häusern, die aus den verwobenen Zweigen lebender Bäume bestehen.

Zusätzlich dazu, dass jedes Baumhaus einzigartig ist, haben Kunsthandwerker das Wachstum größerer Äste gelenkt, um ein System von erhöhten Pfaden zu bilden. Diese Brücken über die Bäche ermöglichen es den Elfen, von Gebäude zu Gebäude zu gehen, ohne den Boden zu betreten. Blühende Reben und hängende Gärten blühen überall und erzeugen eine Fülle von Farben und berauschenden Düften.

Das Herrenhaus der Talshara befindet sich oben auf dem größten Hügel. Es besteht aus den Zweigen von drei riesigen Bäumen und ist ein weitläufiges Durcheinander von Kammern, Gängen, Treppen und Balkonen. Viele Bereiche blicken auf ein kleines Amphitheater in der Mitte der Bäume. Theaterstücke, Musikaufführungen und Bühnenkämpfe werden hier für den Herrn der Ranelle, seine Familie und geladene Gäste aufgeführt. Obwohl das Herrenhaus auf den ersten Blick hastig zusammengestückelt erscheint, ermöglicht der Grundriss den einfachen Übergang von einem Teil des Herrenhauses zum anderen.

Das Herrenhaus ist das Werk von Telia Vestany, einer Elementaristin, die für ihre Fähigkeiten im Umgang mit Holz bekannt war. Während der Plage beobachtete Vestany, wie die Talshara Adepten und Nichtadepten von jeder Ranelle trainierten. Dieses Training stärkte die anderen Ranellen, indem es ihre Erfahrung erweiterte und Vestany davon überzeugte, dass ihre eigene Ranelle von einem solchen interdisziplinären Training profitieren könnte. Sie bot an, nach der Plage ein neues Zuhause für die Talshara zu entwerfen, wenn Erithander im Gegenzug zustimmte, in Zusammenarbeit mit der Daevenar-Ranelle eine Künstlergemeinschaft in Araouane aufzubauen.

Diese kleine Gemeinschaft, genannt Beálte Astendar, rotiert alle sieben Jahre versierte Künstler, die hier leben und interessierte Schüler aus jeder Ranelle unterrichten. Die Schüler zahlen nichts für diesen Unterricht, sondern lassen ihre besten Arbeiten im Dorf, wenn sie weiterziehen. Einige Schüler sind seit Jahrzehnten hier und lernen von der Ankunft jedes neuen Lehrers. Fast jeder Ausbilder verlässt die Schule mit einem vielversprechenden Lehrling. Vestany war die Erste, die an der Beálte Astendar eine Klasse von zwanzig Schülern unterrichtete. Nach ihrem Tod ehrten diese Schüler ihr Andenken, indem sie das Wissen über ihren einzigartigen und komplizierten Stil der Holzweberei in jede Ecke des Blutwaldes brachten, und einige ihrer Lehren haben sich auch in anderen Teilen von Barsaive verbreitet.

Der Abbau von Wahrer Erde und Orichalkum sowie die für ihre Verarbeitung notwendigen Industrien bilden die Hauptbeschäftigung für fast die Hälfte der Bevölkerung Araouanes. Die Arbeiten der Studenten von Beálte Astendar erzielen auch an anderen Orten im Wald und gelegentlich in Ländern im Norden und Süden gute Preise. Araouane gilt als wohlhabend, aber das Dorf ist weniger wohlhabend als die meisten Carithasca-Dörfer im Südlichen Rand.

## Der Hain der Dornen

Etwa zwei Stunden zu Fuß südlich von Araouane liegt der Hain der Dornen. Dieser Komplex aus gewundenen Wegen, kleinen Bungalows und schmalen Lichtungen beherbergt das Kriegskolleg des Blutwaldes, das von Mitgliedern der Talshara-Ranelle geführt und besetzt wird.

Der Hain der Dornen pflegt fast alle Traditionen, die vor Jahrhunderten durch den Hain der Klingen begründet wurden, und bildet Adepten in den Disziplinen Schwertmeister, Krieger, Schütze und Kundschafter aus. Es bietet auch Kampftraining für Nicht-Adepten. Der Hauptunterschied zwischen den beiden Schulen ist, dass der Hain der Klingen weitaus mehr nichtelfische Schüler akzeptierte. Das Ritual der Dornen veranlasste die Elfen, ihr Kriegskolleg umzubenennen und die Aufnahme von Außenstehenden zu beschränken, um sich den Edikten von Königin Alachia anzupassen. Trotz ihrer Seltenheit erhalten Ungeschützte Schüler die gleiche Behandlung wie ihre Blutelfengenossen, ohne die traditionelle Verachtung für andere Namensgeber.

Erithander spielt immer noch eine aktive Rolle bei der Auswahl von Mitarbeitern und Studenten für den Hain der Dornen. Er bevorzugt ein Verhältnis von fünf zu eins von Schülern zu Lehrern und begrenzt den Hain auf nur zehn bis fünfzehn Lehrer. Der Talshara-Leiter ermutigt die Schüler auch sanft, seiner Sa'mistishsa-Ansicht der Pfade zu folgen und den Neunten Kreis in jeder Disziplin anzustreben, der sie folgen. Die gesamte Ausbildung am Hain der Dornen dauert zehn Jahre, ein weiterer Grund, warum sich nur wenige Nicht-Blutelfen bewerben.

Der Hain der Dornen konzentriert sich auf die Disziplinausbildung, aber einige Lehrer unterrichten auch Taktiken großer und kleiner Einheiten. Überleben, Aufklärung, der Umgang mit Kuriervögeln und andere praktische Fähigkeiten werden angeboten, um die Ausbildung jedes Schülers abzurunden. Diese Fähigkeiten sind besonders nützlich für alle, die ihr Leben im Blutwald verbringen wollen. Jeder Blutelfen-Adept, der seinen Abschluss am Hain der Dornen macht, muss zwanzig Jahre lang als Hüter dienen. Schüler mit höheren Ambitionen können eine spezialisierte Ausbildung bei einem oder mehreren Lehrern absolvieren.

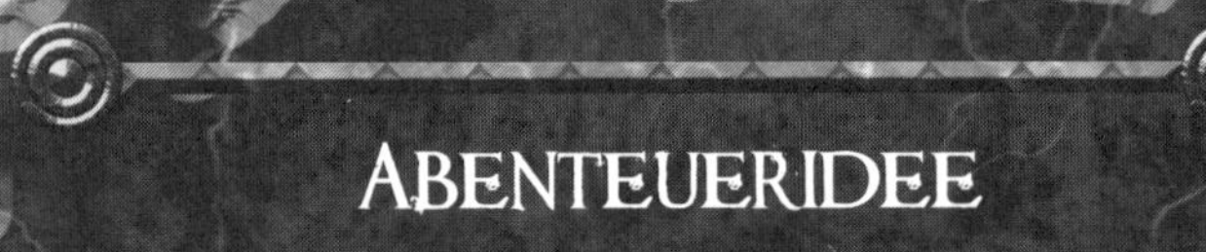

### Abenteueridee

Erithander ist sehr stolz auf das Curriculum, das am Hain der Dornen unterrichtet wird. Er glaubt, dass seine Schüler die beste Ausbildung in Barsaive erhalten, und ist bereit, alles zu tun, um das zu beweisen. Mit besonderer Genehmigung der Königin hat Erithander Gruppen von Adepten eingeladen, an Kriegsspielen gegen die vielversprechendsten Schüler des Hains teilzunehmen. Diese Spiele können verschiedene Formen annehmen, um die Bedürfnisse eines Spielleiters zu erfüllen.

#### Option 1

Der Wettbewerb wird in mehreren Runden ausgetragen, wobei die Gruppe gegen die Blutelfen antritt, um verschiedene Aufgaben zu erfüllen: Jagd, Navigation, Kampf und Infiltration. Die Teams erspielen Punkte, basierend auf dem Erfolg in jeder Runde, und das Team mit der höchsten Gesamtzahl gewinnt.

#### Option 2

Die Gruppe wird direkt gegen ein Blutelfenteam gestellt, wobei der „letzte Mann, der noch steht“, zum Sieger erklärt wird. Die Gruppe muss einen Talshara-Verteidigungsaußenposten angreifen, während die Studenten der Blutelfen ihn verteidigen.

## Tallamnia

Dieses Dorf liegt am nördlichsten Punkt der Elfenhofregion und dient als Wohnort der Talshara-Ranelle. Die meisten Einwohner von Tallamnia sind Geißler und Hüter. Auch die Talshara-Consortis und -Blutwächter leben dort. In Tallamnia gibt es ein großes Trainingslager, in dem die Geißler und Hüter ihre Kampffertigkeiten üben. Außerhalb von Araouane und dem Hain der Dornen ist dieses Lager das größte Zentrum der Kampfausbildung im Wald, und viele Geißler bilden hier jüngere Adepten aus.

## Goro'imri

Obwohl nicht von den Talshara kontrolliert, verlassen sich die Bewohner von Goro'imri auf die Großzügigkeit der Ranelle, um ihr Dorf zu verteidigen, da Königin Alachia ihren Schutz und ihre Aufmerksamkeit nicht auf die Siedlung ausdehnt. Trotz der Haltung der Königin haben die dienstfreien Hüter des nahegelegenen Außenpostens einen inoffiziellen Zeitplan für die Patrouillen an den Grenzen hinter Goro'imri aufgestellt. Als weiteren Beweis für ihre friedliche Absicht akzeptieren die Hüter eine begrenzte Menge an Handel als Gegenleistung für die Grundausbildung der jungen Adepten des Dorfes. Lord Erithander fördert diesen Austausch nicht, freut sich aber, dass seine Aufseher eine mögliche Bedrohung genau im Auge behalten.

Goro'imris Name ist ein Sperethiel-Wort, das bedeutet: „Sind wir keine Außenseiter?“ Dies wurde nicht bewusst gewählt, sondern durch Wiederholung festgelegt. Das Dorf wuchs aus dem Lager einer elfischen Troubadoura, die sich weigerte zu glauben, dass das Ritual der Dornen alles Gute in den Bewohnern des Blutwaldes zerstört hatte. Rommanarel Eichenfest akzeptierte die Blutelfen bedingungslos, und sie akzeptierten schließlich ihre Freundschaft im Gegenzug.

Bis heute haben nur wenige Blutelfen dem Edikt ihrer Königin gegen den Kontakt mit Außenstehenden nicht gehorcht und sich entschieden, ihr Leben mit Rommanarel zu teilen. Die Geschichten über diesen einzigartigen Ort haben sich langsam außerhalb des Waldes ausgebreitet und ziehen diejenigen an, die an anderen Orten nicht mehr willkommen sind. Inzwischen hat sich eine Zeremonie zur Begrüßung von Reisenden entwickelt, bei der der Satz „Sind wir keine Außenseiter" in der Muttersprache der Besucher gesprochen wird.

Diejenigen, die in Goro'imri wohnen, sind ein Beweis dafür, dass Toleranz und Verständnis es allen Namensgeberrassen ermöglichen, in Harmonie zu leben. Die komplizierten zwergischen Steinmetzarbeiten, die zweckmäßigen Trollhäuser, die Orkzelte, die elfische Holzweberei und die einfachen menschlichen Gebäude sind individuell vielfältig und erzeugen zusammen betrachtet doch ein angenehmes Bild. Auf die gleiche Weise schafft die Vielfalt der Namensgeber ein freundschaftliches Ganzes. Jedes im Dorf geborene Kind spielt und lernt mit Kindern anderer Namensgeberrassen und stärkt den Charakter der rund hundert Einwohner von Goro'imri.

Wie andere Siedlungen des Blutwaldes überleben die Bewohner von Goro'imri durch sorgfältig durchgeführte Jagd, Sammlung und Gartenarbeit. Abends treffen sich die Dorfbewohner oft, um Geschichten und Legenden ihrer verschiedenen Kulturen zu erzählen. Dies bietet den Bewohnern die Möglichkeit, die Traditionen und Glaubensvorstellungen ihrer Nachbarn kennenzulernen und das Verständnis für Gemeinsamkeiten und Unterschiede zu fördern. Manchmal kochen immer noch die Gemüter hoch, was in Streitigkeiten ausarten kann, aber das ist meistens schnell wieder vergessen. Die Dummheit des Grolls würde dieser fein ausbalancierten Gemeinschaft nicht dienen.

### ROMMANAREL EICHENFEST

Als Ungeschützte elfische Troubadoura kam Rommanarel vor etwa sechzig Jahren in den Blutwald. Sie sieht sich nicht als Anführerin von Goro'imri, aber die Bewohner vertrauen trotzdem ihrer Weisheit und Erfahrung. Rommanarel glaubt an die Macht der Akzeptanz, um die Einstellung der Welt zu den Blutelfen zu ändern, und glaubt, dass ihr kleines Dorf beweist, dass eine solche Veränderung über seine Grenzen hinaus möglich ist. Sie hat Annäherungsversuche an den Elfenhof gemacht, um eine Audienz bei Königin Alachia zu erhalten. Viele glauben, dass Rommanarel versucht, eine offizielle Genehmigung für Goro'imri zu erhalten, während andere denken, dass sie nur den Frieden für ihr Dorf garantieren will.

Obwohl Alachia sich weigert, sie zu empfangen, beobachtete Eichenfest kürzlich ein neues Phänomen, von dem sie glaubt, dass es überzeugend genug ist, um die Aufmerksamkeit der Königin auf sich zu ziehen. Kinder von Blutelfen, die sich nicht dem Ritual der Dornen unterziehen, leiden mit Mitte zwanzig an einer akuten Unruhe. Dieses Unbehagen manifestiert sich als Zwang zum Verlassen des Blutwaldes, ein Verlangen, das stärker und tiefer empfunden wird als selbst der schwerste Fall von Fernweh.

Diejenigen, die diesem Zwang nachgeben und sich vom Wald entfernen, berichten von einer überwältigenden Erleichterung, nachdem sie sich drei Tagereisen von den Waldgrenzen entfernt haben. Diejenigen, die sich weigern, ihre Lieben zu verlassen, werden reizbarer und scheinen schließlich durch eine Präsenz, die sie nicht sehen oder erklären können, fast verrückt gemacht zu werden. Rommanarel fürchtet, dass das Ritual der Dornen einen höheren Preis gefordert hat, als irgendjemand vermutet.

## DIE VERBORGENE WAHRHEIT VON GORO IMRI

Alachia ist sich des Leidens bewusst, das Rommanarel entdeckt hat. Die Besorgnis über die Abscheu des Lebens im Wald wurde von Kethos Escalanas vor einigen Jahren geweckt. Er bemerkte, dass die Ungeschützten Kinder von Blutelfen ein Fernweh verspürten, das sie dazu verleitete, den Wald zu verlassen. Als er das Phänomen tiefergreifend untersuchte, entdeckte Kethos, dass die Wahren Strukturen aller neugeborenen Blutelfen eine natürliche Abneigung gegen die Struktur des Blutwaldes haben. Er verfolgte die Ursache auf eine Änderung des Persönlichen Rituals zurück, eine Anregung von Preystia Tales während der Plage, die Kethos ausdrücklich abgelehnt hatte.

Die Waldsehnsucht, wie sie inzwischen bekannt ist, ist das Gefühl, mit dem alle Blutelfen belastet sind, nachdem sie den Blutwald über einen längeren Zeitraum verlassen haben (s. *Spielinformationen*, S. 150). Sie wurde von Preystia entworfen, um sicherzustellen, dass die Bevölkerung innerhalb der Grenzen des Waldes bleibt und seine magischen Schutzvorrichtungen weiterhin mit Energie versorgt. Kethos lehnte die Verwendung dieses Fluches ab, aber Alachia wies die Wächter an, diese Sehnsucht ohne sein Wissen in das Persönliche Ritual zu integrieren. Als er erfuhr, dass Alachia ihn heimlich überstimmt hatte, wurde Kethos ein erbitterter Gegner der Fortsetzung der Praxis.

Kethos flehte Alachia an einzusehen, dass es unnötig wäre, die Elfenvölker durch das Persönliche Ritual zu binden, wenn die Gefahren des Exodus beseitigt werden könnten. Seine Forschungen zur Heilung der Korruption des Waldes würden zweifellos eine Lösung bringen, und er riet ihr, die weitere Durchführung des Persönlichen Rituals bei Ungeschützten Elfen unverzüglich einzustellen. Die jüngere Generation würde für eine Weile aus dem Blutwald vertrieben werden, würde aber sicherlich zu ihrem loyalen Dienst zurückkehren, sobald die Korruption aus dem Wald beseitigt sei.

Die Königin entließ Kethos wegen seiner mangelnden Bereitschaft, ihre Macht zu schützen, verbannte ihn vom Hof und beförderte Preystia Tales zum leitenden Blutwächter an seiner Stelle. Nur die ältesten Wächter wissen von dieser schrecklichen Wahrheit, ein Geheimnis, das verbogen zu halten Alachia alles tun würde.

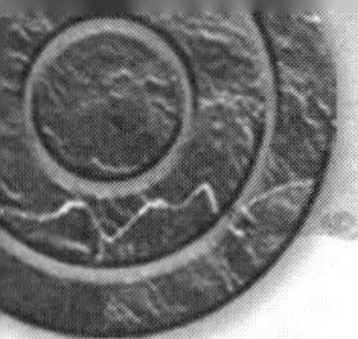



### Attribute

GES: 6 STR: 5 ZÄH: 5
WAH: 6 WIL: 6 CHA: 7

## Aktuelle Aktivitäten

Erithander hat sich in letzter Zeit vor allem auf die Sicherung des Familienerbes konzentriert. Auch wenn er immernoch glaubt, dass Rhisiart eine Rolle zu spielen hat, haben das Talent und die Loyalität von Ilisa Willowby Erithander Hoffnung für die Zukunft der Ranelle gegeben. Der Kern des Einflusses der Talshara konzentrierte sich immer auf ihre erwählten Geißler, die die persönlichen Leibwächter der Königin und ihre Berater stellen. Zusammen mit ihrer hohen Präsenz unter den Hütern unterhalten die Talshara das größte Netzwerk von Blutelfen im Blutwald. Wenn man einer Bürgerlichen wie Ilisa als der Talshara-Stimme am Hof vertrauen kann, liegt es nahe, dass diese Loyalität auch anderswo genutzt werden könnte.

Zu diesem Zweck hat Erithander eine beispiellose Anzahl von Nicht-Talshara-Kandidaten im Hain der Dornen aufgenommen. Er beabsichtigt, diese Blutelfen persönlich zur nächsten Generation von Militärführern zu machen, die jede Macht, die sie erlangen, der Talshara-Ranelle verdanken werden.

Rhisiart ist angesichts seiner anhaltenden Verbannung verzweifelt und verbringt die meiste Zeit damit, die Fehler seines letzten Besuchs am Elfenhof vor einigen Jahren zu beklagen. Er versucht verzweifelt, seinen Ruf bei Königin Alachia wiederherzustellen, und ist besorgt, dass ihre Stimmung ohne seine Intervention nie wieder zu seinen Gunsten zurückkehren wird.

Der schnellste Weg, von dem Rhisiart glaubt, dass er diesem Ziel dienen wird, ist, die Sucher des Herzens aus Kaer Eidolon zu vertreiben. Die Entfernung dieser Bedrohung für Alachias Macht aus der Festung würde dazu führen, dass er sich als würdig erweist, seine Ranelle als Consortis zu repräsentieren. Bislang hat Rhisiart in den Suchern einen schwer fassbaren Feind gefunden. Magistrat Ritizk war bei seiner Verfolgung der Sucher nicht besonders hilfreich, was Rhisiart glauben lässt, dass der T'skrang gegen ihn arbeiten könnte. Rhisiarts Studie der Hofetikette hat ihn jedoch gelehrt, einen „Vorgesetzten" solcher Dinge nicht ohne Beweise zu beschuldigen.

### Abenteueridee

Rhisiarts Freundschaft mit Ilisa hat es ihm ermöglicht, genau zu beobachten, nach welchen magischen Artefakten Alachia derzeit sucht. In der Hoffnung, etwas Wichtiges finden zu können, um ihre Meinung zu seinen Gunsten zu ändern, nutzt Rhisiart weiterhin Kontakte von außen, die er auf seiner Reise durch das Land von Barsaive knüpfte. Er hat sogar sein persönliches Vermögen genutzt, um Abenteurer zu engagieren, damit sie für ihn Gerüchte über diese Artefakte aufspüren.

Spielleiter können Rhisiarts Verzweiflung nutzen, um die Gruppe in ein dämonenverseuchtes Kaer, eine Falle anderer interessierter Parteien oder eine einfache Bergungsmission zu führen. Diese Artefakte sind für Alachia oft von geringer Bedeutung oder wurden bereits durch andere Abenteuer geplündert.

Ilisa weiß, dass ihre Jahre als Consortis von vornherein begrenzt sind. Es ist nur eine Frage der Zeit, bis Alachia Rhisiart an seinen rechtmäßigen Platz befördert. In Vorbereitung darauf hat sie begonnen, ihren Einfluss zu nutzen, um eine Situation zu schaffen, in der sowohl Rhisiart als auch sie gleichzeitig als Consortis dienen können. Ilisa glaubt, wenn es den Carithasca gelingt, die Königin davon zu überzeugen, die Grenzen des Blutwaldes zu öffnen, bräuchten sie nicht mehr zwei Consortis. Eine so drastische Änderung der Politik würde auch verstärkte Grenzpatrouillen erfordern, sodass die Talshara-Ranelle wahrscheinlich den freien Consortis-Sitz erhielte.

Ilisa hat bewiesen, dass sie eine fähige Stimme am Hof ist, und glaubt, dass Erithander ihre Loyalität belohnen würde, indem er ihr erlaubte, neben Rhisiart zu dienen. Um diesen Traum Wirklichkeit werden zu lassen, nutzt Ilisa ihre Position, um die Carithasca-Agenda subtil zu unterstützen. Sie hat jedoch dafür gesorgt, dass die energischeren Methoden von Gealleon Carithasca die Aufmerksamkeit anderer Mitglieder des Hofes auf sich ziehen, wenn diese Frage diskutiert wird.

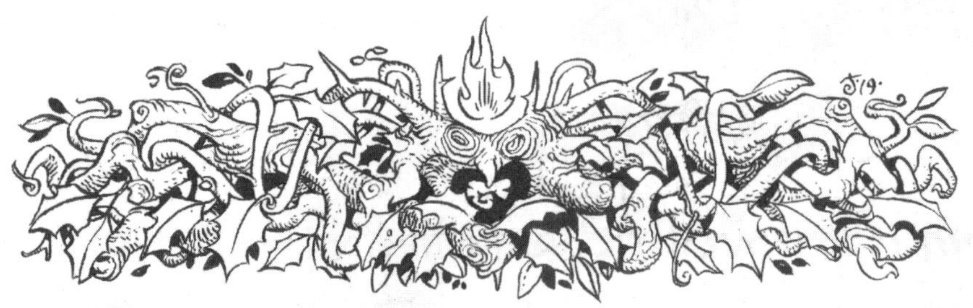

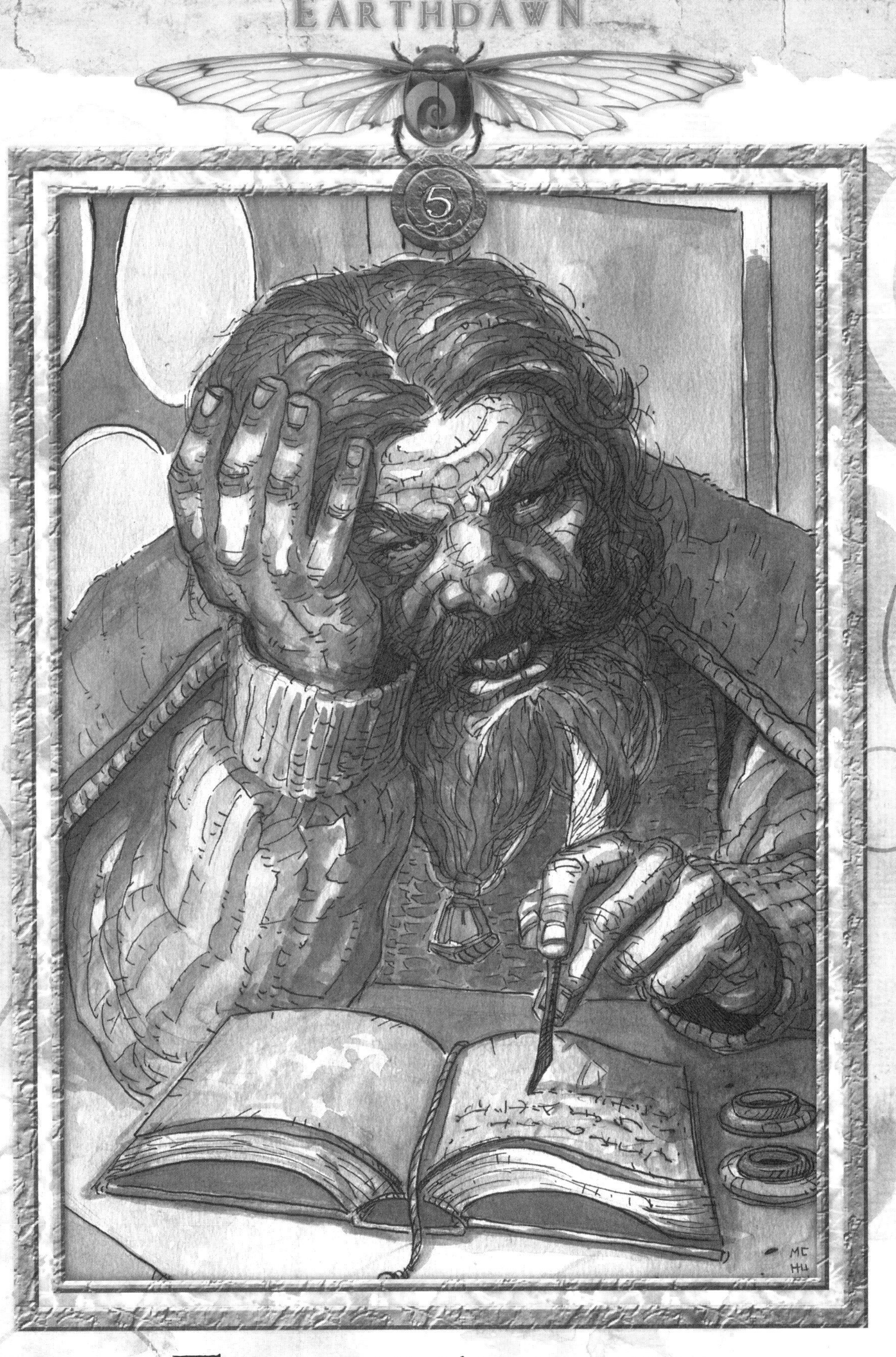

# ERSTKONTAKT

*Aus dem Tagebuch von Gerindal Mikul,*
*erster throalischer Botschafter in Sereatha,*
*gekauft auf den Märkten von Caelshara*

Kapitän Fikenzie rief mich an Deck. Seit wir durch den Staubsturm geflogen waren, war mein Magen unruhig gewesen, und ich hatte mich den größten Teil des Morgens unter Deck aufgehalten. Widerwillig verließ ich mein Quartier, um zu sehen, warum ich gerufen wurde. Meine Übelkeit verließ mich schlagartig und wurde durch den kalten Schauer ersetzt, der sich vor einem Kampf einstellt. Es waren Elfen auf unserem Deck.

Es waren sechs, vier Männer und zwei Frauen. Alle außer einer trugen purpurne Mäntel, die sie als Ritter vom Purpurturm kennzeichneten. Die sechste trug feine Insignien, die sie von den anderen abhoben. Sie war vielleicht eine ihrer Ältesten, eine der fünf Consortis, von denen ich gehört hatte, dass sie ihr Volk führten. Alle sechs waren mit elegantem Stahl und geschwungenen Bögen bewaffnet. Ich verfluchte den Kapitän, weil er mich nicht früher gerufen hatte.

Ich ignorierte den kalten Schweiß, der von meinem Rücken tropfte, und näherte mich mit einem Lächeln. Ich ging direkt zu ihrer offensichtlichen Anführerin und streckte die Hand aus. Sofort bewegten sich zwei der Ritter, um mich abzufangen, aber die Frau sagte etwas auf Sperethiel. Es dauerte einen Moment, bis mein Gehirn das Wort ins Throalische übersetzte. Sie hatte ihnen gesagt, sie sollten warten. Ich nahm an, das müsste vorerst reichen.

„Äh, ja, Grüße“, antwortete ich auf Throalisch. Ich schob andere Gedanken beiseite und versuchte, mich an meine Ausbildung zu erinnern: „Ich bin Botschafter Gerindal von Haus Mikul aus Throal. Wir haben keine Eskorte erwartet. An wen habe ich das Vergnügen, mich zu wenden?“

Die Elfe sah meine Hand an, machte aber keine Bewegung, sie zu ergreifen. Sie antwortete mit einem leichten Akzent in meiner Muttersprache: „Ich bin Consortis Milde, von den Escalanas. Ihr seid blass. Geht es Euch gut?“

Es schien eine unhöfliche Frage zu sein, aber ich schob sie beiseite. Vielleicht war das ihre Art, einander zu begrüßen. Mein Arm schwebte noch immer zwischen uns und fing an, weh zu tun. „Ah, ja. Es wird mir bald besser gehen, da bin ich mir sicher. Wir sind gestern Abend in einen Sturm geraten. Ich fürchte, die Turbulenzen haben mir zugesetzt. Ich bin sicher, dass ich mich schnell erholen werde, sobald meine Füße wieder festen Boden berühren.“

„Ein Sturm?“ Die Frau runzelte die Stirn. „Über der Öde? Es ist ein Glücksfall, dass Eure kleine Flotte noch am Himmel ist.“ Sie blickte mich mit einem Ausdruck der Abscheu an und wandte sich ab. Ich gab meinen Versuch auf, ihre Hand zu schütteln.

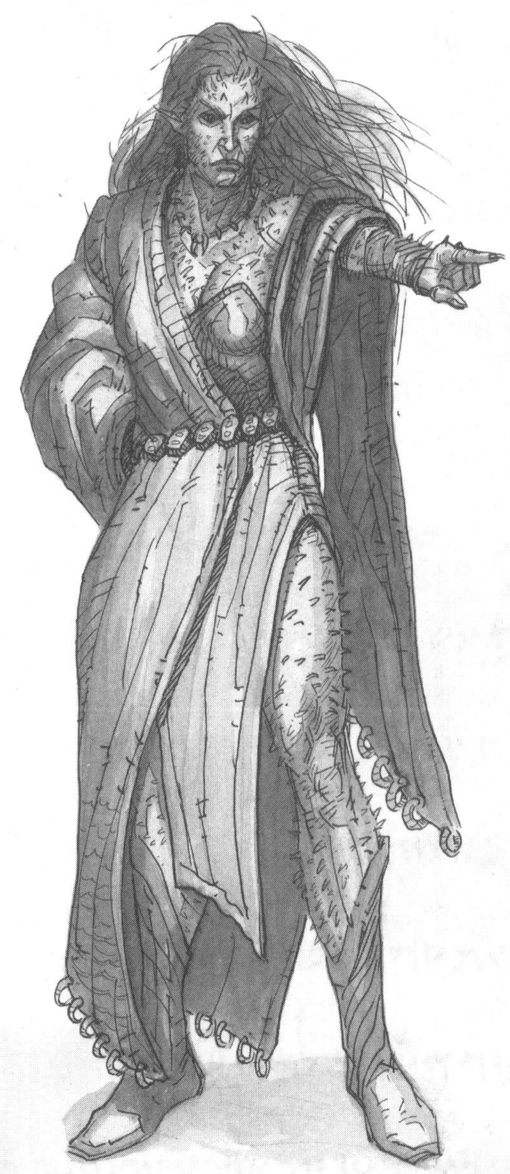

Sie ging zur Reling unseres Schiffes, und ich konnte die beiden kleinen drakkargroßen Schiffe sehen, auf denen die Elfen angekommen sein mussten. Auf jedem der Schiffe befanden sich weitere sechs Ritter in ihren Umhängen. Die Schiffe waren zwar ähnlich dimensioniert wie die Langschiffe der Trolle, aber ihr Design war eindeutig von elfischen Flussschiffen beeinflusst worden. Ihre Rümpfe waren kunstvoll geschnitzt, jede Galionsfigur war exquisit; eine davon eine kunstvolle Rose, die andere ein feingeschnitztes Pferd. Auch wenn die Schiffe sehr gut gebaut und gepflegt waren, konnte selbst ich, ein Laie, erkennen, dass ihre Takelage zu komplex schien. Die Ausstattung war zwar modisch, aber im Vergleich zu barsaivischen Entwürfen längst veraltet.

Bevor mir ein freundliches Wort einfiel, sprach Consortis Milde noch einmal: „Da wir Eure Flotte erwähnen: Der Hohe Truchsess Iolyn erlaubte Throal, einen Botschafter mit einer Ehrengarde zu schicken. Das hier sind acht Schiffe, jedes mit einer Feuerkanone. Zieht Ihr mit dem gesamten *Gwydenro* in den Krieg?"

Mir pochte der Kopf. Offensichtlich war diese Consortis nicht daran interessiert, auf einer angenehmen Basis zu beginnen. Ich hielt meine Hände hoch. „Krieg? Nein! Natürlich nicht. Wir haben keinen Streit mit Euch oder Eurem Volk. Diese acht Schiffe sind die Standardgarde für eine so wichtige Mission. Ich versichere Euch, wenn wir auf Krieg aus wären, würde diese Flotte ganz anders aussehen."

Milde drehte sich zu mir um. Ich meinte, Verachtung in ihren Augen zu sehen, aber falls das so gewesen war, überdeckte sie sie mit einem herablassenden Lächeln. „Der Hof von Sereatha erwartet, dass Ihr eine rechte Hand habt und vielleicht bis zu einem Dutzend anderer Adliger, die Euch begleiten. Sogar ich, eine Consortis von Sereatha, komme mit nur fünf Wachen zu Euch. Ihr müsst diese anderen Schiffe wegschicken."

Ich runzelte die Stirn und sah den Kapitän an. Er wandte sich direkt an Milde. Wieder verfluchte ich ihn wegen seiner Taktlosigkeit. „Meine Dame, ähm … Consortis … Frau …" Er zerrte abwesend an einer Stirnlocke, als schlechtes Zeichen des Respekts. „Wir können keines unserer Schiffe zurückschicken. Die Stürme in der Öde haben sich hinter uns verschärft. Wir wären nicht in der Lage, eine solche Reise zu unternehmen. Wir brauchen Zeit in einem Hafen, um uns neu auszurüsten und das Wetter abzuwarten, wenn wir auf dem Weg zurückkehren wollen, auf dem wir kamen."

Milde seufzte: „Die Öde ist wahrlich eine Qual. Durchquert nicht das Land des Todes. Reist nach Osten, nach Clogwynn. Wir werden eines unserer eigenen Schiffe schicken, um Euch zu begleiten und die Trisrora über Eure Ankunft zu informieren. Dieses Schiff ist *Upandals Gnade*, nicht wahr? Es kann mit uns weiterfahren."

Mein Herz blieb mir im Halse stecken. Wie konnte ich dieser Frau ihre Forderung verweigern? Ich musste meine Wachen verringern oder würde einen internationalen Zwischenfall riskieren. Schlimmer noch, ich musste meine Flotte an einen Ort schicken, wo niemand in Throal nach ihr Ausschau halten würde. Unsere Geheimdienstinformationen reichten aus, um zu wissen, dass die Westlichen Königreiche und der Blutwald ihren Kontakt abgebrochen und Clogwynn in ein Kaff verwandelt hatten. Aber ich sah keine andere Möglichkeit. Ich tat, was die Consortis forderte. Das hier war ihr Land, und ich musste ihre Erwartungen erfüllen, wenn ich irgendwelche Fortschritte machen wollte.

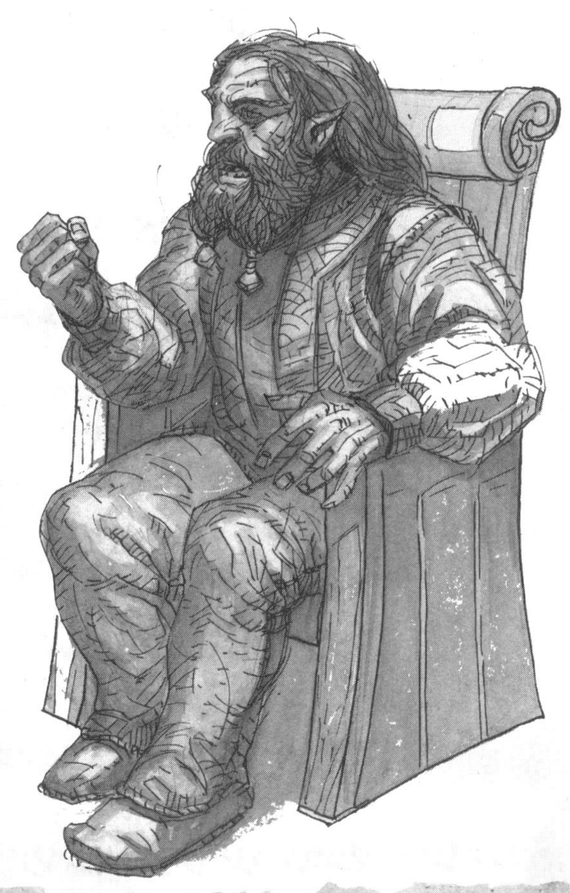

Ich sagte Kapitän Fikenzie, er solle die Nachricht verbreiten und der Flotte so schnell wie möglich ihre Befehle geben. Ich dachte, er sei zumindest dazu in der Lage. Nachdem die Arbeit delegiert worden war, fiel ich an Deck in den Lotsenstuhl, erschöpft von der morgendlichen Diskussion. Die elfische Delegation stand immer noch auf der Steuerbordseite unseres Schiffes. Mildes Augen wichen nie von mir. Ihr Blick verunsicherte mich, bohrte sich in mich hinein, während ich mich fragte, was sie suchte.

Innerhalb einer Stunde war der Rest der Flotte aufgebrochen und fuhr mit einem der sereathanischen Luftschiffe nach Osten. Erst da kam die Consortis wieder auf mich zu. „Erzählt mir mehr von dem Sturm. Seid Ihr mit dem Varju in Kontakt gekommen? Welche Ausrüstung haben Eure Leute benutzt, um sich zu schützen?“

Die Flut von Fragen ließ meinen Stuhl plötzlich unbehaglich werden. Ich begegnete ihrem Blick, so gut ich konnte, obwohl ich fühlte, dass auf meiner Stirn ungebetener Schweiß erschien: „Varju? Es tut mir leid, ich kenne dieses Wort nicht. Es war ein einfacher Sandsturm. Die Mannschaft hat so etwas schon oft in der Nähe der Brachen erlebt.“

Milde runzelte die Stirn und sagte zu einer ihrer Wachen einen kurzen Satz auf Sperethiel. Sie hatte schnell gesprochen, und mein Verstand drehte sich, um ihre Worte zu übersetzen. Bevor ich die Details entschlüsseln konnte, sprach sie noch einmal auf Throalisch mit mir: „Welche Schutzmaßnahmen habt Ihr und der Kapitän gegen diesen … Sandsturm getroffen?“

Ich winkte dem Kapitän mit der Hand zu, während mein träger Kopf weiter an dem Sperethiel arbeitete. Fikenzie übernahm und begann, das Verfahren zu erklären: „Sich zu verhüllen ist die erste Handlung eines jeden Seemanns. Der peitschende Sand kann die freiliegende Haut in Sekundenschnelle bis auf den Knochen zerfetzen, sodass unsere Mannschaft sich vor der Sicherung ihrer Schiffe zuerst selbst schützt. Wenn es um die Takelage geht, müssen wir die Segel …“

„Ihr wart also eingehüllt? Von Kopf bis Fuß, bevor die Wolken herankamen?“, unterbrach ihn Milde, anscheinend ohne Interesse für die anderen Details.

Der Kapitän schien sich für einen Moment unwohl zu fühlen und schaute zu mir, um Sicherheit zu bekommen, aber mein Gesicht blieb eine freundliche Maske, während ich weiter an dem Sperethiel arbeitete. Fikenzie hustete, dann sprach er. „Nun, ja. Meine ganze Mannschaft hat in Übereinstimmung mit den Vorschriften gehandelt. Der Botschafter hatte die nötige Ausrüstung nicht, aber wir haben ihn so weit wie möglich unten gehalten. Er scheint nur eine kleine Luftkrankheit erlitten zu haben …“

Milde schaltete sich wieder ein und drehte sich zu mir um: „Ihr, Diplomat, wart also im Herzen des Sturms an Deck?“

Ärgerlich zuckte ich mit den Schultern. Die Worte der Elfe klangen anders als die der westlichen Völker. Sie hatte etwas über ein Krankheitsrisiko, etwas über den Kapitän und den Adligen gesagt. Ich konnte nicht mehr heraushören, weil mein Kopf so schon pochte.

Milde wandte sich wieder an den Kapitän: „Ihr müsst Euch um das Schiff kümmern. Euer Adliger leidet an einer Varju-Vergiftung. Über dem Herzen der Öde ist die Substanz konzentriert und giftig. Wir sollten uns von Sereatha abwenden und Kurs auf Aiqua setzen. Wir können ihn dort lassen und dann weiterfahren. Ihr werdet Throal vertreten, wenn wir in Sereatha ankommen.“

Mir entwich ein protestierendes Quietschen, fand aber heraus, dass meine Worte mich verlassen hatten. Der Kapitän sah mich mit großen Augen an, aber meine Sicht war verschwommen. Ich konnte nicht klar sehen, aber ich war sicher, dass ich ein Lächeln auf seinem Gesicht sehen konnte, bevor alles dunkel wurde und ich zusammenbrach.

Ich schreibe diesen Eintrag aus meinem Quartier. Mir wurde gesagt, dass ich tagelang geschlafen habe. Mein brauner Bart ist anthrazitgrau geworden, und mein Kopf pocht immer noch. Ich habe das Gefühl, dass ich mich erhole, aber weder die Consortis noch mein untauglicher Kapitän scheinen bereit zu sein, sich mit mir zu treffen. Die Mannschaft schiebt meine Rationen durch die Tür, als wäre ich ein gewöhnliches Tier. Sie denken, ich weiß es nicht, aber ich habe einen Teil der Mannschaft sprechen hören. Sie wollen mich an einem schrecklichen Ort zurücklassen, der das „Spital der Verdammten“ genannt wird.

Was hat mir diese Hexe angetan!? Das kann nicht richtig sein! Wenn die Mannschaft mich wegen Ehrungen verlässt, werde ich nicht zulassen, dass Fikenzie damit durchkommt. Ich werde ihr Spital verlassen und ins Königreich zurückkehren, um ihren Verrat zu enthüllen!

Ich habe die Rufe gehört, oben und unten. Das Schiff landet. Sie werden bald zu mir kommen. Ich muss meine Flucht planen.

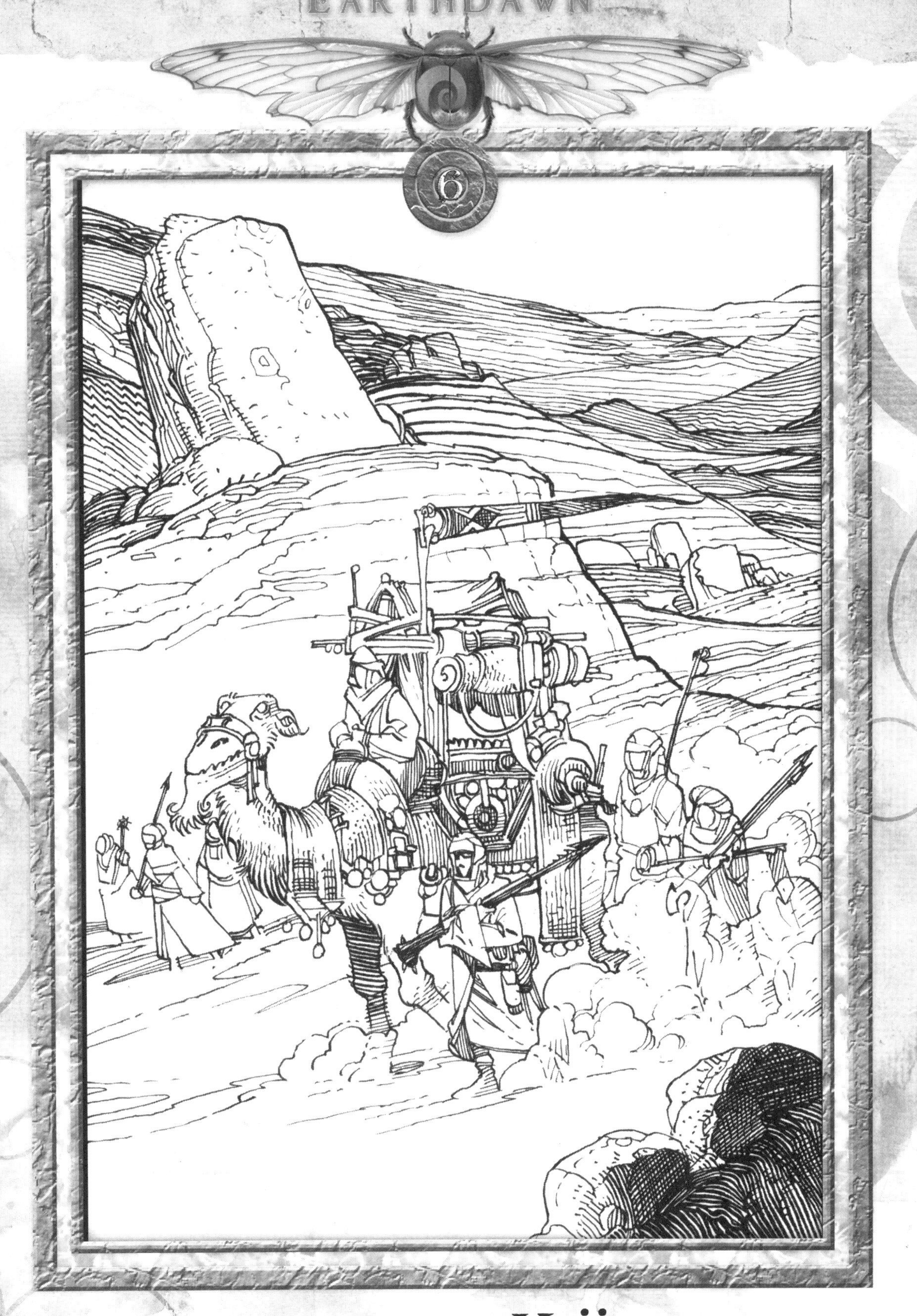


# DIE WESTLICHEN KÖNIGREICHE

*„Die westlichen Königreiche sind ein bemerkenswerter Schmelztiegel voller widersprüchlicher Kulturen, obskurer Gebräuche und unzähliger Gefahren. Ich liebe sie!“*

*– Ballero Medico, zwergischer Händler und notorischer Lügner*

Die Westlichen Königreiche sind eine große Region nordwestlich von Barsaive. Die Königreiche umarmen den Bwydvir, ein großes Meer im Nordwesten. Im Osten liegen die felsigen Klippen der Großen Fälle. Die Süd- und Westgrenze sind geprägt von der Wüstenlandschaft, die als die Öde bekannt ist.

Zwischen diesen unwirtlichen Orten leben Zehntausende von Namensgebern ihr Leben in einzelnen Königreichen, die als *Gerryth* bekannt sind. Diese Gerryth werden typischerweise von einer einzigen adligen Elfenfamilie (einer Ranelle) regiert. Im Idealfall sammelt die Ranelle die lokalen Ressourcen und verteilt sie so, dass sie sowohl ihren Verpflichtungen nachkommt als auch dem Königreich zugute kommt. Ein kleiner Prozentsatz wird immer als Steuer an den Lehnsherrn des Gerryth gezahlt, einige können an Vasallengerryth in Not gegeben werden, und der Rest wird in die Infrastruktur des lokalen Königreichs reinvestiert.

Die meisten Gerryth sind von bescheidener Größe, wobei sich der Einfluss des lokalen Königs von einer Handelsstadt bis hin zu einer Handvoll kleiner Bauerndörfer erstreckt. Kleinere und weniger einflussreiche Königreiche schwören mächtigeren Nachbarn die Treue. Das stärkere Königreich schwört, das kleinere Königreich zu schützen, und erhält dafür Ressourcen und Arbeitskräfte. Dieses System der Lehnstreue wird im ganzen Land angewandt und schafft ein komplexes Netz von Loyalitäten und Verpflichtungen. Diese vereinigten Königreiche bezeichnen sich selbst als *Gwydenro* oder „das Herzland" auf Throalisch. Ein einzelnes Gerryth kann so klein sein wie ein Dorf mit hundert Einwohnern, das von einem Herrenhaus aus geführt wird. Das einflussreichste Gerryth ist Sereatha, die Stadt der Türme. Jedes Königreich im Gwydenro schuldet letztendlich Sereatha die Treue.

Sereatha wird in den Legenden Barsaives häufig als perfektes und reiches Land weit im Westen bezeichnet. Einst mag das auch wahr gewesen sein, aber Sereatha hat während der Plage sehr gelitten. Die meisten der Türme, für die die Stadt bekannt ist, sind gefallen, aber ihre Bewohner sind ohne die permanenten Narben derjenigen aus dieser Zeit hervorgegangen, die sich dem Ritual der Dornen unterzogen haben. Innerhalb der Stadt wird das Netz der Eide und Verpflichtungen immer komplexer. Die politische Macht ist auf die fünf Consortis verteilt, die die Stadt führen, und alle Consortis haben ihre eigenen Ziele, Verbündeten und Wünsche. Die Consortis wählen aus ihrer Mitte einen aus, der als Hoher Truchsess fungiert und von dem erwartet wird, dass er für das Gwydenro als Ganzes spricht.

Nur ein Mitglied der Ranellen der Westlichen Königreiche kann offiziell ein Königreich regieren, und die Geburt einer Person bestimmt häufig den Verlauf ihres Lebens. Eine starke Persönlichkeit oder ein gläubiger Anhänger des Rades mag es schaffen, sich der Tradition zu widersetzen und in der gesellschaftlichen Ordnung nach oben zu klettern, aber solche Ausnahmen sind unter der elfischen Bevölkerung selten und bei anderen Namensgebern fast unbekannt.

Die brutalen Stürme der Öde haben sich in den letzten Jahren beruhigt, und die Winde vom Meer drängen die schlimmsten der Stürme ins Landesinnere nach Südosten. Die Bewohner des Gwydenro erkunden diese verwüsteten Gebiete jedes Jahr weiter. Der Eifer der Expeditionen, verlorene Ruinen zu entdecken, wird durch den giftigen Ruß und andere – natürliche wie unnatürliche – Gefahren der Region gedämpft.

Die Westlichen Königreiche sind eine Region auf dem Weg der Besserung. Jetzt, da alte Schönheit und Extravaganz durch Intrigen und Ausgrabungen ersetzt werden, sind sie ein Land der Möglichkeiten für diejenigen, die mutig genug sind, sich der Herausforderung zu stellen.

# Die Geschichte der Westlichen Königreiche

*Wie sie von der sereathanischen Troubadoura Maeliona Trisrora erzählt wird*

## Die Gründungs—Ranellen

Die Bewohner des Gwydenro haben eine Geschichte, die so alt und komplex ist wie die des Wyrmwaldes. Und auch wenn wir einen Teil unserer Geschichte teilen, so wuchsen die Bewohner der Westlichen Königreiche in ihre eigene hinein, ohne von der Schönheit und Anmut des Wyrmwaldes zu wissen. Statt des von den Passionen geschaffenen Eichenherzes verdanken wir unseren Ursprung den drei Gründungs-Ranellen.

Die ersten davon waren die Escalanas. Sie näherten sich vom Meer und der untergehenden Sonne aus. Sie brachten die Erleuchtung des Rades und wurden von dem Wunsch angetrieben, mehr zu entdecken. Die nächsten, die Fensalor, brachten ihre Streitmächte und das Wissen über den Kampf. Und schließlich kamen die Trisrora, Überlandreisende aus der Richtung der Morgendämmerung, die von denen, die sie getroffen hatten, viel über die Gesellschaft gelernt hatten. Hunderte von Meilen nordwestlich des Wyrmwaldes trafen sich diese drei Familien.

Als die Escalanas an Land gingen, teilte sich ihre Familie auf, um die Wahrheiten zu finden, die sie über das Bwydvir an die Ufer der Tyrnvir-Bucht gebracht hatten. Viele zogen ins Landesinnere, aber andere blieben zurück und begannen mit dem Bau einer permanenten Siedlung. Bald darauf erschien eine Armee der Fensalor und forderte die Escalanas heraus. Die Fensalor behaupteten, dass die Küste unter ihrem Schutz stehe und nur diejenigen, die in Sichtweite des Meeres geboren wurden, hierbleiben könnten. Die Escalanas weigerten sich zu gehen und argumentierten, dass alles intelligente Leben zusammenarbeiten und die größeren Wahrheiten der Welt suchen sollte. Die Fensalor aber ließen sich davon nicht erweichen.

Als die Fensalor sich gerade darauf vorbereiteten, die Escalanas ins Meer zurückzudrängen, erschienen die Trisrora. Die Trisrora waren schockiert, Elfen am Ufer des Bwydvir zu finden, und mussten eingreifen. Sie sprachen von den anderen Kulturen und Namensgebern, die sie im ganzen Land entdeckt hatten. Sie sprachen von T'skrang und Zwergen. Sie sprachen vom exotischen und fernen Osten. Sie teilten ihre Tagebücher und Legenden und wiesen auf die Seltenheit der Elfen hin. Mit diesem Beweis der Verwandtschaft ließen die Fensalor von ihrem Vorhaben ab, und die drei Familien versuchten, in Harmonie zusammenzuarbeiten.

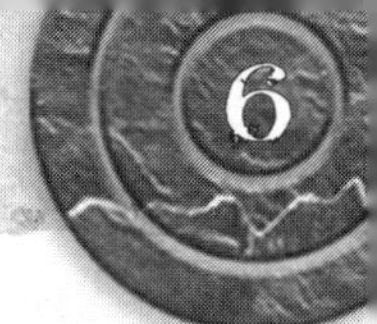


Gemeinsam entwickelten die drei einen Plan für eine Stadt, die in Ufernähe, hoch über den Hügeln, gebaut werden sollte. Die Trisrora kümmerten sich um die Infrastruktur der Stadt, die Fensalor um die Verteidigung der Stadt und die Escalanas um die Erleuchtung der Stadt. Diese Stadt würde zu Sereatha, der Stadt der Türme, heranwachsen, und während sie darum kämpfte auf die Beine zu kommen, weiteten die Familien ihren Einfluss auf das ganze Land aus.

Sie bekämpften furchterregende Barbaren und schufen einen sicheren Hafen, in dem alle Elfen gedeihen konnten. Sie begründeten die Tradition des Lew Teyrn und die Gründung der Gerryth, kleiner und autarker Königreiche, die schworen, sich gegenseitig zu unterstützen. In diesen alten Zeiten brachte jeder Tag seine eigenen Schlachten. Unser Volk wuchs, aber sein Kampf drehte sich nur ums Überleben, und sein Geist blieb unerfüllt. Es suchte nach Erleuchtung und nach Schönheit in einer gefährlichen Welt.

Schließlich gelangten die Nachrichten vom Wyrmwald und der transzendenten Königin Melyora nach Sereatha. Die verlorenen Escalanas hatten ihre Bestimmung im Wald gefunden. Viele Elfen verließen die Stadt der Türme und machten sich auf eine Pilgerfahrt, um diese Königin des Waldes zu treffen. Nach der gefährlichen Reise entschieden sich viele, in der warmen Umarmung der Königin zu bleiben. Egal, ob die Reisenden im Wyrmwald blieben oder in die nüchternen Bauten von Sereatha zurückkehrten, alle stimmten überein, dass die Königin ein Wesen von Schönheit und Liebe war. Alle in Sereatha erkannten ihre Macht an und verbeugten sich vor ihrer neuen Lehnsherrin.

## Im Dienst des Waldes

Um ihrer entfernten Königin besser zu dienen, entschieden sich ihre Untertanen im Westen, sich unter dem gemeinsamen Banner ihrer Liebe zu vereinen. Zusammengenommen würden ihre Königreiche als Gwydenro, das Herzland der Königin, bekannt werden. Alle Ranellen schworen Sereatha die Treue, und als Hommage an Melyoras Bemühungen organisierte die Stadt ihre Regierung wie den Hof der Königin. Dieser Hof sollte von einem Hohen Truchsess geleitet werden, der in Melyoras Abwesenheit ihr Sprachrohr sein würde.

Ein bevorzugter Diener namens Harwyn unternahm die Reise in den Wyrmwald und überbrachte diese Pläne und Proklamationen. Melyora ernannte Harwyn in ihrer Brillanz sofort zum ersten Hohen Truchsess und verlieh ihm die Herrschaft über die Stadt der Türme. Die Königin war so erfreut über die Handlungen ihrer treuen Untertanen, dass sie Harwyn mit Geschenken überschüttete. Sie stellte ihrer neuen rechten Hand hundert ihrer besten Soldaten und hundert und einen ihrer besten Handwerker zur Verfügung. Die Soldaten und der Truchsess würden die Ritter vom Purpurturm gründen. Die Handwerker wurden als der Orden vom Amethystturm bekannt. Beide Organisationen überlebten die Plage und dienen immer noch in Sereatha.

## Die Tragödie des Verlustes, die Ekstase der Liebe

Über Generationen hinweg wuchs das Reich unseres Volkes. Weitere Gerryth umarmten die Liebe unserer Königin, und das Gwydenro wurde zu einem Land, in dem selbst die Geringsten wachsen und gedeihen konnten. Leider konnte diese Zeit der Liebe und des Wohlstands nicht ewig dauern. Ein Drache versuchte, unser Volk zu ruinieren. Alle wissen von Alamaise und wie er Königin Dallia erschlug. Unsere geliebte Königin wäre für das Tier unerreichbar gewesen, wenn es nicht Shosaras Ketzerei gegeben hätte, aber das ist eine Geschichte für einen anderen Tag. Stattdessen ist es meine traurige Pflicht, euch zu sagen, wie unser Volk über den Verlust seiner Königin weinte.

Ein Jahr und einen Tag lang trauerten die Bewohner des Gwydenro. Der Hohe Truchsess konnte sein Volk nicht länger leiden sehen. Er schickte eine Proklamation über das ganze Land, dass es einen Wettbewerb geben würde. *Cariad Castald*, der Wettbewerb der Liebe, würde die Gunst der Passionen suchen. Der Gewinner des Wettbewerbs hätte die Gnade der Passionen sowie die Herzen und den Verstand des Gwydenro mit sich. Er würde zum Wyrmwald reisen und Eichenherz im Namen der gesamten Elfenrasse um Hilfe bitten.

Hunderte von Elfen aus dem ganzen Gwydenro traten beim Cariad Castald an. Eine solche Elfe war eine Maid namens Failla. Ihr ursprüngliches Königreich war in einem Krieg verloren gegangen. Sie hatte alles verloren und litt während ihres Lebens schrecklich, aber die Passionen sahen etwas in ihr. Sie gewann den Wettbewerb und wurde *Annwyl*, die Geliebte. Noch vor Ende des Jahres hatte sie die Pilgerreise in den Wyrmwald unternommen. Ihre Bitte um Hilfe wurde beantwortet, und sie erhielt den Segen von Eichenherz. Die Westlichen Königreiche jubelten, als Failla den Rosenthron bestieg.

Failla regierte gerecht. Sie bestrafte Shosara für seine Übertretungen und beschützte ihr Volk. Es gab diejenigen, die unzufrieden waren, aber es waren schwere Zeiten, und sie erforderten eine strenge Königin. Während sie schwierige Entscheidungen traf, sorgte sie dafür, dass die Leute um sie herum nicht versuchen würden, ihre Macht zu missbrauchen. Sie gründete die Consortis, und die Bewohner von Sereatha übernahmen die Praxis und wählten fünf Consortis, die den örtlichen Hof leiten sollten. Diese fünf würden untereinander entscheiden und aus ihrer Mitte den Hohen Truchsess ernennen, um mit der Königin zu kommunizieren. Ein Vertreter jeder der Gründungs-Ranellen würde auf diese Weise dienen, ebenso wie der Anführer der Ritter vom Purpurturm. Der oder die letzte Consortis sollte der Annwyl des Jahres sein, ein Champion des Wettbewerbs der Liebe, der das einfache Volk vertrat.

## Alachias Aufstieg und Fall

Der Hof blühte weiter und expandierte. Jahrhundert für Jahrhundert wuchs unser Volk, nur durch das Kommen der Theraner und die Orichalkum-Kriege herausgefordert. Die Orichalkum-Kriege zogen sich hin, während die Welt um Ressourcen kämpfte. Dieser anhaltende Kampf brachte unser Volk in ein Unwohlsein, das seit seiner Zeit ohne Königin nicht mehr zu spüren gewesen war. Die regierende Königin Liara regierte mit eiserner Faust. Sie war eine angesehene Kommandantin auf dem Schlachtfeld, aber sie war nicht der Schönheit und Liebe fähig, die jeder Elf unbedingt in seinem Herzen spüren musste.

Mit gedämpfter Aufregung und einer unausgesprochenen Hoffnung hielten die Bewohner von Sereatha den jährlichen

Cariad Castald ab. Alachia, eine unbekannte Frau aus einem fernen Gerryth, überraschte alle. Sie trieb die Leute zu Tränen und wurde zu ihrer Annwyl. Als sie ihren Platz unter den Consortis angeboten bekam, lehnte sie tränenreich die Ehre ab, die ihr Volk ihr zuteil werden lassen wollte. Sie sprach zu der bewundernden Menge und erklärte, dass es keine Annwyl geben könne, solange die Elfen des Gwydenro Melancholie in ihren Herzen fühlten. Sie schwor stattdessen, in den Wyrmwald zu reisen und sich vor Eichenherz und der Königin zu präsentieren. Sie würde die westlichen Elfen am Hof vertreten und nicht ruhen, bis die Hoffnungslosigkeit in Vergessenheit geraten war.

Alachia blieb ihrem Wort treu, und die Belastung des Krieges verlagerte sich vom Gwydenro weg. Als die Schönheit in ihr Land zurückkehrte, kehrte Alachia Jahr für Jahr zurück, um im Cariad Castald anzutreten. Sie errang weiterhin die Position der Annwyl, lehnte aber immer die Rolle der Consortis ab und behauptete, sie könne am Hof des Wyrmwaldes viel mehr für ihr Volk tun. Obwohl der Sitz der lokalen Annwyl offiziell leer blieb, suchten alle Consortis weiterhin nach Alachias Weisheit.

Schließlich folgte Sereathas Annwyl in Faillas Fußstapfen. Niemand hätte das tragische Verschwinden Liaras vorhersehen können, und nur wenige hätten zu hoffen gewagt, dass der Hof des Wyrmwaldes die wahre Herkunft Alachias als die Erbin der Failla-Dynastie entdecken würde. Königin Alachia nahm ihren Platz auf dem Rosenthron ein und gab unserem Volk die Hoffnung zurück. Sie regierte gerecht und leitete unser Volk in den dunklen Zeiten, die zur Plage führten.

Als wir alle in unserer Isolation waren, fiel Alachia jedoch der Verderbnis zum Opfer. In jeder Hinsicht starb unsere Königin an dem Tag, an dem sie ihr Volk verriet und sich dem Ritual der Dornen verschrieb.

## Das Gwydenro und die Plage

Als sich die Aussicht auf die Plage näherte, stand das Volk von Sereatha vor seiner ersten Glaubenskrise. Die Theraner boten die Riten des Schutzes und des Übergangs an, aber zu einem schrecklichen Preis. Die theranischen Riten wurden von Königin Alachia verboten, aber was konnte an ihrer Stelle getan werden? Aus dem Wyrmwald hörten wir jahrzehntelang nur Stille zu diesem Thema. Viele Gerryth, wie das des Rohelin-Waldes, wandten sich von ihrer Königin ab, entschieden sich, sich den Theranern anzuschließen, und begannen mit dem Bau ihrer Kaers. Ihre Treueeide waren gebrochen, und man ließ sie ihren eigenen Weg gehen.

Im Laufe der Jahre nahm die Zahl der treuen Gerryth ab. Irgendwie fiel eine unvollständige Version der Riten des Schutzes und des Übergangs in die Hände des Rates. Mit dieser unbefugten Kopie in der Hand konnte Thera keine übertriebenen Forderungen stellen. Der Rat schickte seiner Königin eine Nachricht über die mögliche Verwendung dieses Dokuments. Wieder hörten sie nichts. Als die Plage immer näher rückte, entschieden sich viele Namensgeber des Gwydenro, das Schweigen des Wyrmwaldes als stillschweigende Zustimmung zur Verwendung des Dokuments zu nehmen, und begannen mit der Arbeit an ihren eigenen Kaers und Zitadellen.

Sereatha jedoch weigerte sich, seine Königin im Stich zu lassen und die potenziell illegalen theranischen Dokumente zu verwenden. Für seine Geduld wurde es mit einem endgültigen Dekret von Alachia gesegnet. Sie teilte ihren treuen und loyalen Untertanen mit, dass sie sich einen Schutz für sie ausgedacht hatte, der auf dem beruhte, den sie für den Wyrmwald verwenden würde. Eine Mischung aus Wahrer Erde und Wahrem Holz

### Alachias Herkunft

Es gibt Historiker in der Gilde der Lernenden, die Schwierigkeiten haben zu glauben, dass Alachia, eine unwichtige Bürgerin aus einem unbekannten Gerryth, möglicherweise mit der fernen Königin Failla verwandt sein könnte. Sie behaupten, dass jeder aus Faillas Linie Aufmerksamkeit und Einfluss unter den Adligen der Westlichen Königreiche erhalten hätte. Wie also könnte ein ganzer Zweig ihres Stammbaums für Jahrhunderte verloren gegangen sein?

Solche Überzeugungen wurden vor der Plage als Verschwörungen und Radikalismus abgetan. Seit dem Ritual der Dornen und dem augenscheinlichen Wahnsinn der Königin hat diese Behauptung jedoch an Glaubwürdigkeit gewonnen. Der derzeitige Hohe Truchsess scheint sich besonders für Alachias unbekannte Vergangenheit und den Cariad Castald zu interessieren, bei dem sie zum ersten Mal Gunst fand. Bisher wurden nur wenige Fakten aus dieser Zeit aufgedeckt.

### Die Versiegelung von Sereatha

Nur wenige in Sereatha stellen die Art ihres Überlebens während der Plage infrage. Das Schicksal des Wyrmwaldes macht jedoch deutlich, dass die ihnen zur Verfügung gestellten Schutzzauber unvollständig waren. Die Stürme, Beben und mysteriösen Todesfälle, von denen diejenigen berichteten, die unter Sereatha Zuflucht suchten, stimmen nicht mit den Berichten anderer Kaers in der Region überein. Diejenigen, die Geschichten über Sereatha während der Plage studiert haben, sind alle zu demselben Schluss gekommen: Ein mächtiger Dämon muss sich direkt gegen Sereatha gewandt haben. Doch aus irgendeinem Grund konnte dieses unbekannte Wesen die fehlerhaften Schutzmaßnahmen nicht überwinden, und die Bewohner von Sereatha überlebten. Vielleicht war es das Glück, das die Bevölkerung beschützte, oder vielleicht fand der Dämon stattdessen anderswo eine leichtere Beute.

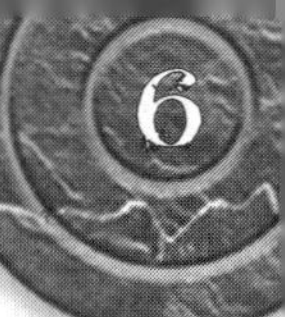


würde es den Bewohnern von Sereatha ermöglichen, unter Tage zu überleben. Die Elfen von Sereatha beeilten sich, um das Projekt vor der kommenden Katastrophe abzuschließen.

Das Projekt wurde abgeschlossen, aber zu einem hohen Preis. Sogar unter der Erde hörten die Bewohner von Sereatha überall um sich herum katastrophale Geräusche. Ich wurde in diesen dunklen Zeiten geboren und erinnere mich an das ständige Gefühl des Drucks. In unseren Herzen spürten wir, dass unser Zuhause jeden Moment fallen könnte. Tatsächlich verloren viele unter der Erde alle Hoffnung und nahmen sich aus Verzweiflung das Leben. Wir starben in Scharen an Hoffnungslosigkeit, aber wir sollten wieder von einem Annwyl gerettet werden.

## Wiederaufbau des Gwydenro

Der Cariad Castald wurde in unserer Zeit der Isolation fortgesetzt. Unsere Elementaruhren waren stehen geblieben, aber die Stürme über uns blieben unerbittlich. Niemand wagte es, die Sicherheit seiner unterirdischen Zuflucht zu verlassen, bis Maldwyn die Rolle des Annwyl gewann. Maldwyn lehnte die Rolle der Consortis ab und verlangte stattdessen ein Schiff und eine Besatzung von zwei Dutzend Mann: ein Dutzend alte Hasen, die schon vor der Plage gesegelt waren, und ein Dutzend Lehrlinge, um die in einer schönen neuen Welt erforderliche Erfahrung zu sammeln. Maldwyn wollte das Bwydvir befahren und herausfinden, ob die Oberfläche wirklich sicher war.

Wir alle glaubten, dass unser tapferer Annwyl untergehen würde, aber nach zweihundert Tagen kehrte er triumphierend zurück. Seine vierundzwanzigköpfige Besatzung war auf vier treue Gefährten reduziert worden, und ihr Schiff wurde von wenig mehr als liebevollen Worten zusammengehalten, aber sie lebten. Eine Welle der Anbetung erkor ihn immer wieder zum Annwyl, und er nahm die Rolle des Consortis an. Seine Tapferkeit und sein Verstand veranlassten den Rat, ihn zum Hohen Truchsess zu ernennen, als der er jahrzehntelang regierte. Seine erste Amtshandlung als Hoher Truchsess war es, die Türen zur Oberfläche zu öffnen.

Unsere Stadt der Türme lag in Ruinen. Weniger als ein Dutzend glänzender Türme waren noch übrig, die dort standen, wo einst Hunderte gestanden hatten. Die sanften Hügel waren zerrissen worden, und massive Klippen isolierten das, was von unserer Stadt übrig geblieben war, vom Rest des Gwydenro. Die Erde um uns herum hatte versagt, aber die Riten zum Schutz unserer Zuflucht hatten standgehalten, und wir hatten überlebt.

Maldwyn führte unser Volk durch diese schwierigen Zeiten und konzentrierte sich darauf, so viele Gerryth wie möglich wiederzuentdecken. Unser Volk entdeckte die Tragödie der Öde und weinte über den Verlust der Leben, für den sie stand. Wir kontaktierten die Shosaraner, und Maldwyn vermittelte eine vorübergehende Vergebung, damit wir zusammenarbeiten konnten, um den fernen Wyrmwald zu kontaktieren.

Jedes Jahr schickten die Ritter vom Purpurturm eine Einheit ihrer Besten, um den Wyrmwald zu kontaktieren. Von der zwanzigsten dieser Reisen kehrte ein einziger Überlebender mit der schrecklichen Nachricht vom Blutwald und vom Niedergang Königin Alachias zurück.

Ich war noch jung, aber ich erinnere mich an die Schmerzen jener Tage. Alles wurde wieder dunkel und geschmacklos, wie in den Jahren unter der Erde. Diejenigen, die diesen Schock überlebten, wussten, dass das Gwydenro dem Weg seiner Königin nicht folgen konnte. Zum ersten Mal seit einem Jahrtausend musste das Gwydenro seinen eigenen Weg finden.

## Eine letzte Hoffnung

Als die Theraner zurückkehrten, um das Volk von Vasgothien zu versklaven, entdeckten wir, dass ihre Riten funktioniert hatten. Ohne die Kraft des Wyrmwaldes, der die Elfenvölker vereinte, wuchs die Sorge des Gwydenro, dass die Theraner ihren Griff um andere Länder noch mehr ausweiten würden. Königin Alachia forderte ihre verlorenen Kolonien auf, an ihren Hof zurückzukehren – eine Forderung, die eine klare Bedrohung für die unverdorbenen Länder der Westlichen Königreiche darstellte.

Maldwyn versuchte, mit diesen Mächten Friedensstifter zu spielen. Er eröffnete den Handel mit den Theranern in der wiedereröffneten Festung von Caelshara, eine seit den Orichalkum-Kriegen verbotene Praxis. Er schickte Abgesandte, um die Optionen sowohl mit der Königin der Blutelfen als auch mit dem Großfürsten von Shosara zu besprechen. Dennoch trugen seine honigsüßen Worte und seine friedlichen Reden wenig dazu bei, die wachsenden Ängste der Bevölkerung zu mildern.

Die Theraner demonstrierten ihre Macht und verbrannten die Wälder von Vasgothien. Der Blutwald drängte weiterhin darauf, dass der Adel des Gwydenro in den Blutwald einziehen sollte. Die Shosaraner verunglimpften die Tradition, indem sie ihren Glauben verbreiteten, dass die Trennung ihnen gut gedient hatte. Die Westlichen Königreiche konnten ihre Nachbarn nicht mehr unterstützen, denn sie mussten eine starke Haltung gegen diese ausländischen Mächte einnehmen. Die Consortis wünschten sich eine festere Hand als Maldwyns am Steuer und ernannten einen neuen Hohen Truchsess, Iolyn, den Herzog vom Purpurturm.

In den drei Jahren, seit Iolyn zum Hohen Truchsess ernannt wurde, hat er versucht, sein Volk an seine alte Geschichte zu erinnern. Er lobt die Gründungs-Ranellen. Er behauptet, der Erleuchtung nachzugehen und die Schaffung eines reinen Eichenherzens zu verfolgen. Er schwört, die verlorenen Gerryth unter der Öde zu finden und sie wieder in ihren alten Glanz zu versetzen. Und er schwört, die Namensgeber des Gwydenro frei von fremden Einflüssen zu halten.

Es ist der Hohe Truchsess Iolyn, in den wir unser Vertrauen setzen. Wir haben kein Vertrauen in die Gefallenen des Blutwaldes, und wir können sicherlich nicht den Ketzern von Shosara vertrauen. Wir müssen zu unseren Wurzeln zurückkehren, und wir müssen uns auf uns selbst verlassen, um Erleuchtung zu erlangen.

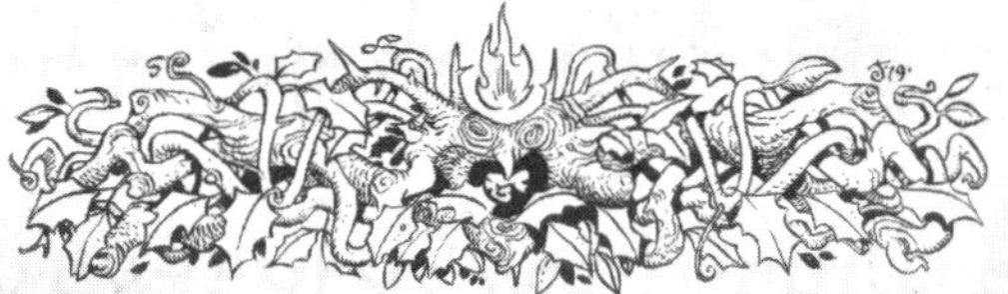

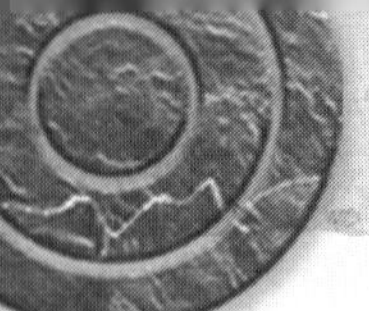

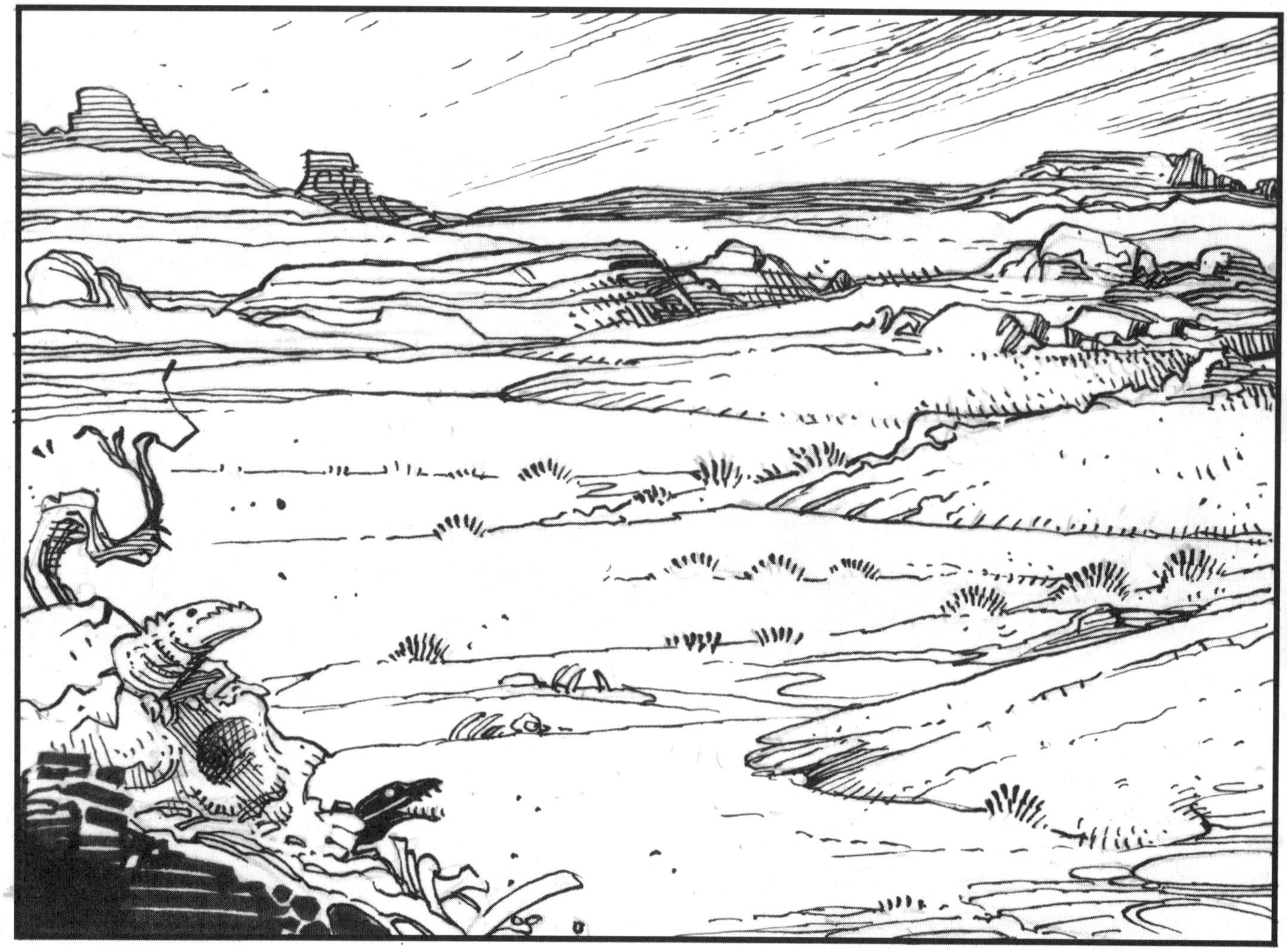

# GEOGRAFIE

## DAS NÖRDLICHE GWYDENRO

Die Geschichten über das Gwydenro vor der Plage erzählen von grünen Tälern, üppig blühenden Blumen und friedlichen Wäldern. Diese Geschichten sind zum größten Teils immer noch wahr, obwohl ein Reisender in der Wildnis nun auch mit felsigen Klippen, tiefen Schluchten und langen, unwegsamen Graten zu kämpfen hat.

Die Region zeichnet sich durch ein ruhiges und gemäßigtes Wetter aus. Zwei Monate Kälte unterbrechen eine lange Vegetationszeit, die oft zwei Ernten ermöglicht. Stürme, die von steifen und kalten Winden aus dem Bwydvir hereingepeitscht werden, können plötzlich auftauchen und zu erheblichen Überschwemmungen führen, Ernten ruinieren oder sogar Häuser zum Einsturz bringen.

Angesichts der Bedrohungen auf offener See und der Schwierigkeiten, über Land zu reisen, werden die meisten Reisen entlang der Küste unternommen. Die Tyrnvir-Bucht ist das ganze Jahr über ruhig und wird nur selten von Stürmen heimgesucht. Die Fahrt in das größere Bwydvir setzt einen dem Risiko von Stürmen aus, sodass kleinere Schiffe, die in der Lage sind anzulanden, die bevorzugte Reisemethode sind.

Während seiner Herrschaft als Hoher Truchsess drängte Maldwyn darauf, dass Lehnsleute richtige Straßen bauten, um ihre Vasallen zu erreichen. Auch wenn dieses Projekt Jahrzehnte gedauert hat, haben es nur die größeren Gerryth geschafft, gute Fortschritte zu erzielen. Selbst bei diesen Kopfsteinpflasterstraßen stellt das Terrain der Region eine Herausforderung dar, und Reisende sollten in eine gute Karte investieren, um sicherzustellen, dass ihre gewundene Straße zum gewünschten Ziel führt.

Außerhalb dieser Netze sind die Straßen in der Wildnis kaum mehr als ausgetretene Wege. Diese Wege weisen plötzliche Höhenunterschiede auf, die die Navigation für Wagen erschweren, sodass Händler in Karawanen mit beladenen Lasttieren investieren müssen. Die feindliche Tierwelt und gelegentliche Stürme können für solche Reisenden gefährlich sein, sodass diejenigen, die sich auf den Weg machen, in der Regel warten, bis sie sich zu größeren Gruppen formieren können, idealerweise unter dem Kommando eines reiseerprobten Schwerts der Gerechtigkeit (S. 113).

Für Leute, die danach verlangen und genügend Silber haben, ist das Reisen mit dem Luftschiff möglich, aber ungewöhnlich. Obwohl es die sicherste und schnellste Art der Fortbewegung ist, sind Luftschiffe in der Region selten, und die starke Nachfrage erlaubt es, ziemlich hohe Gebühren für ihre Dienste zu verlangen. Die Trisrora-Ranelle (S. 98) unterhält eine kleine Handvoll Schiffe, die regelmäßige Routen durch das ganze Gwydenro befahren, während wohlhabende Unternehmen und Ranellen höchstens ein Luftschiff für ihr zeitkritischstes Geschäft besitzen. Ausländische Luftschiffe sind in der Region selten zu finden, obwohl theranische Schiffe manchmal in der Nähe von Caelshara zu sehen sind und Botschafter aus Throal oder anderen ausländischen Nationen Sereatha mit zunehmender Regelmäßigkeit besuchen.

## Die Öde

Das Gebiet, das als die Öde bekannt ist, war einst ein üppiger Wald namens Rohelin-Wald. Obwohl die Bäume nicht so alt waren wie die großen Eichen des Wyrmwaldes, war die Schönheit des Rohelin in allen Ländern des Westens bekannt. Aus diesem Grund wurden die Elfenvölker von dieser Gegend angezogen und beschlossen, sich dort niederzulassen. Unter dem Boden dieser Region trafen sich Mineraladern aus den Caralksporn- und Delarisbergen, und ihre reichen Lagerstätten an Wahrer Erde lockten Zwerge in den Rohelin. Das Gebiet blühte auf, als immer mehr Namensgeber hier siedelten und es für das gesamte Gwydenro zu einer bedeutenden Quelle von Holz, Erz und Elementen wurde.

Als die Plage näher rückte, erlaubte der Pragmatismus der Zwerge dem Gerryth in Rohelin, die Loyalität zum Hof zu überwinden. Die Bewohner nahmen die Riten des Schutzes und des Übergangs gerne an. Sie widmeten die ausgedehnten Grubenschachtnetze um und bauten darin Dutzende von unterirdischen Kaers. Viele der Nicht-Elfen im Gwydenro suchten den Schutz dieser Rohelin-Kaers, was zu Tausenden von Flüchtlingen führte, die die Region aus Angst vor dem kommenden Schrecken überfluteten. Es ist wenig darüber bekannt, was geschah, nachdem diese Unterkünfte versiegelt worden waren, aber was auch immer das Land angegriffen hat, es gelang ihm, den einst wunderschönen Wald zu zerstören und die heute bekannte unwirtliche Weite aus schwarzem Ruß zurückzulassen.

### Nach der Plage

Der schwarze Ruß wird lokal als Varju bezeichnet. Der Name stammt aus den Aufzeichnungen einer gescheiterten Zwergenexpedition kurz nach der Plage. In diesen Tagebüchern wird klar zwischen Sand, Kies und dem schwarzen Ruß unterschieden. Das Wort selbst stammt aus einem Zwergendialekt und bedeutet „Dunkelheit". Der Varju war damals verstreuter und wurde häufiger zu schrecklichen Stürmen und Wirbelstürmen aufgepeitscht. Selbst in diesen alten Texten wird er als etwas Giftiges angesehen, das man um jeden Preis vermeiden sollte.

Stürme waren in den ersten Tagen nach der Plage häufig, und der Varju breitete sich in der Öde aus. Heute treten solche Stürme nur noch selten auf, sodass sich der Ruß in großen schwarzen Becken in der gesamten Öde angesammelt hat. Als die Namensgeber begannen, das Gebiet zu erkunden, wurde schnell klar, dass viele Kaers während der Plage gefallen waren. Auch wenn verlässliche Aufzeichnungen über die chaotischen Tage vor der Plage schwer zu bekommen sind, gehen aktuelle Studien davon aus, dass weniger als ein Fünftel der Kaers innerhalb der Öde intakt überlebt hat. Der Tod und die Zerstörung in den Überresten des Rohelin haben zu einer spürbaren Befleckung des Astralraums in der gesamten Region geführt.

Der einzige erhaltene Überrest des ehemaligen Rohelin-Waldes ist der Giftwald von Barsaive. Früher am östlichen Rand der

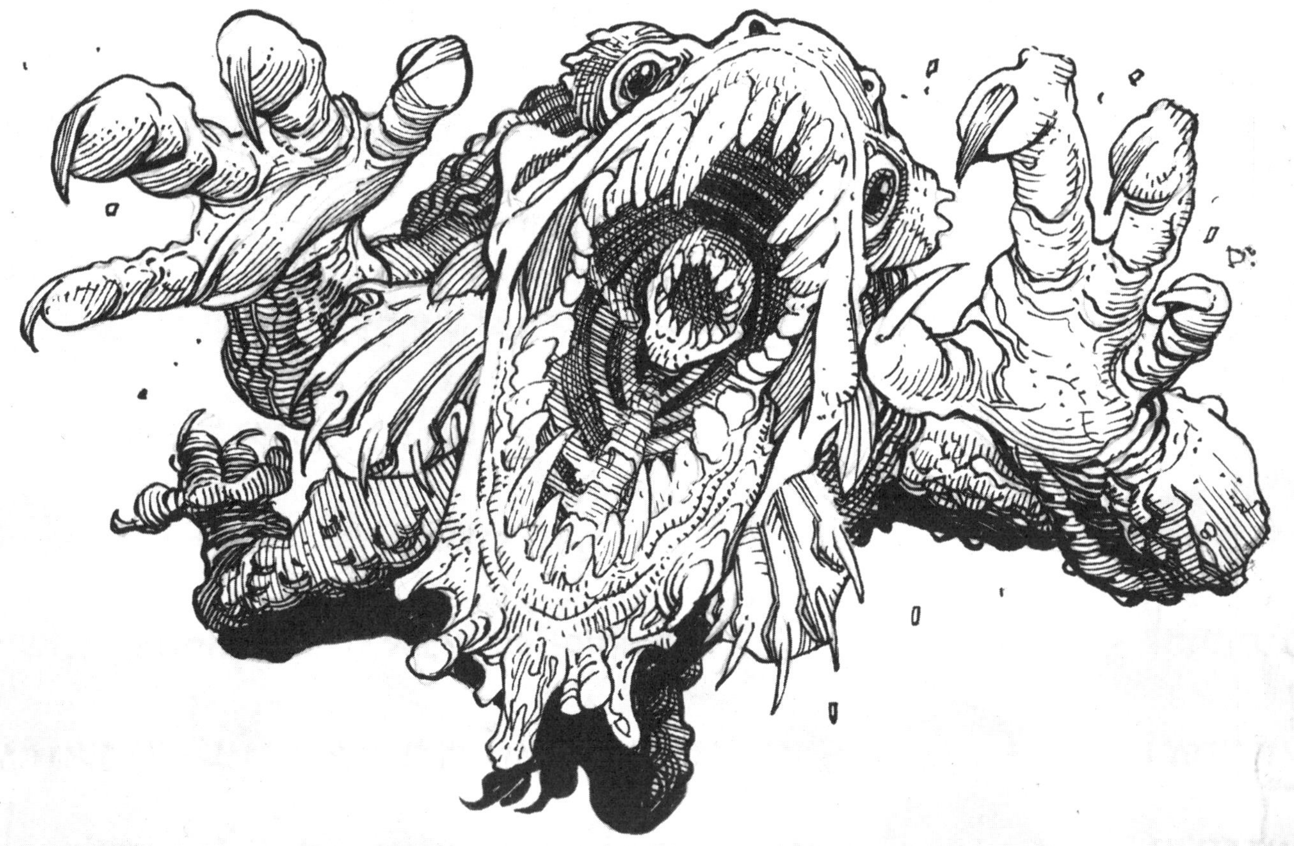

Region gelegen, mutierten diese Bäume durch die Verderbnis des Landes und sind nur noch Hüllen ihrer früheren Schönheit. Es wird angenommen, dass der Varju in die Wolken geblasen wird und schließlich auf die Region niederregnet, wobei der verlängerte Kontakt eine Form von Infektion verursacht.

Auch wenn Stürme und verdrehte Kreaturen in der Öde immer eine Gefahr darstellen, drücken die vorherrschenden Winde das Schlimmste davon weiter ins Landesinnere, sodass die Westlichen Königreiche regelmäßige Expeditionen durchführen können. Die Gilde der Lernenden (S. 112) ist besonders daran interessiert, Gruppen zu entsenden, um verlorene Kaers wiederzuentdecken, während sie nach einem Mittel sucht, um die astrale Befleckung der Region zu beseitigen. Nur die Zeit wird zeigen, ob dieses einst schöne Land wieder zu seiner früheren Ursprünglichkeit zurückkehren kann.

# Das Schicksal des Rohelin-Waldes

Auch wenn es nur Spekulationen über die Entstehung der Öde gibt, wurden schon viele Theorien darüber aufgestellt. Legenden, Gerüchte und Vermutungen erzählen alle verschiedene Versionen, lassen sich aber auf drei Grundideen reduzieren. Geschichten über das Aufeinandertreffen von Dämonen während der Plage und Geschichten über eine unheilbare Krankheit sind die häufigsten Themen. Einige am radikalen Rand behaupten, Königin Alachia habe die Opferung des Gebietes als Vergeltung für seine Missachtung angeordnet. Gelehrte erforschen das Gebiet weiterhin, um die Wahrheit herauszufinden, aber die Gefahren der Öde haben die verfügbaren Studienmöglichkeiten bisher eingeschränkt.

## Titanen prallen aufeinander

Die zentrale Prämisse einer Theorie ist, dass mehrere mächtige Dämonen Ansprüche auf den Rohelin-Wald und die darin befindlichen Namensgeber erhoben. Diese Tyrannen kämpften gegeneinander um die Kontrolle über das Gebiet, waren aber in Stärke und Ausdauer gleichwertig. Einer der schlaueren Kämpfer nutzte seine Kraft, um dem Wald die Lebenskraft zu entziehen und damit seine Rivalen zu vertreiben. Ein kleiner Teil des Waldes zerbröckelte zu schwarzem Ruß. Als dieser Ruß mit Lebewesen in Berührung kam, zerfielen auch sie in die Dunkelheit. Alle Lebewesen im Rohelin zerfielen zu Varju, und ihre Überreste verbreiteten die Verderbnis des Dämons in den Winden. Da die Kaers das einzige intakte Gut waren, wandten sich die Dämonen den Rest der Plage über dem Eindringen in diese Festungen zu.

Auch wenn es sicherlich wahr ist, dass es in einem Kampf zwischen Dämonen keine Gewinner geben würde, glauben viele Gelehrte, dass diese Theorie durch die Panik und Hysterie, die in den frühen Jahren der Plage herrschte, angeheizt wird. Die zugrunde liegende Wahrheit, die diese Geschichten antreibt, ist, dass Dämonen schon jahrzehntelang im Rohelin-Wald aktiv waren, bevor seine Kaers ihre Türen versiegelten. Berichte über diese schrecklichen Wesen verbreiteten sich in jedem Winkel des Waldes und ließen viele um ihre geliebte Heimat fürchten. Die Vermutung über das Schicksal des Waldes mag sich in Geschichten über diese Kreaturen verwandelt haben, die untereinander kämpften, um das Unbehagen des Lebens in einem Kaer zu mildern. Doch die Geschichten über die Verwüstung durch den Zusammenstoß von Dämonen in Parlainth lassen viele im Gwydenro glauben, dass der Rohelin ein ähnliches Schicksal erlebte.

## Der schwarze Tod

Eine andere Theorie ist, dass der Varju nur eine Nebenwirkung der astralen Befleckung des Gebiets ist. Obwohl kein grandioses Ereignis diese Substanz geschaffen hat, reichte ihre Toxizität aus, um den Wald zu verwüsten und alles Leben zu zerstören. Der schwarze Ruß ist so fein, dass es Monate dauern kann, bis er sich in dunklen Becken sammelt, nur um dann von starken Winden in heftige Wirbel gerührt zu werden oder sogar in Wolken geblasen zu werden, die kilometerweit nach Südosten ziehen. Der stark verteilte Staub geht häufig sowohl über dem Giftwald als auch der Stadt Jerris nieder, und beide leiden unter offensichtlichen Nebenwirkungen.

Auch wenn der Varju eine mysteriöse Substanz ist, sind sich alle, die die Öde studiert haben, in drei Punkten einig: Er war vor der Plage nicht vorhanden, er ist mit der Korruption des Astralraums in der Region verbunden, und diejenigen, die in direkten Kontakt mit ihm kommen, riskieren eine tödliche Infektion. Die frühesten Tagebücher, die über den Namen „Varju“ berichten, erzählen von großen Staubwolken, die sich über den Horizont bewegen. Diese Wolken trafen häufig auf den Boden und bildeten hoch aufragende schwarze Wirbel. Viele fürchteten, der Varju und die Stürme würden durch den Einfluss eines mächtigen Dämons geleitet. Im Laufe der Zeit und der Sedimentation des Rußes wurde allgemein Einigkeit darüber erzielt, dass die furchterregenden Stürme Naturkatastrophen und keine gezielten Angriffe waren. Als sich der Varju in den Becken sammelte, wurde das Reisen in dem Gebiet sicherer und ermöglichte es den Forschern, die Region zu erkunden und Zugang zu der Substanz zu erhalten.

Der Ursprung des Varju ist eine Debatte, die normalerweise den Gelehrten überlassen wird. Die Einheimischen sind viel mehr an den Auswirkungen der Exposition gegenüber der Substanz interessiert. Jeder Kontakt mit Varju gilt als unklug, obwohl es schwierig ist, zu bestimmen, was für eine einsetzende Infektion erforderlich ist. Die Infektion scheint in der Lage zu sein, jahrelang in einem Subjekt zu ruhen, bevor sie problematisch wird, und es gibt selten eine physische Manifestation, die darauf hindeutet, dass das Subjekt ausreichend exponiert wurde. Einige Probanden zeigen bereits wenige Stunden nach der Exposition körperliche Symptome. Diese Symptome können die Verdunklung der Haarfarbe oder das Weiß der Augen sein, das einen rauchigen Farbton annimmt. Aber auch diese Manifestationen können erst entstehen, wenn sich die anderen Symptome zeigen.

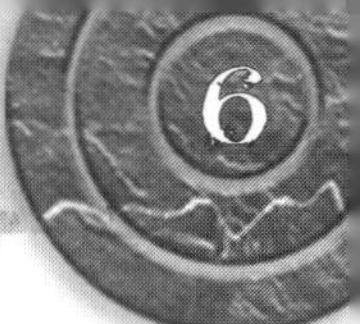

In kleinen Fällen von Varju-Vergiftungen wird das Subjekt lethargisch. Viele glauben, dass das allgemeine Unwohlsein in Jerris auf Varju-Kontakt zurückzuführen ist. Wenn sich der Vergiftungsfall verschlimmert, erlebt das Subjekt eine Verschlechterung der motorischen Kontrolle, und die Lethargie beginnt, jede seiner Handlungen zu beeinflussen. Die letzten Phasen der Varju-Vergiftung werden anhand intensiver Muskelschmerzen kategorisiert. Das Subjekt leidet unter schmerzhaften und lähmenden Krämpfen, die stunden- oder sogar tagelang anhalten können. An diesem Punkt können die wiederkehrenden Schmerzen das Subjekt für den Rest seines Lebens plagen, selbst wenn es erfolgreich behandelt und vom Ruß befreit werden sollte. Jede weitere Exposition gegenüber der Substanz führt zum schmerzhaften Tod des Subjekts.

## Alachias Zorn

Eine kleine Anzahl radikaler Adliger im Gwydenro glaubt, dass Königin Alachia die Bevölkerung des Rohelin-Waldes für ihren Widerstand während des Schismas geopfert hat. Sie glauben, dass das Ritual der Dornen die Elfen vor den Dämonen abgeschirmt hat, aber dazu bedurfte es eines Blutopfers für alle, die unter seinem Schutz standen. Sie behaupten, dass dies der Grund sei, warum Alachia ursprünglich zögerte, das Ritual zu verordnen, da dies Leben zerstören würde, das sie lieber gerettet hätte. Nachdem ihr die Optionen ausgegangen waren, ließ sie das Ritual in Kraft treten und opferte dafür die Lebenskraft des Rohelin. Pflanzen, Tiere und Namensgeber wurden ihrer Essenz beraubt und in schwarzen Ruß verwandelt.

Auch wenn die Königin bekanntlich drastische Maßnahmen gegen diejenigen ergreift, die sich ihren Urteilen widersetzen, scheint es unwahrscheinlich, dass sie in der Lage wäre, den Rohelin-Wald in die Öde zu verwandeln. Und selbst wenn es möglich wäre, scheint es eine unwahrscheinliche Strafe zu sein. Schließlich war die Region nur eine von mehreren Elfenpopulationen, die sich entschieden, Alachias Dekret bezüglich der theranischen Kaers zu ignorieren. Die Königin hat den Verlust des Rohelin-Waldes öffentlich als einen Schlag gegen das Herz der elfischen Kultur bezeichnet, und selbst ihre politischen Gegner bezweifeln, dass sie so sehr mit der Tragödie mitfühlen würde, wenn sie direkt an ihr beteiligt gewesen wäre.

## Gefallen, aber nicht vergessen

Auch wenn weniger als ein Fünftel der Kaers die Verwüstung intakt überlebt zu haben scheint, sind viele Namensgeber so gründlich verloren gegangen, dass es keine Erklärung dafür gibt. Die Studie der Gilde der Lernenden über den alten Rohelin-Wald zeigt, dass mehr als ein Viertel der Namensgeber-Bevölkerung vollständig verschwunden zu sein scheint. Dutzende von Kaers wurden in unberührtem Zustand freigelegt, waren aber vollkommen ohne Leben. Es ist, als ob die Leute im Inneren an einem normalen Tag einfach in die Plage hinausgegangen wären.

Diese leeren Kaers reichen aus, um die unterschiedlichen Zahlen für die meisten Forscher zu erklären. Weniger bekannt ist die beunruhigende Tatsache, dass viele verzeichnete Kaers mit ihren Bewohnern verschwunden zu sein scheinen. Es ist möglich, dass Sereathas Aufzeichnungen einige Mängel aufweisen, aber die Anzahl der fehlenden Zufluchten deutet darauf hin, dass hier mehr als nur schlechte Buchhaltung im Spiel ist. Leider sorgt Sereathas Verachtung für Rohelins Handlungen kurz vor der Plage dafür, dass detaillierte Berichte schwer zu bekommen sind, und erschwert die weitere Forschung.

# Traditionen der Westlichen Königreiche

Auch wenn die Bewohner des Gwydenro lange den Elfenhof des Wyrmwaldes nachgeahmt haben, haben sie durch ihre frühere Gründung und ihre Entfernung vom Wyrmwald eine Handvoll Rituale und Überzeugungen entwickelt, die ganz ihre eigenen sind.

## Draesis ti'Morel: Das Rad des Lebens

Mit wenigen Ausnahmen folgt das Gwydenro dem traditionellen Sa'mistishsa-Weg entlang des Rades des Lebens (siehe S. 13). Die Idee, dem Rad des Lebens zu folgen, wird von den einfachen Leuten romantisiert, deren Leben auf das Überleben und nicht auf die esoterischen Anforderungen der Reise ausgerichtet ist. Dem Rad zu folgen, wird als ein Lebensstil angesehen, der eher dem Adel entspricht, also denjenigen, die in die Ranellen geboren werden.

Adlige, die sich strikt an das Rad halten, werden von ihren Standesgenossen und Untertanen mehr respektiert, sodass sie schneller aufsteigen. Ein gemeiner Elf, der in der Lage ist, Draesis ti'Morel zu folgen, kann sich den Respekt der Adligen um ihn herum verdienen und sogar in die Macht einheiraten. Es ist jedoch ebenso wahrscheinlich, dass er als Emporkömmling wahrgenommen wird, der versucht, über seinen Stand hinauszukommen.

### Anhänger des Pfades

Auch wenn typischerweise nur wenige Namensgeber in der Lage sind, Adepten zu werden, folgen Mitglieder der Ranellen der Westlichen Königreiche viel häufiger einer Disziplin. Sie halten sich fast alle an eine strenge Interpretation des Rades, die die Anzahl der Disziplinen, denen der Adel folgt, stark einschränkt und den Einzelnen zwingt, sein Leben lang mehrmals von vorne anzufangen. Auch wenn ihnen Talente aus der Disziplin eines früheren Pfades noch zur Verfügung stehen, gilt es für die Anhänger eines Pfades als gravierende Übertretung, auf sie zurückzugreifen. Erst auf dem Pfad der Herren stehen ihnen alle Fähigkeiten des Reisenden frei zur Verfügung. Sofern nicht ausdrücklich anders angegeben, haben alle adligen Anhänger eines Pfades erfolgreich eine Ausbildung in zuvor akzeptablen Disziplinen erhalten.

In den Westlichen Königreichen hält man es nicht für angemessen, dass Angehörige anderer Namensgeberrassen dem Rad folgen.

## Lew Teyrn: Der Eid des Dienstes

Die Tradition des Lew Teyrn geht auf die Vereinigung des Gwydenro mit dem Wyrmwald zurück. Lew Teyrn ist ein besonderer Eid, der zwischen Fürsten verschiedener Gerryth geleistet wird. Der eine übernimmt die Rolle des Lehnsherrn, der andere die des Vasallen. Ein einzelner Lehnsherr kann Lew Teyrn mit mehreren Vasallen eingehen, aber ein Vasall kann nur einen einzigen Lehnsherrn haben.

Der Eid des Dienstes zwischen Lehnsherr und Vasall dauert ein Jahr und einen Tag oder bis zum Tod einer der Parteien. Der Lehnsherr schwört, den Vasallen zu schützen und zu unterstützen, während der Vasall schwört, seinem Lehnsherrn in jeder möglichen Weise zu helfen, einschließlich der Zahlung einer im Voraus vereinbarten Steuer am Ende des Abkommens. Diese Eide werden typischerweise während der Woche des Cariad Castald geleistet.

Jedes Gerryth ist an mindestens einem Lew Teyrn beteiligt. Sereatha ist der Lehnsherr einer Handvoll einflussreicher Königreiche, darunter Caelshara. Caelshara, Vasall von Sereatha, ist der Lehnsherr mehrerer benachbarter kleinerer Königreiche, von denen eines Aiqua ist. Aiqua könnte in einen Lew Teyrn als Lehnsherr für ein anderes Königreich eintreten, kämpft aber um seinen Unterhalt und hat nicht die Mittel, um anderen Königreichen Hilfe zu versprechen. Durch die Tradition des Lew Teyrn zusammengehalten, bilden diese Königreiche das größere Gwydenro.

## Cariad Castald: Der Wettbewerb der Liebe

Der erste Cariad Castald wurde vom Hohen Truchsess während einer dunklen Zeit am Elfenhof veranstaltet. Die Gewinnerin des Wettbewerbs wurde Annwyl, die Geliebte. Dieser Annwyl wurde der Segen des Volkes und der Passionen versprochen, und es wurde erwartet, dass sie in schwierigen Zeiten Hoffnung bringt. Die erste Annwyl schaffte all das und noch mehr. Sie reiste in den Wyrmwald und erhielt den Segen von Eichenherz, wurde zur Königin Failla und regierte jahrhundertelang.

Seitdem wird der Wettbewerb mit wenigen Ausnahmen jedes Jahr in der inzwischen uralten Tradition abgehalten. Er findet über eine ganze Woche im Hochsommer statt. Alle sieben Tage gelten im gesamten Gwydenro als Feiertag. Jeder Elf kann am Wettbewerb teilnehmen, aber er muss die tägliche Herausforderung bestehen, um zur nächsten überzugehen, und diejenigen, die die ersten fünf abgeschlossen haben, können am letzten Tag anwesend sein, um für die Rolle des oder der Annwyl in Betracht gezogen zu werden.

Die Prüfungen in den ersten fünf Tagen stellen die Reise des Rades dar und werden normalerweise von angesehenen Questoren aus dem gesamten Gwydenro entwickelt. Traditionell werden die Versuche auf Lichtungen in Sereatha selbst durchgeführt, wobei die Zuschauer von den Türmen aus zusehen.

### Der oder die nächste Annwyl

Einige befürchten, dass die Tradition des Cariad Castald bedroht ist. Als der Hohe Truchsess Iolyn vor drei Jahren das Gwydenro übernahm, geschah dies in einer Zeit des Aufruhrs und der Angst. Zum ersten Mal seit Jahrhunderten wurde der Wettbewerb nicht ausgetragen, weil man Bedenken wegen eines Angriffs von außen hatte. Vor zwei Jahren bestimmte Iolyn, dass Königin Alachia unwiderruflich befleckt worden sei, und die Tragödie wurde durch die Annullierung des Cariad Castald gekennzeichnet. Letztes Jahr sagte Iolyn den Cariad Castald erneut ab. Er sagte, die Annwyl würde sich sicher wünschen, Eichenherz vorgestellt zu werden. Nachdem der Wyrmwald verloren und Eichenherz befleckt sei, gäbe es wenig Grund, eine Annwyl zu ernennen, die dieses Ziel nicht erreichen und die verbliebenen Elfenvölker vereinen könnte. Dieses Jahr schreien die Leute nach ihrer Feierwoche, und es könnte für den Hohen Truchsess schwierig werden, den Wettbewerb ein viertes Mal zu verschieben.

Der erste Tag des Cariad Castald ist die Prüfung des Kriegers. Dies kann ein Kampf sein, ist aber meist eher ein Test der Tapferkeit oder Ausdauer. Der zweite Tag bringt die Prüfung des Gelehrten. Die hier vorgestellte Herausforderung ist in der Regel ein kompliziertes Rätsel, das allgemeine Intelligenz und schnellen Verstand erfordert. Der dritte Tag ist die Prüfung des Reisenden und erfordert, dass sich der Herausforderer an die Überlieferung und die längst vergangenen Dinge erinnert. Der vierte Tag ist die Prüfung des Weisen und beinhaltet in der Regel eine wirklich schwierige Charakterprüfung. Der fünfte Tag ist die Prüfung des Herrn, die von den Mitgliedern der Gründungs-Ranellen entwickelt wird. Diese Herausforderung könnte alles andere sein, bringt aber wahrscheinlich Aspekte der vorherigen Herausforderungen thematisch zusammen.

Der sechste Tag schließlich ist ein großes Fest, um allen Teilnehmern zu gratulieren und diejenigen hervorzuheben, die die Prüfungen erfolgreich abgeschlossen haben und am siebten Tag teilnehmen dürfen, der Prüfung der Geliebten.

Der siebte Tag, der auf den längsten Tag des Jahres fällt, lässt jede qualifizierte Person eine Liebesarbeit vorlegen, die sie allein geschaffen hat. Die Art dieses Projekts hängt vom Herausforderer ab. Es wird gesagt, dass Failla und Alachia den Wettbewerb mit schönen Gedichten gewannen, die im Moment der Aufführung entstanden. Andererseits ist Maldwyn seit Jahrzehnten Annwyl und gewinnt immer mit einem Bild, das den Fortschritt und die Einheit des Volkes des Gwydenro darstellt. Diese Kunstwerke benötigen in den Monaten vor dem Wettbewerb selbst Hunderte von Stunden.

Nachdem die Sonne am siebten Tag untergegangen ist, wird die oder der Annwyl des Jahres dann per Akklamation ausgewählt. Nach diesem informellen Prozess nähern sich die vier Consortis von Sereatha dem Sieger oder der Siegerin und bieten ihm oder ihr ihren fünften Platz an. Technisch gesehen kann der oder die Annwyl jede Forderung an die Consortis stellen, obwohl es äußerst selten ist, dass andere Gnadengeschenke verlangt werden. Alachia bat darum, für eine Weile an den Hof im Wyrmwald zu gehen. Am Ende der Plage forderte Maldwyn das beste Schiff und eine handverlesene Besatzung, um von Sereatha aus loszusegeln. Die Consortis haben bisher noch nie eine Forderung eines oder einer Annwyl abgelehnt.

# DIE GRÜNDUNGS—RANELLEN

Elfen adliger Abstammung in den Westlichen Königreichen erhalten bestimmte Rechte, die vom lokalen König festgelegt werden. Jeder Elf, der mit einer Ranelle verwandt ist, gilt als adlig. Die meisten Ranellen sind klein und herrschen nur über ein einziges Gerryth. Ein paar kleine Ranellen sind mächtig genug, um ihre eigenen Vasallen zu haben oder über ein anderes Gerryth zu herrschen, aber das ist ungewöhnlich.

Drei Ranellen haben einen deutlich höheren Status und Einfluss als der Rest. Dies sind die „Gründungs-Ranellen". Jede dieser Familien führt mehrere einflussreiche Gerryth und hat einen Sitz unter den Consortis von Sereatha. Jede Gründungs-Ranelle wird von einem Patriarchen oder einer Matriarchin geleitet, die oder der aus der Ranelle eine Person auswählt, die als Consortis dient. Wenn eine dieser Familien nicht direkt ein Gerryth regiert, hat sie dort durch Eid oder Investitionen Einfluss.

## DIE ESCALANAS—RANELLE

Die Escalanas sind eng mit allen mystischen Dingen verbunden. Diesen Ruf haben sie sich über Jahrhunderte der Forschung und Hingabe an die magischen Künste erworben. Mit einem im Blutwald als Schöpfer des Rituals der Dornen bekannten Familienzweig sind die Escalanas des Westens bestrebt, ihre eigene Identität zu etablieren und ihre Macht zu beweisen.

Dathule, die legendäre erste Matriarchin der Escalanas, begleitete ihre Familie über das Bwydvir auf der Suche nach Erleuchtung. Als sie an der Stelle des zukünftigen Sereatha an Land gingen, entschied sie sich, weiter ins Landesinnere vorzustoßen. Sie beauftragte ihre Schwester Naesala die Elfen des Westens zu sammeln und für sie einen Zufluchtsort an den sanften Ufern zu errichten.

Nach der Plage, als der Kontakt mit dem Blutwald hergestellt wurde, arbeiteten die beiden entfernten Zweige der Escalanas-Ranelle in einem unruhigen Bündnis. Iolyns kürzlicher Aufstieg zur Macht hat diesen Frieden gebrochen, und die Escalanas, die dem Gwydenro treu ergeben sind, kehrten eifrig nach Hause zurück.

In den letzten Jahren haben die westlichen Escalanas viele Expeditionen in die tiefe Wildnis unternommen und zeigen ein besonderes Interesse an der Öde. Die Familie konzentriert sich darauf, verlorene Gerryth wiederzuentdecken, wo immer sie zu finden sind, und verbraucht erhebliche Ressourcen, um diese verlorenen Städte zu finden. Die Familie betrachtet die Gilde der Lernenden (S. 112) oft als Verbündete aus Bequemlichkeit, obwohl diese Beziehung manchmal eine Einbahnstraße ist; die Escalanas sind nicht immer daran interessiert, ihre Entdeckungen zu teilen.

Von den drei Gründungs-Ranellen überwachen die Escalanas die wenigsten Gerryth, aber die wenigen, die sie besitzen, sind in der Regel sehr loyal.

### MATRIARCHIN ALYNDRA ESCALANAS

Trotz ihres hohen Alters beschreitet Alyndra weiterhin den Pfad der Gelehrten. Sie begann ihre Reise erst auf diesem Weg, als sie Matriarchin wurde. Die vorhergehende Matriarchin war Alyndras ältere Schwester, die während Sereathas letzten Jahren im Untergrund verrückt wurde. Alyndra, die den Tod als direkte Folge von Alachias gescheiterter Führung bezeichnet, war schon immer eine ausgesprochene Verfechterin der Gwydenro-Elfen, die sich vom Blutwald abgrenzen.

Alyndra verbringt die meiste Zeit in Sereatha. Besuche in ihren Besitzungen und bei ihren Vasallen sind selten, da sie es vorzieht, ihre Aufgaben im Gründungsturm (S. 103) zu erfüllen. Sie reist jeden Monat für ein paar Tage in ein Privatanwesen im Imeritwald und hält für diese Reisen ein kleines persönliches Luftschiff bereit. Alyndra weigert sich einen Fuß in die unterirdischen Kammern des Fundaments zu setzen, seit Sereatha wieder an die Oberfläche gekommen ist. Gerüchten zufolge hat sie Angst in ihr Elternhaus zurückzukehren.

### ABENTEUERIDEE

Alyndras privates Kommen und Gehen ist zu einer Angelegenheit von Interesse für Ierus Laimin (S. 108) geworden, und er stellt die Abenteurer ein, um die Angelegenheit zu untersuchen. Alyndra zu beschatten oder die richtigen Beamten zu bestechen reicht aus, um den Standort ihres Privatanwesens herauszufinden, aber die Anreise wirft nur weitere Fragen auf. Ein großes Gebiet in der Nähe von Alyndras Haus wurde in einen Hain verwandelt, in dem Dutzende von jungen Eichenbäumen stehen.

Bevor die Abenteurer weiterforschen können, beobachten sie eine Gruppe von Singvögeln (siehe S. 54), die von einem Mitglied der Carithasca-Ranelle begleitet wird, die einen dieser Schösslinge entwurzelt und damit in den Wald flieht. Die Abenteurer müssen entscheiden, wem sie welche Informationen anvertrauen, während sie in ein politisches Spiel um einen jungen Baum verwickelt werden, der aus einer Eichel von Eichenherz stammt.

### Attribute

GES: 6 STR: 5 ZÄH: 5
WAH: 9 WIL: 7 CHA: 6

## Die Fensalor—Ranelle

Die Fensalor sind vor allem für ihre Fähigkeiten im Kampf bekannt. Ihre frühe Geschichte geht auf Caelshara (S. 109) zurück, wo ihr erster Patriarch, Gaelin, mit eiserner Faust regierte. Er baute die Einheimischen zu einer furchterregenden Kampftruppe auf und nutzte seinen Einfluss, um die riesige Steinfestung zu bauen, die bis heute steht.

Die Fensalor vereinten sich widerwillig mit den anderen Gründungs-Ranellen und waren schon immer überzeugte Verteidiger ihrer eigenen Rechte und Gerryth. Sie konzentrieren sich auf ihre eigenen Bedürfnisse vor denen des Gwydenro als Ganzes. Vielleicht haben die Fensalor aufgrund dieses inneren Fokus am wenigsten während der Plage verloren und haben heute mehr Vasallen-Gerryth als jede andere Ranelle.

Nach der Rückeroberung ihres Landes haben sich die Fensalor auf den Wiederaufbau ihrer Infrastruktur konzentriert. Auch wenn sie die Macht der Consortis von Sereatha respektieren, ziehen es die Fensalor vor, ihre vielversprechendsten Mitglieder von der Hauptstadt fernzuhalten. Insofern hat Leja (S. 106) vergleichsweise wenig Einfluss auf die Länder der Fensalor, und ihre Meinung hat den gleichen Stellenwert wie die eines der Vasallen des Patriarchen.

Das Fensalor-Militär und die Ritter vom Purpurturm (S. 112) haben oft ein gemeinsames Anliegen, und viele ehrgeizige junge Fensalor treten der Organisation bei, um sich einen Ruf zu erarbeiten. Nach dem Übergang aus dem Pfad der Krieger verlassen viele Fensalor die Ritter, um ihre nächste Herausforderung anzunehmen. Während die Ritter das Gwydenro vor äußeren Bedrohungen oder Naturkatastrophen schützen, verbringen die Fensalor-Streitkräfte die meiste Zeit damit, den Frieden zwischen loyalen Gerryth durchzusetzen und öffentliche Bauwerke zu bauen. Die Fensalor haben eine profitable Handelsallianz mit Thera geschlossen und betreiben von ihrem Sitz Caelshara aus ein reges Geschäft. Theras kultureller Einfluss zeigt sich in der Kleidung und im Verhalten vieler jüngerer Adliger der Familie – ein Trend, der am Hof von Sereatha nicht unbemerkt geblieben ist.

### Patriarch Itham Fensalor

Itham wuchs zu einem Erwachsenen heran, während Caelshara in die Isolation ging. Ithams Bruder fiel in diesen chaotischen Zeiten der Befleckung der Dämonen zum Opfer und weckte die Entschlossenheit des jungen Soldaten, das Gwydenro mit allen notwendigen Mitteln zu verteidigen. Itham diente als ein ehrenwerter Kommandant, während er die Sicherheit seines Volkes gewährleistete, und erwies sich während der Plage als ein fähiger Politiker. Bereits im hohen Lebensalter, als sein Vater starb, übernahm er einige Jahrzehnte vor der Rückkehr an die Oberfläche seine Position als Anführer der Ranelle.

Als Anhänger des Pfades der Herren ist Itham vor allem für seine Fähigkeiten als Krieger und Troubadour bekannt. Sogar seine Verbündeten geben zu, dass er nie eine besondere Begabung für den Elementarismus oder die tieferen Geheimnisse der arkanen Künste hatte. Aufgrund seines extremen Alters delegiert Itham die meisten seiner Aufgaben und verlässt nur selten seine Heimat in der Festung Caelshara.

### Attribute

GES: 7 STR: 6 ZÄH: 4
WAH: 7 WIL: 7 CHA: 7

## Die Trisrora—Ranelle

Die Trisrora wuchsen aus kaum mehr als ein paar Wagen und ihrem Talent, ein gutes Geschäft zu erkennen. Die Trisrora-Karawane unterhielt ursprünglich nur ein paar Nomadenlager und gründete ihre erste permanente Siedlung in der nordöstlichen Region des Gwydenro. Auch wenn dieses Königreich, Wersedd, noch existiert, haben die Trisrora ihren Fokus von ihrer alten Heimat weg verlagert.

Die erste Matriarchin der Familie, Shyonia, hatte auf ihren Reisen großen Reichtum gesammelt. Sie wollte ihr Handelsnetz weiter ausbauen, machte sich auf den Weg ans Meer und traf auf Naesala Escalanas und Gaelin Fensalor. Der Legende nach vermittelte sie den Frieden zwischen den beiden und legte persönlich den ersten Pflasterstein für die Stadt Sereatha.

Heute befehligen die Trisrora viele Gerryth am östlichen Rand des Gwydenro. Jastra leitet die Familie von Sereatha aus und arbeitet eng mit der Consortis ihrer Familie zusammen. Obwohl sie ihrem Volk rät, nach Möglichkeiten in den Westlichen Königreichen und der Öde zu suchen, richtet sie ihre Aufmerksamkeit auch über die Grenzen des Gwydenro hinaus. Sie arbeitete hart mit dem ehemaligen Hohen Truchsess Maldwyn zusammen, um Verbindungen zu Shosara herzustellen, und machte profitable Geschäfte mit diesem Land, bis Iolyn es erneut für Getrennt erklärte.

### Abenteueridee

Die Freien Kompanien berechnen höhere Preise für ihre Waren. Da die Trisrora in ihrem Umgang mit Shosara vorsichtig sein müssen, beauftragen sie die Charaktere, in ihrem Namen zu ermitteln. Die Händler im Gwydenro haben nur eine begrenzte Kontrolle über die Preise und behaupten, dass die höheren Kosten vom Rat der Fürsten verlangt werden. Die Charaktere müssen das Luftschiff nach Shosara begleiten und den erhöhten Kosten auf den Grund gehen. Dabei entdecken sie eine ausländische Zelle, die sich darum bemüht, dass Sereatha und Shosara einander weiter an die Gurgel gehen.

Zwischen dem Hohen Truchsess Iolyn und der Führung der Trisrora herrscht keine Liebe, und die Präsenz der Ranelle in der Stadt der Türme hat in den letzten Jahren abgenommen. Viele ihrer Verwandten kehren in ihr Heimatgerryth zurück, um nach neuen Möglichkeiten zu suchen. Auch wenn Iolyn Geschäfte mit den Elfen von Shosara verboten hat, arbeitet die Familie weiternin mit den Freien Kompanien (S. 140) zusammen, wobei behauptet wird, dass Nicht-Elfen von Natur aus von jedem Dekret der Trennung ausgenommen sind. Die Trisrora haben auch viele profitable Geschäfte mit den Menschen von Iopos gemacht. Die Denairastas scheinen sich jedoch wenig um diese Beziehung zu kümmern, da sie kürzlich einen Vertrag mit den Trisrora brachen und sich weigerten, die versprochenen Handelsschiffe in ihren Werften in Jerris zu bauen.

### MATRIARCHIN JASTRA TRISRORA

Die aktuelle Matriarchin der Trisrora ist jung und eine der reichsten Namensgeberinnen des Gwydenro. Sie scheut sich nicht ihren Reichtum zu zeigen, und schmückt sich mit den besten Kleidungs- und Schmuckstücken, die die Stadt der Türme zu bieten hat. Sie ist wohltätig, spendet regelmäßig an Questoren und veranstaltet jährlich ein Fest für die Unterdrückten im unteren Königreich Dion (S. 100). Diese Handlungen dienen dem Schutz ihres und des Images ihrer Familie, und Jastra kümmert sich wenig um die Details, wie ihr Geld verwendet wird, um anderen zu helfen. Ihr Hauptaugenmerk liegt auf der Erweiterung des Handelsportfolios ihrer Familie, und sie verbringt einen Großteil ihrer Zeit im Turm der Ambition (S. 104).

Sie investiert häufig in aufstrebende Händler und streitet oft mit dem Hohen Truchsess Iolyn darüber, was einen „akzeptablen“ Geschäftspartner ausmacht. Sie beschreitet derzeit den Pfad der Reisenden und ist eine mäßig versierte Troubadoura.

#### ATTRIBUTE

GES: 6 STR: 5 ZÄH: 5
WAH: 6 WIL: 5 CHA: 8

## DIE GESCHICHTE VON SEREATHA

Die drei Gründungs-Ranellen trafen sich in einem Wald hoch oben auf einem Hügel, der an der Küste der Tyrnvir-Bucht lag. Jede Familie baute einen gewaltigen Turm aus Alabaster, der von der anderen Seite des Meeres hertransportiert wurde. Diese drei Türme dienten als Leuchttürme, Aussichtspunkte und Statussymbole. Leuchttürme der Zivilisation in einer barbarischen Zeit.

Bald darauf hatten sich die Elfen der Westlichen Königreiche vereint und dem Wyrmwald Treueeide geschworen. Der Hohe Truchsess Harwyn kehrte mit Vertretern ihrer neuen Königin in die Stadt zurück. Die Ehrenwache aus Soldaten und die Gruppe aus angesehenen Handwerkern ließen jeweils einen Turm in ihrem Namen errichten, der die Heimat der Ritter vom Purpurturm und des Ordens vom Amethystturm werden sollte.

Diese fünf Türme begründeten eine Tradition, der alle Adligen folgen wollten. Der praktische Zweck dieser Türme wurde vergessen, und jede Gruppe in der wachsenden Stadt begann Land zu erwerben und einen Turm zu bauen. Jede der Passionen hatte einen ihr gewidmeten Turm. Alle Ranellen, die die Mittel hatten, bauten ihre eigenen Türme. Jeder Pfad der Reise erhielt einen Turm. Türme wurden zu Ehren von Königinnen und Taten gebaut. Einige wurden nach einem Ideal benannt und von denen bevölkert, die für seine Erhaltung kämpften. In den letzten Tagen vor der Plage standen über hundert Türme auf dem gesamten Hügel, und einige waren sogar auf dem Meer gebaut worden.

Heute sind nur noch elf Türme übrig.

### DIE ERSTE PILGERREISE

Das Gwydenro war in den Tagen vor der Plage in ein Chaos gestürzt worden. Viele hatten Alachia die Treue gebrochen und Geschäfte mit den Theranern gemacht. Andere hatten die illegalen und unvollständigen Riten benutzt, die im ganzen Land verbreitet worden waren. Nur Sereatha war der Königin des Wyrmwaldes treu geblieben und baute seine unterirdische Zuflucht nach ihren Vorgaben.

Trotz der Spannungen und politischen Auseinandersetzungen dieser dunklen Tage sehnten sich die isolierten elfischen Siedlungen im ganzen Gwydenro danach, nach Sereatha zurückzukehren und sich wieder mit dem Elfenhof zu vereinen. Deswegen machten sich viele auf den Weg in die sagenumwobene Stadt der Türme, nachdem ihre Zufluchten wieder für die Welt geöffnet worden waren.

Die ersten Reisenden gehörten zur Darga-Ranelle, einer kleinen Familie aus einem kleinen Königreich. Als sie in Sereatha ankamen konnten sie den Hügel und die noch stehenden Türme sehen, aber die sanften Hänge waren abgetragen worden und hatten nichts als steile Klippen hinterlassen, die Hunderte von Schritt in den Himmel reichten. Die zerrissenen Türme lagen auf dem Boden verstreut und machten das Befahren der Bucht tückisch. Wo einst fruchtbares Ackerland gewesen war, war jetzt ein felsgefüllter Sumpf.

Nachdem sie die Ruinen inspiziert und den gefährlichen Anstieg in die verlassene Stadt unternommen hatten, schlossen die Darga daraus, dass die Zuflucht im Hochplateau intakt geblieben war. Obwohl die Bewohner wahrscheinlich noch am Leben waren, hatten die Darga keine Möglichkeit mit ihnen zu kommunizieren. Es wurde beschlossen, dass sie über ihre Adligen wachen würden, bis diese auftauchten. Sie nannten ihre neue Heimat Dion oder „Wache“ und behandelten sie mit dem Respekt, den man für alte Königreiche und Titel hat. Die Bewohner von Dion begannen die Gebäude auf Meereshöhe wieder aufzubauen, den nahegelegenen Boden zu bearbeiten und die Bucht wieder nutzbar zu machen.

### ERNEUTER KONTAKT

In den Jahren nach der Plage versammelten sich immer mehr Überlebende in Sereathas Schatten. Einige dieser Überlebenden waren wichtige Adlige aus wiedereröffneten Gerryth, aber weitaus mehr von ihnen waren verzweifelte Überlebende, die in diesen gefährlichen frühen Tagen ein Zuhause suchten. Die Darga steuerten den Zustrom von Namensgebern. Sie nahmen Gruppen friedlich in ihre eigene Infrastruktur auf, nahmen offiziell Adlige von verlorenen Ranellen in ihre Ranelle auf und schlossen sich zu einer respektablen Miliz zusammen.

Nach acht Jahren, in denen die Bevölkerung von Dion die Kontrolle übernahm und wuchs, nahm sie Kontakt mit den Bewohnern unter Sereatha auf. Maldwyn, an Bord seines kleinen Schiffes mit zwei Dutzend Seeleuten, kam aus der Flanke des

Berges hervor und fuhr in die inzwischen geräumte Bucht. Die Einwohner von Dion hatten diesen Moment mit Spannung erwartet. Sie eilten auf die Öffnung zu, und die gesamte Darga-Flotte segelte in Richtung des Berges.

Maldwyn war bestürzt. Für ihn schien die Stadt auf dem Tafelberg eine Ruine zu sein, und die Elfen, die vorwärts eilten, sahen wie verzweifelte Wilde aus, die sein Schiff angreifen oder abstürzen lassen wollten. Die Passage in den Berghang schloss sich so plötzlich, wie sie erschienen war, und Maldwyn floh aufs offene Meer. Sein Schiff war um einiges schneller als die Schiffe, die von den Darga zusammengeschustert worden waren, und Maldwyn entkam ihnen.

Fünf Monate später kehrte Maldwyns Schiff in die Bucht zurück. Sein Schiff war beschädigt, und fast die gesamte Besatzung war auf dem offenen Meer getötet worden. Die Darga näherten sich vorsichtiger, und Maldwyn traf sich persönlich mit König Skyddyn Darga (siehe S. 102). Sie sprachen tagelang unter vier Augen an Bord von Maldwyns Schiff. Maldwyn musste unter Sereatha zurückkehren, aber der Weg war blockiert und der Elementarist, der ihm geholfen hatte, ihn zu öffnen, war auf See gestorben. Skyddyn bot an, Maldwyns Schiff zu reparieren und seine Mannschaft zu behandeln, während die Elementaristen des Königs daran arbeiten würden, Maldwyn zu seinem Volk zurückzubringen. Im Gegenzug für die Hilfe und Gastfreundschaft würde Maldwyn nach seiner Rückkehr von den Gefahren der Welt erzählen, aber den Hof auffordern, seine Pforten zu öffnen und an die Oberfläche zurückzukehren.

Zweihundert Tage, nachdem er zum ersten Mal aus dem Berg herausgekommen war, segelte Maldwyn wieder hinein. Nach weiteren zweihundert Tagen der Stille schlossen sich die Bewohner von Sereatha wieder der Welt an.

### Der Tribut der Plage

Unter der Erde, in den Tunneln, in denen die Bewohner von Sereatha untergebracht waren, blieben die Durchgänge zur verlorenen Stadt intakt. Die Adligen, die nach der Plage an die Oberfläche kamen, weinten, als sie sahen, wie ihre Stadt zerstört worden war. Mehr als zwei Drittel von Sereatha waren während der Plage zerstört worden. Von den Gründungstürmen blieb nur der Turm der Escalanas intakt. Nur die Hälfte vom Purpurturm war stehen geblieben, und der Amethystturm war ins Meer gefallen. Wo einst ein Turmring für die zwölf Passionen gestanden hatte, waren nur noch fünf übrig. Die elegant verbundenen Türme, die den Fluss des Pfades symbolisierten, waren in Schutt und Asche gefallen und hinterließen nur noch Cirolletishsa und Raeghsa. Von den Türmen, die den Kleinadel beherbergt hatten, standen nur zwei, die Stammhäuser der Laimin und Praiket.

Während der Adel die düstere Aufgabe des Wiederaufbaus seiner verwüsteten Heimat übernahm, freuten sich die Bewohner von Dion darüber, dass ihr Hof wieder zu ihnen zurückgekehrt war. Gemeinsam arbeiteten sie mit den Elfen oben, um Tunnel in die Berge zu graben und den effizienten Übergang zwischen der Stadt der Türme oben und dem bewirtschafteten Land unten zu organisieren.

## Königreich Dion

Dion und Sereatha gelten unter dem Lew Teyrn als zwei verschiedene Königreiche. Auch wenn sie technisch gesehen getrennt sind – und die Bürger beider Länder sind bestrebt, die Unterscheidung hervorzuheben – wird der Unterschied vom Rest des Gwydenro oder der Welt insgesamt selten berücksichtigt.

Sereatha wird von den Consortis regiert, während Dion der Sitz der kleinen Darga-Ranelle ist. Die Darga sind Vasallen der Consortis von Sereatha und haben keine eigenen Vasallen. Auch wenn Sereatha noch viele andere Vasallenreiche hat, verbinden seine Nähe und die gemeinsamen Ressourcen mit Dion die Königreiche so eng wie keine anderen im Gwydenro.

Mit Sereatha auf dem Tafelberg kontrolliert Dion den gesamten Land- und Seehandel. Der Gipfel hat wenig Ackerland und benötigt häufige Lebensmittellieferungen aus den Hainen, die für die Unteren verfügbar sind. Diese Realitäten bedeuten, dass die Stadt der Türme stark von Dion abhängig ist. Dennoch wird Sereatha aufgrund seiner kulturellen Bedeutung als das prestigeträchtigere der beiden Gerryth angesehen.

Bisher scheinen die Darga mit diesem Arrangement zufrieden zu sein und regieren das Land unten, während die einflussreicheren Adligen ihre Spiele am oberen Hof spielen. Wenn die zahlreicheren Darga versuchen würden, Forderungen an Sereatha zu stellen, müssten sie sich mit den gut ausgebildeten Rittern vom Purpurturm und der großen Anzahl von Adepten auseinandersetzen, die sich in der Stadt der Türme niedergelassen haben.

### Kulturelle Unterschiede

Dion wird manchmal als „die Oberfläche" bezeichnet, ein Erbe der Zeit, als sich das Kaer nach der Plage zum ersten Mal öffnete. Wenn der Begriff von Bewohnern der Stadt der Türme genutzt wird, ist es in der Regel eine abfällige Art und Weise, sich auf die gewöhnlichen Massen zu beziehen – insbesondere auf Nicht-Elfen. Sereathas Präsenz auf einem Tafelberg, der von oben auf Dion herabblickt, vertieft diese Kluft und verstärkt die Gefühle kultureller Reinheit und Überlegenheit.

Einige Einwohner von Dion verstehen den Begriff als Zeichen des Stolzes und haben um ihn herum eine Identität der Ehrlichkeit, der Zweckmäßigkeit und des gesunden Elfenverstands geschaffen. Im Slang und anderen Wendungen hat er Konnotationen, die „bodenständig" bedeuten. Dies ist häufiger der Fall bei den Unterschichten, den weniger treuen Anhängern der Pfade und den Namensgebern, die keine Elfen sind.

## Bevölkerung

In der Stadt der Türme leben weniger als 5.000 Namensgeber. Das Leben in Sereatha selbst erfordert in der Regel eine bestimmte Position oder ausreichend respektable Verbindungen zu einer Ranelle. Dies führt zu einer Bevölkerung, die fast ausschließlich aus Elfen besteht. Einige wenige Organisationen erlauben Nicht-Elfen den Zugang, aber sie sind die Ausnahme. Andere Namensgeber in Sereatha gelten bestenfalls als Kuriosität und schlimmstenfalls als Bedrohung für den Ruf der Stadt.

Viele weitere Namensgeber leben in Dion, das den Tafelberg umgibt. Es hat noch nie eine vollständige Volkszählung gegeben, und eine solche Aufgabe wäre angesichts der vorübergehenden Natur eines Großteils der Bevölkerung auch eine Herausforderung. Schätzungen zufolge sind etwa 25.000 Namensgeber dauerhaft in Dion zu Hause, wobei sich diese Zahl im Sommer aufgrund des zunehmenden Handels und des Cariad Castald verdoppelt. Die Bevölkerung von Dion ist vielfältiger, aber immer noch überwiegend elfisch. Menschen, Zwerge und Orks machen jeweils etwa zehn Prozent der Bevölkerung aus. Andere Namensgeberrassen haben nur eine symbolische Präsenz im Königreich.

## Dions Bezirke

Dion ist in drei Bezirke unterteilt: das Hafenviertel, das Fundament und den Imeritwald. Jeder dieser Bezirke liegt im Schatten des Bergs der Türme, auf dem Sereatha steht. Das Ackerland im Osten und Süden gilt nicht als Bezirk. Hier gibt es nur kleine Dörfer, deren Einwohner die Äcker bestellen.

### Das Hafenviertel

Das Hafenviertel ist der erste Bezirk, den die meisten Ausländer bei der Einreise nach Sereatha sehen. Alle ausländischen Schiffe, die in die Bucht einfahren, werden inspiziert. Der Adel kann den langwierigen und mühsamen Inspektionsprozess durch die Zahlung einer kleinen Gebühr vermeiden. Schließlich werden alle außer den wohlhabendsten Schiffen dokumentiert und über einen Kai informiert, an dem sie im Unteren Hafen anlegen können, wobei kleinere Schiffe normalerweise weiter vom Berg entfernt liegen.

Ausreichend wohlhabende Schiffe und jedes Schiff, das einen Vertreter des Hofs von Sereatha transportiert, können den Unteren Hafen vollständig vermeiden. Sie werden auf die Nordseite des Berges gebracht und durch einen der wenigen Wassereingänge geführt. Die Innenkais sind als Oberer Hafen bekannt. Wenn man hier aussteigt, gelangt man direkt ins Fundament und erhält einen direkten Weg in die Stadt der Türme.

Der Untere Hafen hat viele Geschäfte, die für Segler und untätige Hafenarbeiter attraktiv sind, aber die Gasthäuser und Tavernen mit unterschiedlichem Ruf ziehen Leute aus allen Schichten der Gesellschaft an. Leider ist Kriminalität im Bezirk trotz der Bemühungen der Darga weit verbreitet. Diejenigen, die bei einem Diebstahl oder einer Gewalttat erwischt werden, werden oft gebrandmarkt und aus dem Königreich verbannt. Schwerere Vergehen wie Mord oder Verbrechen gegen ein Mitglied des Adels führen fast immer zur Hinrichtung. Wenn ein junger Adliger aus Sereatha selbst in das Verbrechen verwickelt ist, werden die Dinge für die Darga-Wachen komplexer, und ohne vorherige Rücksprache mit dem Hof ist keine Bestrafung erlaubt.

## Die Elfen des Hafenviertels

Iolyn hat den Druck auf die Darga erhöht. Nachdem er den Mantel des Hohen Truchsesses erlangt hatte, befahl er der Ranelle, alle Blutelfen und Elfen aus Shosara aus ihrem Königreich zu entfernen und ihnen die Wiedereinreise zu verbieten. Die Darga taten ihr Bestes, um diesem Befehl nachzukommen, aber das Ganze wurde durch die vielen Schiffe erschwert, die ständig in den Hafen einfahren und ihn verlassen. Blutelfen konnten leicht identifiziert werden, aber die Loyalität eines Ungeschützten Elfen ist viel schwieriger zu beweisen. Nachdem sie mit der bestehenden Bevölkerung alles in ihrer Macht Stehende getan hatten, stellten die Darga strenge Anforderungen an den Grundbesitz in ihrem Königreich und stellten Wachposten auf, um alle Elfen zu befragen, die das Hafenviertel zu Fuß verlassen wollten.

Seit dem Bau dieser Wachposten hat die Kriminalität im Hafenviertel stark zugenommen. Viele der Einheimischen sehen die Wache als ihren Feind an, und die wachsende Feindseligkeit macht es für die Wache fast unmöglich, an der Seite der Gemeinschaft zu arbeiten.

Der Hohe Truchsess hat seine tiefe Unzufriedenheit mit der Situation zum Ausdruck gebracht und erklärt, dass er, wenn die Kriminalität nicht bald unter Kontrolle gebracht werden kann, die Ritter vom Purpurturm für die Sicherheit des Hafens verantwortlich machen wird. Auch wenn die Ritter in Notfällen oft in Anspruch genommen werden, würde der dauerhafte Ersatz der stehenden Armee eines lokalen Königs als Anklage gegen die Fähigkeiten dieses Königs angesehen werden und wäre für die Darga beschämend.

Die allgemeine Meinung am Hof ist, dass Iolyns primäres Anliegen nicht die Kriminalität in der Gegend ist, sondern Gerüchte über wachsende Spionagenetzwerke im Bezirk. Es besteht der Verdacht, dass er besonders vor dem Eindringen von Singvögeln (S. 54) von Alachias Hof Angst hat.

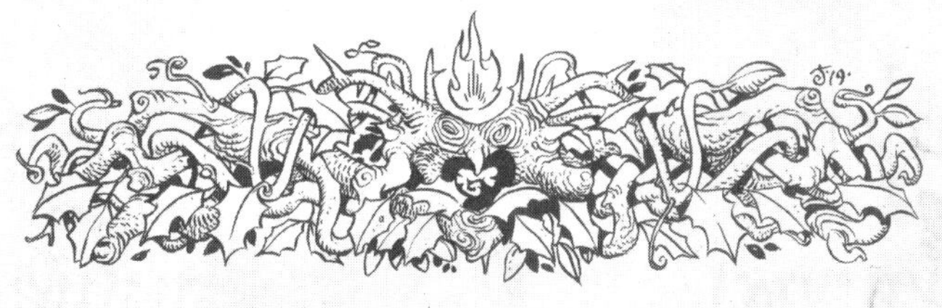

**DAS FUNDAMENT**

Das Fundament umfasst die um den Fuß des Berges herum errichteten Gebäude und die darunter liegenden umgestalteten Kammern um den Oberen Hafen. Das bergige Äußere ermöglicht fünf Wege zur Stadt der Türme. Im Osten und Westen befinden sich magische Aufzüge, die die Lagerhallen unten mit der Stadt darüber verbinden. Im Südwesten, Süden und Südosten befinden sich Treppen, über die man aber so lange für einen Aufstieg braucht, dass sie nur selten genutzt werden. Unterhalb des Berges befindet sich nur noch ein begehbarer Weg von der alten Zuflucht aus, eine fein gestaltete und gewundene Treppe, die die Reisenden in das Untergeschoss des Gründungsturms führt.

Der Zutritt nach Sereatha von Dion aus wird streng überwacht. Elfen mit den richtigen Adelspatenten können nach Belieben kommen und gehen, während alle anderen Personen offizielle Fürsprecher benötigen und eine Tagesgebühr zahlen müssen. Die Aufzüge erheben eine zusätzliche Gebühr pro Gewicht, und die Reisenden müssen ihre Reise aufgrund des vollen Zeitplans mindestens einen Tag im Voraus planen.

Mitglieder der Darga-Ranelle kämpfen um die Position im Fundament, dessen angesehenste Quartiere unter dem Berg und in der Nähe der Stadt der Türme liegen. Auch Handwerker konkurrieren um den Platz im Bezirk. Besonders qualifizierte Handwerker können in die Stadt gerufen werden, aber die meisten arbeiten ihr ganzes Leben lang unten. im Fundament leben Rüstungsbauer, Gerber, Schreiner und Facharbeiter aller Art. Die Dienstleistungen im Bezirk richten sich mehr an Einheimische als an Durchreisende.

***IMERITWALD***

Bevor Sereatha sich öffnete, versuchten die Darga, die kilometerlangen Moore westlich des Berges zu reinigen. Auch wenn sie es nicht geschafft haben, einen Großteil der Region landwirtschaftlich nutzbar zu machen, haben sie den Sumpf erfolgreich trockengelegt und alle außer den größten Ruinen beseitigt. Innerhalb weniger Jahrzehnte war der Boden fruchtbar genug, um die einheimische Flora zu unterstützen, und heute ist ein weitläufiger Wald gewachsen.

Während der Osten und Süden zu Feldern geworden sind, die die Bevölkerung versorgen, ist der Westen zu einem riesigen Wald geworden, der von den Einheimischen sehr geschätzt wird. Aus diesem Wald wird sorgfältig Holz für den lokalen Bau geerntet, und Adlige veranstalten hier Jagden, sowohl wegen des Fleisches der Tiere als auch als Sport. Die Reichen, die ein abgelegenes Anwesen dem Status von Sereatha vorziehen, errichten hier ihre Anwesen.

Nur wenige Darga sind daran interessiert, hier ihre Häuser zu errichten, und ziehen es vor, in den Steinstrukturen des Fundaments zu leben. Es gibt wenig Grund für die Händler und einfachen Leute der Oberfläche, sich in die Wildnis des Imeritwaldes zu begeben, und Nicht-Elfen können erwarten, von der örtlichen Wache genau beobachtet zu werden.

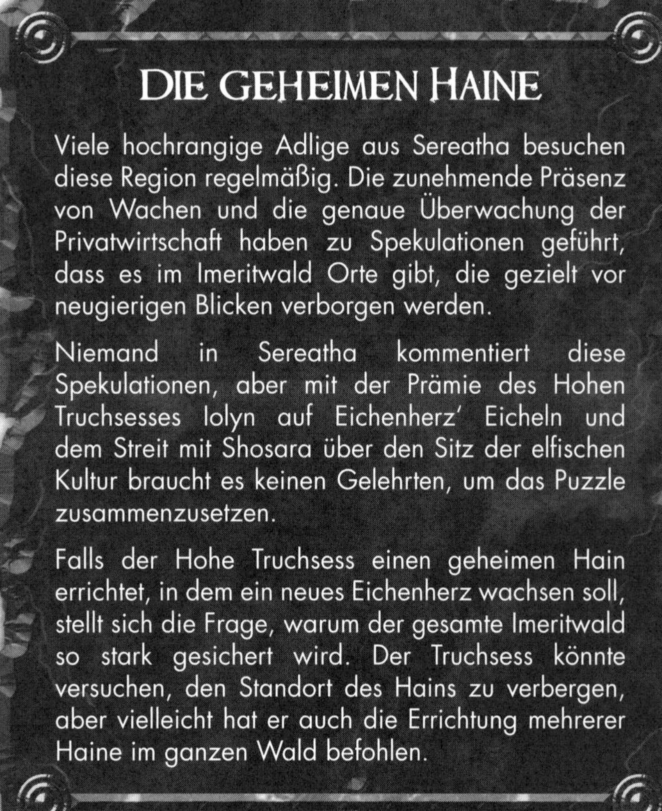

## DIE GEHEIMEN HAINE

Viele hochrangige Adlige aus Sereatha besuchen diese Region regelmäßig. Die zunehmende Präsenz von Wachen und die genaue Überwachung der Privatwirtschaft haben zu Spekulationen geführt, dass es im Imeritwald Orte gibt, die gezielt vor neugierigen Blicken verborgen werden.

Niemand in Sereatha kommentiert diese Spekulationen, aber mit der Prämie des Hohen Truchsesses Iolyn auf Eichenherz' Eicheln und dem Streit mit Shosara über den Sitz der elfischen Kultur braucht es keinen Gelehrten, um das Puzzle zusammenzusetzen.

Falls der Hohe Truchsess einen geheimen Hain errichtet, in dem ein neues Eichenherz wachsen soll, stellt sich die Frage, warum der gesamte Imeritwald so stark gesichert wird. Der Truchsess könnte versuchen, den Standort des Hains zu verbergen, aber vielleicht hat er auch die Errichtung mehrerer Haine im ganzen Wald befohlen.

## DIE DARGA—RANELLE

Die Darga entdeckten, dass die Schutzvorrichtungen ihres Kaers in den letzten Jahren der Plage versagten. Sie wurden früher als erwartet in die Welt gedrängt, und ein Mangel an Ressourcen zwang sie, ihr Heimatgerryth aufzugeben. In Verzweiflung reisten sie nach Sereatha und entdeckten den gewaltigen Felsberg.

Als Sereathas Hof an die Oberfläche kam, erhielten die Darga für ihre Hingabe das Land am Fuße der Stadt der Türme geschenkt. Ob dieses Geschenk aus Güte gemacht wurde oder aufgrund der Tatsache, dass die Darga mehr treue Anhänger hatten als die Überlebenden von Sereathas Zuflucht, ist eine Frage, auf die nur wenige die Antwort kennen. Dennoch erfüllen die Darga ihre Pflicht mit Stolz. Die Wachen von Dion sind alle mit den Darga verbunden, die meisten davon blutsverwandt oder schon vor langer Zeit in die weitläufige Familie aufgenommen.

**KÖNIG SKYDDYN DARGA**

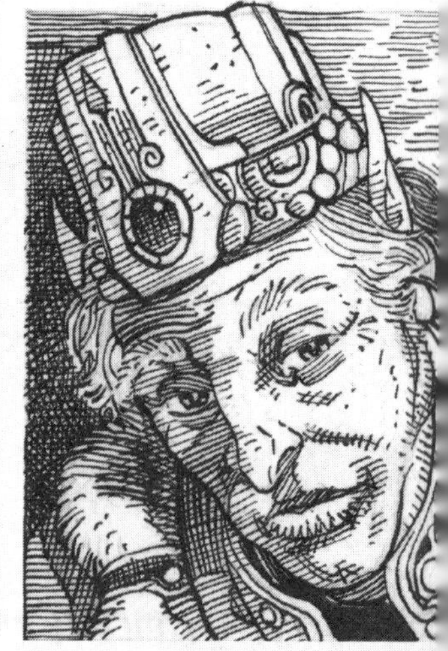

Skyddyn ist König der Darga-Ranelle, seit diese aus ihrem verwüsteten Gerryth geflohen ist. Dion ist das größte Königreich im Gwydenro und explizit Skyddyns Reich. Der Troubadour beschreitet den Pfad der Gelehrten und organisiert Tag und Nacht die Arbeit der Wachen und Eskorten für die wichtigen Leute, die sein Königreich durchqueren.

In jüngster Zeit wurde Skyddyns Leibgarde verstärkt, und er wird normalerweise von mindestens einem Dutzend hoch qualifizierter Leibwächter begleitet. Die meisten führen diese erhöhte Sicherheit auf die zunehmende Kriminalität im Hafenviertel zurück, das er häufig patrouilliert. Andere vermuten, dass die Spannung zwischen König Skyddyn und dem neuen Hohen Truchsess wächst.

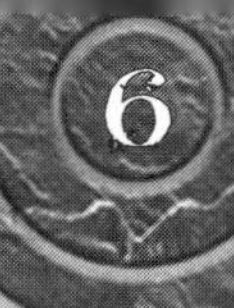


### Attribute

GES: 7 STR: 6 ZÄH: 5
WAH: 6 WIL: 5 CHA: 6

## Die Stadt der Türme

Sereatha hat seit seiner Rückkehr in die Welt einen weiten Weg zurückgelegt. Die Bevölkerung ist zwar viel kleiner als die von Dion, wächst aber stetig. Die gut erhaltenen Straßen sind voll von Adligen, die ihrem Tagesgeschäft nachgehen. Die anmutigen Türme und die schöne Landschaft reichen fast aus, um den Schmerz zu vergessen, den die Welt während der Plage erlitten hat.

Die Illusion der Stadt wird durchbrochen, wenn man die vielen Bauvorhaben auf dem Tafelberg erkennt – Projekte, die aufgrund der strengen Grenzkontrollpolitik Sereathas nur langsam abgeschlossen werden.

### Der Gründungsturm

Der älteste noch erhaltene Turm gehörte einst ausschließlich den Escalanas. Der Alabasterturm leuchtet so strahlend wie damals, als er vor Jahrhunderten gebaut wurde, und er ragt 500 Fuß hoch in den Himmel. Als die Bewohner von Sereatha an die Oberfläche zurückkehrten, traten sie durch die Keller des Gründungsturms ins Licht der Welt.

Nachdem die Escalanas die Schäden gesehen hatten, die die Stadt während der Plage erlitten hatte, öffneten sie ihren Turm für die Führung von Sereatha und überließen die Kontrolle ausdrücklich dem Hohen Truchsess Maldwyn. Der sereathanische Hof wird seitdem in den großen Vorräumen des Gründungsturms abgehalten. Allen drei Gründungs-Ranellen wird ein Platz im Turm versprochen, und jedem, der diesen Familien oder dem Hof dient, wird ein Raum innerhalb des Turms gestattet. Der Gründungsturm kämpft darum, alle höfischen Besucher während der Woche des Cariad Castald zu beherbergen, und die Intrigen, die sich um Raumzuweisungen herum entwickeln, können weitreichende politische Auswirkungen haben.

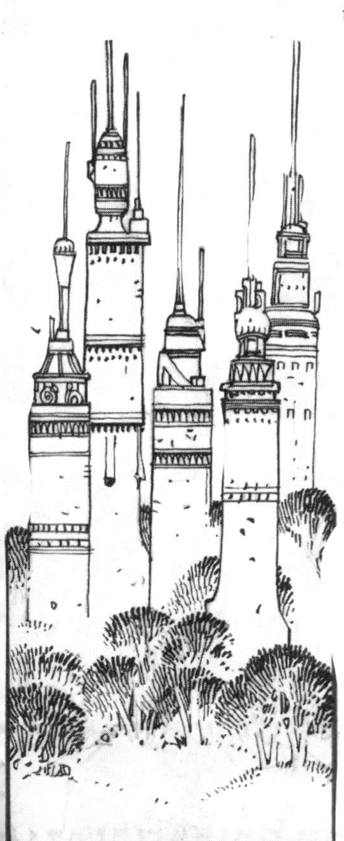

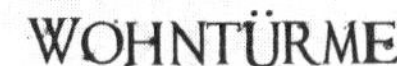

### Wohntürme

Die meisten der erhaltenen Türme werden heute als Orte für bestimmte Geschäfte genutzt. Alle Türme haben Privaträume, die die Mitglieder des elfischen Hofes als ihre eigenen bezeichnen, aber nur zwei Türme – der Naunamai- und der Viestern-Turm – werden ausschließlich als Wohnraum genutzt. Die Türme sind ähnlich aufgebaut, 100 Fuß hoch und haben einen deutlich größeren Durchmesser als die anderen Türme.

Vor der Plage wären diese Türme übersehen worden, weil es ihnen an opulenter oder anmutiger Architektur fehlt. Die Gärten, die die gesamte Dachfläche des Gebäudes bedeckten, schienen ein kleiner Trick des Elementarismus zu sein. Heute beherbergen diese Gebäude mehr als drei Viertel des Adels. Zwei weitere Türme werden gerade gebaut, die absichtlich den effizienten Bau dieser alten Häuser nachahmen.

#### Naunamai

Vor der Plage baute die Laimin-Ranelle einen bescheidenen Turm, der als einer unter vielen unbemerkt blieb. Während der Plage, als die größeren und eleganteren Türme um ihn herum zusammenbrachen, hielt der Laimin-Turm stand. Die Laimin überlebten die Plage in der Zuflucht unter der Stadt, und nachdem die Sereathaner an die Oberfläche gekommen waren, folgten sie dem Beispiel der Escalanas, indem sie ihre angestammte Heimat den Consortis schenkten.

Der Turm wurde unter dem Namen *Naunamai* oder „Neue Heimat" bekannt und wurde umgebaut, um Wohnräume für Kleinadlige und Würdenträgern auf Besuch zu bieten. Im Austausch für das Geschenk der Ranelle gewährte der Hohe Truchsess Maldwyn den Laimin das oberste Stockwerk des Turms und nahm Mitglieder ihrer Familie in seinen Stab auf. Sobald Maldwyn einen Laimin-Berater hatte, folgten andere Mitglieder des Hofes schnell seinem Beispiel, und die Familie hat sich den Ruf erworben, qualifizierte Berater und Tutoren hervorzubringen.

Heute ist der Turm selbst mit den improvisierten Holzhäusern auf dem Dachgarten voll ausgelastet. Trotz der beengten Verhältnisse, oder vielleicht auch deswegen, erhalten diejenigen, die es schaffen dauerhafte Unterkünfte im Turm zu erhalten, ein gewisses Maß an Respekt von ihren Standesgenossen am Hof.

#### Viestern

Viestern war einst die Heimat der Praiket-Ranelle. Die Familie überlebte die Plage nicht, aber ihr Turm überstand diese Zeit relativ unbeschädigt. Die Consortis erbten den Turm, und da sich der Naunamai-Turm schnell mit Kleinadel füllte, beschloss man, den Viestern-Turm für einen ähnlichen Zweck umzubauen.

Leider wurden die Bewohner des Viestern-Turms zwanzig Jahre, nachdem Sereatha an die Oberfläche gekommen war, von einer mysteriösen, verheerenden Krankheit heimgesucht. Die Krankheit tötete viele der Bewohner, und der Turm wurde evakuiert und verlassen zurückgelassen. Questoren und Gelehrte taten ihr Bestes, um den Ort zu reinigen, und ein Jahrzehnt später wurde der Turm wieder geöffnet. Weniger als fünf Jahre darauf tobte mitten in der Nacht ein schreckliches Feuer durch den Turm. Das Inferno wütete tagelang, und die Elementaristen konnten die Feuergeister nicht beruhigen. Die Außenseite des Turms ist bis heute verbrannt und schwarz.

Der Viestern-Turm wurde inzwischen restauriert, und seit Jahrzehnten hat keine neue Tragödie mehr den Turm getroffen. Dennoch wollen nur wenige das Gebäude zu ihrem Zuhause machen. Die einheimischen Adligen flüstern, dass der Turm von der gefallenen Familie Praiket verflucht sei. Selbst wenn die Gerüchte falsch sind, bleibt das Stigma des Turms bestehen, und diejenigen, die im Viestern-Turm leben, werden bei Hofe geringgeschätzt.

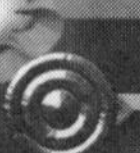

## Abenteueridee

Dreißig adlige Elfen sind aus der Öde gekommen, die behaupten, Mitglieder der verlorenen Praiket-Ranelle zu sein. Ihr Anführer, Agis, behauptet, dass ihnen eine Entschädigung für ihren zu Unrecht genommenen Turm zustehe. Auch wenn der Hof seinen Forderungen misstrauisch gegenübersteht, zieht Agis' Ausbildung als Troubadour Anhänger an. Consortis Leja Fensalor (S. 106) beauftragt die Gruppe, Agis und seine Ansprüche zu untersuchen. Die Geschichte von Agis kann nur auf eine Weise bewiesen werden: indem sich die Charaktere selbst in die Öde wagen.

### Option 1

Agis ist der, der er zu sein behauptet. Das Kaer unter der Öde wurde größtenteils seiner Ressourcen beraubt, bevor es aufgegeben wurde, aber Aufzeichnungen, die im Inneren gefunden werden, bringen Agis mit einem kleinen Zweig der Praiket bei Sereathas Volkszählung in Verbindung. Die Aufzeichnungen enthalten ein Tagebuch, das Agis hinterlassen hat, als die Überlebenden gezwungen wurden, abzureisen, unsicher, ob er sein Volk ins Verderben führt oder nicht.

### Option 1

Agis ist nicht der, der er zu sein behauptet, sondern nur ein unternehmungslustiger Shosaraner. Das Kaer unter der Öde ist erhalten, aber verlassen, ähnlich wie viele neuere Entdeckungen in der Region (S. 93). Eine Untersuchung des Kaers ergibt, dass Mitglieder der Praiket-Familie hier Zuflucht gesucht haben, aber alle Namensgeber sind längst verschwunden. Agis entdeckte diese Aufzeichnungen in Shosara und entwickelte die Geschichte auf der Suche nach einem Gewinn.

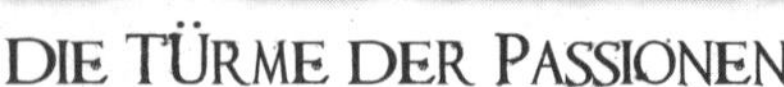

## Die Türme der Passionen

Vor der Plage hatte jede der zwölf Passionen einen eigenen Turm. Heute sind es nur noch fünf: die Türme von Astendar, Chorrolis, Floranuus, Jaspree und Thystonius. Jeder dieser Türme ist leicht zu erkennen, aber alle sind etwa 150 Fuß hoch und für gewöhnlich ziemlich schlank. Auch wenn die Türme mit dem traditionellen Alabaster gebaut wurden, haben viele von ihnen inzwischen eine einzigartige Färbung angenommen.

### Der Turm der Inspiration

Der Turm von Astendar beherbergt die besten Kunsthandwerker des Gwydenro. Die Galerien dieser Kunsthandwerker sind im ganzen Turm ausgestellt, wobei die Kammern für Werkstätten und Wohnräume für die Künstler und ihre Familien bestimmt sind. Viele Questoren von Astendar leben in diesem Turm und bieten den zukünftigen Handwerkern von Sereatha Unterricht an. Der Turm der Inspiration schimmert und funkelt in der Sonne wie mit Gold besprenkelt und wird von einer meisterhaften Schnitzerei aus abstrakten Formen gekrönt. Während die Sonne im Tagesverlauf über den Himmel wandert, zeigen die Schatten der Schnitzerei das Leben eines höfischen Elfenmädchens, das aufwächst und friedlich weiterlebt.

### Der Turm der Ambition

Der Turm von Chorrolis dient als Informationsbibliothek über die Welt nach der Plage. Am wichtigsten sind die Handelsaufzeichnungen über die Häfen von Sereatha. Viele Unternehmen in der Region zahlen eine Gebühr für den Zugriff auf die Aufzeichnungen und versicherungsstatistischen Tabellen des Turms. Der Turm der Ambition scheint unter seinem eigenen Gewicht zu sinken, mit winzigen Rissen in den Steinen, die die gesamte Struktur dunkelgrau einfärben und an eine Sturmwolke erinnern. Der Turm wird von einem riesigen Lichtkristall gekrönt, der von den Segelschiffen in der Bucht meilenweit sichtbar ist.

### Der Turm der Vereinigung

Der Turm von Floranuus ist der traditionelle Ort, um die Eide des Lew Teyrn zu schwören. Von diesem Turm aus operiert die Gilde der Lernenden, wie sie es seit den Orichalkum-Kriegen getan hat, und zeichnet die Geschichte jedes Gerryth auf. Dieser Turm ist der schmalste der Türme der Passionen. Eine Unvollkommenheit im Alabaster hat dazu geführt, dass der Stein mit der Zeit rosa geworden ist. In der kunstvollen Kuppel auf diesem Turm befindet sich eine riesige Glocke, die die Stunden des Tages zählt.

### Der Turm des Lebens

Der Turm des Lebens war einst der Turm von Jaspree. Heute dient er als Hospital, Pflegeeinrichtung und Wohltätigkeitsorganisation. Viele Adlige rümpfen über die Armen, die im Turm des Lebens leben, die Nase, aber keiner würde offen gegen den Zweck des Turms sprechen. Das medizinische Wissen der Bewohner dieses Turms übersteigt das aller anderen im Gwydenro, außer vielleicht in Aiqua (S. 108). Reben sind an der Außenseite des Turms hinaufgeklettert, sodass die Struktur fast lebendig erscheint. Die tropfenförmige Spitze dieses Turms ist elegant und funktional, sammelt Wasser aus Wolken und Regen und verteilt es auf die von den Bewohnern des Turms angelegten Gärten.

### Der Turm des Meraerthsa

Der Turm des Thystonius wurde in den Turm des Meraerthsa oder den Turm des Kriegers umbenannt und ersetzt den gefallenen Turm, um den Elfen auf ihrem Pfad zu helfen. Questoren des Thystonius sind hier immer willkommen, aber der Turm ist eigentlich für die Schwerter der Gerechtigkeit (S. 113) und in geringerem Maße für die Ritter vom Purpurturm gedacht. Außerdem werden die vielversprechendsten Wächter von Dion hier ausgebildet.

## Cirolletishsa—Turm

Der Turm der Reisenden ist eine bescheidene Struktur, die nur 75 Fuß hoch und weitgehend schmucklos ist. Die Aufgaben dieses Turms sind gewachsen und umfassen alle Dinge, die mit dem Rad zusammenhängen, insbesondere den Pfad der Gelehrten, den Pfad der Reisenden und den Pfad der Weisen. Alle, die das

Rad bereisen, sind herzlich eingeladen, im Cirolletishsa-Turm zu bleiben. Enorme Texte dienen als Besucherprotokoll, das bis in die Zeit vor der Plage zurückreicht. Der Zugang zu älteren Büchern ist eingeschränkt, weist aber Unterschriften der Königinnen des Wyrmwaldes und anderer bemerkenswerter Persönlichkeiten aus fernen Ländern auf.

### REGSHAYSBWIR

Der Turm der Herren ist kaum ein Turm, nur 50 Fuß hoch. Was ihm an Größe fehlt, gleicht er an Dekoration aus. Feine Schnitzereien und bunte Mosaike schmücken den Turm auf allen Seiten. Im Regshaysbwir finden jeden Neumond private Treffen statt. Diese Treffen können nur von denen besucht werden, die den letzten Pfad des Rades erreicht haben. Der Zweck und die Traditionen dieser Treffen sind allen unbekannt, außer den wenigen Dutzend Lords, denen der Zutritt gestattet ist.

### DER PURPURTURM

Der Purpurturm erlitt während der Plage erhebliche Schäden, blieb aber stehen. Heute ist er nur noch etwas über 100 Fuß hoch, etwa ein Drittel seiner ursprünglichen Höhe. Trotz der Schäden haftet der rote Efeu, von dem der Turm seinen Namen hat, an dem, was bleibt. Die ehemals gefährlichen Ruinen wurden saniert und für das Wohnen gesichert. Es gibt einen Plan den Purpurturm wieder in seinen ursprünglichen Glanz zu versetzen, aber das Projekt befindet sich noch in der Anfangsphase mit einem fünfzig Fuß hohen Gerüst, das an Sereathas Wunsch nach Wiederaufbau erinnert.

Die Ritter vom Purpurturm (S. 112) zogen schnell wieder in ihren Turm ein, und ihre Zahl stieg an, als das Gwydenro wiedervereint wurde. Sie sind inzwischen aus ihren Einrichtungen herausgewachsen, und der größte Teil ihrer Führung ist in den Gründungsturm gezogen. Der Purpurturm beherbergt Hunderte von neuen Rekruten und es ist üblich Gruppen beim Training auf dem Gelände um ihr Zuhause herum zu sehen.

## DIE CONSORTIS

Seit den Tagen Königin Faillas regiert ein Rat von Consortis das Gwydenro. Sie werden aus geeigneten Kandidaten ausgewählt und dienen bis auf eine Ausnahme auf Lebenszeit. Die Anführer jeder der drei Gründungs-Ranellen (S. 97) ernennen einen oder eine Consortis aus ihrer eigenen Familie, während der Herzog der Ritter vom Purpurturm als vierter dient. Der fünfte Sitz wird vom Annwyl des Cariad Castald (S. 96) besetzt, der als Sprachrohr für das Volk dient. In den seltenen Fällen, in denen der Annwyl nicht bereit oder nicht in der Lage ist, als Consortis zu dienen, bleibt der Stuhl bis zum folgenden Cariad Castald leer.

Die fünf Consortis ernennen einen aus ihrer Mitte zum Hohen Truchsess. Traditionell soll der Hohe Truchsess der Führung der Königin im Wyrmwald folgen und sich um die Bedürfnisse des Gwydenro kümmern. Nach der Plage und dem Ritual der Dornen wurde die offizielle Rolle von Königin Alachia allerdings ungewiss. Die Consortis hielten das Ritual der Dornen für einen Gräuel, aber ihre Position als ihre Diener war ein unangenehmes Konzept, das sie neu definieren mussten.

Vom Ende der Plage bis vor drei Jahren wurde die Rolle des Hohen Truchsesses von Annwyl Maldwyn übernommen. Unter Maldwyns Führung wurden die überlebenden Westlichen Königreiche vereint und der Kontakt zu ausländischen Mächten wiederhergestellt. Mit der Tragödie des Blutwaldes und der sich abzeichnenden Bedrohung durch die Theraner entschieden die Consortis, dass Maldwyns Außenpolitik zu riskant für das Gwydenro war. Drei der fünf stimmten dafür Herzog Iolyn als Ersatz für Maldwyn zu wählen und der Antrag wurde angenommen.

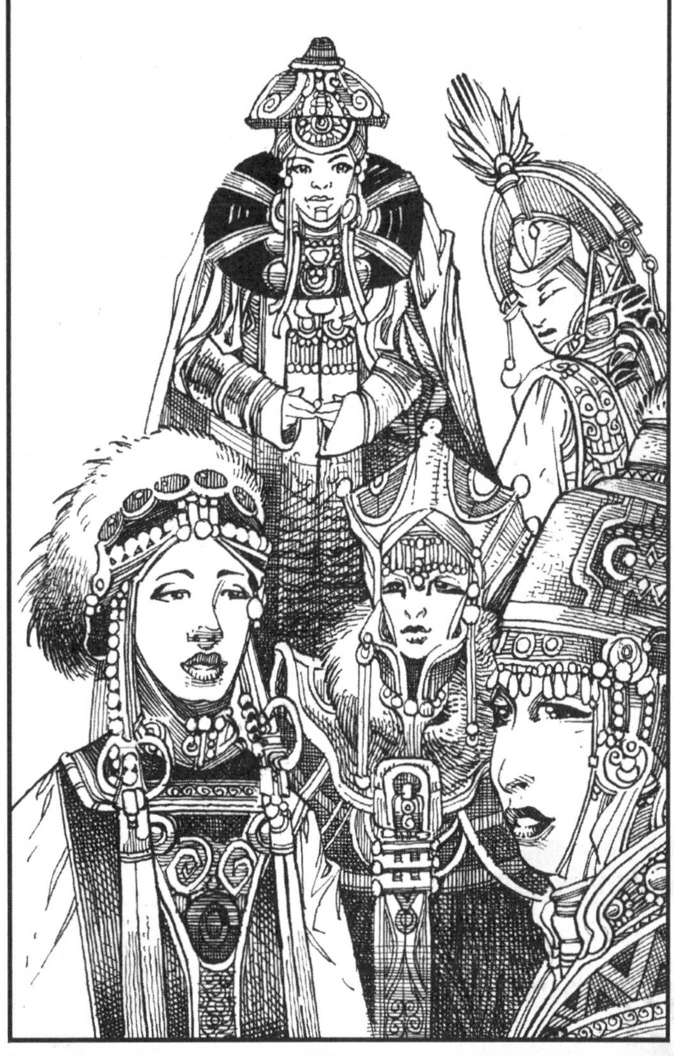

### HOHER TRUCHSESS IOLYN, HERZOG VOM PURPURTURM

Iolyn kam in Dion an, bevor Maldwyn seine Reise antrat. Trotz seiner niedrigen Geburt und seiner fehlenden Zugehörigkeit zu einer Ranelle war Iolyn bereits ein mächtiger Magier und auf dem besten Weg seine Reise entlang des Pfades der Weisen abzuschließen. Iolyns Hilfe in jenen frühen Tagen hielt das elfische Volk am Leben, bis sein Hof aus der Isolation herauskam.

Als Iolyn auf den Pfad der Herren, den Höhepunkt der elfischen Errungenschaft, überging, schloss er sich den Rittern vom Purpurturm (S. 112) an. Seine niedrige Geburt war in diesem Orden von untergeordneter Bedeutung und seine Fähigkeiten halfen ihm schnell aufzusteigen. Vor zehn Jahren wurde er zum Anführer der Ritter ernannt und schloss sich den anderen Consortis an.

Vor drei Jahren erlangte Iolyn den Rang des Hohen Truchsesses. Während die meisten seiner Kollegen ihre Ziele wie in einem aufwendigen Spiel verbergen, ist Iolyn schroff und direkt. In seiner kurzen Zeit als Hoher Truchsess hat er sich offiziell gegen die Korruption Alachias ausgesprochen, unmissverständlich erklärt, dass Sereatha der neue Sitz der Elfenkultur sein soll, und eine harte Haltung gegenüber Thera und den Getrennten Nationen eingenommen.

Auch wenn er sich eng an die alten Ideale des Wyrmwaldes hält, werfen ihm seine Kritiker vor, einzigartige Aspekte der Gwydenro-Kultur zu unterdrücken. Iolyn hat den Cariad Castald drei Jahre in Folge abgesagt. Er behauptet, dass der Wettbewerb der Liebe eine neue Königin suchen solle, und ohne ein gereinigtes Eichenherz kann keine neue Königin ernannt werden, daher habe das Turnier keinen Nutzen.

Iolyn hat sich viele Feinde gemacht, und seine Ritter vom Purpurturm haben mehr als einen Anschlag auf sein Leben verhindert. In der politischen Arena gibt es einige, die behaupten, dass Iolyn sich wenig um die elfische Kultur kümmere und nur nach Macht strebe. Iolyn bemüht sich, diese Idee zu verurteilen, und behauptet, dass alles, was er tue, für seine zukünftige Königin sei. Sereathas Kleinadlige werden unter seiner Führung unruhig, obwohl er es bisher geschafft hat die Mehrheit der Consortis auf seiner Seite zu halten. Wenn die Unzufriedenheit jedoch weiter zunimmt, kann Iolyn sich von der Rolle des Hohen Truchsesses ausgeschlossen sehen.

### Attribute

GES: 7 STR: 6 ZÄH: 6
WAH: 9 WIL: 8 CHA: 5

### MILDE ESCALANAS

Milde ist die einzige Consortis, die noch aus den Tagen der Plage stammt. Sie beansprucht keine Zugehörigkeit zu den fernen Escalanas des Blutwaldes. Sie ist selten in der Öffentlichkeit zu sehen, ist eine ausgesprochene Unterstützerin des Hohen Truchsesses Iolyn, erinnert Kritiker oft daran, dass „schwierige Zeiten schwierige Handlungen erfordern", und warnt: „Wenn wir alle auf den perfekten Moment warten würden, würde nie etwas passieren."

Trotz ihres hohen Alters hat Milde das Aussehen einer viel jüngeren Elfe. Diejenigen, die sie gut kennen, sagen, dass man Mildes Jahre nur an dem Gewicht erkennen kann, das sie auf ihr zurücklassen. Auch wenn sie und die Escalanas-Matriarchin Alyndra in vielem einer Meinung sind, verkehren sie selten miteinander oder besuchen auch nur dieselben Veranstaltungen. Sie hat auf ihrer Reise den Pfad der Herren erreicht.

### Attribute

GES: 5 STR: 5 ZÄH: 6
WAH: 9 WIL: 8 CHA: 6

### LEJA FENSALOR

Leja ist mit 67 Jahren die jüngste der Consortis. Sie diente bei den Schwertern der Gerechtigkeit und wurde eine berühmte Anhängerin des Pfades der Krieger. Sie entschied sich, die Organisation zu verlassen, als sie auf den Pfad der Gelehrten wechselte. Ihre Ausbildung zur Elementaristin war weniger erfolgreich. Gerüchten zufolge hat Leja Schwierigkeiten, mit Elementargeistern umzugehen und mit ihnen zu verhandeln. Dieses Scheitern könnte erklären, warum die Fensalor bereit waren, die junge Frau nach Sereatha zu schicken, anstatt sie in ihrer Nähe zu halten.

Leja wirkt in der Öffentlichkeit selten Magie und vermeidet sogar das traditionelle Gewand ihrer Disziplin, was den Skandal noch verstärkt. Leja ist seit fast zwanzig Jahren als Consortis tätig. Sie unterstützt Iolyns feste Haltung gegenüber dem Blutwald, hat aber noch keine Aussagen über die Politik des Hohen Truchsesses gegenüber Thera oder Shosara getroffen.

### Attribute

GES: 8 STR: 7 ZÄH: 6
WAH: 6 WIL: 8 CHA: 6

### BOURTIN TRISRORA

Bourtin wurde erst vor vier Jahren zum Consortis ernannt und ist damit der am wenigsten erfahrene der fünf. Was Bourtin an politischem Geschick fehlt, gleicht er durch praktische Erfahrungen aus. Er hat viele Expeditionen zu den Großen Fällen und in die Öde durchgeführt und ist auf den Pfaden mit wohlüberlegter Geschwindigkeit vorangekommen. Bourtin ist knapp hundert Jahre alt und wird bereits als mächtiger Magier auf dem Pfad der Weisen anerkannt, obwohl seine wahren Talente in seiner früheren Ausbildung zum Troubadour liegen.

Bourtins inspirierende Persönlichkeit hat zu einem gewissen Flüstern geführt, dass er das Rad betrügt und sich auf seine frühere Disziplin verlässt. Wenn sich solche Behauptungen als wahr erweisen sollten, würde Bourtin viele der Anhänger verlieren, für die er so hart gearbeitet hat. Politisch scheint Bourtin zögerlich zu sein, an der Seite des Hohen Truchsesses zu stehen, und war der einzige Consortis, der mit Maldwyn gegen Iolyns Aufstieg an die Macht stimmte.

### Attribute

GES: 6 STR: 5 ZÄH: 6
WAH: 7 WIL: 6 CHA: 8

### Vergangener Annwyl

Seit dem Wechsel des Hohen Truchsesses hat es keinen Cariad Castald mehr gegeben. Ohne Cariad Castald könnte Maldwyns Titel des Annwyl von jedem der Consortis infrage gestellt werden. Es ist unklar, wie die Bevölkerung reagieren würde, wenn eine solche Maßnahme ergriffen würde, da Maldwyn von vielen immer noch sehr geliebt wird. Sogar Consortis, die nominell loyal zu Iolyn sind, könnten gegen diesen Zug sein, da er einen gefährlichen Präzedenzfall schaffen könnte.

## ANNWYL MALDWYN

Maldwyn erlangte in den letzten Tagen der Plage Berühmtheit. Der Elf von gewöhnlicher Geburt besiegte jene von höherer Geburt und wurde Annwyl. Anstatt den traditionellen Platz unter den Consortis einzunehmen, sammelte er die bestmögliche Mannschaft um sich und begab sich auf ein potenzielles Himmelfahrtskommando. Seine Reise war ein Erfolg, obwohl viele Mitglieder seiner Mannschaft ihr Leben verloren. Maldwyn kehrte zu den unterirdischen Tunneln von Sereatha zurück und erzählte seine Geschichte. Nachdem er den Cariad Castald zum zweiten Mal gewonnen hatte, schloss er sich den anderen als Consortis an. Die öffentliche Meinung über den Annwyl war so hoch, dass ihm sofort die Rolle des Hohen Truchsesses übertragen wurde, und er diente sieben Jahrzehnte lang mit Auszeichnung. Immer wieder gewann er den Cariad Castald und behielt seine Position unter den Consortis. Trotz der ständigen Auszeichnungen und der öffentlichen Verehrung behielt er einen klaren Kopf und verfolgte eine Politik der Vergebung und Akzeptanz. Er versuchte sogar mit den Elfen des Blutwaldes zusammenzuarbeiten, trotz ihrer entsetzlichen Verwandlung.

Maldwyns Philosophie der Akzeptanz und Vereinigung war damals das, was die Region brauchte, aber als das Gwydenro wieder auf eigenen Beinen stand drohte die Gefahr eines äußeren Einflusses. Den Theranern war es erlaubt worden zu handeln, und selbst die Getrennten Shosaraner wurden willkommen geheißen. Eine Mehrheit der Consortis wählte Maldwyn vor drei Jahren von der Macht ab.

Trotz dieses Rückschlags scheint Maldwyn mit seiner geringeren Rolle unter den Consortis zufrieden zu sein. Als Einziger von fünf hält er Reden und bleibt für die Öffentlichkeit sichtbar. Er wendet sich gegen Iolyns Politik und behauptet, dass weder alle Feinde der Westlichen Königreiche schlecht noch alle Bewohner des Gwydenro gut seien. Er ist der Meinung, dass ein Mittelweg eingeschlagen werden sollte. Seine Meinungen spiegeln die der Bürger von Dion wider, aber nur wenige in Sereatha teilen Maldwyns Ideale.

Maldwyn folgt nicht den Pfaden, sondern verfolgt die Disziplinen des Tiermeisters und des Troubadours. Dies ist eine bemerkenswerte Eigenschaft für jemanden, der in der sereathanischen Gesellschaft so hoch angesehen ist, und steigert seine Popularität und seinen Ruhm unter der einfachen Bevölkerung. Bisher wurde sein Nal'mistishsa-Status nicht gegen ihn verwendet, aber er könnte ein Keil sein, um die Unterstützung unter den hingebungsvolleren Elfen zu verringern.

**Tiermeister des Elften Kreises,**
**Troubadour des Neunten Kreises**

GES: 8 STR: 6 ZÄH: 7
WAH: 6 WIL: 6 CHA: 7

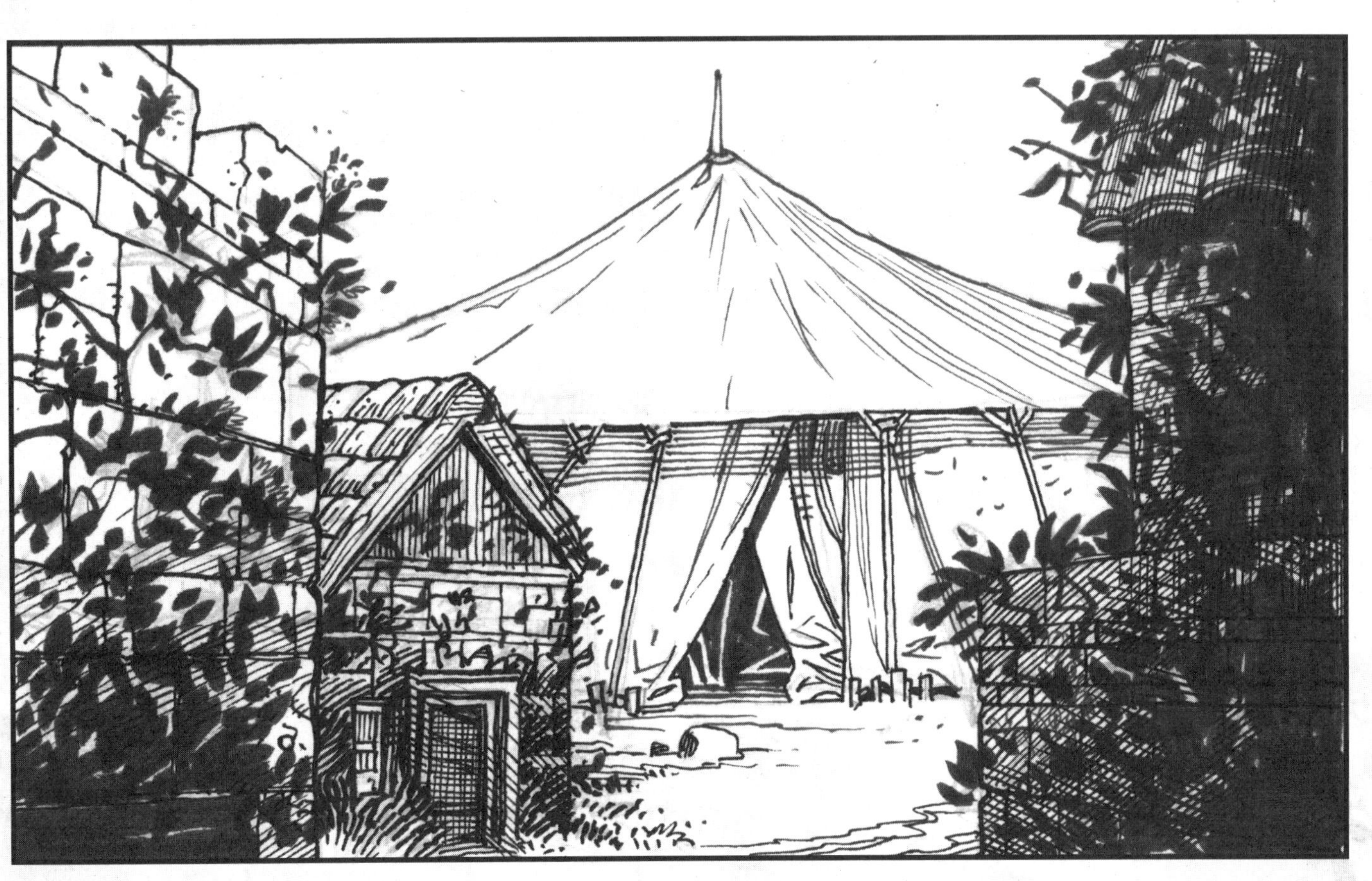

# DIE LAIMIN—RANELLE

Auch wenn die fünf Consortis für das Wohlergehen von Sereatha und des Gwydenro verantwortlich sind, beginnen sie ihre Karriere mit nur einer Handvoll persönlicher Diener und Attachés. Eine Stadt mit Tausenden von Einwohnern und eine Region mit noch deutlich mehr Einwohnern benötigt auch viel mehr Helfer, um reibungslos zu funktionieren. Zu diesem Zweck dienen zahlreiche Laimin dem Hof von Sereatha und kümmern sich um die alltägliche Bürokratie bei der Führung der Westlichen Königreiche. In Dion gibt es ein derbes Sprichwort, das aufzeigt, was die Bürger über die Laimin denken: „Hinter jedem großen Adligen steht ein Laimin, der seine Abfälle trägt".

**IERUS LAIMIN**

Ierus agiert als Matriarchin der Laimin und Chefassistentin des Rates der Consortis. Sie protokolliert persönlich die meisten Besprechungen und arbeitet daran, dass die Bedürfnisse der Consortis erfüllt werden, noch bevor sie danach fragen. Ierus ist keine Adeptin, obwohl sie dem Rad folgt und die Insignien des Pfades der Weisen trägt. Auch wenn jeder am Hof sie irgendwann einmal getroffen hat, fügt sie sich in die mächtigen und einflussreichen Leute um sie herum ein, und nur wenige schenken ihr einen zweiten Gedanken.

### ATTRIBUTE

GES: 5 STR: 5 ZÄH: 5
WAH: 6 WIL: 5 CHA: 6

# ANDERE KÖNIGREICHE

## AIQUA

Aiqua wird von der Fensalor-Ranelle regiert und ist ein Vasall von Caelshara. Aiqua steht auf dem kleinen Küstenabschnitt, wo sich die Öde dem Bwydvir nähert. Das Dorf wurde nach der Plage von Heilern gegründet, die den lokal wachsenden Blutefeu entdeckten. Heute sind die Heiler mit der Behandlung der Verletzten und Kranken überlastet, die aus der Öde kommen.

### GESCHICHTE

Während einer Küstenvermessung vor fünfzig Jahren wurde Aiqua von einem Questor von Jaspree gegründet, der darum bat, in der Nähe der Öde zu landen. Nach einer flüchtigen Erkundung des Gebietes wurde festgestellt, dass Blutefeu inmitten der ausgetrockneten und verdrehten Pflanzen am Rande der Öde natürlich wächst. Dies war die erste bekannte Kolonie von Blutefeu außerhalb des Blutwaldes. Als die Nachricht von diesem starken Heilmittel den Rest des Gwydenro erreichte, schickten die Fensalor eine Einheit Soldaten, um das Gebiet zu sichern.

Im Laufe der Zeit machten sich Ärzte und Botaniker auf den Weg ins Dorf, um die ungewöhnliche Flora zu erforschen. Während sich die Geschichten über das Dorf verbreiteten, wagten sich Entdecker mit zunehmender Regelmäßigkeit in die Öde. Diese Expeditionen setzten weitere Namensgeber dem Varju aus (S. 93, Varju-Gift S. 151). Auf der verzweifelten Suche nach einer Behandlung suchten die Betroffenen die nächstgelegenen Ärzte auf. Dies führte sie in großer Zahl nach Aiqua. Mit der Ankunft weiterer verletzter Entdecker kamen auch mehr Heiler, um sie zu behandeln, und ein sich selbst erhaltender Zyklus begann.

### AIQUA HEUTE

Die Ansiedlung von etwa tausend Namensgebern ist noch recht isoliert. Die Annäherung an die Stadt auf dem Landweg wird durch die großen Varju-Becken erschwert, die sich im Osten und Westen abgelagert haben. Abgesehen davon, dass man über die Öde hineinkommt, ist der einzige praktische Weg der Seeweg, obwohl die Hafenanlagen des Dorfes viel zu wünschen übrig lassen.

Im Dorfzentrum steht ein großes Zelt, in dem die Heiler von Aiqua ihr Handwerk ausüben. Auch wenn kein kranker Namensgeber jemals abgewiesen wurde, haben die Heiler noch keine zuverlässige Behandlung für die Varju-Vergiftung gefunden. Die katastrophale Heilungsrate hat dazu geführt, dass das gemeine Volk Aiqua das „Spital der Verdammten" nennt.

Wegen des unheilvollen Rufs des Dorfes suchen die Gesunden Aiqua nicht auf, es sei denn, sie haben keine andere Wahl. Optimistische Entdecker meiden den düsteren Ort und machen sich über Land auf den Weg in die Öde im Osten. Nur wenige Expeditionen beginnen in Aiqua, aber viele enden dort.

**PIJAN FENSALOR**

Pijan wurde vor fünfzig Jahren nach Aiqua geschickt. Er wurde der König des Gerryth und schwor seinem Großonkel in Caelshara Lew Teyrn. Pijan ist ein Steppenreiter und hat zum Leidwesen seiner Familie beschlossen, dem Rad nicht zu folgen. Der junge König verbringt wenig Zeit in Aiqua und zieht es vor, stattdessen am Hof in Sereatha zu wohnen. Seine gewählte Disziplin und seine Zeit außerhalb seines Königreichs haben ihm den Ruf eingebracht, faul und sorglos zu sein. Dieser Ruf scheint ihn nicht im Geringsten zu stören.

### ATTRIBUTE

GES: 7 STR: 6 ZÄH: 6
WAH: 5 WIL: 5 CHA: 6

**MINO SILBERFALL**

Mino ist seit dem Tod seiner Frau auf einer unglücklichen Expedition vom Varju besessen und wurde neben seiner Magierausbildung zum Questor von Garlen. Er glaubt, dass die Substanz nicht nur eine Infektion ist, sondern aus Hunderten von kleinen lebenden magischen Kreaturen besteht. Der Mensch hat wenig Beweise, um seine Behauptungen zu untermauern,

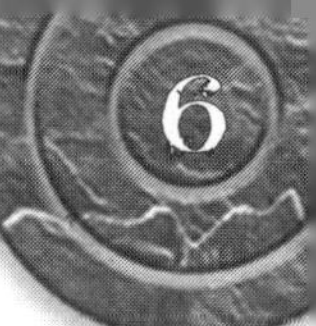


und alle seine Berichte wurden von der Gilde der Lernenden (S. 112) abgelehnt. Auch wenn Minos' Überzeugungen häufig infrage gestellt werden, hat er sich als kompetent und mitfühlend gegenüber den Patienten in seiner Obhut erwiesen. Aufgrund des abwesenden Königs hat Mino in den letzten Jahrzehnten als De-facto-Führer des Gerryth gedient, und nur wenige scheinen daran interessiert zu sein, seine Rolle anzufechten.

### Attribute

GES: 5 STR: 5 ZÄH: 5
WAH: 7 WIL: 5 CHA: 6

## Caelshara

Dem geschäftigen Königreich Caelshara wurden schon viele Titel verliehen: Tor zum Westen, Bastion des Sonnenuntergangs, Offene Stadt oder Arsenal des Gwydenro. Es ist eine Stadt mit zwei unterschiedlichen Wesen, von der stehenden Armee, die in der Festung zu Hause ist, bis hin zu den ausländischen Händlern, die am Ufer herumschwirren. Der Erfolg von Caelshara ist vielleicht das größte Zeugnis für die Treue der Fensalor-Herrschaft dieses Königreichs.

### Geschichte

Caelshara begann als eine einfache Steinfestung an einer leicht zu verteidigenden Stelle entlang der Küste des Bwydvir. Das Gelände war für die junge Fensalor-Ranelle unwiderstehlich, die Ressourcen einsetzte, um es zu einer richtigen Festung auszubauen. Von diesem Fort aus marschierten die Fensalor vor der Gründung von Sereatha gegen die Escalanas. Das Fort verteidigte auch das Land vor vasgothischen Räubern. Jahrhunderte später, als die ersten Theraner begannen, die Westlichen Königreiche zu besuchen, wurden diplomatische Beziehungen aufgebaut, und man beschloss, dass dieser abgelegene Ort, der von Kriegern besiedelt wurde, der beste Ort sein würde, um diese Ausländer in Schach zu halten.

Die damaligen Consortis konnten nicht ahnen, dass die schroffe Festung zu einem wichtigen Handelsposten werden würde, aber als Tor zu den Westlichen Königreichen wuchs sie explosionsartig an, da Händler aus den umliegenden Regionen versuchten, ihr Vermögen mit exotischen Waren zu verdienen. Einige fanden die Sicherheit und die raffinierte Natur der Stadt unwiderstehlich und siedelten dauerhaft in ihr. Als die Plage kam, unterbrachen die Fensalor den Zugang von außen mit militärischer Effizienz. Sie vertrieben alle, von denen sie glaubten, dass sie eine ausländische Loyalität hatten, und töteten diejenigen, die sich widersetzten. Nachdem die Plage geendet und die Westlichen Königreiche den Kontakt zur Außenwelt wiederhergestellt hatten, führten Geschichten über die Stadt dazu, dass die kosmopolitische Atmosphäre fast über Nacht wieder aufkam.

### Caelshara heute

Caelshara ist eine Stadt mit einer doppelten Identität. Die Offene Stadt ist betriebsam, und Gebäude in Stilen, die an weit entfernte Länder erinnern, teilen sich den verfügbaren Platz anscheinend willkürlich. Ein reger Handel zwischen Namensgebern aus dem Ausland hält die Märkte von morgens bis abends in Atem. Die Stadt ist kosmopolitisch, und Kunst und Wissenschaft stammen aus allen Ländern, vom Nebelmeer im Westen bis Indrisa im Osten. So entsteht eine avantgardistische Atmosphäre, die sonst nirgendwo möglich gewesen wäre. Langjährige Bewohner der Stadt haben sogar ihren eigenen Dialekt entwickelt, eine Mischung aus Sperethiel, Theranisch und einer Vielzahl anderer Namensgebersprachen.

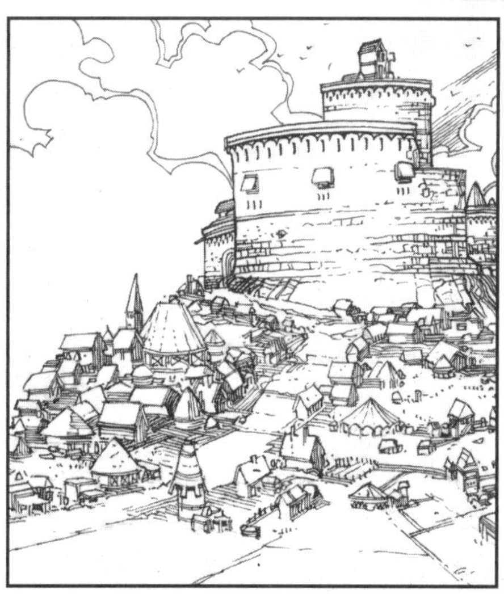

### Abenteueridee

Die Charaktere werden Zeugen, wie eine Gruppe von erfahrenen Dieben einen Fensalor-Stand ausraubt und zwei junge Orks wie die Täter aussehen lässt. Während die Wache hereinstürmt, um Gerechtigkeit zu üben, sind die Charaktere die einzigen, die eine Chance haben, die Namen der Orks reinzuwaschen. Die Wachen sind schwer zu verlangsamen und beugen sich nur der Forderung von adligen Elfen oder besonders charmanten Individuen.

Der Wachoffizier gibt den Charakteren bis zum Sonnenuntergang Zeit, die wahren Täter aufzuspüren. Die Diebe sind eine Gruppe vasgothischer Rebellen, die versuchen Ausrüstung zu ihren Streitkräften im Westen zu bringen. Ihr Anführer hat Gruppen, die sich durch die Märkte schlängeln, und führt sie von einer geheimen Basis außerhalb der Stadt.

Die alte Festung, nach der die Stadt benannt ist, ragt über diesem Bienenstock voller Aktivität auf. Das Treiben auf den Märkten weicht den klingenden Geräuschen von Hämmern auf Ambossen und den Rufen von Offizieren, die Truppen trainieren. Caelshara ist der Sitz der Fensalor-Ranelle, und sie ist sehr stolz auf ihr Zuhause und ihre Verantwortung, Elfen vor den Übergriffen von Außenstehenden zu schützen. Die Festung unterhält ihre eigenen Hafenanlagen und verbessert ständig ihre See- und Luftabwehr.

Die Fensalor unterstützen ihr kosmopolitisches Königreich, und selbst die Militantesten räumen ein, dass die aus dem Handel gewonnene Münze ein mächtiges Gut ist, das an anderer Stelle im Gwydenro verwendet werden kann. Traditionellere Adlige arbeiten darauf hin, diejenigen zu begrenzen, die in der Offenen Stadt handeln dürfen, während die jüngere Generation davon verzaubert ist, diesem Wirbelwind verschiedener Kulturen ausgesetzt zu sein. Der entfernte Hohe Truchsess Iolyn scheint besorgt zu sein über die wachsenden theranischen Modetrends, die sich am Hof von Caelshara etablieren, hat aber bisher keine offizielle Erklärung dazu abgegeben.

Auch wenn die Fensalor-Adligen fremde Kulturen nach Bedarf zulassen, um den Handel zu fördern, nehmen sie eine harte Haltung gegenüber der Kriminalität ein. Wenn ein mutmaßlicher Verbrecher nichtelfischer Abstammung ist, kann die ranghöchste Wache vor Ort das Urteil fällen, das sie für richtig hält. Geringfügige Verbrechen wie Diebstahl werden mit dem Verlust eines Fingers oder einer Hand geahndet, während Gewaltverbrechen dazu führen, dass der Täter je nach Schwere des Verbrechens und der Stimmung des Feldwebels gebrandmarkt, ausgewiesen oder hingerichtet wird.

### TALANA ELRIETH

Nachdem sich Talana in den ersten Tagen nach der Plage als kompetente und vertrauenswürdige Generalin erwiesen hatte, wurde ihre Loyalität mit dem Kommando über die größte elfische Armee im Westen belohnt. Ihre enge persönliche Freundschaft mit dem viel älteren Patriarchen Itham (S. 98) ist im ganzen Gwydenro bekannt, und Gerüchte über eine engere Beziehung kursieren unter den Adligen. Niemand spricht jedoch solche Worte in ihrer Gegenwart, da ihr Können als Kriegerin nur von ihrem explosiven Temperament überschattet wird. Itham regiert zwar in Caelshara, aber sein Alter hindert ihn daran, selbst auf Patrouille zu gehen. Daher überlässt er es Talana, sich zunehmend mit den täglichen Angelegenheiten des Königreichs zu befassen.

### ATTRIBUTE

GES: 5 STR: 5 ZÄH: 5
WAH: 7 WIL: 5 CHA: 6

## KAER ORIBELLA

Oribella ist eng mit den Suchern des Herzens (S. 49) verbunden und versiegelte sich erst in den letzten Tagen vor der Plage. Der Rat des Kaers machte deutlich, dass sein Zweck darin bestand, allen bedürftigen Namensgebern eine sichere Zuflucht zu bieten. Oribellas Rolle als ein erbittert unabhängiges Dorf hat sich nach der Plage fortgesetzt, und obwohl dies das Königreich Oribella sein könnte, weigert sich der Rat, dem Rest der Westlichen Königreiche Lew Teyrn zu schwören.

### GESCHICHTE

Als Oribella offen blieb, nachdem sich seine Nachbarstädte versiegelt hatten, wurden viele besorgt, dass sie genau die Korruption zuließen, vor der sie geflohen waren. Der Rat aber änderte nichts an seinem Dekret und schloss die Tore des Kaers erst im letztmöglichen Moment.

Während der Plage erlitt Oribella seinen Anteil an der Katastrophe. Eine bösartige Macht fand den Weg zu den verborgenen Toren des Kaers und griff sie lange an. Die Zauberer im Kaer kämpften darum die Barrieren zu stärken, aber jeder scheiterte seinerseits, und einige erlitten schwere Verletzungen. Da trat ein unbekannter Einsiedler aus der Gruppe der verängstigten Überlebenden hervor und schaffte es, die Bedrohung abzuwenden. Der Fremde verschwand wieder in der Menge, und seine Identität geriet durch den Mythos in Vergessenheit. Jahrzehnte später starben viele Mitglieder des Rates und mehrere Mitglieder der Byre-Ranelle in einer Nacht, und eine Macht der Korruption wurde entdeckt und von den Überlebenden besiegt.

### ORIBELLA HEUTE

Kaer Oribella hat sich schon oft vom Abgrund zurückgekämpft. Expeditionen in die Öde beginnen häufig in diesem Kaer, und die Versorgung dieser Gruppen hat der kleinen Kolonie genügend Reichtum beschert, dass sie ihre Unabhängigkeit wahren kann. Oribella erkennt keine elfischen Höfe an und hat höflich, aber entschieden alle Einladungen zur Rückkehr ins Gwydenro abgelehnt. Viele der Gründungsmitglieder der Sucher des Herzens sind in Oribella geboren und aufgewachsen. Obwohl es keine offizielle Verbindung gibt, glauben viele, dass der Regierungsrat des Dorfes die Gruppe nach Möglichkeit unterstützt.

### NADHA FLINTHORN

Nadha, eine erfahrene Jägerin und Schützenadeptin, übernahm die Leitung des Regierungsrates von Oribella, nachdem ihr Vater gegen Ende der Plage gestorben war. Viele im Rat beugen sich ihrer Führung in allen außer den wichtigsten Angelegenheiten. Nadha kämpft derzeit darum, die Neutralität von Oribella zwischen den verschiedenen Elfenhöfen zu wahren. Einige Ratsmitglieder denken, dass ihre Loyalität bei den Westlichen Königreichen liegen sollte, da ihre Familienlinien auf das Gwydenro zurückgehen. Andere sind der Meinung, dass Sereatha Oribella den Rücken kehrte, als der Schatten der Plage auftauchte. Nadha glaubt nicht, dass eine dieser beiden Optionen richtig ist, und tut ihr Bestes, um das Dorf davon abzuhalten, sich selbst zu zerfleischen.

### ATTRIBUTE

GES: 8 STR: 6 ZÄH: 5
WAH: 7 WIL: 5 CHA: 6

## TEL'SHOS

Tel'Shos, eine ruhige Stadt, die in und um eine bewaldete Klippe gebaut wurde, war vor der Plage eine angenehme, aber unauffällige Siedlung. Seitdem hat es sich zu einem geschäftigen Hafen entwickelt, der stolz den Hohen Truchsess Iolyn und seine traditionellen Ansichten unterstützt. Tel'Shos meidet diejenigen, die seine Führung als Radikale betrachtet, und fördert gleichzeitig die traditionelle Kunst und Kultur der Elfen. Die Sylraalei-Ranelle führt die Stadt seit der Plage und ist ein direkter Vasall von Sereatha.

### GESCHICHTE

Tel'Shos wurde vor langer Zeit als ruhiger Ort gegründet, an dem der Adel der Region abseits der neugierigen Blicke des Hofes um Positionen rangeln konnte. Die Stadt gewann schnell an Einfluss als Brutstätte der Intrige und als Ort für Höflinge, die – vor allem vor dem Cariad Castald – um Gunst eifern konnten.

Nach der Plage brachten Vertreter des Hohen Truchsesses Maldwyn das Königreich wieder in den Schoß des Gwydenro zurück. Die Sylraalei hatten während der Plage die Kontrolle über das Königreich übernommen und hatten sehr traditionelle

Ansichten. Sie fanden sich häufig mit den liberaleren Consortis der damaligen Zeit konfrontiert und freuten sich, als Maldwyn ersetzt wurde.

### Tel'Shos heute

Tel'Shos folgt einer Interpretation des Rades, die selbst Traditionalisten als streng empfinden. Während die meisten glauben, dass diejenigen, die weiter auf dem Rad vorangekommen sind, mehr Respekt verdienen, gehen die Bewohner von Tel'Shos noch einen Schritt weiter. Diejenigen, die einen späteren Weg einschlagen, gelten gegenüber ihren weniger erfahrenen Kollegen als sozial überlegen. Diejenigen, die den Pfad der Krieger noch nicht begonnen haben, haben wenige Rechte. Sie gelten als faul, feige und unfähig, die elfische Kultur zu bewahren und zu fördern. In der weitläufigen Waldidylle gibt es etliche dieser „Schläfer", die niedere Aufgaben erfüllen müssen und hart bestraft werden, wenn sie nicht den Erwartungen entsprechen.

Seit der Ernennung des Hohen Truchsesses Iolyn sprechen sich ranghohe Mitglieder des Hofes der Stadt mutig gegen Maldwyns Politik und Schläferstatus aus. Tel'Shos weist alle ausländischen Schiffe, die in seinem Hafen anlegen, auch in Notfällen ab und verweist dabei auf Iolyns Erlasse der kulturellen Unabhängigkeit. Während Iolyn die Entscheidungen des Hofes zu billigen scheint, ist das verminderte Einkommen von Sereatha durch entgangene Liegegebühren und Zölle für die meisten anderen Consortis ein Ärgernis.

#### SANDEV SYLRAALEI

Sandev, der unbestrittene Herrscher von Tel'Shos, beansprucht die Abstammung von einer alten, aber kleinen Ranelle. Er setzt diese Tradition fort und konzentriert sich darauf, sicherzustellen, dass sich sein Gerryth so eng wie möglich an die elfischen Traditionen und Vorstellungen von der elfischen Überlegenheit hält. Auch wenn einige Außenstehende behaupten, dass dies eher eine eiserne Faust als ein Samthandschuh sei und seine Motive viel dunkler seien, ist er der Inbegriff eines kultivierten elfischen Adligen und finanziert häufig Expeditionen, um das während der Plage verlorene Elfenwissen zu bergen.

Sandev ist auf dem Pfad der Weisen und will unbedingt den Pfad der Herren erreichen. Sein Streben nach diesem Ziel liegt zu gleichen Teilen in seiner Hingabe an das Rad und in politischem Ehrgeiz begründet.

#### Attribute

GES: 6 STR: 6 ZÄH: 5
WAH: 6 WIL: 6 CHA: 6

### Abenteueridee

Justikar Helmar Dengar von den Schwertern der Gerechtigkeit ist kürzlich in Tel'Shos angekommen, nachdem Gerüchte über das Verschwinden von Personen in nahegelegenen Siedlungen verbreitet wurden. Der altgediente Veteran wurde als Ehrengast begrüßt, hat aber festgestellt, dass seine Ermittlungen bei jeder Gelegenheit sabotiert werden. Während sich die ganze Aufmerksamkeit auf ihn richtet, rekrutiert er heimlich die Charaktere als Stellvertreter, um das Verbrechen abseits der neugierigen Blicke des örtlichen Hofes zu untersuchen.

#### Option 1

Die Sylraalei sind direkt für den Tod von Schläfern in den umliegenden Dörfern verantwortlich. Jedes Jahr im Spätsommer nimmt der Adel Namensgeber, die niemand vermissen wird, mit und entlässt sie in die lokalen Wälder. Dann startet er eine große Jagd, um die Beute zu finden und zu töten, und glaubt, dass der Tod ein Opfer für Thystonius ist, das eine reiche Ernte gewährleistet. Leider ist es die Wahnsinnige Passion Raggok, die das Ritual inspiriert hat.

#### Option 2

Der Hof der Sylraalei ist nicht für die Todesfälle verantwortlich, sabotiert aber die Ermittlungen, weil er Angst hat, an Status zu verlieren. Weiter im Landesinneren liegt das Kaer, wo die Bewohner von Tel'Shos die Plage überlebten. Im Kaer verbirgt sich ein intelligenter Dämon, der einen Pakt mit den Sylraalei geschlossen hat. Er würde die ursprüngliche Adelsfamilie des Königreichs beseitigen und den Sylraalei die Möglichkeit geben, die Macht zu übernehmen. Die Ranelle versuchte, ihre Schande zu begraben, und versiegelte das Kaer hinter sich mit der Kreatur im Inneren. Vor Kurzem hat der Dämon aber seinen Weg zurück an die Oberfläche gefunden, obwohl er sich immer noch in dem verschlossenen und befleckten Kaer befindet.

## Organisationen des Gwydenro

In der Stadt der Türme wird die Abstammung häufig als das prägendste Merkmal eines Namensgebers angesehen. Eine Ranelle setzt Erwartungen an diejenigen bei Hofe. Sie definiert in der Regel die Wünsche und politischen Motivationen eines Individuums und beeinflusst mit Sicherheit seine Weltanschauung.

Viele streben jedoch nach mehr als nur ihrem Blut. Diese Elfen schließen sich einer Organisation an, machen die Ziele dieser Gruppe zu ihren eigenen und stehen für etwas Größeres als die Verbesserung ihrer persönlichen Stellung. Die unmittelbaren Ziele einer Familie verschieben sich im Laufe der Jahrzehnte höchstwahrscheinlich, aber die Ideale einer Organisation bleiben in der Regel viel länger gleich.

## Die Ritter vom Purpurturm

Die Ritter vom Purpurturm sind eine so alte Organisation, wie sie es nur sein kann. Der Orden hat seine Wurzeln in den hundert Kriegern, die dem ersten Hohen Truchsess von Königin Melyora geschenkt wurden. Seit diesem Tag haben die Ritter ihre Mission der Verbreitung und dem Schutz der Elfenkultur gewidmet. Jahrhundertelang waren der Hohe Truchsess von Sereatha und der Anführer der Ritter vom Purpurturm ein und derselbe.

Die inoffizielle Beziehung zwischen den Rittern und dem Hohen Truchsess wurde mit Königin Failla zur offiziellen Politik. Sie führte die Position der Consortis ein, und die Elfen von Sereatha passten sich schnell an (S. 20). Zu Ehren der einflussreichen Position der Ritter in den Westlichen Königreichen erhielten sie den vierten Consortis-Sitz, und der Anführer ihres Ordens erhielt den Titel Herzog. Seitdem dienen die Ritter als stehende Armee von Sereatha. Der Hohe Truchsess kann den Orden zur Verteidigung des Gwydenro gegen einen ausländischen Angriff in Anspruch nehmen. Viel öfter verbringen die Ritter ihre Zeit allerdings damit, verschiedenen Gerryth in Notsituationen zu helfen.

Elfen aus allen gesellschaftlichen Schichten sind willkommen, sich den Rittern vom Purpurturm anzuschließen, obwohl Adligen, die sich ihnen anschließen, häufig Führungsaufgaben übertragen werden. Der Beitritt zu den Rittern erfordert ein Gelübde, den Orden und die Sicherheit der Mitritter über die seiner Familie zu stellen. Es ist möglich, die Ritter nach Abschluss eines Pfades auf dem Rad zu verlassen, obwohl die Ritter normalerweise zögern, ehemalige Mitglieder wieder eintreten zu lassen. Nur diejenigen, die ihr Engagement für die Ritter vor allen anderen bewiesen haben, haben die Möglichkeit, in die höchsten Ränge des Ordens aufzusteigen.

### Baron Krau Elrieth

Krau Elrieth ist der stellvertretende Kommandant der Ritter vom Purpurturm, was ihm den Titel eines Barons verleiht. Traditionell kümmert sich dieser Offizier um die täglichen Angelegenheiten der Organisation, während der Herzog bei den Consortis sitzt. Da sich Herzog Iolyn auch um die Angelegenheiten des Hohen Truchsesses kümmern muss, trägt Krau noch mehr Verantwortung als sonst. Krau wird häufig am Hof gesehen und trägt die Insignien eines Magiers, was auf einen Übergang zum Pfad der Weisen hinweist. Krau wird die erfolgreiche Rekrutierung von neuen Mitgliedern in Dion zugeschrieben, und der Purpurturm hat so viele neue Rekruten wie noch nie.

#### Attribute

GES: 7 STR: 6 ZÄH: 5
WAH: 6 WIL: 5 CHA: 7

## Die Gilde der Lernenden

Die Gilde der Lernenden wurde während der Orichalkum-Kriege gegründet. Damals operierte sie vom Turm des Floranuus aus und konzentrierte sich darauf, die Motive und Taktiken der Feinde der Elfenvölker aufzudecken. Mit dem Ende der Kriege änderte sich ihre Rolle vom militärischen Geheimdienst zur allgemeinen Gelehrtentätigkeit.

Nach der Plage reformierte die Gilde der Lernenden und setzte ihre Arbeit vom Turm der Vereinigung aus fort und war in den ersten Tagen maßgeblich daran beteiligt verlorene Gerryth zu entdecken und langfristige Pläne für Wachstum und Entdeckung aufzustellen. Die Gilde ist in letzter Zeit bereit größere Risiken einzugehen. Die Öde fordert drei von zehn Expeditionen, die von der Gilde der Lernenden geschickt werden, und die Gruppe hat dafür nicht viel vorzuweisen. Einige glauben, dass die Lernenden verzweifelt beweisen wollen, dass sie noch relevant sind, während andere glauben, dass sie verzweifelt nach Phantomen unter dem Ruß und Sand suchen.

Anhängern der Gilde der Lernenden kann der Titel *Perritaesa* oder „Weise(r)" verliehen werden. Ein solcher Status garantiert großen Respekt am Hof und erlaubt es dem oder der Perritaesa, von den anderen aktiven Perritaesa Mittel für Forschung oder Expeditionen zu verlangen.

### Perritaesa Eysta Escalanas

Eysta ist die jüngste der sieben Perritaesa, die die Gilde der Lernenden leiten. Diese junge Elementaristin beschreitet den Pfad der Gelehrten und ist von den Geheimnissen der Öde besessen. Sie nimmt häufig an Expeditionen in die gefährlichsten Teile der Region teil und ist bisher immer unversehrt zurückgekehrt. Trotz ihres relativ niedrigen Status hat sie mehrere Besuche von Milde Escalanas (S. 106) und Matriarchin Alyndra (S. 97) erhalten.

#### Attribute

GES: 6 STR: 5 ZÄH: 5
WAH: 8 WIL: 6 CHA: 5

## Wiedererbauer vom Amethyst

Der Orden vom Amethystturm wurde zusammen mit den Rittern vom Purpurturm gegründet. Während die Ritter zur Verteidigung der elfischen Kultur bestimmt waren, sollte der Orden diese Kultur unter den Untertanen der Königin etablieren und fördern. Er war entscheidend für die Planung und den Bau der Türme, die der Stadt ihren Beinamen geben, und viele seiner großen Werke sind im ganzen Gwydenro zu sehen.

Leider brach der Amethystturm, der einst in den Gewässern der Tyrnvir-Bucht stand, während der Plage zusammen. Dem Orden wurde Land an einem anderen Ort in der Stadt angeboten, aber er lehnte ab. Stattdessen schworen die Ordensmitglieder, ihren Turm wieder an seinen rechtmäßigen Platz zu stellen. Heute lebt der Orden hauptsächlich in Dion und arbeitet daran, die Steine des alten Turms vom Meeresboden zu holen.

### Ninkas Elrieth

Über die Geschichte von Lord Ninkas ist nur wenig bekannt. Seine Ranelle ist ein Vasall der Trisrora, aber es ist unklar, wie wichtig diese Verbindungen für den Gelehrten sind. Er ist ein mächtiger Waffenschmied und Magier, der seine Reise entlang des Rades beendet hat. Trotz dieser beeindruckenden Leistung und seiner edlen Geburt nimmt Ninkas nie an Veranstaltungen bei Hofe teil und verbringt seine Zeit in Dions Fundament (S 100) in einer riesigen Werkstatt, in der alle bisher geborgenen Steine des Amethystturms aufbewahrt werden.

Ninkas hat mittlerweile Falten, ist aber immer noch kräftig. Er könnte ein Vermögen damit machen, Waffen und Rüstungen für die Elite zu schmieden, hat sich aber stattdessen dafür entschieden, komplexe Maschinen zu bauen, um den Meeresboden zu durchkämmen – eine Aufgabe, für die er kaum Investoren hat.

### Attribute

GES: 8 STR: 7 ZÄH: 7
WAH: 7 WIL: 7 CHA: 5

## Die Schwerter der Gerechtigkeit

Die Schwerter der Gerechtigkeit existieren in mancherlei Hinsicht seit den ersten Tagen des Gwydenro. Legenden behaupten, dass die Schwerter direkt von der Passion Mynbruje gegründet wurden, die das Land mit einem halben Dutzend Namensgeber-Gefährten bereiste, von deren Taten in epischen Gedichten und Liedern erzählt wird. In diesen alten Tagen erinnerte das Verhalten des Ordens an eine Söldnertruppe. Er kam in ein Gerryth in Not, um das zu bekämpfen, was auch immer das verzweifelte Königreich bedrohte. Die legendäre Gruppe hat Barbaren bekämpft, Korruption ausgerottet und sogar Ernten vor einem tödlichen Frost eingebracht.

Als Königin Alachia den Thron bestieg, erkannte sie die Gruppe offiziell an und befahl dem Hohen Truchsess, den Schwertern offizielle Räume im Turm von Mynbruje zu geben. Die Gruppe zog in die Stadt der Türme und machte sich daran, den guten Willen der Königin in den fernen Teilen der Welt zu erfüllen. Angeblich ist der Orden weit nach Westen bis Arancia und im Osten bis zum fernen Cathay gereist. Trotz dieser ausgedehnten Reisen und des ehrenvollen Dienstes gibt es nur noch wenige Legenden, die die Handlungen der Schwerter im Jahrhundert bis zur Plage beschreiben.

Der Turm von Mynbruje ging während der Plage verloren, aber die Schwerter der Gerechtigkeit erhielten Platz im Turm des Meraerthsa. Die Gruppe entschied sich dafür, weniger als die Hälfte des ihnen angebotenen Platzes einzunehmen, und kehrte stattdessen zu ihren Wurzeln zurück, als umherziehende Namensgeber, die den Unterdrückten helfen. Sie verwandelten ihre Räumlichkeiten in Sereatha in eine selten genutzte Versammlungshalle.

Auch wenn eine Handvoll Schwerter der Gerechtigkeit jederzeit im Turm des Meraerthsa zu finden sind, wandern Hunderte von ihnen durch das Gwydenro. Alle Gerryth erkennen die offizielle Rolle der Schwerter als Schlichter der Gerechtigkeit und Weisheit an. Einige kleinere und weniger gebildete Gerryth verehren die Schwerter wegen ihrer alten Verbindung zu Mynbruje und behandeln sie mit einer fast religiösen Ehrerbietung.

#### *Schwert Bendrin*

Bendrin ist ein Questor von Mynbruje, einer von nur einer Handvoll Menschen, die in der Stadt der Türme ihr Zuhause finden. Er dient als Hüter der Bücher für die Schwerter der Gerechtigkeit und ist stolz darauf, jedes neue Mitglied willkommen zu heißen. Als ziemlich geschickter Illusionist antwortet er auf Fragen, wie ein Illusionist richtig nach Wahrheit und Gerechtigkeit suchen könnte: „Wer könnte es besser machen?"

### Attribute

GES: 5 STR: 5 ZÄH: 5
WAH: 7 WIL: 7 CHA: 6

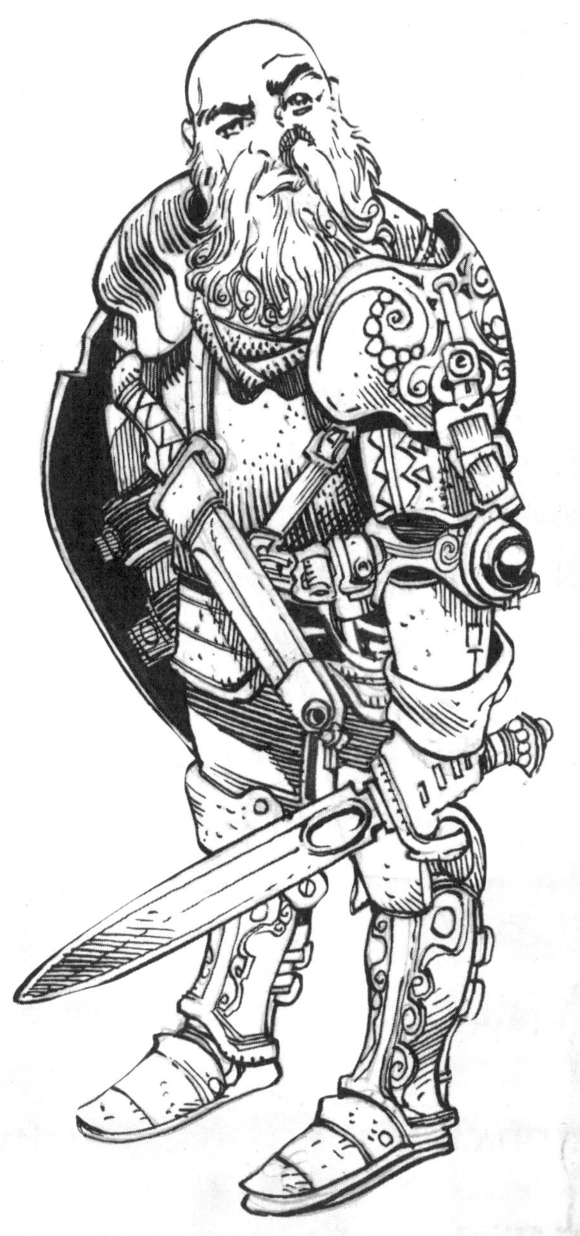

# Das Gwydenro und die bekannte Welt

Der Umgang mit Shosara wurde vor Jahrhunderten verboten und der Handel mit den Theranern seit den Orichalkum-Kriegen stark zurückgefahren. Abgesehen von diesen Einschränkungen wurde jedem Gerryth in der Vergangenheit erlaubt, Geschäfte nach eigenem Ermessen zu tätigen. Nach der Plage versuchte Maldwyn neue Beziehungen aufzubauen und diese wenigen Einschränkungen offiziell zu lockern. Nach siebzig Jahren ist diese Situation auf den Kopf gestellt worden, da der Hohe Truchsess Iolyn das Embargo gegen die Getrennten wieder eingeführt hat und zur Vorsicht im Umgang mit Ausländern rät.

Iolyn hat Theras merkantile Bemühungen strikt auf Caelshara beschränkt und hat in aller Deutlichkeit erklärt, dass die alte Trennung von Shosara noch in Kraft ist. Auch wenn Iolyns Haltung zu diesen Fragen klar ist, hat er keinen eisernen Griff über das gesamte Gwydenro. Viele Adlige machen so weiter wie zu Maldwyns Zeiten, nutzen die Grauzonen um Iolyns offizielle Dekrete aus und warten auf eine konkrete Berichtigung oder Mahnung.

Im Allgemeinen sind die Elfen des Gwydenro misstrauisch gegenüber fremden Schiffen, sind aber offen für vorsichtigen Kontakt. Ein unerwarteter Ausländer, der behauptet keine Zugehörigkeit zu haben, wird normalerweise zum König des nächstgelegenen Gerryth gebracht. Die Verantwortung liegt dann bei diesem König, sich mit dem Ausländer zu befassen oder das Problem an seinen Lehnsherrn weiterzugeben.

## Blutwald

Die Westlichen Königreiche misstrauen den Blutelfen. Das Ritual der Dornen wird als tiefer Verrat an der Elfenkultur gesehen, und Königin Alachias Erklärungen seit der Plage werden häufig als das Geschwafel einer Wahnsinnigen behandelt. Die Escalanas-Ranelle versuchte, den Kontakt zu ihren Verwandten im Blutwald wiederherzustellen, fand die Beziehung aber bestenfalls beunruhigend. Seit Iolyns jüngster Erklärung, dass Königin Alachia und ihr Hof unwiderruflich verdorben seien, haben die meisten Westlichen Königreiche die Beziehungen zum Blutwald bereitwillig beendet.

Ein kleines, aber wachsendes Kontingent von Blutelfen hatte vor Iolyns Dekret in Dion gelebt (S. 100), und den Darga blieb kaum eine andere Wahl, als diese verunstalteten Flüchtlinge zu vertreiben. Blutelfen sind in den meisten Gerryth nicht erlaubt, und nur wenige befinden sich noch in den Westlichen Königreichen. Die Adligen bestehen jedoch darauf, dass sich die Singvögel Alachias (S. 54) weiterhin in die Region einschleichen. Wenn Iolyn tatsächlich versucht ein neues Eichenherz wachsen zu lassen, würden die Singvögel zweifellos versuchen ihn aufzuhalten.

## Iopos

Die Denairastas sind in den letzten zehn Jahren zu einem zunehmend unberechenbaren Handelspartner geworden. In Jerris gebaute Luftschiffe fliegen häufig über dem Gwydenro, sogar bis nach Sereatha. Ihre Schiffe scheinen unerklärlicherweise den Handel mit Gerryth unter Trisrora-Kontrolle zu bevorzugen, und die Ranelle hat diese Gelegenheit genutzt. Die jüngsten Veränderungen in Jerris haben jedoch dazu geführt, dass die Denairastas ungerührt von ihrem Geschäft zurückgetreten sind, neue Handelsschiffe für die Trisrora zu bauen.

Während sich der Adel wenig um die iopanischen Verschwörungen in Barsaive kümmert, scheint sich Iopos auch wenig um die Politik der Westlichen Königreiche zu kümmern. Die Denairastas sind in Gesprächen mit dem Hof in Sereatha über die Einrichtung einer offiziellen und ständigen Botschaft, aber der Wechsel auf der Position des Hohen Truchsesses hat diese Gespräche erheblich zurückgeworfen.

### Ghieron Denairastas

Die ersten Denairastas kamen vor einem Jahrzehnt offiziell in Sereatha an und verließen es sofort wieder. Seitdem sind viele iopanische Vertreter ins Gwydenro gekommen und wieder gegangen, ohne Wellen zu schlagen. Vor vier Jahren kam und blieb zum ersten Mal ein Vertreter der Denairastas. Ghieron Denairastas ist offiziell bestrebt, eine Botschaft ähnlich der von Throal zu errichten. Als Iolyn jedoch die Position des Hohen Truchsesses übernahm, hörte Ghieron auf diese Agenda voranzutreiben.

Ghieron ist inzwischen viel näher an die Gilde der Lernenden herangerückt und unternimmt regelmäßig Ausflüge in die Bars des Hafenviertels. Gerüchten zufolge plant er seine eigene Expedition in die Öde, obwohl nur wenige über das genaue Ziel seiner Reise spekulieren können.

Ghieron ist ein versierter Illusionist und Dieb, versteckt aber seine wahren Fähigkeiten in diesen Disziplinen und präsentiert sich am häufigsten als Schreiber und Gelehrter.

### Attribute

GES: 7 STR: 7 ZÄH: 7
WAH: 8 WIL: 8 CHA: 7

## Die Grossen Fälle

Die rauen Kulturen der Großen Fälle sind stolz auf ihre Isolation. Sie haben wenig Interesse am Handel und werden deshalb selten von Händlern aus dem Gwydenro gestört. Die Kosten für einen zuverlässigen Flugverkehr machen Expeditionen in diese Region noch weniger attraktiv.

## Pelsaari

Im Norden jenseits des Bwydvir liegen die rauen und kalten Regionen, die als *Pelsaari* oder „Wilde Länder“ bezeichnet werden. Vor der Plage reichte das Gwydenro etwas weiter die Küste des Tyrnvir hinauf. Während die Bevölkerung in Isolation war, wurde das Gebiet zu wenig mehr als zertrümmertem Fels. Die wenigen Expeditionen, die nach Norden unternommen wurden, fanden die Kaers aufgebrochen und ihre Bewohner längst tot vor.

Die Nordküste des Tyrnvir ist der Beginn der Pelsaari, und je weiter man sich in diese Länder begibt, desto fremder werden die Dinge. Mit nur wenigen Kaers, die auf eine Wiederentdeckung warten, und noch weniger tragfähigen Handelspartnern, gibt es hier nur wenig, was die Bevölkerung des Gwydenro interessiert.

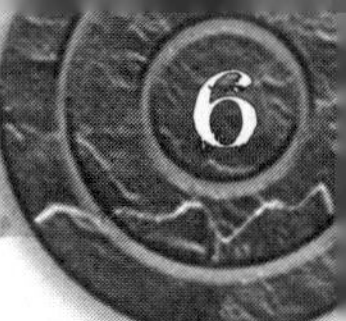


Alle paar Jahre tauchen aus diesem fernen Norden Schiffe mit Kreaturen auf, die halb Namensgeber und halb Tier sind, und plündern entlang der Küste. Die Schiffe werden in der Regel abgewehrt, bevor sie erheblichen Schaden anrichten können, und haben noch nicht genug Kraft aufgebracht, um ins Tyrnvir einzudringen. Dennoch werden diese nördlichen Barbaren zu Recht gefürchtet, und ihre Schiffe werden sofort angegriffen.

## Shosara

Die Westlichen Königreiche haben das Volk von Shosara seit dem Tod von Königin Dallia verachtet. Schon in jungen Jahren hören die Bewohner des Gwydenro Geschichten über die Trennung und beschuldigen die Shosaraner, dass sie solche Konflikte am Hof verursacht haben. Nach der Plage erlaubte Maldwyn den offiziellen Umgang mit den Getrennten Elfen. Die Trisrora-Ranelle war schnell dabei, wo immer es möglich war, mit den Laryskova (S. 137) Handel zu treiben, und ein kleiner Teil des Handels zwischen den beiden Nationen wurde aufgebaut.

Vor Kurzem hat Iolyn Maldwyns Praktiken rückgängig gemacht und dem Handel ein Ende gesetzt. Viele Königreiche handeln weiterhin mit den eng miteinander verflochtenen Freien Kompanien aus der Region und argumentieren, dass, da nur Elfen Getrennte sein können, der Handel mit diesen anderen Namensgebern erlaubt ist.

Shosara ist offensichtlich unzufrieden mit dem neuen Hohen Truchsess und schickt ständig Gesandte nach Sereatha, die aber alle ohne Audienz abgewiesen werden. Shosara warnt das Volk der Westlichen Königreiche lautstark, dass es sich rückwärts und nicht vorwärts bewegt. Man brauche nur auf Shosaras Erfolg während der Plage zu schauen, um zu sehen, dass das elfische Volk einen neuen Weg benötige. Aber trotz ihres Getöse scheinen die Shosaraner die Bemühungen von Sereatha, ein gesundes Eichenherz anzubauen, aufzugreifen. Traditionelle Adlige nehmen diese Aktionen als Beweis für Shosaras Inkompetenz.

### FÜRST SIMIFER BEZAN

Simifer, ein junger Fürst aus Shosara, hat die unangenehme Aufgabe erhalten, eine Audienz beim Hohen Truchsess Iolyn zu erreichen. Er kommt per Luftschiff an und wird zu den Quartieren im Naunamai (S. 103) begleitet. Nur wenige in Sereatha haben ein persönliches Problem mit Simifer, und er tut sein Bestes, um für sich selbst zu bleiben. Nach ein paar Wochen, in denen er in der Stadt gemieden wurde, teilt Iolyn Simifer offiziell mit, dass er keine Zeit hat, sich mit einem Getrennten Elfen zu treffen, und schickt den Fürsten nach Hause. Nach ein paar Monaten kehrt Simifer zurück, und der Zyklus wiederholt sich.

Adlige haben bemerkt, dass sich Simifers Schiffe immer weiter von Südosten her nähern, was einige glauben lässt, dass der unerwünschte Fürst eine umständlichere Reise unternimmt. Eine Reise, die ihn absichtlich an den wohlwollenden Trisrora-Gerryth vorbeiführen könnte und auf der er seine Troubadour-Magie nutzen könnte, um seine diplomatischen Bemühungen zu verstärken.

#### Attribute

GES: 6 STR: 5 ZÄH: 5
WAH: 6 WIL: 5 CHA: 7

## Thera

Thera wurde von den Anhängern eines Elfen gegründet, der vom Hof Königin Faillas vertrieben wurde. Auch wenn dies zu politischen Spannungen führte, blieb die Beziehung bis zu den Orichalkum-Kriegen herzlich. Thera und die Elfenvölker gerieten während dieses Konflikts aneinander, und Geschäfte wurden offiziell verboten. Nach der Plage, als Maldwyn im Bwydvir nahe Vasgothien auf theranische Truppen traf, wurden neue Bedingungen ausgehandelt. Den Theranern würde es erlaubt sein mit dem Gwydenro zu handeln, aber sie durften keine Sklaven handeln und müssten ihre Schiffe immer dann durchsuchen lassen, wenn sie in einem Gerryth anlegten. Thera stimmte zu, entdeckte aber schnell, dass einige Häfen immer noch daran interessiert waren alten Groll zu hegen. Sie fanden in Caelshara eine einladende und profitable Anlaufstelle. Bald machten die beiden Nationen rege Geschäfte.

Iolyn bezeichnet die Theraner als militärische und kulturelle Bedrohung und hat sie aus allen Häfen verbannt, es sei denn sie erhalten eine Sondergenehmigung. Dies hat wenig dazu beigetragen den Betrieb in Caelshara zu unterbrechen, da die Fensalor schnell die notwendigen Genehmigungen erteilten.

Theranische Schiffe sieht man nur selten in Sereatha, und wenn sie doch in der Stadt der Türme auftauchen, treffen sie sich mit dem Hohen Truchsess Iolyn hinter verschlossenen Türen. Adlige vermuten, dass Thera angesichts der Rebellion in Vasgothien, Truppen an den westlichen Grenzen der Westlichen Königreiche stationieren will. Wenn Iolyn das zulassen würde, würde er seine Plattform der Unabhängigkeit und der geschlossenen Grenzen untergraben. Wenn er Thera zu sehr verärgert, könnte der Handel in Caelshara austrocknen, und der Hohe Truchsess könnte die Unterstützung der Fensalor-Consortis verlieren.

### STRATEGOS CORINNI GASCILLIUM

Corinni, ein Mensch, besucht seit Jahrzehnten die Märkte von Caelshara (S. 109) und ist bei der Fensalor-Ranelle wohlbekannt. Vor fast einem Jahr unternahm er die Reise nach Sereatha und wurde offiziell am Hof zugelassen. Seitdem hat er wenig erreicht und bleibt in Gesellschaft der Fensalor. Überraschenderweise hat Iolyn viele private Besprechungen mit dem Mann geführt, weit mehr, als man angesichts der relativ niedrigen Position des Theraners erwarten würde.

Corinni hat unter dem Adel den Ruf, ruhig und zurückhaltend zu sein, und scheint sich auf einem seiner vielen Tagesausflüge nach Dion wohler zu fühlen. Er verbringt die meiste Zeit im Fundament und hat sich angeblich sogar mit König Skyddyn Darga getroffen. Was die beiden zu besprechen hätten, ist jedoch unbekannt. Er ist ein erfahrener Dieb, verbirgt aber seine wahre Disziplin hinter mehreren Troubadour-Talenten, die er durch Vielseitigkeit gelernt hat.

#### Attribute

GES: 7 STR: 5 ZÄH: 5
WAH: 7 WIL: 5 CHA: 5

## Throal

Das Königreich Throal begann nach seinem Sieg im Zweiten Theranischen Krieg, mit den Westlichen Königreichen Geschäfte zu machen. Der Handel hat in den letzten Jahren zugenommen, aber der Weg ist lang und beschwerlich, und die Gewinnmargen für diese Reisen sind nach wie vor hauchdünn.

Throal hat offiziell eine ausgewachsene Botschaft im Viestern-Turm (S. 103) eröffnet, ein Schritt, der seinem öffentlichen Ansehen mehr als geholfen hat. Botschafter aus Throal kommen mit überraschender Regelmäßigkeit nach Sereatha, und die Adligen flüstern, dass das Zwergenreich ein mächtiger Verbündeter sein könnte, wenn der Krieg zwischen dem Blutwald und dem Gwydenro ausbricht.

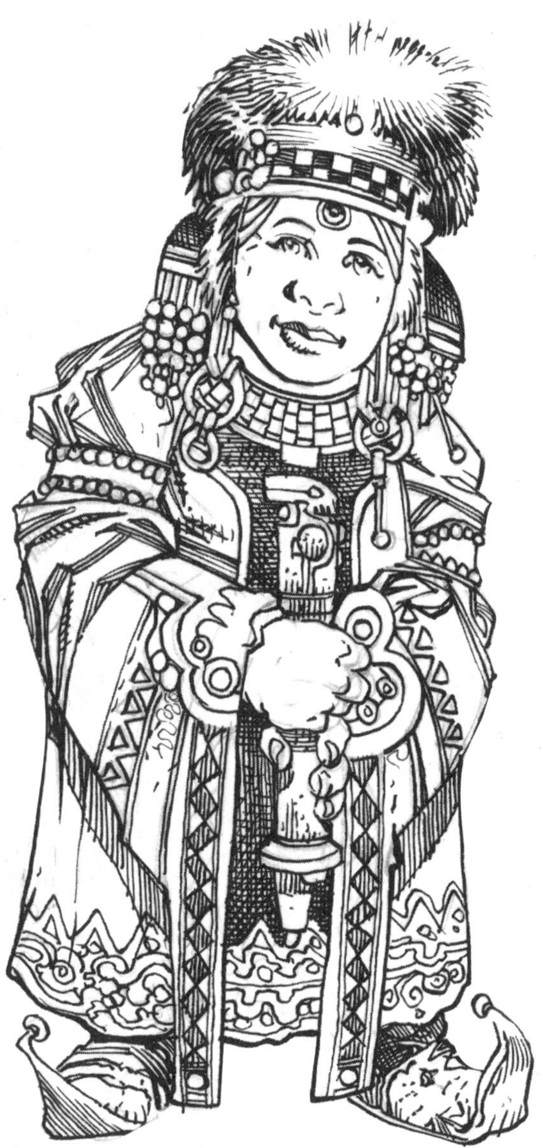

**BOTSCHAFTERIN LIRENZIE LUDI**

Lirenzie ist die einzige Zwergin, die Sereatha als Zuhause bezeichnet, und die einzige Mitarbeiterin der throalischen Botschaft in der Stadt der Türme. Sie ist seit fast fünf Jahren vom Viestern-Turm aus tätig, bleibt aber hoffnungslos, wenn es um die sereathanische Politik geht. Sie ist häufig für soziale Ausrutscher verantwortlich und macht Fehler, die für diejenigen, die in lokalen Adelskreisen aufgewachsen sind, offensichtlich sind.

Vor Kurzem wurde sie gesehen, wie sie Ierus Laimin (S. 108) Fragen zu den jüngsten Absagen des Cariad Castald stellte. Die Verwalterin sah Berichten zufolge gequält aus, als sie versuchte, die unangenehmen und direkten Anschuldigungen, die Lirenzie ihr vorlegte, abzulenken. Ob Lirenzie weiser ist, als sie erscheint, oder ob Consortis Bourtin sie beauftragt hat, ist Gegenstand der Debatte bei Hof.

Die einzigen positiven Beziehungen, die Lirenzie aufgebaut hat, sind die zu den Angestellten im Turm der Ambition, die aus ihrem Status als Questorin von Chorrolis entstanden sind.

### Attribute

GES: 4 STR: 5 ZÄH: 6
WAH: 7 WIL: 7 CHA: 5

## Vasgothien

Vasgothien wird von den Westlichen Königreichen nur selten beachtet. Es wird im Wesentlichen als eine theranische Provinz angesehen. Vasgothien ist in fast ständiger Rebellion und hat das Gwydenro mehrmals um Hilfe gebeten, aber bisher haben die Consortis diese Konflikte vermieden. Auf den Märkten Caelsharas heißt es jedoch, dass in den tiefen Dschungeln entlang der Ostgrenze Vasgothiens eine neue Rebellion wächst. Berichten zufolge wurden diese Rebellen mit hochwertigen elfischen Waffen und Rüstungen gesehen.

## Die Öde

Da die Gefahren der Öde zunehmend katalogisiert werden, ist diese Region zur Grenze der Westlichen Königreiche geworden. Einige mutige Gruppen haben versucht, in alte Siedlungen zurückzukehren, aber diese Bemühungen scheitern viel öfter, als sie Erfolg haben. Die Region ist immer noch äußerst gefährlich, aber wenn sie gezähmt werden könnte, könnten die Westlichen Königreiche profitable Handelsrouten über Land nach Barsaive, Vivane und darüber hinaus sichern.

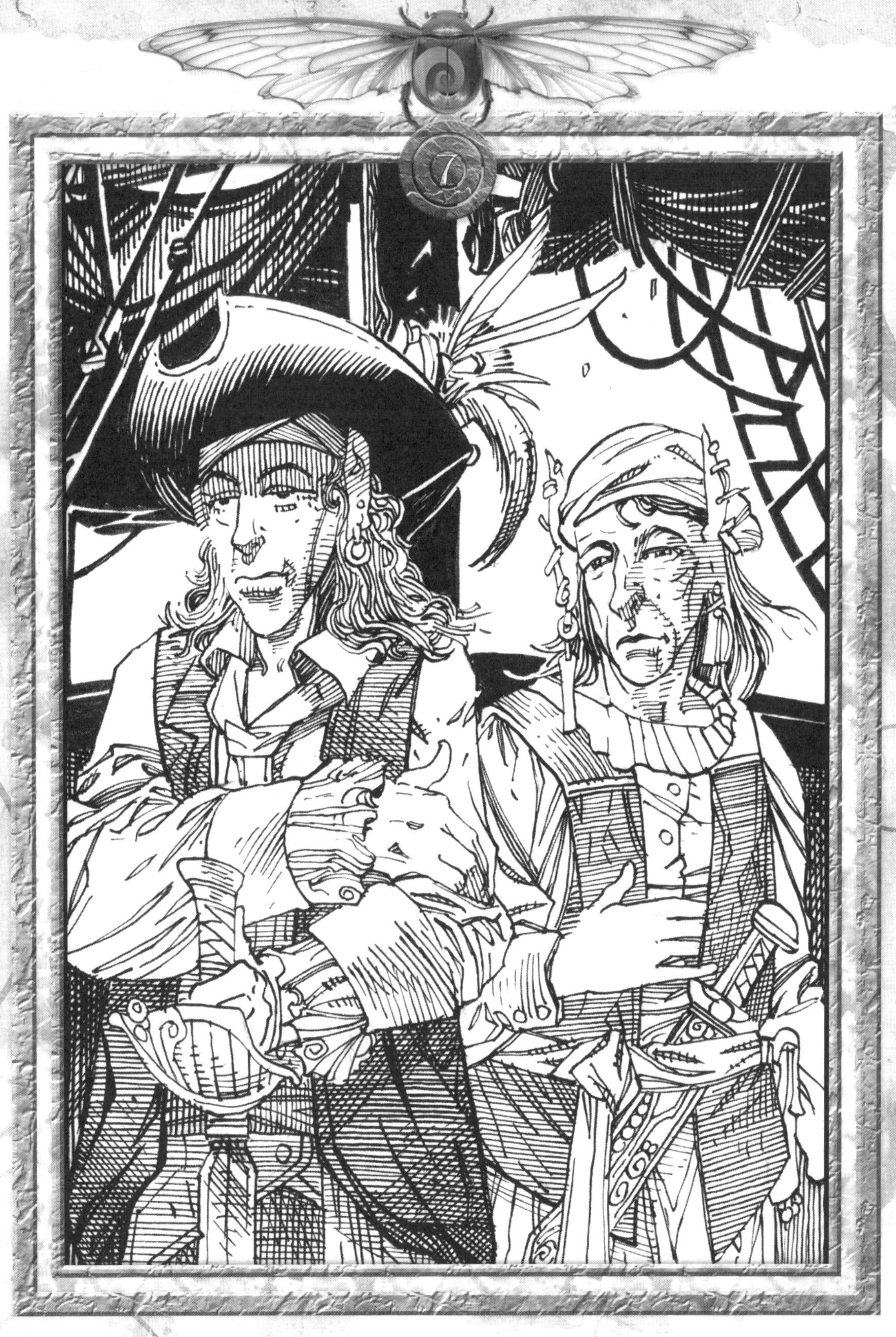


# INS UNBEKANNTE

*„Das Meer ist voller großer Gefahren, aber auch großer Chancen.
Der Trick ist, ersteren zu trotzen, um letztere zu ergreifen."*

Als er ein Kind war, nahm sich Lavro die Worte seines Großvaters zu Herzen. Seine Familie erzählte Geschichten von ihren elfischen Vorfahren, die das Gwyn-Meer befuhren. Lavro sog sie alle in sich auf, und er träumte davon, ein schneidiger Entdecker auf hoher See zu werden. Er war jedoch schon immer ein Bücherwurm gewesen, und seine Familie hielt ihn an einer kurzen Leine. Sie verbrachte ihre Zeit damit, ihn zu einem meisterhaften und rücksichtslosen Kaufmann auszubilden. Er hatte sich durch die gnadenlosen Märkte von Shosara nach oben gearbeitet und dabei Silber beiseitegelegt, um seinem Traum zu folgen. *Ich habe jeden, der mich verärgert hat, überlistet oder ausgestochen, um dorthin zu gelangen, wo ich jetzt bin*, dachte er oft bei sich. *Was als nächstes kommt, ist nur eine weitere Eroberung.*

Und jetzt war er stolzer Besitzer eines Schiffes und Kapitän einer erfahrenen Mannschaft. Es mochte seine erste Reise sein, aber er würde eine große Entdeckung machen und ruhmreich zurückkehren. Zumindest hoffte er das. Lavro ging zum Ende des Kais, inspizierte die neu gestrichene *Vogelgesang* und sah zu, wie sich die Mannschaft auf dem Schiff aufstellte. Alle Augen waren auf ihn gerichtet – Augen, die ihn bereits abschätzten, um zu sehen, ob er nur ein weiterer dummer Adliger war, der von Abenteuern träumte. Er näherte sich ihnen selbstbewusst und warf selbst einen einschätzenden Blick auf die Mannschaft.

„Seid gegrüßt … äh … Namensgeber der *Vogelgesang*! Ich bin es … äh … euer neuer Kapitän, Lavro aus dem Hause Salucar.“ Zu schwach, zu freundlich, dachte er sich sofort nach einer unangenehmen Pause. „Wer von euch ist der Erste Offizier Artem?“

Ein drahtiger Mensch trat vor, in dessen Ohren verschiedene geschnitzte Knochenanhänger gestochen waren. „Das bin ich, Kapitän. Herr … Jaspree begünstige Euch heute“, antwortete er und stolperte über die Ehrungen, als er sein Bestes versuchte, sich höflich zu verbeugen. *Der Mann ist nervös,* bemerkte Lavro, und vielleicht zu Recht. Der Kaufmann hatte das Schiff und die damit verbundenen Verträge der Besatzung von einem Schuldner beschlagnahmt, um bei der Finanzierung dieses Vorhabens zu helfen.

„Kapitän reicht, Artem. Dient mir gut, dann habe ich keine Zweifel, dass wir gut miteinander auskommen werden“, verkündete er und schaute wieder auf die Mannschaft. Decksarbeiter tauschten wissende Blicke aus, und er bemerkte ihre stille Aufmüpfigkeit. Er musste sie später disziplinieren, wenn sie aus der Reihe tanzten, um den anderen zu zeigen, dass er es ernst meinte. „Sollen wir eine Inspektion durchführen, Erster Offizier?“

Es folgte eine umständliche Besichtigung des Schiffes. Lavro hatte sich bisher nicht die Mühe gemacht, das Schiff zu inspizieren. Er wusste, dass der Schuldner alles, was er hatte, in es investiert hatte, sodass es eine Liebesarbeit war, der Traum des Schuldners, der in Form eines leichten, seetüchtigen Schiffes im khistovanischen Stil realisiert worden war. Ein Schiff, das nun Lavros Traum dienen sollte, dachte er sich, als er durch das Schiff geführt wurde. Er und einige der Offiziere führten eine Zeit lang steifen Smalltalk, bevor er zurück zum Heck des Schiffes und zu Artem ging.

Er stand am Ruder und schaute wieder auf die Besatzung, um eine Rede zu halten, während sie sich darauf vorbereiteten abzulegen. „Männer, die Aufgabe vor uns wird nicht einfach sein … es wird … sehr schwierig“, begann er, und der Gedanke kam unmittelbar danach. *Zu zögerlich. Du brauchst mehr Kraft in deiner Stimme.* „Aber wenn wir unsere Pflicht erfüllen können, werden wir Helden sein! Helden von Shosara“, fügte er schnell hinzu. *Zu schnell.* „Wir werden … durch den Schlund in den kalten Norden segeln, und wir werden eine vergessene Ruine von vor der Plage entdecken.“ Er fummelte an einem aufgerollten Pergament und hielt es über seinen Kopf. „Ich habe hier, genau hier … in meinen Händen … eine Karte, die uns dorthin führen wird. Es wird … es wird Mut erfordern! Und harte Arbeit! Aber wir alle werden berühmt von diesem Abenteuer zurückkommen … und reich!“ *Arbeite an deinen Pausen,* kam die Selbstkritik ungebeten.

Die Reaktion der Besatzung war verhalten, hauptsächlich ein besorgtes Murmeln. Sie wussten schon lange, dass sie unterwegs sein würden, aber Lavro wollte das Ziel zu einer Überraschung machen. Diese Überraschung, so bemerkte er, schien diesen erfahrenen Seglern nicht zu gefallen.

Artem stand neben Lavro, sein Ausdruck war neutral. Nachdem er Lavro die Reaktionen der Mannschaft hatte einschätzen lassen, bot er endlich seine eigene an.

„Kapitän, das ist so ziemlich die gefährlichste Reise, die man unternehmen kann. Selbst erfahrenen Kapitänen kann es passieren, dass sie um ihr Leben kämpfen, wenn sie das Eismeer erreichen. Seid Ihr sicher, dass das die Reise ist, die Ihr antreten wollt?“

*Ein Widerspenstiger, und einer, den die Männer respektieren.* Lavros joviales Auftreten schmolz mit seiner scharfen Reaktion dahin. „Zweifelt nie an meiner Entschlossenheit, Erster Offizier. Alles, was ich mir verdient habe, habe ich durch harte Arbeit und Entschlossenheit bekommen. Das hier ist nur die nächste Herausforderung, das große Unbekannte. Ich führe Männer seit Jahren, und ich habe niemals versagt bei etwas, was ich angefangen habe. Stellt mich nicht vor der Mannschaft infrage. Haltet einfach den Kopf unten und tut, was man Euch sagt. Glaubt Ihr, Ihr könnt damit umgehen?“ Er hatte widerwillige Lieferanten oder träge Mitarbeiter im Kontor bereits früher einschüchtern müssen, und er sah dies als mehr oder weniger dasselbe an.

Er bekam ein kurzes „Ja, Kapitän“ als Antwort und nickte, um Artem zu entlassen. Er ging auf dem Hinterdeck hin und her, als der Erste Offizier der Mannschaft Befehle gab und das Schiff den Hafen verließ, und beobachtete, wie die helle Flamme auf dem großen Leuchtturm schrumpfte, als sie aufs Meer hinausfuhren. Die Matrosen bewältigten ihre Aufgaben geschickt, aber er konnte nicht anders, als ihre kleinen Gesten zu bemerken. Ein kleines Schutzzeichen hier, ein kleines Essensopfer, das über Bord geworfen wurde, dort. Er beobachtete ihren Aberglauben mit Verachtung. Er war schon immer ein Mann der Logik gewesen, und diese kleinen Dinge verärgerten ihn.

Doch schon bald nach ihrer Abreise begann das Gefühl in seiner Magengrube. Galle. Vieles davon brannte bis hoch in seine Kehle. Egal, was er tat, es war, als ob sich sein Magen zusammenfaltete und aus seinem Mund kletterte. Er erinnerte sich als Kind an kurze Fahrten auf dem Wasser um Shosara herum, die keine negativen Auswirkungen gehabt hatten, aber jetzt, da er darüber nachdachte, war er seit seiner Kindheit nicht mehr auf See gewesen. Er verfluchte sein Unglück und fluchte erneut, als er bemerkte, dass die Besatzungsmitglieder Abstand hielten. Er war sich sicher, dass sie ihn verspotteten, weil er keine Seebeine hatte, und abfällige Bemerkungen austauschten, wenn er außer Hörweite war. Dann stieg die Galle im hinteren Teil seiner Kehle wieder auf …

Die nächsten Tage waren ruhig. Das Wetter war in einer selten guten Stimmung und kooperierte mit der *Vogelgesang*, die auf einem nordöstlichen Kurs über die Wellen ritt. Lavro fühlte, dass er seine Autorität etabliert hatte, und jetzt würde er sich die Zeit nehmen, die Mannschaft kennenzulernen. Er war nicht der Stärkste, musste aber manchmal seinen Teil der Arbeit leisten. Er hasste es, aber er beabsichtigte nicht, es sich anmerken zu lassen, als er auf dem ganzen Schiff half und mehr über die unzähligen täglichen Aufgaben erfuhr, die zum Segeln eines Schiffes erforderlich waren. Er war sich sicher, dass diese Art von Aufmerksamkeit ihm helfen würde, die Mannschaft für sich zu gewinnen, also setzte er alles daran. Aber der Mangel an Aktivität begann, ihm zu schaffen zu machen. In all den Jahren, in denen er die Schifffahrt über das Gwyn-Meer koordiniert hatte, in all seinen romantischen Tagträumen über die Durchquerung des Meeres, hatte er nie daran gedacht, wie langweilig diese täglichen Aufgaben sein konnten. Er begann, auf den Decks hin und her zu gehen, und wurde unruhig.

All das änderte sich natürlich, sobald sie in den Schlund fuhren. Zuerst kämpften sie gegen eisige Winde und mussten heftig anpacken, um vorwärts zu kommen. Die Mannschaft bewältigte dies mit trotziger, guter Laune, aber gelegentliche Übelkeiten trafen Lavro immer noch, als sie im Zickzack fuhren, um jede Brise einzufangen, die sie konnten. Dann kam das Eis. Nicht Platten davon, wie es sich der junge Kapitän vorgestellt hatte, sondern kleine schwimmende Brocken, von denen Artem versicherte, dass sie unter der Wasserlinie messerscharf sein konnten. Die fröhliche Atmosphäre verflüchtigte sich, als die Mannschaft sich mit grimmiger Entschlossenheit daranmachte, den tödlichen Kurs zu überleben. Diejenigen, die nicht mit den Segeln beschäftigt waren, schnallten sich an die Reling und hielten Ruder und lange Stangen nach draußen, auf der Suche nach Eis, das dem Rumpf zu nahe kam.

Dies ging noch ein paar Tage so weiter, und die Mannschaft schlief, wann immer sie konnte, als sie das tückische Wasser durchquerten. Ohne ihre Erfahrung konnte Lavro Artem nur zuschauen und ihm zustimmend zunicken. Der Erste Offizier bellte Befehle, half mit der Leichtigkeit eines erfahrenen Offiziers mit, wo immer er gebraucht wurde, und hielt die Mannschaft in der Spur. Tief im Inneren kochte Lavro. *Du solltest es sein, der die Befehle gibt, und diesen Mann nicht deine Autorität an sich reißen lassen,* dachte er sich im Laufe der Tage, aber er behielt diese Frustrationen für sich.

Schließlich öffnete sich der Schlund, und sie befanden sich in den kalten Gewässern des Eismeeres. Die Winde beruhigten sich wieder, und eine unheimliche Stille setzte ein, als sich das offene Wasser vor ihnen erstreckte. Die Langeweile kehrte zurück, und die Unfähigkeit, an der gefährlichen Passage mitzuwirken, nagte an Lavro. Er war unruhig und wollte den Männern zeigen, dass er genauso fähig war wie sie. Er fühlte, dass eine richtige Heldentat seinen Stolz besänftigen und seinen Stand bei der Mannschaft festigen würde.

Die Gelegenheit kam schnell. Einige Tage nördlich des Schlunds durchbrach das Klagegeheul einer Frau die Stille, und Lavro gehörte zu den wenigen Besatzungsmitgliedern, die zur Reling eilten, um die Quelle zu finden. Die meisten, einschließlich des Ersten Offiziers, blieben jedoch auf ihren Posten.

„Artem, was macht Ihr da? Jemand braucht Hilfe. Macht ein Boot fertig, werft ihnen eine Leine zu, tut etwas!"

„Kapitän, schaut Euch um. Wir haben seit Tagen kein anderes Schiff mehr gesehen. Es gibt Dinge auf See, Kreaturen, die versuchen einen anzulocken. Erweist Jaspree Euren Respekt und haltet das Ding aus Eurem Kopf."

„Seid Ihr wahnsinnig? Könnt Ihr die Stimme nicht hören? Es klingt wie eine Frau, die ertrinkt. Und in diesem kalten Wasser wird sie nicht lange durchhalten!"

Der Offizier schüttelte nur den Kopf und machte eine schützende Geste, die Lavro von den abergläubischsten seiner Kollegen an Land kannte. Statt Leinen vorzubereiten, lief ein Teil der Mannschaft in den Lagerraum und tauchte mit Rationen wieder auf, wobei sie Gebete an die Passion der Natur richteten, sie zu schützen, während sie dem Meer Speisen darbrachten. Als sich das Schiff der Quelle des Klagens näherte, konnte Lavro deutlich die Gestalt einer jungen Frau erkennen, die beim Ertrinken im Meer um sich schlug. Damit war jede Frage der Professionalität beendet. Er würde diese Frau retten und seinen Männern zeigen, dass er tapfer und ein Held war.

Über Artems Proteste hinweg gab Lavro den Befehl, so nah wie möglich an die Frau in Not heranzufahren. Das Wehklagen wurde hektischer, ebenso wie Lavros Befehle, als er sich vorstellte, dass ihre Zeit knapp wurde. Schließlich folgten ihm die eingeschüchterten Matrosen, und der Erste Offizier beugte sich dem Kapitän.

Die *Vogelgesang* drehte neben dem um sich schlagenden Mädchen bei, und eine Leine wurde fallen gelassen, aber in ihrer Panik konnte sie sich nicht festhalten. Lavro rief einen weiteren Satz von Befehlen, ein Boot abzuseilen, und wählte eine kleine Gruppe von Seeleuten, um neben die Frau zu rudern, damit sie hochgezogen werden konnte. Die Besatzungsmitglieder waren nervös und schreckhaft und warfen beim Rudern immer wieder kleine Stücke Essen ins Wasser.

Als das Boot zum Schiff zurückkehrte, bekam Lavro seinen ersten guten Blick auf die arme Frau. Sie war eine schöne junge Elfe, aber ihre Haut hatte eine ungesunde blaue Färbung, ein verräterisches Zeichen, dass sie zu lange im kalten Wasser gelegen hatte. Er vergaß die Leine und lehnte sich so weit wie möglich hinaus, streckte seine Hand zu dem unglücklichen Mädchen aus … und fiel innerhalb eines Augenblicks im Wasser.

Die eisige Kälte war ein Schock, und für einen Moment dachte er, er sei einfach über Bord gefallen. Aber dann bemerkte er die blauen Arme, die sich um seine Arme gelegt hatten, mit Krallen am Ende der elfenhaften Fingerspitzen. Er sah lange, scharfe Zähne und schrie, dass seine Männer ihn hochziehen sollten.

Aber alles, was er sehen konnte, war, dass die Mannschaft zögerte, und ein Blick auf Artem an Bord des Schiffes, der die Szene grimmig ansah.

Die Männer auf dem Boot zögerten noch immer, und er beschimpfte sie, damit sie ihn retteten. Ihre Augen waren jedoch nicht mehr auf ihn gerichtet, sondern auf weitere dieser blauen Frauen, die mit unnatürlicher Geschwindigkeit auf ihn zu schwammen, als er um sich schlug. Seine Flüche wurden zu Bitten um Hilfe, dann schrie er vor Schmerz, als er spürte, wie sich die langen Zähne in sein Fleisch bohrten. Er erkannte, dass keine Hilfe kommen würde. Auf ein Pfeifen des Ersten Offiziers hin ruderten die Männer auf dem Boot einfach weg. Das Letzte, was Lavro sah, war, dass sich sein eigenes Blut mit dem Kielwasser des Bootes vermischte, als er in die Tiefe gezogen wurde.

Zurück an Deck befahl Artem, zu wenden und die Segel nach Khistova zu setzen. Er übernahm das Kommando mit der geübten Leichtigkeit, die von Jahren auf See herrührte, und kehrte zurück, um dieses Missgeschick hinter sich zu lassen. Wenn sie zurück in den Hafen fuhren, würden einige vielleicht Fragen stellen, aber er wusste, dass nur wenige an seiner Geschichte zweifeln würden. *Ein weiterer junger Narr mit zu vielen Träumen im Kopf und nicht genug Verstand*, dachte er, als das Schiff an Fahrt gewann. *Tapferkeit ist gut, aber Verstand ist besser.*

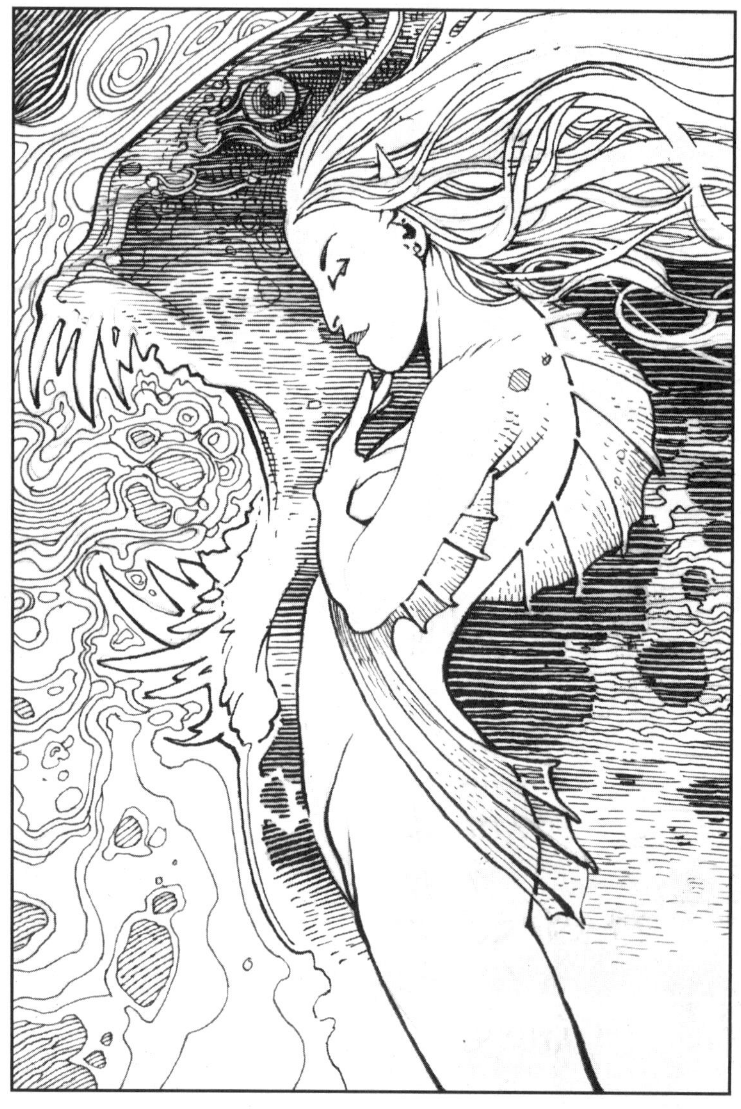

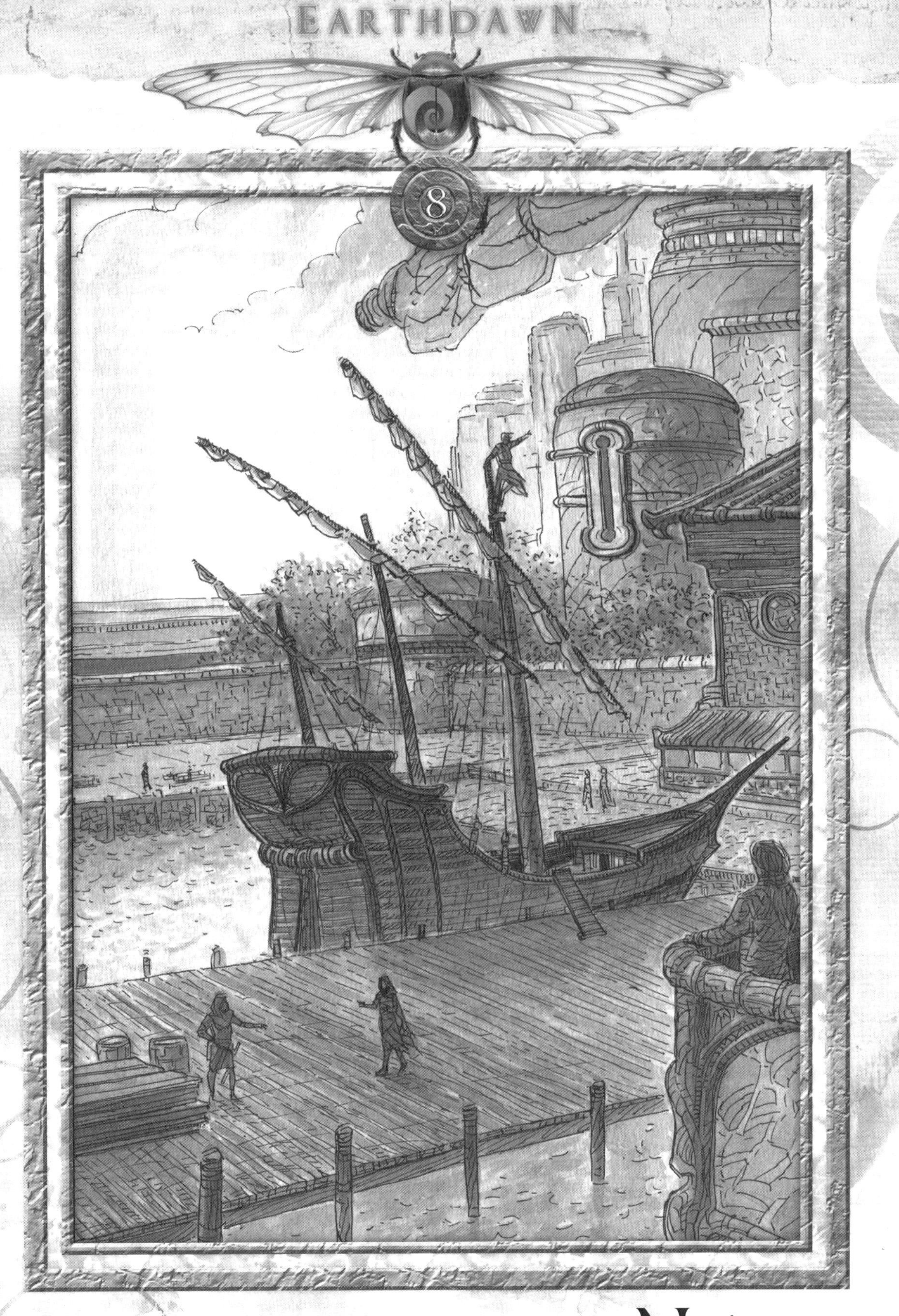


# SHOSARA UND DER NORDEN

*Eine Abhandlung von Thaisin Dulino, Gelehrter des Großen Leuchtturms*

Die erneuten Bemühungen um Freundschaft und Zusammenarbeit haben zu einem Zustrom von Besuchern in unsere herrliche Stadt geführt. In seiner Weisheit hat der berühmte Beranis Laryskova, Großfürst von Shosara, seinen bescheidenen Diener beauftragt, einen Führer über unser stolzes Land zu schreiben. Nur wegen der Ungerechtigkeiten, die vor Jahrhunderten begangen wurden, wird unser Volk immer noch zutiefst missverstanden und zu Unrecht verleumdet. Es ist meine Hoffnung, dass meine Arbeit diese bedauerlichen Unwahrheiten beseitigen und andere über die Richtigkeit unserer Lebensweise aufklären kann.

Für die meisten Außenstehenden ist unser Land ein geheimnisvolles Land, das nur nach einer langen, gefährlichen Reise erreichbar ist. Für diejenigen, die der falschen Königin treu ergeben sind, ist es eine Seltsamkeit oder ein Zeichen der Schande. Aber für unser Volk ist es ein Denkmal der Ausdauer in einem Land der Fülle und Harmonie, ein Segen und ein Tiegel der Passion Jaspree. In Shosara sehen diejenigen, die die Beziehungen zum verderbten Hof abgebrochen haben, ein leuchtendes Beispiel dafür, wie sie ihren eigenen Weg gehen können.

## Über die Stadt

Das Kronjuwel der Region ist die prächtige Stadt Shosara, die auf einer Halbinsel gebaut wurde, die nach Norden in das Gwyn-Meer hineinreicht. An dieser Stelle erlebten die ersten Siedler der Region den Segen von Jaspree und wussten, dass dies ihre Heimat sein würde. Das Ufer ist voll von geschäftigen Kais, wo man die Segel zahlreicher Hochseeschiffe sehen kann. An einem Ende der Hafenanlagen steht das Arsenal der Freien Kompanien, die ständig nach Bedrohungen Ausschau halten. Auf der anderen Seite, auf einer langen Landzunge, die etwas Schutz vor den Wellen bietet, steht der Große Leuchtturm, dessen leuchtende Flamme selbst von den entferntesten Gebieten des Gwyn-Meeres aus sichtbar ist.

Hinter dem Hafen stehen die Häuser und Geschäfte von Shosaras einfachen Leuten. Die älteren Gebäude zeigen noch immer ihre Pracht von vor der Plage, da unsere Zitadelle nicht durchbrochen wurde. Weiter im Landesinneren befinden sich der zentrale Platz und die Hallen der Macht, wo der Rat der Fürsten und die Große Versammlung den Willen der Bürger interpretieren und umsetzen. Hinter diesen Hügeln liegen die prächtigen Anwesen und gepflegten Gärten der wohlhabendsten Familien Shosaras.

## Über das Land

Von Shosara aus kreuzt man über Land die Pfade einiger einfallsreicher Bauern und Hirten, bevor man die Menschenstadt Khistova an der südöstlichen Küste des Gwyn-Meeres erreicht. Die unerschrockenen khistovanischen Seeleute befahren zusammen mit erfahrenen Elfenseglern das Meer, betreiben Handel mit kleinen Siedlungen und finden neue Warenquellen, um Shosaras Kassen zu füllen. Sie werden von den Soldaten der Freien Kompanien unterstützt, die Krieger aus allen Rassen der Namensgeber anziehen und Shosara vor seltsamen Kreaturen und Eindringlingen schützen. Dank ihrer Bemühungen kann man das Gwyn-Meer trotz seiner stürmischen Natur sicher mit dem Schiff überqueren.

Die Länder, die das Gwyn-Meer umgeben, sind bis auf wenige Ausnahmen wild. Jasprees Segen ist ein Segen des wuchernden Pflanzenwachstums und des intensiven Wetters, und die Stürme, die die Region durchziehen, können an einem klaren Tag aus dem Nichts erscheinen. Dichte Wälder dominieren diese Länder, werden aber durch eine Vielzahl anderer Landschaftsmerkmale unterbrochen. Im Norden gehen die Bäume in ein fast karges Buschland über, bevor dieses dann dem Eismeer weicht. Im Osten sind die Wälder licht, bis sich weite, offene Ebenen erstrecken, so weit das Auge reicht. Im Süden wird das Gelände schwieriger, wenn man sich den Klippen der Großen Fälle nähert, während das Land im Westen von weiteren Seen und Sümpfen übersät ist, bevor man die Meere erreicht, die häufiger von sereathanischen Schiffen befahren werden. In der gesamten Region gibt es große und kleine Flüsse, die sich in das Gwyn-Meer ergießen. Khistova liegt an der Mündung des Severyn-Flusses, des mächtigsten dieser Wasserwege, der in die Länder rund um das Meer führt.

Zahllose kleine Siedlungen bedecken die Ufer des Gwyn-Meeres, und viele davon bestehen aus kaum mehr als einem Kai und ein paar Nebengebäuden. Dabei handelt es sich in der Regel um Wachposten, Wegstationen für Expeditionen ins Landesinnere oder Zwischenstopps für Händler, die nach Quellen für wertvolle Güter suchen. Einige entdecken reiche Reserven an wertvollen Ressourcen und wachsen zu permanenten Dörfern oder Städten heran. Andere sind kaum mehr als Boomstädte, die in ihrer Zeit pulsieren, aber verlassen werden, sobald ihr Zweck erfüllt ist.

In der Tierwelt der Region gibt es seit jeher viele größere, wildere Versionen der Tiere, die typischerweise andere Länder heimsuchen. Seit der Plage gibt es eine Vielzahl von kleinen Dämonen und anderen korrumpierten Bestien. Forscher finden gelegentlich immer noch neue Kreaturen, die im Gwyn-Meer umherstreifen, und die am weitesten verbreiteten unter ihnen sind die Vila, seltsame Wesen, die versuchen, tapfere Seeleute in ihr Verderben zu locken. Dank der mutigen Bemühungen der Freien Kompanien richten solche Bedrohungen aber nur selten einen bedeutenden Schaden an.

## Über das Volk

Die wahre Stärke des shosaranischen Volkes und die Lektion, von der wir hoffen, dass unsere entfernten Verwandten sie lernen können, sind die tieferen Geheimnisse der Pfade und des Rades. So wie sich das Rad immer dreht, befinden sich auch alle einzelnen Elfen und alle Namensgeber auf einer endlosen Reise. Da Reisen notwendigerweise Bewegung beinhalten, müssen wir als Volk bereit sein, uns zu bewegen. So wie das Land trotz des Wandels der Jahreszeiten immer noch das Gleiche ist, bleibt unsere Kultur trotz der sich verändernden Welt um uns herum stark. Das ist die Wahrheit, die unsere Vorfahren lernten, als sie sich an das Leben in dieser rauen, schönen Umgebung gewöhnten, selbst als sie zersplittert waren und dafür beschämt wurden.

Harte Umstände und härtere Arbeit schlossen einen neuen Bund zwischen den Herrschern Shosaras und ihren Untertanen und gaben selbst dem niedersten Bürger eine Stimme in Räten und Versammlungen. In ihrer Weisheit haben die Großfürsten die Einladung zur Staatsbürgerschaft an alle Namensgeber in der Region gerichtet, die in Frieden kommen, sodass sie in Shosara leben und an seinem Wohlstand teilhaben können.

Die Laryskova-Ranelle und ihre treuen Verbündeten der Navolok-Ranelle sind die stärksten Stimmen in diesem Rat der Fürsten, während die Namensgeber von Khistova und die Freien Kompanien die Ereignisse im ganzen Königreich beobachten und Berichte darüber liefern. Aber auch die Bürger von Shosara werden gehört, und sie kommen in der Großen Versammlung zusammen, um den Rat zu bitten, Beamte zu wählen und Gesetze zu erlassen. Die Tradition der Versammlung geht auf Shosaras früheste Tage zurück, als sich unsere Vorfahren zusammenschließen mussten, um angesichts der Wut der Natur, unabhängig von ihrem Platz in der Gesellschaft, zu überleben.

## Über die Welt

Seit es aus der Sicherheit seiner Kaers heraus in die Welt vorgedrungen ist, hat unser Volk keine Zeit verschwendet, um anderen Nationen unser Wohlwollen anzubieten. Obwohl vergangene Übertretungen und anhaltende Missverständnisse uns gegenüber unseren Nachbarn misstrauisch gemacht haben, ist Shosara entschlossen, seinen rechtmäßigen Platz unter den Elfenvölkern einzunehmen.

Trotz der schockierenden Nachricht von der Verwandlung unserer eigensinnigen Verwandten, hat es unser Großfürst für klug gehalten, den Dialog mit Alachias Hof im Blutwald fortzusetzen. Jorealla, eine versierte Questorin von Jaspree, wurde als Botschafterin geschickt, damit sie engere Freundschaften schließen und gleichzeitig andere über die Wahrheit des shosaranischen Weges aufklären kann. Unsere Handwerker lernen von Daevenar-Meistern, während die Handwerker dieser Ranelle innerhalb der Mauern unserer Stadt lernen. Auch wenn die Beziehungen zu unseren westlichen Verwandten in Sereatha angespannt sind, unternehmen wir weiterhin Anstrengungen, um Brücken zu bauen. Ich bin sicher, dass unsere Königreiche bald einer gemeinsamen Meinung sein werden.

Was die nichtelfischen Nationen betrifft, so verhindert die Distanz von Shosara das Entstehen starker Bindungen, aber wir bemühen uns, uns mit allen zu verbinden, die Frieden und Wohlstand suchen. Shosara erinnert sich mit Zuneigung an Elianar Messias nach seiner Verteidigung unseres Volkes gegen die Trennung, und diese herzliche Beziehung zu seinen Schülern besteht bis heute. Wir haben weniger Gelegenheiten für den Kontakt mit dem throalischen Volk, hatten aber in den letzten Jahrzehnten die Ehre, einige ihrer Gelehrten im Großen Leuchtturm aufzunehmen.

Wir sind ein friedliebendes Volk, das bestrebt ist, seinen Verwandten den Weg in die Zukunft für das elfische Volk zu zeigen und Verbindungen zu allen Namensgebern zu knüpfen, die an Frieden, Wohlstand und ein Leben in Harmonie mit der Welt glauben. Zu diesem Zweck hat Großfürst Beranis eine ehrgeizige Kampagne gestartet, bei der Gesandte auf Missionen des guten Willens in die ganze Welt geschickt werden, um mehr über unsere Mitnationen zu erfahren und einen fairen Gedankenaustausch zu führen. Es ist unsere Hoffnung, dass solche Bemühungen der Welt die reiche Kultur zeigen, die unserem Volk so sehr am Herzen liegt.

## Lektionen der Vergangenheit

Unser Volk bestand schon immer aus Wanderern, die wissen wollten was hinter dem Horizont liegt. Diejenigen, die sich entschieden haben, im Süden sesshaft zu bleiben, vergessen unsere Wurzeln, aber die Gründer dessen, was Shosara werden sollte, hielten an dieser Tradition in den ersten Tagen der Elfen fest.

Inspiriert von einer göttlichen Vision folgten sie dem Weg, den die Passion Jaspree nach der Erschaffung von Eichenherz eingeschlagen hatte. Sie wollten ihre Hingabe beweisen und ihr Verständnis für das Große Rad vertiefen, versammelten gleichgesinnte Elfen und machten sich auf den Weg in den unbekannten Norden. Nach einer langen und anstrengenden Reise befanden sie sich in einem rauen und schönen Land, wo sie spürten, wie die Urkräfte der Natur zu ihnen sprachen. Sie waren ohne Vorräte und mussten von dem leben, was das Land ihnen gab, und viele sahen in den Schwierigkeiten ein Zeichen, dass sie zurückkehren sollten.

Die Reisenden, die ihr Lager am Ufer eines kalten Meeres aufschlugen, wurden von eisigen Stürmen heimgesucht. Viele plädierten für die Rückkehr in den Wyrmwald, weil sie glaubten das Land wolle sie nicht und sie hätten sich geirrt, als sie versuchten in die Fußstapfen der Passion der Wildnis zu treten. Aber ihre Anführerin, eine Questorin von Jaspree namens Nazrana, war von Visionen geleitet worden und ließ sich nicht abschrecken. Auch wenn die Pilger in ihrer Überzeugung wankten, so sagte sie, würden ihre Ängste bald ausgeräumt sein. Noch in dieser Nacht füllte sich der Himmel über ihnen mit unheimlich tanzenden Lichtern. In ein Kaleidoskop von Farben getaucht, wussten die Elfen, dass sie mit Jasprees Segen belohnt worden waren. Dieses Land war unerbittlich, ja, aber Nazrana und ihre Anhänger waren zu seinen Verwaltern gewählt worden.

Sie fassten neuen Mut, und die Pioniere siedelten sich am Ufer des stürmischen Meeres an. Ihre ersten Jahre waren schwierig, da sie fast vollständig vom Rest der Elfen abgeschnitten waren, aber in ihrer Hingabe ertrugen es die Pilger. Unter der Führung von Nazrana sammelten, jagten und fischten sie und lebten in Harmonie mit der ursprünglichen Wildnis, während sie Angriffe von Raubtieren abwehrten. Adlige und Bürgerliche machten sich gleichermaßen die Hände schmutzig, um ihren Teil beizutragen, und die Not brach die Barrieren zwischen den Mächtigen und den einfachen Leuten.

Als sich die Siedlung ausdehnte und die Elfen das Gebiet erkundeten, fanden sie heraus, dass die Wildnis reich an Wahren Elementen war, ein weiteres Zeichen für Jasprees Gunst. Diejenigen, die in besiedeltere Elfenländer zurückkehrten, erzählten dort von der Schönheit und Fülle des Landes, und bald trotzte ein stetiger Strom von Siedlern der langen und gefährlichen Reise, um das Land mit eigenen Augen zu sehen. Mit dem Bevölkerungswachstum wuchs auch die Macht, mit der Nazrana ausgestattet wurde, um sich um die Angelegenheiten der Elfen zu kümmern, und unter ihrer weisen Herrschaft wurde die Laryskova-Ranelle geboren. Der Grundstein für Shosara – „Segen" in einem archaischen Dialekt der Elfensprache – war gelegt.

## Neue Nachbarn

Kundschafter hatten sich immer weiter von ihrer Siedlung entfernt, und es dauerte nicht lange, bis sie andere Bewohner des Landes fanden. Die meisten waren kleine, wachsame nomadische Stämme, die einen weiten Bogen um die wachsende Siedlung machten. Andere waren kleine Gehöfte, die selten länger als ein paar Jahre Bestand hatten. Aber schließlich machten die Kundschafter eine erstaunliche Entdeckung: Eine menschliche Siedlung namens Khistova lag im Osten. Anfangs zögerten sie, mit Nicht-Elfen zu interagieren, aber diese vorgefassten Meinungen wichen dem Pragmatismus, da die Menschen wohlhabend und begierig darauf waren, Verbindungen zu einer anderen Siedlung zu knüpfen. Der Handel wuchs, und mit ihm das Verständnis der Shosaraner für ihre seefahrenden menschlichen Nachbarn.

Die Khistovaner wurden von einem Fürsten regiert, aber viele Entscheidungen wurden durch Volksräte und Versammlungen getroffen, in denen Bewohner aus allen Lebensbereichen eine Stimme hatten. Aufgrund ihrer frühen Erfahrungen im Land fühlten sich die Laryskova zu diesem radikalen Ansatz hingezogen, und als die Elfengemeinschaft wuchs, begann ihre Regierung, ihn aufzugreifen. Khistova hingegen nahm elfische Kunst, Architektur und Philosophie eifrig in sein eigenes Leben auf, mit einer besonderen Faszination für die Wege und das Rad.

Die Khistovaner verschmolzen die Elfenphilosophie mit ihrem eigenen Glauben und schufen ein einzigartiges System der Naturverehrung und des kontinuierlichen spirituellen Wachstums. Die Reaktionen der Elfen auf diese Übernahme und Anpassung reichten von Beunruhigung bis Belustigung. Viele sahen darin einen Beweis für die Überlegenheit der elfischen Kultur, weil sie unwissend oder zu starrköpfig waren, um zu erkennen, dass der Austausch von Ideen in beide Richtungen erfolgte. Dieser Austausch war die Quelle der größten Qualen unseres Volkes und die Grundlage seiner Befreiung.

## Glück und Trennung

Shosara entwickelte sich abseits des Reichtums an Bodenschätzen des Landes zu einer großen Stadt. Mit wachsendem Vermögen wuchs auch die Nachfrage nach den reichhaltigen Wahren Elementen der Gegend, insbesondere nach dem Wahren Wasser, das in großen Mengen vorkam. Aber die elfischen Handwerker hatten bisher nur Schiffe für die Flussfahrt gebaut, die in der schweren See des Gwyn-Meeres Schwierigkeiten hatten. Die Laryskova, die die Leichtigkeit bemerkten, mit der die khistovanischen Seeleute das sturmgepeitschte Gwyn-Meer befahren konnten, starteten eine großzügige Kampagne. Sie schickten Handwerker zu ihren menschlichen Nachbarn und lernten die Prinzipien kennen, nach denen die khistovanischen Schiffe gebaut wurden. Dann integrierten sie diese Ideen in die Baupläne der Elfenschiffe. Im Gegenzug lehrten sie die von den Khistovanern ersehnten elfischen Handwerkstechniken und banden ihre Nachbarn dadurch enger an sich.

Mit der Ausweitung des Handels wuchs das Besucheraufkommen in den Ländern Shosaras. Die Besucher der Elfen waren beunruhigt über das, was sie als unterschiedliche lokale Praktiken betrachteten. Zunächst konnten diese Praktiken als exzentrischer Zweig der Elfenkultur abgetan werden, aber als die Laryskova-Schifffahrt wuchs, verursachte der Anblick der Elfenschiffe neben ähnlich aussehenden Schiffen der Menschen einen Skandal.

Hatten die Führer von Shosara die Ideale der Elfen kompromittiert und waren dabei vom rechten Weg abgewichen? Viele am Elfenhof forderten Sanktionen, und nachdem der Versuch Königin Dallias, sich zu einigen, zu ihrem Tod führte, wurde Shosara von seinen Mitelfen gemieden. Nur wenige glaubten, dass die Königin ihre Untertanen verlassen würde, indem sie sie trennte, aber Königin Failla tat genau das, was zur größten Krise in der Geschichte Shosaras führte.

Shosara wurde vom Elfenhof und aus den anderen Elfenreichen getrennt. Die Verzweiflung, die sein Volk daraufhin heimsuchte, war groß. Ranellen in Shosara mit Verbindungen zum Wyrmwald packten ihre Sachen und gingen, einschließlich der meisten Laryskova. Die Familie war verzweifelt darauf aus, den shosaranischen Fall zu verteidigen, nahm einen Großteil ihres Vermögens und zog in den Wyrmwald. Aber Königin Faillas Wut war nicht versiegt, und sie überschüttete die Ranelle und ihre Matriarchin Arianne mit einem Füllhorn an Beleidigungen. Die Königin, die die Macht der Gründer von Shosara aufgrund ihrer persönlichen Vendetta untergrub, bevorzugte andere und begann die Korruption des Hofes.

Mit der Zeit fanden Arianne und gleichgesinnte Adlige nur noch eine einzige Möglichkeit. Sie begannen, Beweise für die Günstlingswirtschaft der Königin und den damit verbundenen Schaden für den Elfenhof zu sammeln. Diese Beweise verbreite-

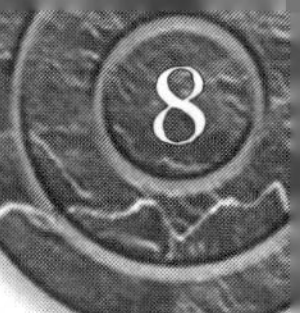


ten sich schnell am Hof und verstärkten die Spannungen unter dem elfischen Adel. Während sich einige Adlige gegen die Anschuldigungen sträubten und ihrer Königin zur Seite standen, waren andere schockiert über das Ausmaß dessen, was Arianne und ihre Verbündeten entdeckt hatten. Viele bereiteten sich im Geheimen auf einen Bürgerkrieg vor, weil sie schreckliche Repressalien der Königin und ihrer Loyalisten fürchteten. Was sie nicht erwartet hatten, war Königin Faillas Abdankung. Dies stürzte die Laryskova und ihre Verbündeten in Unordnung.

## Exil und Rückkehr

Faillas Nachfolgerin Liara nutzte diesen Moment der Verwirrung, um schnelle und schreckliche Rache zu üben. Dafür, dass die Laryskova-Ranelle und alle, die sich auf ihre Seite gestellt hatten, es gewagt hatten, den Elfenhof infrage zu stellen, wurden ihnen ihre Titel und Ländereien entzogen, und sie wurden aus dem Wyrmwald verbannt. Auch wenn dies ein schwerer Schlag war, zementierte es Ariannes Blick auf den Elfenhof und seinen moralischen Bankrott seit Dallias Tod. Sie führte ihre Anhänger auf einen großen Exodus und folgte dem Weg ihrer Vorfahren, als sie zum ersten Mal das Gwyn-Meer erreicht hatten. Die Reise war so tückisch wie eh und je, aber da sie ihre Vorfahren abgehärtet hatten überzeugte diese Reise auch die Laryskova, dass ihr Heimatland der wahre Wächter der elfischen Wege war. So verstanden sie den Geist des Rades und vermieden die Stagnation des Elfenhofes.

Sie kehrten in ein Shosara zurück, das von Unruhen heimgesucht worden war, da seine Bürger Schwierigkeiten hatten, mit der Trennung fertigzuwerden, und so viele gegangen waren. Shosara war ein Schatten seines früheren Ruhmes, sein Volk war richtungslos, und Gewalt drohte auszubrechen. Das Wenige, was an Frieden blieb, war von Khistova gekommen, den Elfen, die die kommunalen Versammlungen der Menschen übernahmen, um die Stabilität zwischen den Nachbarn zu erhalten. Viele begegneten der Rückkehr der Laryskova mit Argwohn. Schließlich hatte die Gründerfamilie sie in der Zeit ihrer größten Not verlassen.

Arianne erklärte, dass ihre Entscheidung, im Wyrmwald zu bleiben, gefolgt vom Exodus nach Shosara, eine Prüfung von Jaspree gewesen sei, um die Elfen an ihren wahren Platz zu erinnern. Sie wandte sich gegen die Korruption des Elfenhofes und lobte den Weg der Shosaraner. Ihre Worte weckten eine neue Leidenschaft in den Herzen der Bevölkerung. Ein neues Zeitalter des Wachstums und des Handels begann, und die Begeisterung der Elfen für Anpassung und Innovation wuchs weiter. Mit der Zeit schickten sie Gesandte in andere Elfennationen. Diese Gesandten und ihre Botschaft, dass der Wyrmwald nicht mehr die Wahrheit des Rades verkörpere, stießen zunächst auf Misstrauen, fanden aber dann fruchtbaren Boden. Eine neue Identität vereinte das Volk von Shosara, und es begann, eine Bestimmung abseits des falschen Elfenhofs zu schmieden.

## Verbündete und die Lange Nacht

Es gab einige, die Shosara verteidigt hatten, als die Trennung erklärt worden war. Der Wichtigste unter ihnen war Elianar Messias, der ins Exil geschickt wurde, weil er seine Meinung geäußert hatte. Shosaranische Familien pflegten sporadischen, aber herzlichen Kontakt zu seinen Anhängern in Nehr'esham und nahmen sich die Äußerungen von Messias über die kommende Dunkelheit zu Herzen.

Shosara war eine der wenigen Nationen, die die Forderungen der Theraner nach Wahren Elementen erfüllen konnte, ohne seine Ressourcen überzustrapazieren. Das trug dazu bei, die Stabilität im Land aufrechtzuerhalten, während die Führer anderer Nationen aufstiegen und niedergingen und die Orichalkum-Kriege in Barsaive und darüber hinaus tobten. Shosara lehnte die Lösung des Wyrmwaldes ab und setzte seine ehrgeizigen Pläne für die Plage in Gang. Der Stadtstaat Shosara würde zu einer großen Zitadelle werden, und alle abgelegenen Siedlungen, einschließlich Khistova, würden in die Grenzen der Zitadelle verlegt, bis die Welt wieder sicher war.

Der Wettlauf um die Bevorratung von Ressourcen und Wahren Elementen führte zur Gründung der Freien Kompanien: Söldnertruppen, die Raubtiere und kleinere Dämonen in Schach hielten, sodass Prospektoren die für das Überleben notwendigen Ressourcen sammeln konnten. Es vertiefte die Ehrfurcht der Shosaraner vor der Natur weiter, als die Leute daran arbeiteten, ihr Land im Kleinformat innerhalb der sicheren Grenzen der Zitadelle wiederherzustellen und zu erhalten.

Während der Rest der Elfenwelt noch darüber diskutierte, wie man mit der kommenden Plage umgehen sollte, blieb Shosara auf sich allein gestellt. Noch bevor die Nachricht von König Alachias Lösung Shosara erreichte, hatte es sich darauf vorbereitet, die Plage abzuwarten und das System der Versammlungen zu formalisieren, die es stabil halten sollten.

Während der Plage stärkte der enge Kontakt zwischen den herrschenden Elfen und anderen Namensgebern ihre Traditionen und Philosophien. Die Elfen waren unbeirrt und glaubten an den wahren Geist der Reise auf den Pfaden. Als die Shosaraner ihre Tore wieder öffneten, fanden sie ihr Land beschädigt, aber nicht zerstört vor. Es folgte eine Zeit des intensiven Wiederaufbaus, in der Khistova und kleinere Siedlungen wieder bevölkert wurden und das Handelsnetz über das Gwyn-Meer neu geknüpft wurde. Shosara stellte den Kontakt zur Außenwelt wieder her und erfuhr von der Korruption des Wyrmwaldes. Die Nachricht darüber führte zu einer großen Trauer im shosaranischen Volk, das mit dem Gefühl kämpfte, dass den irrigen Wegen des Wyrmwaldes Gerechtigkeit widerfahren war.

Unsere Welt mag heute gefährlicher sein, aber wir sind entschlossen und bereit, der Welt die Kraft einer elfischen Nation, die sich anpassen und wachsen kann, und die Weisheit eines solchen Kurses, zu zeigen.

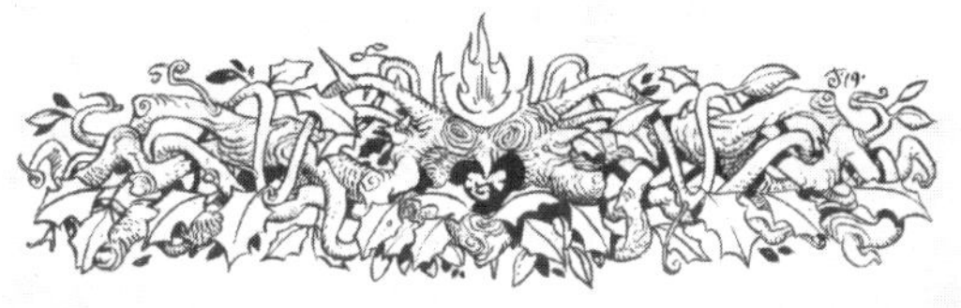

# Geografie und Klima

Die Shosaraner bezeichnen ihr Land als wild. Pflanzen wachsen größer und schneller als ihre Gegenstücke in anderen Teilen der Welt, das Wetter kann sich im Handumdrehen ändern, und die Tiere sind größer und wilder. Die Wildnis ist voll von exotischen Pflanzen und Reagenzien, die Außenstehende vielleicht noch nie zuvor gesehen haben und die auf den Märkten von Throal oder Iopos exorbitante Preise erzielen würden. Dasselbe gilt für die Vorkommen an Wahren Elementen, exotischem Holz und Lagerstätten von Metallen und Edelsteinen, die diejenigen, die das Glück haben, sie zu finden, reich machen können. Die Shosaraner schwören auch, dass sich das Land aufgrund seines unersättlichen Wachstums im Laufe der Zeit verändert und bei aufeinanderfolgenden Besuchen nie ganz dasselbe ist.

Viele, die Shosaras Umwelt dokumentieren wollen, beginnen mit dem Stadtstaat in seinem Herzen und dem Gwyn-Meer, das ein wichtiger Teil des Lebens der Einheimischen ist. Doch die an das Meer angrenzenden Gebiete werden bei der Beschreibung der Region ebenfalls als Shosara bezeichnet, da sich der Einflussbereich des Landes um die Ufer des Meeres herum erstreckt. Diese Ufer sind meist zerklüftet und weichen ins Landesinnere hinein einem dichten Wald. Sandigere Strände sind häufiger am südlichen Rand des Gwyn-Meeres zu finden. Abgesehen von diesem gemeinsamen Merkmal kann die Nation grob in vier verschiedene Regionen unterteilt werden.

## Das Westliche Fenn

Entdecker, die an der felsigen Westküste des Gwyn-Meeres an Land gehen, finden dort Wälder vor, die besonders dicht wachsen. Das Vorankommen im Unterholz ist schwierig und wird noch schwieriger, wenn der Wald in kleine Seen und Bäche übergeht. Diese beginnen, das Gelände zu dominieren, und selbst mitten im Winter strahlt das Gebiet Wärme ab. Reisende, die noch weiter nach Westen vordringen, merken, dass die Bäume lichter werden, bis die Seen von Sümpfen und Marschland durchbrochen werden. Die Shosaraner nennen diese Region das Westliche Fenn.

Auch wenn das Herumstapfen in Sümpfen nicht sehr verlockend erscheinen mag, machen sich entschlossene Reisende hierhin auf, weil in diesem Gebiet große Reichtümer verborgen sind. Die Teiche werden von unterirdischen Quellen gespeist und von den Feuern der Erde selbst gewärmt. Ein Teich, der selbst im Sommer dampft, ist ein sicherer Hinweis auf ein Körnchen Wahren Feuers, das an die Oberfläche gekommen ist. Die Teiche und Sümpfe erstrecken sich über eine Wochenreise, aber nur wenige Reisende wagen sich darüber hinaus; es gibt Geschichten über seltsame, scheußliche Kreaturen, die Prospektoren und Kundschafter angreifen, die sich zu weit vorwagen, und die meisten Abenteurer ziehen eine schnelle Beute und eine hastige Abreise vor. Man glaubt, dass man nach Sereatha kommt, wenn man von dieser Region aus südwestlich reist, aber die Gefahren machen die Überlandrouten unpraktisch.

Es gibt mehrere Theorien über diese scheußlichen Kreaturen weit im Westen, die wie Namensgeber umherlaufen. Die am meisten akzeptierte ist, dass sie eine blutrünstige Gruppe von Namensgebern (oder ehemaligen Namensgebern) sind, die sich während der Plage den Wahnsinnigen Passionen oder den Dämonen hingaben. Berichte von Kundschaftern, die es in diese Region und wieder zurück geschafft haben, sind bemerkenswert. Sie erzählen von Bergen, tiefen Buchten, die in die Klippen geschnitten sind, und großen Inseln aus Eis, die im Wasser schwimmen. Angesichts der permanenten Bedrohung durch die Bewohner dieser Region wagen sich jedoch nur wenige dorthin, wenn sie nicht gerade sehr diszipliniert und schwer bewaffnet sind.

## Die Grossen Fälle

Wenn man am Südufer des Gwyn-Meeres anlandet, findet man die Strände und dichten Wälder vor, für die die Region bekannt ist, aber das Gelände ist uneben und tückisch. Diejenigen, die ihren Weg über Land suchen, überqueren gelegentlich steile Hänge, aber diese werden zu tiefen Schluchten und steilen Anstiegen, wenn sie weiter nach Süden ziehen. Gelegentlich wird diese zerklüftete Landschaft von einem See unterbrochen, aber der Wald erstreckt sich, so weit das Auge reicht. Da das Unterholz so dicht ist, bietet es eine ideale Umgebung für Raubtiere, und so mancher Reisende wurde schon beim Durchqueren der Wildnis ihr Opfer.

Reisende, die weiter nach Süden vordringen und sich ein wenig nach Westen wenden, erreichen die nördlichen Grenzen des Gebietes, das als Große Fälle bezeichnet wird – ein zerklüftetes Hochland mit hohen Klippen und schnell fließenden Stromschnellen. Die seltsame Magie, die Shosaras Wildnis so veränderlich und schwer zu kartografieren macht, ist in dieser Gegend immer noch stark, was das Durchqueren der felsigen Vorberge zu einem gefährlichen und in die Irre führenden Unternehmen machen kann. Breite, lichte Wege, die auf dem Hinweg leicht zu beschreiten waren, können auf dem Rückweg unpassierbar sein, oder eine Lichtung kann zu einem dichten Wald werden. Glücklicherweise können diese Änderungen manchmal zum Vorteil eines geschäftstüchtigen Namensgebers wirken. Er kann Lagerstätten Wahrer Erde aufspüren, die die Kosten für eine Expedition um ein Vielfaches decken. Der schwierigste Teil der Reise, wie einige Möchtegern-Sucher herausgefunden haben, ist die Rückkehr mit ihren Erträgen in die Zivilisation.

Barsaives Schlangenfluss entspringt irgendwo in dieser Region, und Reisende können ihm in die Provinz folgen, wenn sie bereit sind, den Stromschnellen, steilen Hängen und Ishkarat-Patrouillen zu trotzen.

## Die Ebenen des Ostens

Von Khistova aus loszuziehen, ist der einfachste Weg, um an die Grenzen des aktuellen Einflussbereichs von Shosara zu gelangen. Die Stadt liegt an der Mündung des friedlichen Severyn-Flusses, sodass recht einfach eine Passage an Bord eines der Flussschiffe der Menschen gebucht werden kann. Der Fluss fließt nach Ost-Südost, und die Wälder der Region werden schnell lichter und weichen kleinen Gebieten mit höchst fruchtbarem Ackerland. Einige unternehmungslustige Khistovaner und Shosaraner haben hier Bauern- und Fanggemeinschaften gegründet.

Egal, ob man mit dem Boot oder auf dem Landweg aufbricht, irgendwann lichten sich die Wälder zu einzelnen Baumgruppen und enden dann vollständig in weiten offenen Ebenen aus hohem Gras. Kurz nachdem sie sich in diese Weite gewagt haben, bemerken die Reisenden die heulenden Winde, die über die Ebenen ziehen. Der Klang kann beunruhigend sein, aber wo die Winde frei wehen können, kann man Wahre Luft finden, wenn man hoch genug kommt, um sie zu erreichen.

Das Interesse an einem Meer von Land mag für ein maritimes Volk seltsam erscheinen, aber es gibt viele Gerüchte über verlorene Elfenruinen in den Ebenen, und wo die Ranellen Profit riechen, finanzieren sie gerne Expeditionen. Wie weit sich die Ebenen ausdehnen, ist unbekannt; den meisten Entdeckern gehen die Vorräte aus, bevor sie es allzu weit geschafft haben. Bisher sind die einzigen Lebenszeichen kleine Gruppen von Nomaden, die hier ihren Lebensunterhalt bestreiten, und bisher haben noch keine Gerüchte über entdeckte Ruinen ihren Weg nach Shosara zurückgefunden.

## Der eisige Norden

Das Land, das die nördlichen Ufer des Gwyn-Meeres umgibt, trägt die Hauptlast der Stürme, die aus dem Norden kommen. Während die anderen Regionen erst allmählich in Richtung Landesinneres ihre typische Landschaft zeigen, werden Reisende auf dem Weg nach Norden schon von den schneebedeckten Bäumen des Nordufers begrüßt, bevor sie überhaupt landen. Die winterharten Bäume scheinen sich zusammenzukauern, um Wärme zu gewinnen, und ein dünner Schneefilm bedeckt normalerweise den Boden.

An dieser nördlichen Meeresgrenze wächst das Laub trotz der Kälte stark, und Holzfäller sind überzeugt, dass der Wald hier schneller als irgendwo sonst in Shosara nachwächst. Viele kommen in die Gegend, um Wahres Holz zu suchen, aber es ist äußerst selten. Patrouillen der Freien Kompanien arbeiten mit Entdeckern zusammen, um das wenige Wahre Holz zu finden und es unter Exklusivvertrag an die Ranellen zu verkaufen, und der gelegentliche unabhängige Prospektor setzt sich ihnen auf eigene Gefahr zur Wehr.

Für diejenigen, die töricht genug sind, um die Reise über Land anzutreten, anstatt durch den Schlund zu segeln, weicht das dicke Baumwachstum nach einigen Tagen Wanderung einer weiten, eisigen Ebene, ohne Schutz vor den eisigen Nordwinden oder Stürmen, die hier vorherrschen. Besucher sind selten, und noch seltener sind diejenigen, die immer wieder über die Baumgrenze hinaus nach Norden gehen, wo sie schließlich die eisigen Ufer des Eismeeres erreichen.

Ausländer, die Geschichten über das extreme Wetter im Gwyn-Meer hören, sind oft überrascht, dass Shosaraner in demselben ängstlichen Ton vom Eismeer sprechen, aber Entdecker machen sich gelegentlich auf den Weg, um das zu finden, was auf der anderen Seite sein könnte. Abgesehen von Eis und eisigen Winden wurde bisher allerdings von nichts Bemerkenswertem berichtet.

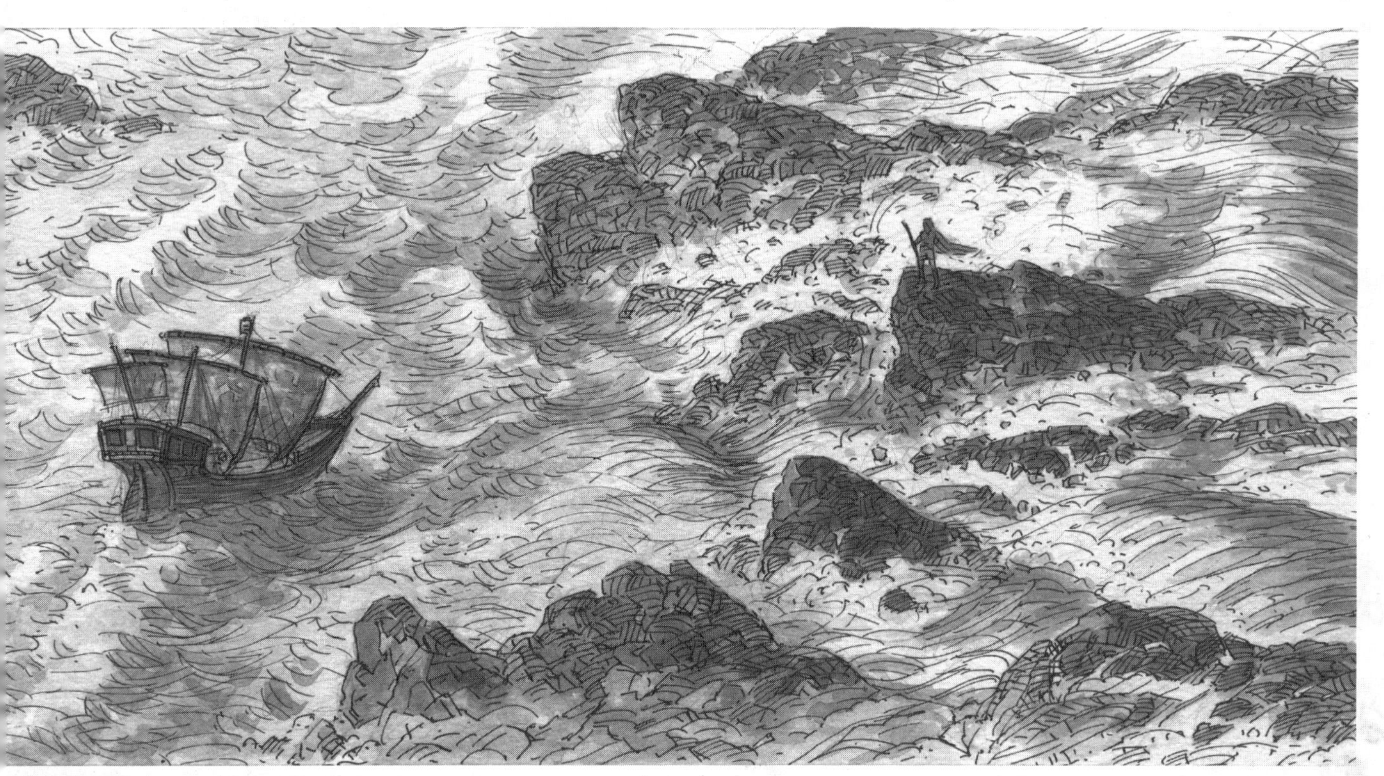

# Das Gwyn-Meer

Besucher würden sich schwer tun, einen Shosaraner zu finden, der noch nie davon geträumt hat, ein Schiff für ein Abenteuer auf dem Gwyn-Meer zu besteigen. Wie an vielen Küstenorten bietet das Meer eine Quelle des Lebens und der Fülle für die Bevölkerung der Nation, und ihr Leben ist eng mit ihm verbunden. Seine Fische versorgen das Volk der Shosaraner mit Nahrung, und sein Wahres Wasser ist eine Quelle des Reichtums und Grundlage der magischen Werke der Bevölkerung.

Winde und Stürme können die Ufer des Gwyn heimsuchen, aber sie ermöglichen es den shosaranischen Seeleuten auch, in kurzer Zeit große Entfernungen zurückzulegen. Ein entschlossener Kapitän mit einer erfahrenen Besatzung und einem schnellen Schiff kann diese Winde nutzen, um in vier Tagen von Shosara aus jede Ecke des Gwyn-Meeres zu erreichen, und die entferntesten Ufer des Meeres sind nur eine Woche auseinander, wenn die Winde günstig stehen.

Aber egal, ob Elf, Mensch oder anderer Namensgeber, das Gwyn-Meer nimmt die Fantasie des shosaranischen Volkes auf eine Art und Weise gefangen, die vielleicht nur die T'skrang des Schlangenflusses verstehen würden. Die Shosaraner sehen Jasprees Gunst im Meer, sei es ein ruhiger, wolkenloser Tag oder die Wut eines stürmischen Unwetters. Das Meer ist hart, aber die Einheimischen sind schnell bereit seine Schönheit zu preisen, und so mancher Neuankömmling wurde schon vom Anblick des Meeres verzaubert.

## Das Meer und seine Bewohner

Viele Reisende, die nach Shosara kommen, sind von der Wildheit des Gwyn-Meeres schockiert. Krachende Wellen, tosende Regenschauer, kalte Stürme und vollkommen ruhiges Wasser können während der gleichen Reise, manchmal am selben Tag, beobachtet werden. Außenstehende sehen dies als gefährlich an, aber die Bürger von Shosara sehen es als Jasprees Gunst in Aktion. Indem sie unter solch schwierigen Umständen gedeihen, indem sie dem Meer trotzen und daraus lernen, glauben die Shosaraner, dass sie die Passion ehren und sich als würdig erweisen, in diesen Ländern zu leben. Selbst die am wenigsten frommen Menschen beten zu Jaspree um Führung, wenn sie auf dem offenen Wasser sind.

Das Gwyn-Meer ist tief, und selbst die kleineren permanenten Siedlungen an seinen Ufern verfügen über Anlegestellen für Schiffe – ein weiteres Zeugnis für die Bedeutung des Meeres. Diese Ankerplätze sind an den Südufern des Meeres seltener, wo es mehr Strände gibt – und mit ihnen gefährliche Sandbänke, auf die ein Schiff auflaufen kann. Die winzigen Inseln, die den südlichen Teil des Meeres bedecken, tragen dazu bei, die raue See des Nordens zu brechen, aber Segler bevorzugen den Norden für längere Reisen; in den tiefen nördlichen Gewässern müssen sie, anders als in den südlichen Gewässern, nicht um Hindernisse herum navigieren.

Wenn man weiter nach Norden reist, kommt man zum Schlund, einer breiten und gefährlichen, mit Eis gefüllten Bucht, die das Gwyn-Meer mit der weiten Fläche des sogenannten Eismeeres verbindet. Unerschrockene Seeleute versuchen immer noch Langstreckenexpeditionen zu starten, um entfernte Ufer jenseits des Ozeans zu finden, aber keiner ist bisher zurückgekehrt, um davon zu erzählen.

In den Gewässern lebt eine Fülle von Meereslebewesen, und seltene Kreaturen wie der riesige Hornwal können entdeckt werden, wenn man anfängt, nach Norden in die tieferen Gewässer und kälteren Regionen zu reisen. Viele dieser Meerestiere sind friedlich, verteidigen sich aber gegen alles, was sie als Bedrohung ansehen, genauso heftig wie ihre landgebundenen Gegenstücke in der Region. Matrosen wissen, dass man bewaffnet reist und es vermeidet, diese größeren Meerestiere zu provozieren, wann immer es möglich ist.

## Schifffahrt

Die hochseefesten Schiffe, die die Gewässer rund um das Gwyn-Meer befahren, sind der ganze Stolz von Shosara und Khistova. Sie gehören zu den Glanzleistungen beider Völker und sind ein Beweis für ihre enge Zusammenarbeit. Vor Jahrhunderten, als die Elfen begannen, Waren und Ideen mit ihren menschlichen Nachbarn zu tauschen, blickte Khistova schon auf eine lange Tradition des Fischfangs und der Jagd auf die schwer fassbaren Hornwale in den kalten nördlichen Gebieten zurück. Ihre kleineren Schiffe konnten sowohl gerudert als auch gesegelt werden und den ruhigen Severyn-Fluss auf der Suche nach neuen Gütern und Möglichkeiten befahren. Als die ersten Shosaraner mit ihren Schiffen im Hafen von Khistova einliefen, waren sie von der kurzen Reise erschüttert worden, obwohl sie nahe am Ufer geblieben waren. Ihre Schiffe waren anmutige Galeeren, die nach traditionellen Elfentechniken gebaut worden waren, sodass sie leicht im flachen Flusswasser schwammen. Für das von Stürmen heimgesuchte Gwyn-Meer waren sie allerdings schlecht gerüstet.

Über Generationen hinweg passten die Elfen ihre Schiffe auf der Basis khistovanischer Entwürfe an und verfeinerten sie, indem sie ihr Wissen über den Schiffbau frei mit ihren menschlichen Kollegen austauschten. Heute arbeiten die Handwerker beider Städte oft nebeneinander, tauschen Ideen aus und treten in eine freundschaftliche Rivalität, die mit dem jährlichen Fest der Neuen Morgenröte ihren Höhepunkt findet. Mehrere Tage lang strömen Reisende nach Shosara und Khistova, um den Jahrestag des Hervorkommens nach der Plage zu feiern, der mit einem großen Rennen zwischen den besten Schiffskapitänen der Shosaraner und Khistovaner endet, die oft die neuesten Modelle steuern. Es ist nicht nur ein prestigeträchtiger Auftritt, sondern das Training und der Wettkampf helfen den Seglern auch, ihre beachtlichen Fähigkeiten zu verbessern.

## Das Fantastische

Natürlich hat ein so geheimnisvolles Land wie Shosara viele Gerüchte und Geschichten darüber zu bieten, was ein Seemann auf See erleben kann. Und obwohl die Seeleute von Shosara auf die Passionen vertrauen, um sie durch Schwierigkeiten zu führen, haben sie viele abergläubische Vorstellungen und Rituale entwickelt, um ihre Sicherheit zu gewährleisten. Opfergaben mit bunten Bändern, den ersten Biss oder frische Lebensmitteln werden regelmäßig dem Meer dargeboten, um böse Geister wohlgesonnen zu stimmen.

Auf den südlichen Inseln erzählen Matrosen Geschichten von eindringlichen Melodien geheimnisvoller Wesen, die sie aus der Sicherheit eines Schiffes oder des Ufers ins Wasser locken. Diese Kreaturen sind als Vila bekannt. Ihre Absichten sind unbekannt, und ihre Intelligenz ist ungewiss, aber sie sind eine tödliche Gefahr für alle, die auf ihre Lieder hereinfallen. Die Opfer kehren nie zurück, es sei denn, die Vila werden aufgehalten. Ihre Kräfte machen sie zu gefährlichen Gegnern im Kampf, sodass die meisten Matrosen die Gewohnheit entwickelt haben, einen Teil ihrer Rationen ins Meer zu werfen, wenn sie Musik auf dem Wasser hören, weil sie hoffen, damit die Vila zu besänftigen und für eine sichere Passage zu bezahlen.

Legenden erzählen von einem großen Leviathan, der in den tiefsten Winkeln des Gwyn-Meeres lebt, und viele Seeleute schwören, dass sie gesehen haben, wie er während eines Sturms über die Meeresoberfläche dahinflog. Einige spekulieren, dass es sich dabei um Illusionen handelt, die durch die herabfallenden Wellen entstehen, und dass das Wetter dafür verantwortlich ist. Andere Geschichten sprechen von einem Drachen, der in den Tiefen lauert, sich für ein Schiff entscheidet, das er unter die Wellen zieht, und dabei darauf achtet, keine Zeugen zu hinterlassen. Wenn jemand einen solchen Leviathan aus nächster Nähe gesehen hat, hat er nicht überlebt, um die Geschichte zu erzählen, aber das hindert Abenteurer nicht daran, Expeditionen zu organisieren, um die Kreatur zu treffen oder aufzuspüren.

# Andere wichtige Orte

## Das Auge des Gwyn

Das Gwyn-Meer ist bekannt für seine heftigen und plötzlichen Stürme, die selbst die erfahrensten Seefahrer auf die Probe stellen können. Die Stürme können ohne Vorwarnung überall auf dem Meer ausbrechen, mit einer seltsamen Ausnahme: Westlich von Shosara ragen steile Klippen aus dem Wasser und verbergen eine grüne Insel. Über dieser Landmasse ist das Wetter merkwürdig ruhig. Wegen dieses Phänomens ist die Insel als das Auge des Gwyn bekannt. Schon das Wetter allein würde diesen Ort zu einer Besonderheit machen, aber was die Insel auszeichnet, sind ihre Bewohner. Das Auge des Gwyn dient als Heimat und Hauptsitz von Shosaras Anhängern von Jaspree, angeführt von einem kleinen Kader ihrer Questoren.

Abgesehen von Jasprees Anhängern haben bisher nur wenige Namensgeber die Insel gesehen, da nur wenigen der Zutritt gewährt wird. Die Berichte unterscheiden sich stark, was viele dazu veranlasst, sie als Fantasien oder Lügen abzutun. Einige glauben jedoch, dass diese unterschiedlichen Berichte darauf hinweisen, dass sich die Insel selbst regelmäßig ändert, sei es durch die Bemühungen ihrer Bewohner oder durch etwas, das dem Ort innewohnt.

Einige wenige Aspekte sind in all diesen verschiedenen Berichten gleich: Erstens befindet sich irgendwo an einem der felsigen Strände der Insel ein einzelner Kai – auch wenn die Lage in jedem Bericht variiert –, an dem einige Schiffe der Auserwählten Jasprees festgemacht sind.

Zweitens gibt es irgendwo auf der Insel eine Ansammlung rustikaler Hütten, die in einem Kreis um eine zentrale Lichtung angeordnet sind. Die meisten Berichte verorten diese Siedlung in der Mitte der Insel, einige aber auch am Strand oder auf einer der Klippen der Insel.

Das letzte gemeinsame Element ist ein bescheidener Schrein für Jaspree im Zentrum dieser Siedlung. Es handelt sich um einen einfachen Stapel flacher Steine, in die Geschichten über die Taten der Passion und ihrer Questoren eingraviert sind.

Jasprees Questoren verbringen die meiste Zeit damit, den Willen ihrer Passion in Shosara auszuführen, aber das Auge des Gwyn dient als Ort, an dem sie meditieren, sich erholen und über wichtige Themen für ihre Sache diskutieren können. Die Questoren haben keine Stimme im Rat der Fürsten, aber ihr Wort hat selbst in ihrer beratenden Funktion ein großes Gewicht. Einige glauben, dass ihre Inselsiedlung der Ort ist, an dem sie Verschwörungen planen, um den Rat auf bestimmte Wege zu lenken, aber nur wenige schenken solchen Gerüchten Glauben.

Ein weiteres merkwürdiges Merkmal ist, dass der Astralraum rund um das Auge des Gwyn stark auf Elementarmagie eingestimmt ist, und die dort von erfahrenen Handwerkern entwickelten Verzauberungen bringen einige einzigartige Gegenstände hervor – darunter den Sturmstab, ein unscheinbares Stück Holz, das seinem Träger hilft, einen Teil der Verzauberung des Auges mitzunehmen, während er durch die Wildnis reist.

## Der Severyn-Fluss

Der Severyn-Fluss, die mächtigste der Wasserstraßen, die sich in das Gwyn-Meer ergießen, erstreckt sich über Hunderte von Meilen ostsüdöstlich von Khistova. Seine Quelle bleibt unerforscht, da die Einwohner von Shosara und Khistova mehr an dem grünen, ressourcenreichen Wald näher am Meer, den fruchtbaren Meeresufern und den offenen Ebenen im Osten interessiert sind.

Von größtem Interesse für Entdecker sind die Vorkommen an Wahrer Luft, die sich auf diesen endlosen Ebenen befinden. Diese profitablen Unternehmungen finanzierten einen Großteil der Expansion Shosaras vor der Plage, und seit der Öffnung der Zitadelle hat dieser Prozess von Neuem begonnen.

Der Severyn ist ruhig und auf einem Großteil seiner Länge breit genug, dass zwei Schiffe bequem nebeneinander segeln können. Dies ermöglicht eine große Menge an Flussverkehr, um Waren und Personen flussauf- und -abwärts zu befördern, führt in der Nähe von Khistova aber trotzdem oft zu Verzögerungen aufgrund der hohen Verkehrsdichte. Der Rat der Fürsten organisiert formellere Expeditionen zur Quelle des Flusses, um neue Ressourcen zu erkunden und potenzielle Bedrohungen zu bewerten, die seit der Plage in die Region gekommen sein könnten. Abenteurer, die es schaffen, die Quelle des Flusses zu finden, haben die Chance, in Shosara Ruhm und Reichtum zu erlangen.

## Der Schlund

In seinem nordöstlichen Bereich verengt sich das Gwyn-Meer und verbindet sich durch eine breite Passage mit dem riesigen Eismeer. Ohne die nördlichen Wälder, die das Meer begrenzen und Schutz vor den kalten Winden bieten, ist diese Passage, die als der Schlund bekannt ist, besonders tückisch. Eisinseln, einige kaum größer als Felsbrocken, treiben mit den kalten Winden nach Süden und machen die Passage durch den Schlund gefährlich. Doch Geschichten und Gerüchte über Reichtümer an den Ufern des Eismeeres lassen mutige oder tollkühne Entdecker immer wieder versuchen, der Passage zu trotzen.

Eines der hartnäckigsten Gerüchte seit der Plage ist eine seltsame Burg, die in den Gewässern nördlich der Gegend steht, in der sich der Schlund in das Eismeer öffnet. Diese jenseitige Struktur aus Korallentürmen, die in einem unergründlichen geometrischen Muster angelegt sind, wird von einigen als die Heimat der Vila angesehen, die Reisende im Gwyn-Meer quälen. Die Geschichten behaupten, dass diese Wesen mit denen handeln, die durch die tückischen Gewässer navigieren, und ihnen eine Gunst erweisen. Kritiker weisen darauf hin, dass die Vila, die an anderer Stelle im Gwyn-Meer zu finden ist, ehrliche Seeleute typischerweise in ihren Untergang ziehen, sodass eine solch wohlwollende Handlung untypisch wäre. Und bis jetzt ist noch keiner mit der Wahrheit zurückgekommen.

# Kultur und Glaubensvorstellungen

### Abenteueridee

Ein junger und ehrgeiziger Gelehrter vom Großen Leuchtturm hat eine lukrative Prämie für einige Forschungsarbeiten an den Ufern des Gwyn-Meeres ausgesetzt. Er stellt ein Schiff und eine Mannschaft zur Verfügung, damit ihn die Abenteurer zu einem abgelegenen Ort begleiten und ihm helfen, einige Messungen mit spezieller Ausrüstung durchzuführen, die er zur Verfügung stellen wird. Wenn die Charaktere den Auftrag annehmen, finden sie heraus, dass der Gelehrte ein bekannter Kritiker der Questoren von Jaspree ist, dem wiederholt verwehrt wurde, das Auge des Gwyn zu studieren, und der nun versucht, zu seinen eigenen Bedingungen zu forschen.

#### Option 1

Während sie sich auf die Reise vorbereiten, entdecken die Abenteurer, dass der Gelehrte Verbindungen zu den Denairastas hat und diese alten Verzauberungen studiert, um sie zu enträtseln. Sie müssen seine Pläne vereiteln, vielleicht indem sie den Rest der Expedition zur Meuterei bringen und den verdächtigen Spion vor Gericht bringen.

#### Option 2

Der Gelehrte ist das, was er zu sein scheint, aber offensichtlich überfordert. Die Abenteurer kommen auf der Insel an und werden von Anhängern von Jaspree abgefangen, was zu einer angespannten Situation führt, die die Gruppe entschärfen ... oder der sie entkommen muss, wenn etwas schiefgeht.

Die Trennung von Shosara hatte einen tiefgreifenden Einfluss auf die kulturelle Entwicklung der Nation – eine Wirkung, die noch immer in der Lebensweise der Shosaraner spürbar ist. Außerdem führte sie zu Spannungen zwischen der Nation und konservativeren Elfenmächten. Aber statt im Chaos zusammenzubrechen, setzte sich in Shosara der Glaube durch, dass Shosaras Volk nun wie beabsichtigt wirklich die Wege des Draesis ti'Morel, des Rades des Lebens, gehen konnte.

Anstatt ein solches Wissen über spirituelle Erleuchtung für sich selbst zu horten, teilten die Shosaraner ihr Wissen über diese Wege mit ihren Mitnamensgebern. Dies erlaubte es Nicht-Elfen, sich dem spirituellen Wachstum des Rades des Lebens zu widmen, was zu einem größeren spirituellen Verständnis zwischen den Namensgeberrassen in Shosara führte, auch wenn es über seine Grenzen hinaus Kontroversen auslöste.

Die Unterschiede zwischen Shosara und dem Rest der Elfenreiche reichen bis in die frühesten Tage der Besiedlung der Nation zurück. Die Pioniere, die Shosara gründeten, waren hingebungsvolle Anhänger einer Questorin von Jaspree, bekannt als Nazrana, die entschlossen war, Jasprees Reisen nach der Segnung von Eichenherz durch die Welt zurückzuverfolgen. Wenn ein solches Denkmal für Elfen in der Welt stehen mochte, sagten Nazranas Lehren, musste es auch andere geben, die die Elfen pflegen konnten, und den Weg der Passion zu finden war der erste Schritt, um neue Wunder für die Elfenvölker zu finden.

Ein zentraler Bestandteil des shosaranischen Glaubens ist, dass alle Elfen einen Teil der Essenz von Eichenherz in sich tragen. Damit tragen sie den Großen Baum in sich, wohin sie auch gehen, und verbreiten auf ihren Reisen seinen Segen auf der ganzen Welt. Die Shosaraner glauben, dass sie zwei Gründe haben, dem zu folgen, was hinter dem Horizont liegt: in Jasprees Fußstapfen zu treten und Eichenherz' Einfluss zu verbreiten.

Es hatte schon lange Zeit einen Gedankenaustausch zwischen den Elfen von Shosara und anderen Namensgebern gegeben. Khistova war der Wichtigste unter diesen Partnern, aber da die ersten Generationen von Elfen in der Gegend nur wenige Nachbarn und den Wunsch hatten, mehr über das von Jaspree gesegnete Land um sie herum zu erfahren, beobachteten und lernten sie, was sie von anderen Namensgebern lernen konnten,

Eichenherz nimmt einen seltsamen Platz im Gedächtnis des shosaranischen Volkes ein. Einerseits ist es Teil des Gründungsmythos des Elfenvolkes und des Wyrmwaldes, ein Geschenk der Passion Jaspree und eine Säule der Elfenkultur. Auf der anderen Seite verließ Jaspree Eichenherz, um das Land zu bereisen, und eine ihrer Questorinnen, die in ihre Fußstapfen trat, half bei der Gründung von Shosara.

Nach der Trennung und der Rückkehr der Laryskova nach Shosara zeigte Eichenherz Anzeichen von Stagnation, von blinder Einhaltung von Ritualen und von Stabilität. Nach der Plage führten Nachrichten über die Korruption im Wyrmwald zu Spekulationen darüber, ob Eichenherz diesen Namen überhaupt noch trug oder zu etwas verdreht worden war, das von wahren Elfen getrennt war. All diese Gedanken haben Eichenherz einen mehrdeutigen Platz im spirituellen und politischen Glauben der Shosaraner gegeben.

Egal, wie die Gelehrten und Mystiker über die Natur von Eichenherz streiten mögen, die Laryskova-Ranelle glaubt fest daran, dass es der Schlüssel zur Übernahme der Kontrolle über den Elfenhof ist. Was auch immer in den Tiefen des Blutwaldes steht, ist in ihren Augen nicht mehr Eichenherz, sondern eine korrupte Nachahmung.

Obwohl die Laryskova schon seit Langem argumentieren, dass der Wyrmwald das elfische Volk nicht mehr vertritt, ist dies in ihren Augen der Beweis, dass sie recht hatten. Auch wenn der mächtige Baumgeist in den Shosaranern nicht die gleiche Ehrfurcht geweckt hat wie in anderen elfischen Königreichen, war er doch ein mächtiges Symbol. Das Land, in dem Eichenherz stand, hatte den Segen von Jaspree und Astendar und war der eigentliche Sitz des Elfenhofs.

Infolgedessen haben die Agenten der Shosaraner begonnen, in andere Elfenreiche und in die Nationen anderer Namensgeber zu reisen, um alle unverdorbenen Eicheln von Eichenherz zu erbeuten, die sie finden können. Auch wenn Shosara aufgrund seiner Entfernung zu anderen besiedelten Gebieten in dieser Hinsicht einen großen Nachteil hat, verfügt der Großfürst über einen Vorteil, den er bisher sehr erfolgreich nutzt: Die Laryskova verwenden gerne die Freien Kompanien und Nichtelfen für ihre Arbeit. Infolgedessen können sich die Agenten der Shosaraner leichter unter Namensgebern bewegen, die vielleicht nicht geneigt sind, mit den hochmütigen Sereathanern oder den beunruhigenden Blutelfen zu sprechen.

Auch wenn das, was im Wyrmwald liegt, vielleicht nicht das eigentliche Eichenherz ist, glauben Adepten und Gelehrte der Laryskova, dass die Eicheln seine wahre Essenz enthalten und mit genug von ihnen an einem Ort ein Ritual durchgeführt werden kann, um den Baum neu wachsen zu lassen. Dieses Ritual würde natürlich in Shosara durchgeführt werden, um den anderen Elfenreichen zu zeigen, welch großer Fehler es war, überhaupt die Trennung durchzuführen.

Ihre Wege mögen für traditionelle Elfen seltsam oder sogar radikal erscheinen, aber die Shosaraner glauben, dass sie die wahren Verwalter des elfischen Geistes sind, und dass die Rettung von Eichenherz durch sein Nachwachsen dies für immer beweisen wird.

und passten äußere Ideen an ihre eigene Expertise an, um etwas Neues zu schaffen.

Ihre Verwandten im Wyrmwald sahen das und waren beunruhigt. Für sie bedeutete die Annahme von äußeren Einflüssen durch Shosara, dass es die elfische Tradition verriet. Die Questoren von Jaspree lehrten ihre Schutzbefohlenen in Shosara, dass, so wie das Reisen auf den Pfaden Wachstum und Veränderung erfordert, sogar Nationen wachsen und sich ändern müssen, um sich an die Realität anzupassen. Heute versuchen die Gelehrten und Anführer der Shosaraner, dieses Wissen zu verbreiten.

Viele *Eoerin* (Gelehrte der Pfade) – sogar unter den Dae'mistishsa oder Freien Anhängern – würden die shosaranische Interpretation als radikal bezeichnen. Für Shosara ist diese Meinung aber nur das Ergebnis einer strengen, engstirnigen Interpretation der elfischen Überlieferung. Diese traditionelle Interpretation wird allerdings von den meisten Gelehrten der Elfenkultur befolgt, und ihre Prävalenz an anderer Stelle in der Welt stellt eine Herausforderung für diejenigen dar, für die die shosaranische Auslegung die einzige Wahrheit ist.

Die Wahrheit der spirituellen Kernüberzeugungen der Shosaraner ist jedoch einfach. Das Große Rad dreht sich für jeden, ob Elf oder nicht, Gemeiner oder Adliger. Auch Nationen und Kulturen passen sich im Laufe ihrer Reise an und wachsen. Diejenigen, die nicht wachsen, stagnieren oder kollabieren. Die strengen Anhänger weichen am meisten von dieser Wahrheit ab, weil sie so viel von dem kodifizieren, was ein Elf auf jedem Pfad *tun soll*, und darauf bestehen, dass Wachstum nur in einer einzigen Speiche des Rades nach der anderen stattfinden kann.

Shosaras Eoerin haben unzählige Debatten geführt, aber unvermeidlich ist die Schlussfolgerung die Gleiche. Indem sie die Lehren des Großen Rades mit anderen Namensgebern teilen, können Elfen die Kraft des elfischen Glaubens als universell bekräftigen und alle Namensgeber enger miteinander verbinden.

Die Wahrheit, die Shosaras Volk vertritt, ist noch einfacher. Es gibt immer Möglichkeiten für Wachstum, oft auf mehr als einem Pfad zur gleichen Zeit. Das spirituelle Wohlbefinden wird erhalten und kultiviert, indem man offen und flexibel bleibt, wenn man auf solche Möglichkeiten reagiert, sogar, wenn verschiedene Wege miteinander in Konflikt stehen. Eine einzige Reise entlang des Rades mag nicht ausreichen, denn bei strengeren Interpretationen würde die Vollendung des Weges der Herren eine Seele davon abhalten, von diesem Punkt an weiter zu wachsen.

Für Shosaraner ist dieses Zusammenspiel das, was den Einzelnen wirklich auf den Aufstieg vorbereitet, anstatt einer strengen Reihe von Lektionen zu folgen, die als ein Weg zur Stagnation angesehen werden. Dieser Glaube ist heute auch unter Khistovanern und anderen Namensgebern in der Region verbreitet. Für Shosaras Gelehrte und Anführer beweist dies die Überlegenheit der elfischen Perspektive.

Die Elfen von Shosara lernten und adaptierten auch Vorstellungen ihrer menschlichen und anderen Verbündeten unter den Namensgebern. Die berüchtigte Debatte über Segelschiffe ist bekannt, aber man muss nicht weiter suchen als bis zur Großen Versammlung, um zu sehen, wie die khistovanischen Praktiken von shosaranischen Gelehrten angepasst wurden. Khistova war von einem Fürsten regiert worden, aber viele Entscheidungen wurden durch Bürgerversammlungen getroffen, die wichtige Maßnahmen diskutierten und darüber abstimmten. Dies war ein Anreiz für Shosaras herrschende Familie, weil es an die Anfänge erinnerte, von denen sie behauptete, dass sich Gemeine und Adlige damals gleichermaßen für ihr Überleben abmühen mussten.

Diese Nachbarschaftsräte wurden bald zur Großen Versammlung. Politische Würdenträger von Bürgermeistern bis hin zu Schiffskapitänen versammelten sich, um die alltäglichen Belange zu diskutieren und die gemeinsame Politik festzulegen. In ganz Shosara gibt es kleinere Räte, sogar bis auf die Ebene von Stadtvierteln, da Einzelpersonen gelernt haben, sich zusammenzuschließen.

Die Veränderung ist auch in kleinerer Form sichtbar. Kunst und Architektur der Shosaraner zeigen eine Mischung unterschiedlicher Einflüsse, mit einer starken Grundlage im elfischen Design und in elfischen Methoden, kombiniert mit Techniken, die von anderen Namensgebern erlernt wurden. Die shosaranische Mode beinhaltet häufig Pelze, mit zarten Elfenstoffen, die für wärmeres Wetter aufgespart werden. Auch die Küche hat sich verändert, mit einer Mischung kultureller Einflüsse, die sich im selben Gericht widerspiegeln. Während vieles davon für Außenstehende, die noch immer veraltete Annahmen verinnerlicht haben, alarmierend sein kann, glauben die Shosaraner, dass sich diese Einbeziehung auch auf die Gastfreundschaft für Gäste erstreckt und Außenstehenden dabei hilft, ihre Vorurteile zu überwinden.

Shosaras Wege erscheinen vielen Elfen immer noch seltsam, aber was mit dem Blutwald passiert ist, dient als abschreckende Geschichte und hat viele dazu veranlasst, darüber nachzudenken, ob Königin Alachias Weg der richtige war. Shosara ist nicht mehr die gleiche Nation wie vor Jahrhunderten, und vielleicht gibt es keinen Grund mehr, sie auszuschließen. Für Shosara ist dies die perfekte Gelegenheit, um über die Dynamik und den Ehrgeiz zu diskutieren, die das Handeln seiner Völker antreiben und dazu führen, dass sich ihre Nation an die sich verändernde Welt anpasst.

## Die Stadt Shosara

Viele Bürger Shosaras, seien sie Angehörige der Elfen-Ranellen, der Freien Kompanien oder andere Namensgeber, haben hier eine gewisse Form von Wohnsitz. Sie befahren vielleicht für lange Zeit das Meer, aber die meisten von ihnen kehren immer wieder in die Stadt zurück. Da die Ländereien rund um das Gwyn-Meer befriedet sind, gründen immer mehr Namensgeber richtige Siedlungen an seinen Ufern. Ein solcher Prozess braucht allerdings Zeit, und die Reinigung des Landes von den Spuren der Plage ist ein Prozess, der noch Generationen dauern kann.

Shosara steht am westlichen Ende einer hügeligen Halbinsel, die in das Gwyn-Meer reicht, um eine konkav geformte Küste, die einen natürlichen geschützten Hafen bietet. Eine schmale Landzunge im Norden schützt den Hafen vor den schlimmsten der schweren nördlichen Gezeiten, und an ihrem Ende steht der Große Leuchtturm, dessen Leuchtfeuer hilft, Schiffe aus dem sturmgepeitschten Meer in den Hafen zu lenken.

Am gegenüberliegenden Ende des Hafens befindet sich das Große Arsenal, die Festung der Freien Kompanien, wo die Söldnergruppe ihre Soldaten ausbildet und ihr Korps von Schmieden und Handwerkern Waffen, Rüstungen und sogar Schiffe herstellt, die es den Freien Kompanien ermöglichen, Shosara zu verteidigen.

Die Hafenanlagen, in denen den ganzen Tag über eine rege Aktivität herrscht, erstrecken sich zwischen diesen beiden Gebäuden, mit Lagerhallen, Werften, Fischmärkten und Gasthöfen an den Rändern des Bezirks. Weiter östlich und vom Ufer entfernt befinden sich der Großteil der Häuser der Stadt und der größte Teil der Stadt. Der Bezirk wird als Hafenviertel bezeichnet und erstreckt sich von den Hafenanlagen im Westen bis zu den ansteigenden Hügeln im Osten.

In den Hügeln hinter dem Hafenviertel liegt die Altstadt, der Ort der Zitadelle, an dem Shosara und seine Verbündeten die Plage überstanden. Die Große Versammlung und das Navolok-Anwesen blicken über das Hafenviertel, ebenso wie die Häuser der aufstrebenden Kaufleute und Kunsthandwerker der Stadt. Hier befinden sich auch die Kammern des Rates der Fürsten.

Jenseits der Altstadt liegen die Ländereien der meisten Ranellen der Stadt, einschließlich der Laryskova, eingebettet in extravagante Gärten, die eine wunderschöne Pflanzenwelt aus der ganzen Region zeigen. Der Gartenbezirk, wie er genannt wird, ist bekannt für sein relativ ruhiges Wetter, weil er durch die Hügel und die Anstrengungen der Elementaristen, die die Statussymbole der Familien in gutem Zustand zu halten, vor Stürmen geschützt ist.

# DER GROSSE LEUCHTTURM

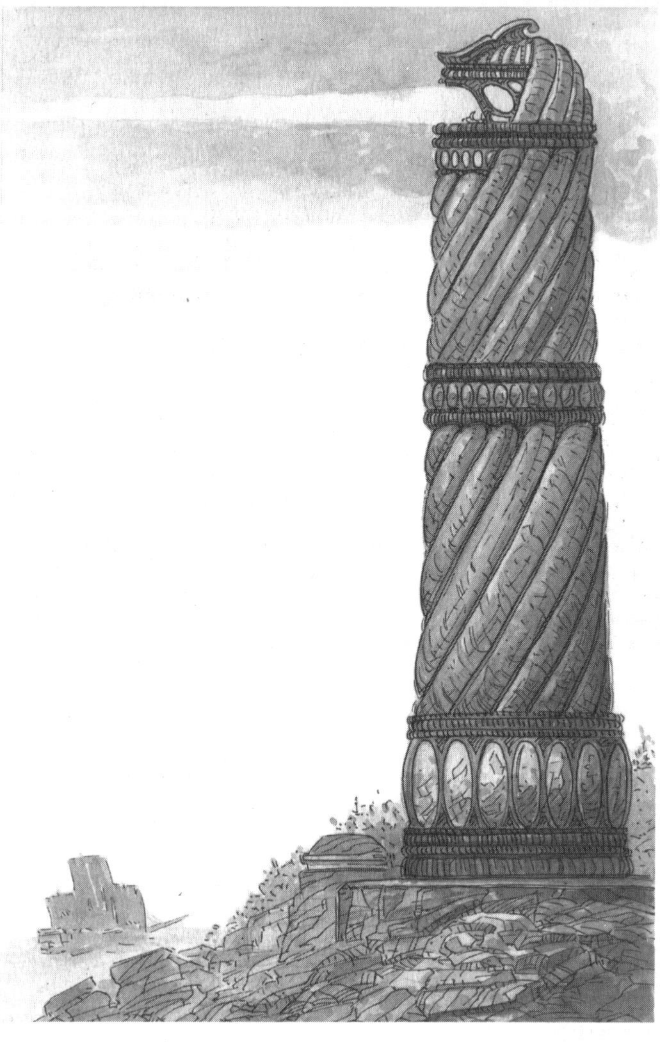

Viele Besucher Shosaras erblicken als erstes den Großen Leuchtturm. Das monumentale, anmutige Gebäude leitet die Schiffe in den Hafen und steht am nördlichen Ende der ausgedehnten Hafenanlagen, wo die Aktivität niemals nachzulassen scheint. Auch wenn ein Neuling vielleicht annimmt, dass der Leuchtturm nur dafür da ist, um Schiffe in den Hafen zu bringen, ist er doch ein Kulturzentrum und gleichzeitig ein Zentrum der Sicherheit für die Schiffe der Nation.

Der Große Leuchtturm beherbergt die scharfsinnigsten Köpfe von Shosara und bietet einen Ort für wissenschaftliche und magische Forschung. Die Gelehrten werden von den Ranellen gefördert, die ihre Forschungs- und Lebenshaltungskosten finanzieren und denen sie dafür bei Bedarf mit ihrem Fachwissen zur Verfügung stehen. Während einige Familien dies als eine Verpflichtung gegenüber der Nation betrachten, sehen andere die Förderung von Gelehrten als eine Möglichkeit, ihren Reichtum und Erfolg zu zeigen. Das Licht mag das Erste sein, was die Besucher der Hafenanlagen am Großen Leuchtturm bemerken, aber für diejenigen in der Nähe ist der Klang der lebhaften Debatte in den Hallen der Wissenschaft unverkennbar.

Das Licht an der Spitze der Struktur ist vom Gwyn-Meer aus meilenweit zu sehen. Das Leuchtfeuer ist eine komplexe Erfindung: eine Kugel aus Wahrem Feuer, die in einer Spiegelkammer schwebt, die an einem Ende offen ist und eine riesige Laterne bildet. Aufgrund der Verzauberung durch Gelehrte, die den Großen Leuchtturm als Zuhause bezeichnen, dreht sich das Leuchtfeuer mit konstanter Geschwindigkeit und projiziert ein helles Licht, das die Schiffe nach Hause führt.

Elementaristen überprüfen das Leuchtfeuer regelmäßig, um sicherzustellen, dass nichts schiefgeht, und es leuchtete nur während der Plage nicht, als es sorgfältig in Shosaras Zitadelle versiegelt wurde. Die Rückgewinnung des Leuchtturms und der Wiedereinbau des Leuchtfeuers waren ein starkes Symbol für Shosaras Rückkehr in die Welt. Luftschiffe, die auf dem Weg nach Shosara sind, finden Liegeplätze neben dem Großen Leuchtturm, sodass sie das Gebäude aus der Nähe sehen können und eine Vogelperspektive auf die Stadt haben.

Diejenigen, die einen Großteil ihrer Zeit in den nahegelegenen Küstengebieten verbringen, finden es sehr beruhigend, wenn das Leuchtfeuer die Gegend in einer klaren Nacht erhellt. Ein allgemeiner Glaube unter den Söldnern der Freien Kompanien besagt, dass das Leuchtfeuer – sogar weit außerhalb seiner eigentlichen Reichweite – für Soldaten sichtbar ist, die tief in der Wildnis gestrandet sind, und sie nach Hause führt. Genug Soldaten haben sich diesen Aberglauben angeeignet, dass sie Floranuus am Fundament des Leuchtturms kleine Opfergaben überlassen, bevor sie sich auf gefährliche Reisen ins Unbekannte begeben, und die Basis des Gebäudes ist für gewöhnlich mit Amuletten und Schmuckstücken übersät.

## DAS GROSSE ARSENAL

Am anderen Ende der Hafenanlagen steht das Große Arsenal, ein weitläufiger, befestigter Gebäudekomplex, der auf zwei Zwecken dient: die Ausrüstung der Freien Kompanien bei den Missionen, die sie für Shosara durchführen, und die Bereitstellung einer militärischen Kommandozentrale für die Ferien Kompanien, falls Feinde es wagen die Stadt anzugreifen.

Der Generalhauptmann leitet das Große Arsenal mit dem Ziel, auf mögliche Angriffe zu achten und Aufzeichnungen darüber zu führen, wo die Schiffe und Soldaten der Kompanien jeweils eingesetzt sind. Die Beschäftigung des Generalhauptmanns mit der Idee, dass Shosara angegriffen werden könnte, hat bei einigen der jüngeren Rekruten zu einem paranoiden Gerede geführt, aber das Arsenal ist eine wertvolle Ergänzung für Shosaras Verteidigung.

Das Große Arsenal erstreckt sich am südlichen Ende des Stadthafens. Der hohe zentrale Bergfried erhebt sich ziemlich mittig auf dem Gelände, mit einem hervorragenden Blick auf alles, was ihn umgibt. Er ist umgeben von Kasernen, Schmieden und Lagerräumen, die alle mit militärischer Präzision gebaut wurden. Die Freien Kompanien unterhalten neben ihren Schiffsbauern, die als einige der talentiertesten Schiffsbauer in Shosara bekannt sind und oft für private Aufträge von den Ranellen angeheuert werden, private Kais. Sollte ein Auftrag der Aufgabe eines Schiffsbauers für die Interessen Shosaras im Wege stehen, wird er ermutigt, ihn auf Eis zu legen. Die Schiffe sind von so hoher Qualität, dass die Ranellen bereit sind zu warten.

Die Freien Kompanien verfügen auch über eigene Handwerker und Waffenschmiede, die Waffen und Rüstungen für die Söldner herstellen und einen regen Waffenhandel betreiben. Diejenigen, die sich die Dienste der Soldaten der Kompanien nicht leisten können, erwerben oft ihren Stahl, um wenigstens auf diese Weise von ihnen zu profitieren. In jüngster Zeit hat das Arsenal eine dritte Funktion übernommen: als Ausgangspunkt eines inoffiziellen Handels mit Sereathas Trisrora-Ranelle.

## Das Hafenviertel

Östlich der Hafenanlagen selbst befinden sich die dicht gedrängten Häuser der meisten Bürger von Shosara, die in Blöcke von Häusern und Geschäften um einen zentralen Innenhof angeordnet sind. Die Gebäude, die näher an den Hafenanlagen liegen, bieten den Seeleuten ein reges Geschäft, während der Bezirk jenseits der Hauptverkehrsstraßen eher eine Wohngegend ist. Diejenigen mit mehr Geld leben für gewöhnlich weiter vom Ufer entfernt und näher an den Hügeln der Altstadt. Diese Abwanderung nach Osten ist für aufstrebende Personen üblich, und viele Einheimische träumen davon, irgendwann einmal in einem Anwesen im Gartenbezirk zu wohnen.

Im Hafenviertel befindet sich auch der Schrein von Chorrolis, ein trefflicher Name für Shosaras größten Markt, der um den eigentlichen Schrein für die Passion gebaut wurde. Alles, von Lebensmitteln über seltene Pflanzen und Reagenzien bis hin zu Waffen und Rüstungen, ist auf dem Markt zu finden. Händler strömen hierher, um Erzeugnisse aus den jüngsten Expeditionen in die Wildnis auf- oder abzuladen.

Einige schrecken vor dem Handelsstreben der Shosaraner zurück, aber die Einheimischen glauben, dass es sich hierbei um Geschenke von Land und Meer handelt. So wie sie es sehen, haben sie der Wildnis getrotzt, sie zu nehmen, also ist es ihr Privileg, sie zu teilen oder damit zu handeln, wie sie es für richtig halten.

## Die Altstadt

Auf den zentralen Hügeln mit Blick auf das Hafenviertel steht das Gebäude, in dem sich die Kammern des Rates der Fürsten und der Großen Versammlung befinden. Die beiden Teile dieser imposanten Struktur sind der Ort, an dem die Entscheidungen der Nation diskutiert, abgestimmt und getroffen werden.

Neben diesen Bauten beherbergt die Altstadt wohlhabende Kaufleute und Handwerker, einen Großteil der freischaffenden Künstler und Handwerker sowie Anlagen kleinerer Ranellen. Diese Bauwerke befinden sich alle auf dem Gelände der Zitadelle, in der die Bewohner von Shosara, Khistova und den anderen Siedlungen der Region während der Plage lebten. Die einst engen Häuser und Strukturen der Zitadelle wurden demontiert oder neu genutzt. Die Navolok-Ranelle bewahrt ihr Anwesen in der Altstadt in einer bewussten Rebellion gegen die traditionelleren Ranellen, einschließlich ihrer Laryskova-Rivalen.

### Der Palast

Auch wenn die meisten Viertel, Gilden und abgelegenen Siedlungen ihre eigenen Gemeinschaftsräume und Regierungsgebäude haben, kommen nur wenige von ihnen der Größe des Palastes von Shosara mit seiner Mischung aus architektonischen Einflüssen aus der ganzen bekannten Welt gleich. Tatsächlich überstrahlt das Gebäude sogar die Anwesen einiger Ranellen, selbst mit der zurückhaltenden Eleganz der Ratskammern. Für die Bürger ist der Palast ein Denkmal für die unverwechselbare Herrschaft, die Shosara stark und seinen Wurzeln treu hält. Für Außenstehende ist er eine beeindruckende Erinnerung an das neuartige System, das die Nation am Laufen hält.

Der Palast beherbergt die Große Versammlung und den Rat der Fürsten und ist das Kronjuwel der Altstadt. Die längliche Struktur ist in zwei Teile geteilt. Der erste, das massive Amphitheater, in dem die Versammlung während ihrer häufigen Treffen untergebracht ist, wird von einer großen Kuppel überspannt. Die zarte Glasstruktur ist magisch verstärkt, um selbst den stärksten Stürmen standzuhalten, die die Küste heimsuchen. Licht scheint hindurch, um die Halle tagsüber zu erhellen, und nachts tauchen die tanzenden Lichter am Himmel, die als Jasprees Segen bekannt sind, die Kuppel in ein vielfarbiges Leuchten.

Im Inneren befinden sich genügend Terrassenbänke für tausend Namensgeber, und über ihnen bietet eine zurückgesetzte Galerie den Zuschauern die Möglichkeit, die Regierungsführung in Aktion zu sehen. Die Bänke und Galerien bilden eine U-Form um eine erhöhte Plattform. Hier halten Würdenträger Reden oder Proklamationen, und der Erste Delegierte (eine gewählte Position, die für die Leitung der Sitzungen der Versammlung gewählt wird) leitet die lebhaften Sitzungen, die hier stattfinden.

Mehrere Ausgänge aus der Versammlungshalle führen in kleine Räume, in denen sich Delegiertengruppen abseits der lebhaften Diskussion im Hauptsaal treffen können. Die Keller unter dem Saal waren einst das administrative Herz der Zitadelle von Shosara und beherbergen auch heute noch umfangreiche juristische und bürokratische Aufzeichnungen.

Der zweite Teil des Gebäudes ist viel kleiner, ein Turm, der von elfischen Handwerkern mit khistovanischen Architekturelementen gebaut wurde, vor allem einer zwiebelförmigen Kuppel, die man an markanten Gebäuden in der Gegend häufig sieht. Im Inneren des Turms befinden sich die fein besetzten, aber schlichten Räume des Rates der Fürsten.

Das gesamte Gebäude und das Gelände außen herum werden von der persönlichen Garde mehrerer Fürsten sowie den Freien Kompanien patrouilliert, und niemand wird ohne ausdrückliche Einladung eines ständigen Mitglieds des Rates hineingelassen. Ein kleiner Balkon mit Blick auf einen öffentlichen Platz bietet den Fürsten einen Ort, an dem sie bei Bedarf Proklamationen oder Reden vor versammelten Namensgebermengen halten können.

## Der Gartenbezirk

Die ältesten Ranellen haben sich ihre eigene opulente Siedlung in den östlichen Hügeln der Stadt geschaffen. Ihre weitläufigen Anwesen wurden nach der Plage mit großem Aufwand und großer Geschwindigkeit gebaut, in einem Baustil, der erkennbar elfisch, aber einzigartig shosaranisch ist. Je nach Familie gibt es auf diesen Ländereien neben allen Annehmlichkeiten und Luxusgütern, die ein Adliger erwarten kann, auch private Schreine, Bibliotheken oder Kunstsammlungen. Zusätzlich unterhält jedes Anwesen eine private Truppe von Leibgardisten, zu der auch Adepten gehören, falls die Ranelle sie sich leisten kann.

Der Grund für den Namen dieses Stadtteils liegt auf der Hand, denn jede Ranelle unterhält auf ihrem Land komplizierte, schöne Gärten. Diese sind sorgfältig angelegt und gepflegt, um die Illusion eines ruhigen Gartens mit einer Vielzahl von exotischen Pflanzen zu vermitteln. Dies zu erreichen ist wegen des Segens des wuchernden Wachstums, das die Region durchdringt, schwieriger, als es scheint. Würden die Blumen und Reben sich selbst überlassen bleiben, würden sie die Anwesen überwuchern.

Die Pflege dieser Gärten ist teuer, und jede Ranelle zahlt gut für Vollzeitkräfte. Es ist in Mode gekommen, junge Elementaristen am Großen Leuchtturm zu sponsern und Gefälligkeiten einzufordern, damit sie ihre Kräfte für den Bau dieser Gärten einsetzen. Elementaristen, die zum Studium nach Shosara kommen, können sich im Zentrum eines intensiven Wettbewerbs um ihre Dienste wiederfinden.

An erster Stelle dieser Anwesen steht das der Laryskova, eine extravagante Halle, umgeben von verschiedenen Nebengebäuden, die alle so konstruiert sind, dass sie mit ihren Gärten harmonieren. Die Architektur basiert auf traditionellen elfischen Entwürfen, verschmilzt aber theranische und khistovanische Einflüsse in einer Verbeugung vor den Nicht-Elfen, die die Ranelle über die Jahrhunderte unterstützt haben.

Die Laryskova haben in ihren Gärten ein Motiv des Wyrmwaldes vor der Plage gewählt und behaupten, dass sie mehrere Pflanzen- und Baumarten enthalten, die im Blutwald nicht mehr wachsen können; ein subtiler Stich gegen die Blutelfen, aber nicht explosiv genug, um Probleme zu verursachen. Die Laryskova geben mit diesen Pflanzen auf den häufigen Partys an, zu denen Shosaras Elite und hochkarätige Besucher eingeladen sind, um die Mischung aus elfischer Tradition und Innovation des Elfenreichs zu präsentieren.

# REGIERUNG

Die zwei Säulen der Regierung von Shosara, der Rat der Fürsten und die Große Versammlung, arbeiten zusammen, um Shosara durch schwierige Zeiten zu führen und gleichzeitig einen Weg zu bieten, auf dem die Stimmen der einfachen Bürger gehört werden können. Die Bürger von Shosara glauben, dass diese Mischung aus Autorität und Gleichheit Shosara die Flexibilität gibt, die es braucht, um große und kleine Veränderungen zu überstehen, und dass sie die Grundlage für Shosaras Wiedergeburt nach der Plage war.

## DIE GROSSE VERSAMMLUNG

Die meisten Gesetze und Entscheidungen, die das Leben der Shosaraner betreffen, werden in der Großen Versammlung beschlossen. Diese Institution führt ihre Anfänge auf die frühesten Tage Shosaras zurück, als eine Gruppe von Reisenden einer göttlichen Vision folgte und dieses wilde Land besiedelte. Auch wenn sie verschiedener Herkunft waren, wurde die Weisheit jedes Einzelnen gebraucht, um jene frühen Jahre zu überleben. Alle wurden ermutigt, ihre Meinung zu äußern, und nach der Trennung wurde diese Tradition von den verbliebenen Ranellen gefestigt.

Die Tradition der Versammlung findet man überall dort in Shosara, wo Individuen sich zu kleinen lokalen Versammlungen zusammenfinden. Jede Siedlung, von einem kargen Dorf an der entfernten Nordküste über einen Stadtteil im Hafenbezirk bis hin zu einem unabhängigen Handelsschiff, das das Gwyn-Meer befährt, weist solch eine Versammlung auf. Das Recht aller, die Teil der Gruppe sind, sich zu treffen und miteinander zu diskutieren, ist den Shosaranern lieb und teuer, und der Entscheidungsfindung, die aus solchen Debatten herrührt, wird ein großes Gewicht beigemessen.

Innerhalb der Stadt Shosara nehmen diese Gemeinden die Form verschiedener Stadtviertel an, aber außenliegende Siedlungen haben vielleicht nur einen Repräsentanten oder haben aufgrund alter Verträge ein anderes Arrangement. In einigen Fällen haben Schiffskapitäne sogar ihre Mannschaften als lokale Versammlung anerkennen lassen. Diese einzelnen Gruppen kümmern sich um kleinere Angelegenheiten für den Ort, aus dem sie stammen, aber jede Gruppe wählt eine Person aus, die für sie auf höherer Ebene sprechen soll. Diese Delegierten versammeln sich in den Kammern der Großen Versammlung, um bei der Entscheidung über Shosaras übergreifendere Politik zu helfen.

Die Große Versammlung von Shosara wurde auf der Grundlage hoher Ideale der Bürgervertretung gegründet. Auch wenn dieser Abschnitt beschreibt, wie sie in Bestform funktioniert, besteht die Große Versammlung aus vielen Namensgebern mit ihren eigenen Motivationen, die oft gegeneinander arbeiten. Die Delegierten vertreten Gruppen mit sehr unterschiedlichen Interessen, was den Prozess der Gesetzgebung der shosaranischen Politik zwangsläufig erschwert. Debatten können sich in langwierige Auseinandersetzungen verwandeln, Abstimmungen können ausbleiben, und manchmal wird kein Quorum erreicht, wodurch der Prozess verlängert wird.

Hinzu kommt, dass der Rat der Fürsten eigene Interessen hat, die oft darauf abzielen, die Delegierten in ihren Standpunkten zu beeinflussen oder einzelne Geschäftsinteressen zu schützen. Die Anbetung von Jaspree ist ein weiteres Element des shosaranischen Lebens, das das Abstimmungsverhalten eines Delegierten steuern kann, und Jasprees Questoren arbeiten oft hinter den Kulissen, um ihre Agenda in der Großen Versammlung voranzutreiben. Und schließlich bietet ein so großes Gremium wie die Versammlung genügend Angriffspunkte für eine Infiltration durch Spione, sei es indirekt oder sogar als Delegierte selbst.

Die Versammlung trifft sich regelmäßig, um die von den Bürgern, die sie vertritt, aufgeworfenen Fragen zu diskutieren und über Maßnahmen zu ihrer Lösung abzustimmen. Dabei übernimmt die Versammlung per Mehrheitsbeschluss die tägliche Verwaltung von Shosara. Auch spontane Treffen sind möglich; traditionell kann ein Treffen stattfinden, wenn die Versammlungsglocke (eine alte Glocke in einem Turm neben dem Palast, die von den Questoren von Jaspree hergestellt wurde) geläutet wird. Die Wahre Luft, die in die Glocke eingewebt ist, ermöglicht es, dass das Läuten in der ganzen Stadt zu hören ist.

Nicht alle Delegierten können an jeder Sitzung der Großen Versammlung teilnehmen, aber für die Beschlussfassung ist auch nur eine einfache Mehrheit aller Delegierten erforderlich. Delegierte, die nur selten teilnehmen oder ohne Rücksicht auf die von ihnen vertretenen Personen abstimmen, können jedoch ersetzt werden. Dies gilt insbesondere dann, wenn ihre Abwesenheit oder ihr schlechtes Urteilsvermögen in Entscheidungen zum Ausdruck kommen, die gegen die Wünsche der Namensgeber gerichtet sind, die sie vertreten. Eine Stimme bei der Herrschaft über das eigene Land zu haben, ist ein seltenes Geschenk, und die Shosaraner nehmen es sehr ernst. Diejenigen, die ihr Amt gut ausüben, vertreten ihre lokale Versammlung jahrelang.

## Der Rat der Fürsten

In schwierigen Zeiten wie Krieg oder Naturkatastrophen suchten die Einwohner des frühen Shosara bei ihren prominentesten Bürgern um Führung. Die Führung der Siedlung symbolisierte Shosara selbst, da sie nicht nur überlebten, sondern auch in der rauen Umgebung gediehen. Obwohl alle ermutigt wurden, ihre Meinung kundzutun, wurden diese Führer von den frühen Siedlern beauftragt, entschlossene Maßnahmen zu ergreifen, sorgten aber schon damals dafür, dies im Konsens zu tun.

Diese Tradition entwickelte sich zum Rat der Fürsten, der sich aus den Führern der bedeutendsten Ranellen in Shosara zusammensetzt. Die Anzahl dieser Fürsten hat sich im Laufe der Zeit verändert, ist aber seit einer Konsolidierung, die während der Plage stattfand, konstant bei fünf geblieben. Der Rat wählt aus seiner Mitte einen Großfürsten aus, eine Position, die in der Regel von der Familie Laryskova eingenommen wird, obwohl auch andere gelegentlich die Position des Großfürsten innehatten. Die meisten dieser nicht von den Laryskova stammenden Großfürsten gab es in den ersten Jahren der Trennung.

Während sich die Große Versammlung um die Grundzüge der täglichen Regierungsführung und der Innenpolitik kümmert, kümmert sich der Rat um wichtigere Staatsfragen. Fragen der Diplomatie, des Krieges und des internationalen Handels fallen in seinen Zuständigkeitsbereich, ebenso wie Notfallmaßnahmen im Falle einer Katastrophe. Die Debatte kann heftig sein, vor allem, wenn sich die Spannungen zwischen der Laryskova- und der Navolok-Ranelle ausweiten und die anderen sich an die Seite der einen oder der anderen stellen. Die Fürsten konnten jedoch bisher immer ihre Rivalitäten überwinden, um ihre Pflicht gegenüber Shosara zu erfüllen.

Es gibt auch Gruppen, die Vertreter in beratender Funktion entsenden: die Questoren von Jaspree, die Freien Kompanien, Khistova und die Gelehrten des Großen Leuchtturms. Davon sind die Vertreter der Freien Kompanien und Khistovas am aktivsten als Berater tätig und nutzen ihren Einfluss sogar, um Entscheidungen zu ihrem Vorteil zu beeinflussen. Die Questoren sind sparsam mit ihren Ratschlägen, aber aus Respekt vor den Gründern von Shosara und vor der Macht, die die Questoren ausüben, werden ihre Worte von den Fürsten ernsthaft in Erwägung gezogen. Aus diesem Respekt heraus beschloss der Rat auch, die Questorin Jorealla zur Botschafterin von Shosara im Blutwald zu ernennen – eine der wenigen einstimmigen und schnellen Entscheidungen des Rates.

### Abenteueridee

Die Charaktere werden von einem Agenten einer aufstrebenden Händlerfamilie angesprochen, die bei einer bevorstehenden Steuerabstimmung davorsteht, Geld zu verlieren. Der Plan der Familie ist es, Gruppen von Abenteurern zu entsenden, um die Anreise wichtiger Delegierter aus abgelegenen Siedlungen, die von dem Vorschlag profitieren werden, zu verzögern und sicherzustellen, dass die Abstimmung zugunsten der Familie ausfällt.

#### Option 1

Die Abenteurer reisen zu einer kleinen Gruppe von Siedlungen an der Grenze, um zu verhindern, dass mehrere Delegierte ein Schiff besteigen, das am Tag der Abstimmung in der Hauptstadt ankommen soll, und verzerren die Abstimmung zugunsten ihres Auftraggebers. Diese Siedlungen sind mit lokalen Bedrohungen konfrontiert und würden die Hilfe von Adepten begrüßen, was den Abenteurern einen Vorgeschmack auf einige der Schwierigkeiten gibt, die die Grenzdelegierten für ihr Volk zu lindern suchen.

#### Option 2

Die Gruppe wird mit einem Gegenangebot angesprochen, bevor sie die Stadt verlässt, und hat die Aufgabe, genügend Delegierte aus der Umgebung von Shosara zu verlangsamen, um ein Quorum zu verhindern und die Abstimmung vollständig zu verschieben. Die Adepten eilen um die Ufer des Gwyn-Meeres und finden Wege, um Delegierte auf dem Weg in die Hauptstadt zu stoppen oder zu verlangsamen.

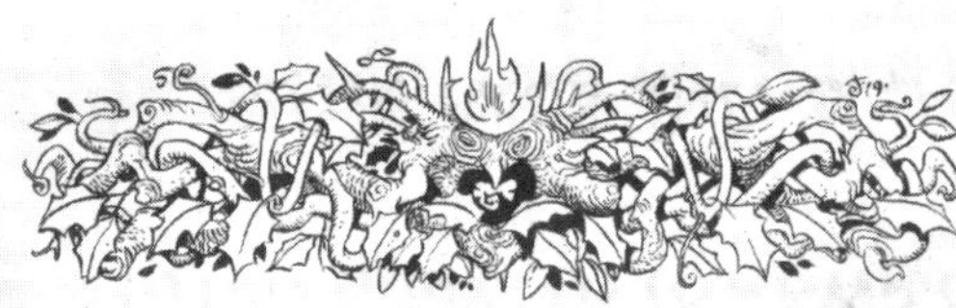

# DIE LARYSKOVA—RANELLE

Für viele Namensgeber sind die Laryskova-Ranelle und der Stadtstaat Shosara ein und dasselbe. Die Familien, aus denen die Ranelle besteht, haben einen großen politischen und wirtschaftlichen Einfluss in der Region. Laryskova-Händler, -Höflinge oder -Kapitäne sind oft die ersten Elfen, denen ein Außenseiter begegnen wird.

Auch wenn ihr Einfluss auf die Region bei Weitem nicht absolut ist, gilt die Ranelle weithin als die größte Einzelmacht in der Region. Die Laryskova bevorzugen Diplomatie und Handel, um ihre Rivalen davon abzuhalten, eine sinnvolle Opposition aufzubauen, und neigen dazu, trotz ihrer beträchtlichen Hausgarde Gewaltanwendung zu vermeiden. Einige nennen sie rücksichtslos, andere nennen sie inspiriert, aber die meisten sind sich einig, dass sie all ihre beträchtlichen Ressourcen nutzen werden, wenn es darum geht, Shosara zum neuen Sitz des Elfenhofs zu machen.

## GESCHICHTE

Die Laryskova-Ranelle ist eine kuriose Mischung aus Tradition und Innovation. Sie kann ihre Linie auf eine Questorin von Jaspree zurückführen, die – wie es ihre Legenden behaupten – eine entschlossene Gruppe dazu brachte, in die Fußstapfen der Passion der Wildnis zu treten. Lange vor der Trennung von Shosara übten die Laryskova sowohl in Shosara als auch im Wyrmwald erhebliche Macht aus, haben aber auch lange Zeit unter den Menschen von Khistova und anderen Namensgebern in der Region verbracht.

Die Ranelle hat Ideen von allen Namensgebern übernommen, das aber sehr sorgfältig mit dem Gedanken daran, dass sie die elfische Natur an die sich verändernde Welt anpasst. Die Laryskova achten darauf, jede Implikation zu vermeiden, sie hätten sich tatsächlich an den Traditionen anderer Namensgeber bedient, aber tatsächlich haben sie einen umfassenden kulturellen Austausch in Shosara angeführt.

Diese Frage des kulturellen Austauschs war der Katalysator für Shosaras Entfremdung vom Elfenhof. Wegen der Anpassung ihrer Schiffsentwürfe, sodass diese hochseetüchtig wurden, beschuldigte man die Shosaraner, Entwürfe ihrer khistovanischen Nachbarn übernommen zu haben, obwohl die Elfen immer noch behaupten, dass dies nicht der Fall war. Die Laryskova waren nicht nur Pioniere der Fusion dieser Entwürfe, sondern gehörten auch zu den ersten Ranellen, die nach der Trennung des Königreichs ihre Verbindungen zu Shosara aufgaben. Während einige in der Stadt blieben, zogen die meisten Familien der Ranelle in den Wyrmwald, um ihren Reichtum und Status zu erhalten und auszubauen.

In den Jahren nach der Teilung fielen die Laryskova bei der Königin des Wyrmwaldes in Ungnade. Sie planten einen Putsch und wurden stattdessen von der Nachfolgerin der Königin ausmanövriert. Aus dem Wald geworfen, kehrten sie mit ein paar Verbündeten in ihre Heimat zurück und festigten erneut ihre Macht, indem sie das Machtvakuum in der Getrennten Stadt nutzten, um wieder Macht für sich zu gewinnen.

Die Laryskova lehnten den Elfenhof vollständig ab und malten Bilder von einem korrupten, starren und realitätsfremden Adel. Dieses tief verwurzelte Misstrauen gegenüber dem Wyrmwald wurde zu einem zentralen Element des politischen Klimas von Shosara, und die Ereignisse während der Plage bestätigten nur den Verdacht, dass der Blutwald vom wahren Weg abgekommen war.

## DIE LARYSKOVA HEUTE

Die Trennung und die Gemeinschaft von Shosara während der Plage haben eine tiefgreifende Wirkung gehabt. Die Führer von Shosara stürzen sich mit mehr Geschwindigkeit und Ehrgeiz in Abenteuer, als man von einem Elfenreich erwarten würde, und zeigen damit den bemerkenswerten Einfluss ihrer menschlichen Nachbarn. Die Laryskova nutzen diese Energie, um Erkundungs- und Schürfexpeditionen zu finanzieren, mit denen neue Quellen Wahrer Elemente gefunden werden sollen – eine Hauptquelle des Reichtums der Ranelle.

Die Laryskova achten auch sehr darauf, die extremsten Veränderungen einzudämmen, wie zum Beispiel diejenigen, die die etablierte Elfenkultur vollständig stürzen würden. Dies führt zu einem empfindlichen Gleichgewicht von Innovation und Tradition, für dessen Erhalt die Ranelle viel Energie aufwendet. Die Shosaraner beanspruchen eine lange Tradition der Flexibilität unter Beibehaltung ihrer essenziellen elfischen Natur, aber die Laryskova-Führung praktiziert regelmäßig Praktiken wie jene, derentwegen Shosara überhaupt erst vom Elfenhof vertrieben wurde.

Die Laryskova sind geborene Händler und Entdecker, und viele ihrer Adepten beteiligen sich an einer oder beiden dieser Aktivitäten. Die Familie besitzt eine Flotte von Hochseeschiffen und sogar eine kleine Anzahl von Luftschiffen, die Handelsrouten rund um das Gwyn-Meer befahren. Die Ranelle ist unter den Adepten und Abenteurern, die weit entfernt von der Stadt zu finden sind, gut vertreten.

Es ist ein Beweis für die Beharrlichkeit und Rücksichtslosigkeit der Laryskova, dass sie nach ihrem gescheiterten Griff nach der Macht und der vollständigen Enteignung im Wyrmwald schnell ihren Reichtum und ihre Macht zurückeroberten, nachdem sie nach Shosara zurückgekehrt waren. Ihre Sympathie für Thera führte auch zur frühzeitigen Annahme der Riten des Schutzes und des Übergangs. Shosara ist zwar nicht die einzige elfische Gemeinschaft, die mit Thera Handel trieb, aber sie gehörte zu den ersten und öffnete die Tür für andere, die mit den Verlautbarungen des Wyrmwaldes nicht einverstanden waren.

Die Ranelle gibt außerdem einen Teil ihres beträchtlichen Vermögens für die Finanzierung einer Vielzahl wissenschaftlicher und magischer Bestrebungen aus. Ein Großteil davon konzentriert sich auf den Großen Leuchtturm, wo Akademiker und Adepten Wissen austauschen, Experimente durchführen und neue Theorien diskutieren. Die vom Laryskova-Adel gewährten Stipendien reichen thematisch von der Magietheorie über neue landwirtschaftliche Praktiken bis hin zur Ökologie von Lebewesen wie den Vila.

Die Künste sind eine weitere gemeinsame Beschäftigung der Laryskova. Neben den lokalen Handwerkern unterstützen sie die Bemühungen eines kleinen Kaders von ansässigen Künstlern aus dem Blutwald, die Teil eines von der Daevenar-Ranelle vermittelten Kulturaustauschs sind. Es bleibt abzuwarten, ob diese diplomatische Geste zu herzlicheren Beziehungen zwischen den Königreichen führt oder ob sie durch den Wettbewerb an anderer Stelle überschattet wird.

Die Familien, aus denen die Laryskova-Ranelle besteht, ähneln in vielerlei Hinsicht denen der anderen Elfenvölker. Während die Mehrheit von den ersten Siedlern der Region abstammt, gehen andere auf Elfen zurück, die mit Shosara sympathisierten und nach dem Machtkampf mit Königin Failla zusammen mit Arianne von Königin Liara vertrieben wurden.

Die Laryskova sind eine sehr stammesverbundene Ranelle. Die Vertreibung aus dem Wyrmwald und die harte Reise nach Shosara haben die verschiedenen Elemente der Familie durch Widrigkeiten eng aneinander gebunden, und die Loyalität zur Familie gehört bei ihnen zu den wichtigsten Tugenden. Selbst in einer Gesellschaft, die so offen für Debatten und Diskussionen ist, wie es Shosara glaubt zu sein, hätte man es schwer, einen Spross der Laryskova zu finden, der seine Ranelle offen kritisiert.

Ein Unterschied zwischen den Laryskova und ähnlichen Ranellen im Wyrmwald ist allerdings sofort ersichtlich: Zu ihren Mitgliedern gehören menschliche Adlige der Khistova-Familie, die aus der alten Stammessiedlung stammen, mit der die frühen Siedler von Shosara enge Beziehungen pflegten. Für konservativere Personen ist ein solcher Zugang zum inneren Kreis einer führenden Ranelle undenkbar. Traditionalistisch gesinnte elfische Diplomaten, die Zeuge dieser Beziehung wurden, haben schon mehrere diplomatische Zwischenfälle ausgelöst. Aber die Laryskova achten sehr darauf, wie sie Titel und Positionen vergeben, indem sie aktiv das Erscheinen der Elfen als einziges entscheidungsbefugtes Mitglied ihres Bündnisses mit der menschlichen Stadt pflegen. Auch wenn es nicht alle Elfen täuschen mag, besänftigt es die meisten.

Selbst wenn der khistovanische Fürst in Ratssitzungen spricht, tut er dies als Berater und Gast der Laryskova. Dies steht im Einklang mit einer Tradition, die auf die Zeit des Rates vor der Trennung zurückgeht, als Nicht-Elfen nur als Gäste eines elfischen Hofes sprechen konnten. Doch auch hier zeichnet sich für die Laryskova ein Wandel ab. Während der Plage lebte die Bevölkerung der Region in einer einzigen Zitadelle zusammen, und die Khistovaner befanden sich näher als je zuvor an den Hallen der Macht. Jetzt, da die Menschen ihre Stadt und die reichen Länder um sie herum wieder aufbauen, agitieren sie und ihr Fürst für eine gewichtigere Stimme bei der Herrschaft Shosaras.

## Grossfürst Beranis Laryskova

Beranis ist ein elfischer Schwertmeister Anfang fünfzig, der den Kampf um die Verlegung des Elfenhofes zu seinem Hauptanliegen gemacht hat. Wegen seines Eifers wurde er kurz nach der Aufnahme in den Rat zum Großfürsten gewählt. Die Politik des neuen Fürsten ist aggressiver und konfrontativer gegenüber Shosaras Rivalen als die Politik seiner Vorgänger. Unter seiner Führung haben die Laryskova begonnen, ihren Reichtum und ihr Wissen über Diplomatie, Spionage und Exploration zu mobilisieren, um Ressourcen zu sammeln und Unterstützung bei ihrem Kampf um die Zukunft von Eichenherz zu sammeln.

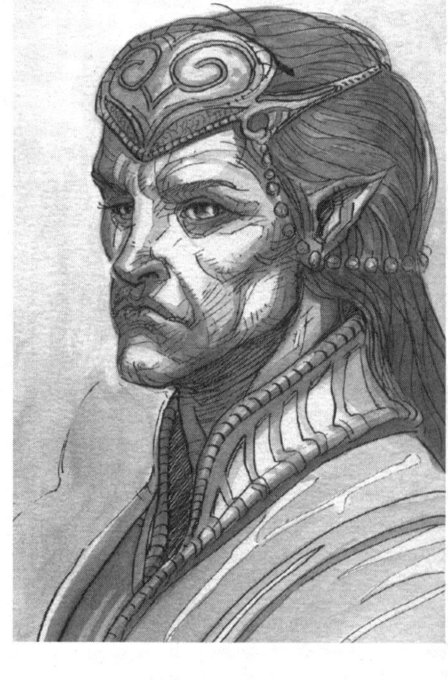

Beranis war kein besonders spiritueller oder patriotischer Jugendlicher. Tatsächlich galt er bis zu einem zufälligen Treffen mit Shosaras Botschafterin im Blutwald, Jorealla, als so etwas wie ein Geck. Worüber sich die beiden unterhielten, ist unbekannt, aber kurz darauf erneuerte Beranis seine Hingabe an die Passion Jaspree und die Angelegenheiten seiner Familie. Er stieg schnell auf, bis er Großfürst wurde, und gewann den Rest des Rates mit seiner ehrgeizigen Vision von Shosara als Heimat von Eichenherz und damit als Zentrum der Elfenkultur.

Der Großfürst führt den Vorsitz in einem Rat als Erster unter Gleichen, obwohl seine Äußerungen in der Praxis aufgrund seines Familiennamens mehr Gewicht haben als die der anderen Fürsten. Er findet sich jedoch in einem heiklen Spiel mit dem Rest des Rates wieder. Auf der einen Seite muss er sein Image als elfischer Monarch bei potenziellen Verbündeten außerhalb von Shosara bewahren. Auf der anderen Seite unterstützt er weiterhin Reformen, um seine Rivalen innerhalb der Nation zu besänftigen.

Bisher war er in der Lage, die Reichtümer und Handelsnetze der Laryskova zu nutzen, um den Rat bei Laune zu halten, aber da der politische Kampf zwischen den Elfennationen andauert und an Shosaras Ressourcen geht, wird dies eine große Herausforderung sein. Auch wenn er die Unterstützung vieler Shosaraner hat, fragen sich einige, ob ein so junger Herrscher dieser Prüfung gewachsen ist.

### Attribute

GES: 8 STR: 7 ZÄH: 6
WAH: 6 WIL: 5 CHA: 7

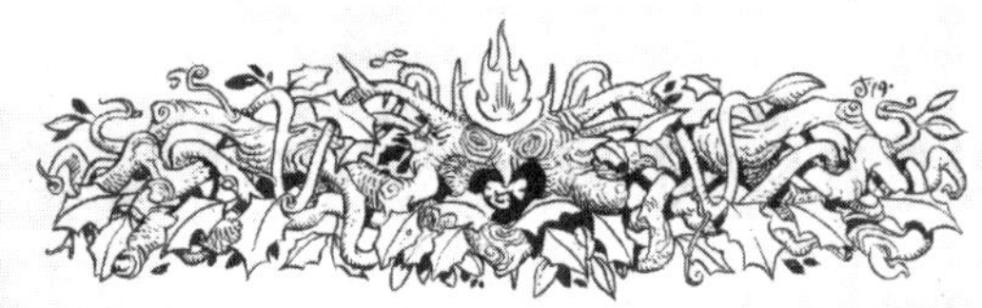

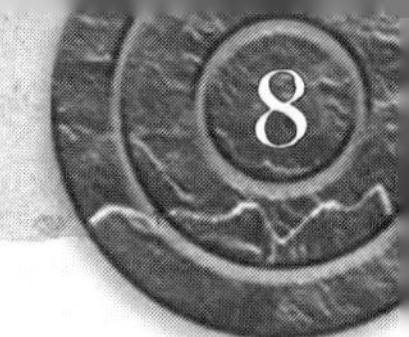


# DIE NAVOLOK—RANELLE

Zu sagen, dass die Navolok Ranelle einen Komplex hat, ist ein wenig sarkastisch, aber sicherlich nicht ganz falsch. Die Familien und Gefolgsleute der Navolok haben starke egalitäre Ideale, reagieren aber pikiert, wann immer die Laryskova erwähnt werden. Die beiden Familien haben eine lange und spannungsreiche Geschichte. Die Navolok mögen ihre Abstammung nicht bis zur Ranelle des Großfürsten zurückverfolgen, aber sie haben eine eigene Geschichte, die bis zur Trennung zurückreicht, als ihre Vorfahren dazu beitrugen, die Nation in einer unsicheren Zeit zu stabilisieren.

Wie Shosara haben die Navolok harte Zeiten überstanden und sich an sie angepasst. Was sie für konservativere Elfenbotschafter schockierend macht, ist auch eine ihrer großen Stärken: ihre Akzeptanz und Abhängigkeit von anderen Namensgebern, auch über die zukunftsorientierten Normen in Shosara hinaus. Seit Jahrhunderten setzen sie sich für Nicht-Elfen ein und belohnen sie mit Handelspatenten, Land und sogar Titeln, alles zur stillen Bestürzung der eher traditionellen Elfen.

## GESCHICHTE

Die Wurzeln der Navolok-Ranelle reichen bis zur Trennung zurück. Als das Dekret erging, packten viele der etablierten Familien ihre Sachen zusammen, sagten sich von ihren Verbindungen los und verließen das Land in Richtung der Königreiche, die dem Elfenhof treu blieben. In dem daraus resultierenden Chaos knüpften einige Familien dauerhafte Bindungen und entwickelten sogar eine neue Interpretation der Katastrophe. Wenn der Elfenhof sie wegen Überlebensfragen in ihrer Heimat verlassen hatte, dann lag die Sünde nicht bei Shosara, sondern bei den abgehobenen Adligen des Wyrmwaldes. Als Zeichen des Widerstandes wählten sie für die neue Ranelle ein khistovanisches Wort – Navolok – und begannen mit der Rettung ihrer Nation.

Die Stadt Shosara hatte bereits eine große Bevölkerung, die sich zu der Sicherheit und dem Wohlstand, den die Elfen boten, hingezogen fühlte. Trotz herzlicher Beziehungen hatte sie aber nur begrenzten Zugang zu den inneren Kreisen der Macht. Um eine Koalition aufzubauen und die Stabilität nach der Trennung zu erhalten, boten die Navolok den Namensgebern, die sie für vertrauenswürdig hielten, Reichtum und Titel an. Sie stärkten die Große Versammlung als Institution, um den Bürgern mehr Mitspracherecht über ihre Gesetze und die Möglichkeit zu geben, über Stadtbeamte abzustimmen. Die Navolok stellten sogar örtliche Krieger als Söldner ein, um Banditen und Monster abzuwehren, die die weit entfernten Siedlungen an den Ufern des Gwyn-Meeres bedrohten. Die ersten Jahre waren hart, aber die Navolok trafen schwierige Entscheidungen und begannen den langsamen Prozess des Wiederaufbaus auf einem neuen, unerprobten Weg.

All dies änderte sich natürlich mit der Rückkehr der Laryskova und ihrer Verbündeten. Die Ranelle und ihre Anführerin Arianne kamen mit Geschichten über die Dekadenz und Verderbtheit des Elfenhofs aus dem Wyrmwald zurück. Die Laryskova hatten die nötige Arbeitskraft, um der Stadt neues Leben einzuhauchen, und ihr Name hatte immer noch Gewicht, weil er mit den Gründern Shosaras in Verbindung stand.

Die Laryskova schlichen sich in lokale Angelegenheiten ein, und ihre schlaue Anführerin stieg in die Ränge der Macht auf und überging dabei oft die Adligen der Navolok. Dabei dämmten die Laryskova die Extreme dessen ein, was die Navolok unterstützt hatten, ermutigten und unterstützen aber deren weniger radikale Pläne. Mit der Zeit stellte Arianne die Stabilität von früher wieder her, mit sich selbst als Großfürstin. Was Prestige und Macht anging, wurden die Navolok jetzt als zweitrangig angesehen. Bei der Navolok-Ranelle wuchsen Gefühle des Neides und des Verrats – Gefühle, die unter ihren ideologischeren Mitgliedern bis heute verweilen.

Diese Spannungen schwelten, während die Navolok zur Finanzierung und zum Bau der Zitadelle von Shosara beitrugen. Während sie die Plage in den engen Grenzen der Stadt überstanden, begannen die Vertreter der Ranelle mit dem Austausch von Einfluss und Handelsrechten zur Unterstützung wohlhabender Grundbesitzer und Kaufleute, die nicht mit den führenden Familien der Stadt verbunden waren.

Als Shosara nach der Plage wieder hervorkam und sein Volk bereit war, die weit entfernten Siedlungen wiederaufzubauen, setzten die Navolok ihre Pläne in Gang und sicherten sich Exklusivrechte an mehreren wichtigen Handelsressourcen. Ihr Portfolio ist vielleicht nicht so groß wie das der Laryskova, aber die Navolok sind stark genug, um den Angehörigen des Großfürsten ein Dorn im Auge zu sein. Sie nutzen ihren Einfluss, um Maßnahmen entgegenzuwirken, von denen sie denken, dass diese zu Stagnation oder Regression unter ihrem Volk führen, und plädieren nachdrücklich für mehr Nicht-Elfen in Machtpositionen.

## DIE NAVOLOK HEUTE

Die Navolok-Ranelle teilt nicht die Bedenken, die traditionellere Ranellen über den Status anderer Namensgeber in ihren Reihen haben. Zwei Drittel der Mitglieder der Ranelle sind nichtelfische Namensgeber, eine Zahl, die es unter anderen führenden Familien nicht gibt. Die Navolok ähneln einer losen politischen Koalition genauso wie einer Ranelle, und die Mitgliedschaft steht allen offen, die die Führer der Ranelle beeindrucken. Namensgeber, die Großes erreichen können, ob Elf oder nicht, werden mit Reichtum und Titeln belohnt. Menschen, Zwerge, Orks und manchmal sogar T'skrang sind für Navolok-Operationen in der gesamten Region verantwortlich und geben offen Ratschläge für die zukünftigen Unternehmungen der Ranelle.

Die Navolok neigen in einem Maße zu radikaleren Ansichten als ihre Mitshosaraner, das konservativere Elfen als grenzwertig empfinden. Die Ranelle erreichte während des Chaos' nach der Trennung und den Schockwellen, die der Verweis durch ihre Nation schickte, ihre volle Leistungskraft. Infolgedessen schauen die Navolok oft mit Verachtung auf traditionellere Familien und werden im Gegenzug als Extremisten angesehen. Viele flüstern, dass die Navolok die elfischen Traditionen völlig aufgeben und die einzigartigen Konventionen, die vom Volk der Shosaraner entwickelt wurden, vollständig übernehmen wollen.

Spirituell folgen die Navolok einer Interpretation der Pfade und des Rades, die sich unter den kurzlebigen Namensgebern entwickelt hat. Dabei ist das Rad nicht etwas, das in einem Kreislauf vervollständigt werden muss, sondern immer wieder erobert werden muss, sodass mit jeder abgeschlossenen Reise auf den Pfaden ein höheres Maß an Verständnis erreicht wird. Der Navolok-Adel behauptet, dass dies die Namensgeber ermutigt, nach einem besseren Verständnis von sich selbst und der Welt um sie herum zu streben, anstatt zu stagnieren, sobald sie auf traditionelle Weise den Pfad der Herren beschreiten.

Wie die Laryskova legen auch die Navolok Wert darauf, Handwerker, Gelehrte und magische Forscher zu fördern, während sie die Geheimnisse lüften, die Jasprees Geschenk an Shosara gebracht hat. Für Navolok-Adlige ist es eine Frage des Stolzes und eine Zurschaustellung ihres Reichtums, Kunst und Kultur zu unterstützen. Ihre Schirmherrschaft richtet sich jedoch für gewöhnlich an Namensgeber mit radikalen Ideen und Randtheorien, die helfen, den ständigen Wandel und die Evolution zu fördern, von denen die Navolok glauben, dass sie Shosara zum Gedeihen verhelfen werden.

Einige davon führen zu nützlichen Erfindungen, die die Ranelle sofort einsetzt, um ihre Aktivitäten in der Region zu unterstützen. Dazu gehören Gegenstände, die eindeutig nicht elfischen Ursprungs oder Konzepts sind. Die Ranelle unternimmt keine Anstrengungen, dies zu verbergen, wie es die Laryskova tun würden, und scheint den daraus resultierenden Skandal unter ihren konservativeren Verwandten zu genießen.

### FÜRST ZINOVIY NAVOLOK

Seit Shosaras Öffnung nach der Plage hat Fürst Zinoviy die Navolok durch eine schnelle Machtkonsolidierung geführt und dabei ein Netz von Allianzen mit Nichtelfen in Shosara genutzt. Sein Meisterstück war es, während der Plage mehrere Verträge mit kleineren Familien auszuhandeln und sie in den Schoß der Ranelle zu bringen, sobald das Volk der Shosaraner wieder hervorkam und anfing, seine Heimat zurückzuerobern. Unter seiner Führung ist die Ranelle wohlhabender und einflussreicher denn je, auch wenn sie immer noch an zweiter Stelle hinter den Laryskova steht, was Macht und öffentliche Unterstützung angeht.

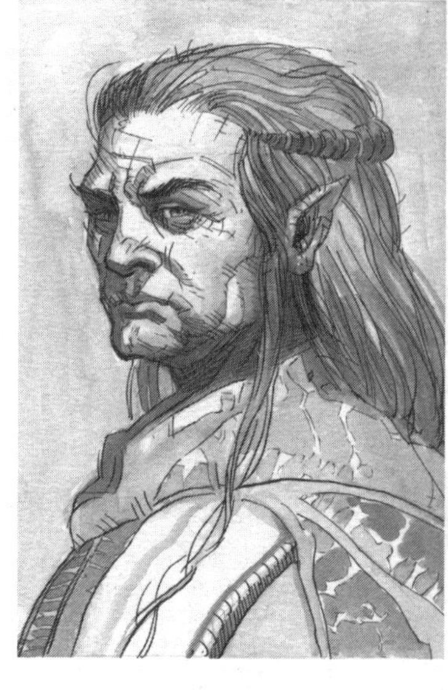

Zinoviy ist ein versierter Troubadour, kluger Kaufmann und gewiefter Politiker, hat aber eine reizbare Persönlichkeit und wenig Geduld für diejenigen, die seine Ansichten nicht teilen. Wenn er unterlaufen wird, findet er oft subtilere Alternativen, um sich durchzusetzen. In jüngster Zeit ging es darum, der throalischen Delegation in Shosara ein Angebot zu machen. Der Ratsvertrag hat den Navolok neue Ideen für Reformen und große Sympathie für Throal gegeben, das sie als natürliche Verbündete betrachten. Shosara hält offiziell eine neutrale Haltung in allen Angelegenheiten außer denen der Elfen ein, sodass Zinoviy für solche diplomatischen Gespräche inoffizielle Kanäle nutzt.

Noch wichtiger ist aber, dass sich Fürst Zinoviy an seinem Lebensabend befindet. Er führt die Navolok seit Langem und hat seinen gerechten Anteil an Skandalen aufflammen lassen. Es gibt Gerüchte über eine neue Kontroverse, die er anregen will, indem er einen Menschen namens Ustin als seinen Nachfolger benennt. Dies würde die jahrhundertelange Tradition aufheben und könnte vom Rat der Fürsten blockiert werden, aber der ältere Zinoviy genießt die Chance, eine letzte Auseinandersetzung zu verursachen und hoffentlich neue Rechte und Privilegien für Nicht-Elfen zu erlangen.

Auch wenn Zinoviy und seine Ranelle im Gegensatz zu eher traditionellen Fraktionen stehen, ist er ein Patriot, wenn es um die Sicherheit der Nation geht. Er wird sich auf die Seite der Opposition stellen, wenn Shosaras Sicherheit durch äußere Kräfte gefährdet ist.

#### ATTRIBUTE

GES: 5 STR: 5 ZÄH: 5
WAH: 7 WIL: 7 CHA: 8

## DIE FREIEN KOMPANIEN

Auch wenn die meisten Siedlungen über eine Miliz mit Grundausbildung verfügen, sind dies selten Berufssoldaten. Für das Volk der Shosaraner sind diese fähigen Namensgeber besser geeignet, den Reichtum der Nation aufzubauen, als ihre Häuser zu verlassen, um Karawanen zu schützen oder Expeditionen zu planen. Hier kommen die Freien Kompanien ins Spiel, und die wichtige Rolle, die sie bei der Erhaltung des Friedens im Königreich spielen, kann nicht genug betont werden.

Auch wenn viele Nationen Söldnertruppen einsetzen, um ihre stehenden Armeen zu ergänzen, zeigt Shosaras kaufmännische Natur, dass *alle* seine Soldaten technisch gesehen Söldner sind. Die Freien Kompanien werden mit der Disziplin eines Militärordens und dem Fleiß einer Handelsgilde geführt und nehmen Prämien ein, um für das Volk von Shosara Erkundungsmissionen durchzuführen, es zu schützen und sogar für es zu bauen. Anstatt eine umfangreiche stehende Armee einzusetzen, haben die Freien Kompanien kleinere, mobilere Streitkräfte organisiert und legen Wert auf eine schnelle Lösung gegenüber langwierigen Kampagnen. Da die meisten Bedrohungen für Shosara isoliert sind, hat sich diese Strategie ausgezahlt, auch wenn die Söldner statische Verteidigungsanlagen rund um das Gwyn-Meer unterhalten.

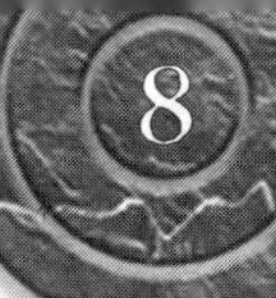


## GESCHICHTE

Die Freien Kompanien führen ihre Geschichte zurück bis zur Trennung, als Chaos im Land ausbrach und starke Waffen zur Aufrechterhaltung der Stabilität benötigt wurden. Die Shosaraner wurden von den Anfängen ihrer Kolonie an in der Kriegsführung ausgebildet, einfach weil das Land so hart war, dass jeder zu seiner Verteidigung beitragen musste. Aber das waren Bürger-Soldaten, und nach der Trennung wurde klar, dass dies nicht ausreichte.

Shosaras belagerte Führung begann, massiv unter Adepten und ausgebildeten Söldnern in der Region zu rekrutieren und sie durch Verträge und Patente zu einer gut ausgebildeten und ausgerüsteten Kampftruppe zu formen, die schnell in Gebieten eingesetzt werden konnte, die ihrer bedurften. In der Anfangszeit gab es viele solcher Gebiete.

Zuerst schickten die Verträge die Söldner gegen alle möglichen Feinde, von marodierenden Bestien bis hin zu magischen Kreaturen, die ungeschützte Siedlungen angriffen. Eine unglückliche Wahrheit ist, dass sie oft gegen andere Namensgeber kämpften, als sich einige fehlgeleitete Seelen im Machtvakuum, das durch den Weggang so vieler bedeutender Familien entstanden war, der Wegelagerei und Piraterie zuwandten. Auch wenn die Kämpfe heftig waren, obsiegten die Söldner schließlich.

In ihren Kämpfen gegen Feinde an allen Fronten lernten sie, eine Kommandostruktur zu organisieren und zu entwickeln, um Truppen dorthin zu entsenden, wo sie am meisten gebraucht wurden. Im Zuge der verschiedenen Konflikte entstanden sie als eine einzige Söldnerarmee und nannten sich selbst die Freien Kompanien.

Nachdem ein gewisses Maß an Stabilität wiederhergestellt war, hatten die Freien Kompanien einen beträchtlichen Reichtum angehäuft. Shosaras Führung war dazu übergegangen, sich stark auf ihre militärische Stärke zu verlassen und langfristige Verträge abzuschließen, die die Söldner an das Wohlergehen und den Schutz der Nation banden. Die Kompanien nutzten diesen Reichtum, um an einem Ende der Hafenanlagen von Shosara, dem Kernstück des heutigen Großen Arsenals, einen kleinen Bergfried und eine Werft zu errichten. Sie wählten auch einen Generalhauptmann als militärischen Führer und Vertreter im Rat der Fürsten.

Auf diese Weise etablierten sich die Freien Kompanien als bedeutende politische Kraft und schickten eine Botschaft an die herrschenden Familien Shosaras. Die Freien Kompanien hatten Blut für Shosara vergossen und waren durch unbefristete Verträge eng mit seiner Zukunft verbunden. Die Forderung war einfach: Sie wollten ebenso Anteil an der Regierung wie an der Verteidigung von Shosara haben. Die Ranellen folgten diesem Antrag mit Bedacht, und bis heute nimmt der Generalhauptmann der Freien Kompanien einen Sitz im Rat der Fürsten ein.

## DIE FREIEN KOMPANIEN HEUTE

Die Führer der Shosaraner verlassen sich bei der Verteidigung ihrer Gehöfte auf ihre Haushaltsmiliz, deren Ausbildung und Ausrüstung den relativen Reichtum ihrer Herren widerspiegelt. Während die Hausgarde einer Ranelle aus Berufssoldaten bestehen kann (manchmal aus pensionierten Offizieren der Freien Kompanien), kann die Miliz eines Versorgungshafens oder eines temporären Prospektorendorfes genau das sein, was der lokale Führer oder Handelspatron an fähigen Namensgebern aufbieten konnte. Diese Miliz bleibt in der Nähe ihrer Heimat und lässt die Freien Kompanien mehrere wichtige Funktionen in der Nation übernehmen.

Die Söldner stehen mit einer großen Streitmacht von Truppen und einer Flotte von Schiffen bereit, um als professioneller Kern einer stehenden Armee zu dienen, falls Shosara jemals von einer Invasion bedroht wird. Unter diesen Umständen ist es fragwürdig, sie „Söldner" zu nennen, da es Fragen der nationalen Sicherheit dem Generalhauptmann ermöglichen, alle momentanen Verträge und Vereinbarungen auszusetzen, um sich im Namen des Rates um große Bedrohungen zu kümmern.

Die Kompanien patrouillieren wichtige Handelsrouten und die Straßen der Hauptstadt, um ein sicheres Umfeld für Einzelpersonen zu schaffen, die Geschäfte tätigen wollen. Sie begleiten auch staatlich geförderte Expeditionen in die Wildnis, um neue Ressourcen zu finden oder um zu forschen. Am interessantesten ist, dass sie für alle Geheimnisse oder seltsamen Phänomene, denen der Rat begegnet, verantwortlich sind und bei solchen Unternehmungen oft mit Agenten der Ranellen oder Gelehrten des Großen Leuchtturms zusammenarbeiten.

Auch wenn ihre Zahl nicht mit der der Streitkräfte vergleichbar ist, die andere Nationen aufbringen können, sind die Kompanien gut mit dem Terrain der Region vertraut, gut ausgebildet und haben ein Händchen für einen effizienten Einsatz ihrer Ressourcen. Zu diesem organisatorischen Können kommt eine große Anzahl von Handwerkern und Schiffsbauern, die von Waffenschmied-Adepten beaufsichtigt werden, die alles herstellen und warten, was die Freien Kompanien benötigen, um ihre Schlagkraft zu erhalten.

Ihre große Anzahl von Handwerkern hat den Nebeneffekt, dass die Freien Kompanien mit Auftragsarbeiten oder überschüssigen Gütern ein stetiges Einkommen erzielen, und die Arbeit ihrer Waffenschmiede kann einen hohen Preis einbringen. Im Zuge der Ausweitung dieser Handelsaktivitäten haben die Kompanien die Einrichtungen rund um das Große Arsenal von einem kleinen Bergfried und einer Werft zu einer großen ummauerten Anlage mit zahlreichen Nebengebäuden ausgebaut. Die neuesten von ihnen sind Lagerhäuser und Kontore, um den Handel, den sie mit der Trisrora-Ranelle aus Sereatha betreiben, und den damit verbundenen Reichtum unterzubringen.

Die Kompanien gelten als ausgezeichnete Arbeitsquelle für Adepten in der Region, auch für diejenigen, die keine Mitglieder sind. Die Kompanien verwalten ein komplexes System von Prämien für Aufträge, von denen ihre eigenen Mitglieder immer die erste Wahl erhalten, aber wenn es mehr Arbeit gibt, als die Kompanien bewältigen können, oder wenn ihre Ressourcen anderswo benötigt werden, finden Adepten auf Besuch Möglichkeiten für gut bezahlte Arbeit. Das Auftragssystem dient auch als hervorragendes Rekrutierungsinstrument für Talente. Denjenigen, die Erfolg haben oder sich einen Namen machen, wird oft die Mitgliedschaft in den Freien Kompanien angeboten.

Zu den von den Kompanien angebotenen Jobs gehören traditionelle Söldner- oder Wacharbeiten, kleinere Handwerksarbeiten und die Begleitung von Handelskarawanen, die in die Länder

der Trisrora reisen. Während der Kampf um Eichenherz über inoffizielle Kanäle weitergeht, hat sich eine andere Art von Arbeit eröffnet: Spionage. Der Rat der Fürsten sucht nach Informationen über seine Rivalen und nutzt Shosaras großen Pool von Nicht-Elfen, um dies unbemerkt zu tun. Während die Ranellen ihre eigenen Spione haben, runden die Agenten der Kompanien die geheimdienstlichen Bedürfnisse der Nation ab.

### GENERALHAUPTFRAU DAMIRA ALESSAR

Damira ist eine zwergische Waffenschmiedin, die sich durch ihre Handwerkskunst ebenso wie durch das Erfüllen von Aufträgen in den Reihen der Freien Kompanien nach oben gearbeitet hat. Sie wird von ihren Kritikern oft als bloße Kauffrau oder Hofschranze verspottet. Ihre wichtigste Errungenschaft ist die Herstellung von Handelsbeziehungen mit der Trisrora-Ranelle aus Sereatha. Indem sie die Vorteile der nichtelfischen Mitglieder der Kompanien nutzte, um die Handelsbeschränkungen von Sereatha mit Getrennten Elfen zu umgehen, entwickelte sie einen lukrativen Markt für den Warenverkehr zwischen den Elfennationen. Aufgrund ihres handwerklichen Hintergrunds setzt sich Damira regelmäßig für mehr nichtmilitärische Verträge ein, um das Geld ohne das Risiko militärischer Unternehmungen fließen zu lassen.

Im Rat der Fürsten arbeitet sie an einem vorsichtigen Austarieren zwischen den rivalisierenden Fraktionen. Sie hat reformerische Elemente unterstützt, allerdings nur bis zu einem gewissen Punkt, und stellt sich auf die Seite konservativer Ranellen, wenn es nötig ist, um radikale Veränderungen zu vermeiden. Dies verschafft ihr häufig die ausschlaggebende Stimme im Rat – eine Position, die sie wann immer möglich nutzt, um weitere Konzessionen für ihre Organisation zu erhalten.

Damira widmet sich hingebungsvoll der Sicherheit Shosaras und organisiert die Geschäfte der Kompanien mit Blick auf die Ausweitung ihres Unterstützungsnetzwerks. Sie ist davon überzeugt, dass der Konflikt um Eichenherz zu einem offenen Krieg führen wird, entweder mit einer der anderen Elfennationen oder einer dritten Partei, die einen Vorteil aus der Situation zu ziehen versucht. Für diejenigen, die ihr nahestehen, grenzt ihre Besorgnis an Paranoia, aber neuere Berichte über Spione und Bedrohungen durch Bestien aus dem Westen haben ihre Entschlossenheit noch verstärkt.

### ATTRIBUTE

GES: 6 STR: 6 ZÄH: 5
WAH: 7 WIL: 8 CHA: 7

# ANDERE SIEDLUNGEN

## KHISTOVA

Die Stadt Khistova, Heimat von Shosaras langjährigen Verbündeten, wurde vor der Plage verlassen. Ihre Bewohner siedelten in die große Zitadelle über, die in der Hauptstadt der Region gebaut wurde. Im Laufe der Jahrhunderte wurden die verlassenen Überreste von Dämonen vollständig geschleift. Nach der Plage war Khistovas Volk entschlossen, die Stadt wieder aufzubauen und den Reichtum der Gegend erneut auszubeuten. Zauberer und Questoren von Jaspree arbeiteten daran, den Astralraum in der Gegend zu reinigen, und die Stadt wurde mit shosaranischen Mitteln wieder errichtet. Auch wenn viele Khistovaner sich an das Leben in Shosara gewöhnt hatten, zogen auch viele froh zurück, um ihr Geburtsrecht zu beanspruchen. Ihnen schlossen sich unerschrockene Namensgeber an, die versuchten, ihr Glück zu machen.

Khistova erstreckt sich an der Mündung des breiten Severyn-Flusses und ist durch ein von Kanälen und Nebenarmen durchzogenes Flussdelta vom rauen Gwyn-Meer getrennt. Die Inseln, die von diesen Flussarmen gebildet werden, unterhalten kleinere Siedlungen, die Nahrung für Khistova produzieren, genauso wie das landwirtschaftlich nutzbare Land entlang des Severyn, das sich südöstlich der Stadt erstreckt, das größte Ackerlandgebiet der Region ist. Dichte Wälder erstrecken sich jenseits der Bauernhöfe ins Inland und bieten eine Fülle an Rohstoffen, die die khistovanischen Fürsten ausbeuten können.

Die Tiefe des Severyn ermöglicht es Schiffen, die größten dieser Nebenarme zu befahren, obwohl unerfahrene oder mit der Region nicht vertraute Seeleute dies nur unter großem Risiko tun. Ein System von Wachtürmen, Signalfeuern und Warnhörnern hilft dabei, den Schiffsverkehr auf den Wasserwegen zu bewältigen, und sorgt dafür, dass größere Schiffe auf Kurs bleiben. Der Hafen von Khistova ist trotz seiner geringeren Größe genauso belebt wie der von Shosara und bewältigt einen beständigen See- und Flussverkehr, während durch die Tore der Stadt Händler und Expeditionen strömen, die auf dem Weg in die Wildnis sind oder aus ihr zurückkehren.

Die Bewohner der Stadt bauten Khistova nach dem Vorbild der alten Stadt wieder auf. Jahre der Planung während der Plage resultierten in einer Reihe von Verbesserungen, und die Stadt ist eine frische, neue Version dessen, was sie einst war. Alte, hölzerne Langhäuser wurden durch Stein- und Ziegelgebäude mit Satteldächern ersetzt. Hohe Steinmauern anstelle der alten Palisaden halten die Wildnis in Schach, und statt willkürlich gebauter Kais entlang der Küste kümmern sich geordnete Hafenanlagen um den Meeres- und Flussverkehr.

Auf einer niedrigen Anhöhe mit Blick auf den Fluss blickt der Stadtplatz auf das rege Treiben darunter. Zwei Gebäude stehen an gegenüberliegenden Seiten des Platzes, die jeweils ein Stück khistovanischer Geschichte enthalten. Das erste ist der Glockenturm der Versammlung, in dem sich die ursprüngliche Glocke befindet, die die Bürger Khistovas aufrief, ihre Gesetze zu diskutieren und festzulegen. Das zweite ist das Anwesen des Fürsten, eine ummauerte Anlage, in der sich die Große Halle mit ihrem steilen Dach und einige Nebengebäude befinden. Seit der Plage haben die Fürsten von Khistova ihre Zeit zwischen ihrer Heimatstadt und Shosara aufgeteilt, aber einige Mitglieder der Herrscherfamilie sind immer hier zu finden.

Die Hafenanlagen selbst stellen die größte Abweichung Khistovas von seinem alten Grundriss dar. Die durch die Stadtmauern begrenzte Uferlinie ist für die Schifffahrt bestimmt, die die Nahrungs- und Schüttgüter transportiert, die ihren Weg durch

Khistova finden. Wo jede Familie einst ihr eigenes Dock baute und ihr eigenes Schiff verwaltete, unterstehen die Hafenanlagen nun einem Hafenmeister, der den Verkehr und die Mautgebühren für die Kassen des Fürsten verwaltet.

Der Rest der Stadt ist in Häusern organisiert, die sich um zentrale Innenhöfe gruppieren. Diese ähneln den alten Großfamilienanlagen, obwohl sie heute hauptsächlich Handelsverbänden oder Handwerkszünften als Basis dienen. Wie schon seit ihren frühesten Tagen wählen die Khistovaner Delegierte aus jedem Block, die sie in ihren Versammlungen vertreten.

Diese Nachbarschaftsblöcke sind durch breite Alleen getrennt, die es Wagen ermöglichen, problemlos voranzukommen. Elfische Gestaltungselemente haben sich in verschiedenen Elementen der Stadt durchgesetzt, darunter auch Naturmotive in der Architektur. Der Stadtplan ist jedoch darauf ausgerichtet, Waren von und zu den Docks zu bringen. Auch wenn es nicht mit der Größe von Shosara vergleichbar ist, ist Khistova dem Geschäft gewidmet.

Die Stadt ist wieder aufgebaut, und die umliegenden Ländereien werden neu besiedelt, aber Khistovas Grenzen bieten immer noch Raum für Wachstum. Diese Expansionspläne erfordern mehr Siedler, und die Stadt hat damit begonnen, aggressiv shosaranische Bürger und Einwanderer zu rekrutieren. Einige glauben, dass der Zweck darin besteht, weitere Ressourcen aus dem Land und dem Meer um die Stadt herum zu gewinnen, während andere sich fragen, ob der Fürst von Khistova Macht für andere Zwecke anhäuft, oder ob er versucht, seinem Volk eine Stimme im Rat zu verleihen.

## Fort Kinala

Der Handel mit Wahren Elementen ist eine wichtige Quelle für die wirtschaftliche Stärke von Shosara. Nach der Trennung war Wahres Holz das seltenste davon geworden, da es größtenteils aus dem Wyrmwald importiert worden war. Die gefrorenen Wälder im Norden waren eine Ausnahme von dieser Knappheit, und der Rat hielt diese Versorgung durch regelmäßige Patrouillen der Freien Kompanien aufrecht. Als Shosara mit dem Wiederaufbau nach der Plage begann, beschloss es, sich diese Ressource zu sichern, und am Nordwestufer des Gwyn-Meeres wurde eine kleine Festung errichtet.

Nach dem Bau diente Fort Kinala als Ort, an dem sich die Truppen von langen Patrouillen erholen konnten, und Expeditionen konnten Schiffe mit Wahren Elementen oder anderen Ressourcen aus dem Land beladen. Es wurde zu einem gemeinsamen Haltepunkt für Prospektoren, die nach Westen in die Wildnis von Pelsaari zogen, um sich Körnchen Wahren Feuers zu sichern, und schnell wuchs eine kleine Stadt um die Festung herum.

Einige der Prospektoren, die sich nach Westen wagten, kehrten nie zurück. Das Moor war schon immer ein gefährlicher Ort gewesen, sodass dies nicht sofort als Bedrohung angesehen wurde. Aber als immer mehr Leute verschwanden, und schließlich auch die Patrouillen, die sich auf die Suche nach ihnen gemacht hatten, bereitete sich der lokale Söldnerhauptmann, ein geplagter orkischer Krieger namens Rastof, auf das Schlimmste vor. Die rasch wachsende Stadt vor dem Fort wurde in einen verteidigungsfähigeren Zustand gebracht, und eine Palisade wurde um die Neustadt herum gebaut. Weitere Truppen wurden angefordert, und schwer bewaffnete Patrouillen machten sich auf den Weg, um alle Entdecker zu bewachen, die noch mutig genug waren, in das Moor vorzudringen. Die Freien Kompanien hatten sich verschanzt, und sie würden die Quelle dieser Angriffe finden.

Schließlich kamen genügend Geschichten von Überlebenden zusammen, um sich ein Bild vom Feind zu machen: wilde Kreaturen, die wie Namensgeber gingen, aber verdreht mit den Eigenschaften der Tiere des Waldes. Sie besaßen eine geringe List und stellten Fallen und Hinterhalte für die shosaranischen Namensgeber auf. Überlebende sprachen davon, dass diese abscheulichen Feinde ihre Opfer zu unbekannten Zwecken wegzerrten.

Fort Kinala ist über seine Ursprünge als Zwischenstopp für Patrouillen hinausgewachsen und bildet das Zentrum einer gemeinsamen Verteidigung gegen diese Tiermenschen. Seine Füh-

### Abenteueridee

Die Charaktere werden angeheuert, um eine Gruppe vom Glück verlassener Siedler von Eliban nach Khistova auf der langsameren und gefährlicheren Überlandroute zu begleiten, da die Pioniere aus unbekannten Gründen kein Schiff besteigen können. Die Charaktere müssen die glücklosen Siedler führen und dabei über einen Zeitraum von zwei Wochen rauem Wetter und schlechten Straßen trotzen, bis sie den Stadtrand von Khistova erreichen. Unterwegs erzählen die Reisenden grandiose Geschichten über das neue Leben, das ihnen versprochen wurde, sobald sie die wachsende Stadt erreichen.

#### Option 1

Die Siedler sind in der Region überhaupt nicht neu; sie wurden von einem lokalen Dämon gezeichnet und durchstreifen die Grenzgemeinden auf der Suche nach naiven Adepten, die sie zu ihrem Meister führen können. Die Charaktere erkennen langsam, dass etwas nicht stimmt, und arbeiten daran, diese Wölfe im Schafspelz zu besiegen oder sich dem Dämon zu stellen, der sie gezeichnet hat, um die Region von dieser Bedrohung zu befreien.

#### Option 2

Die Siedler sind das, was sie zu sein scheinen, aber ein lokaler Banditenring in der Gegend, der Überlandreisenden auflauert, hält die Gruppe für leichte Beute. Die Banditen verfolgen die Gruppe bis zu einem günstigen Zeitpunkt, um sie zu überfallen. Die Abenteurer müssen ihren Feind austricksen oder sich einem Angriff stellen und das potenzielle Risiko für ihre Schutzbefohlenen eingehen.

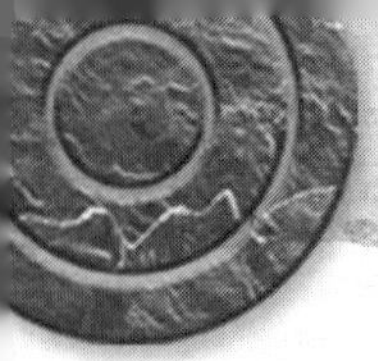



rung hat eine Belagerungsmentalität, aber die Verlockung des Profits zieht immer noch die Mutigen oder Tollkühnen an, die ihr Glück in den sumpfigen Ländern des Westens versuchen.

Expeditionen aus dem Fort sind ohne Begleitung einer Patrouille verboten, aber einige Reisende landen entlang der Küste weiter südlich und riskieren eine längere Überlandreise. Die Freien Kompanien haben begonnen, am Westufer des Gwyn-Meeres zu patrouillieren, um potenzielle Schatzsucher davon abzuhalten, überhaupt zu landen. Genauso oft retten sie belagerte Prospektoren. Im Moment scheinen sie die Situation im Griff zu haben, aber die Garnison kennt das Ausmaß der Bedrohung immer noch nicht und bereitet sich auf das Schlimmste vor.

### Eliban

Shosara ist selbst von Sereatha weit entfernt, und die Reise dorthin ist lang und beschwerlich. Ein kleiner, aber stetiger Zustrom von mutigen Individuen kommt hierher, um zu handeln und hier zu siedeln, und die gut ausgetretenen Pfade führen zur Südküste des Gwyn-Meeres. In vergangener Zeit war Eliban ein Anlaufpunkt für Besucher von Shosara, und unternehmungslustige Kaufleute gründeten es kurz nach der Öffnung der Zitadelle von Shosara wieder, begierig auf die Geschäftsreisenden.

Eliban ist wieder einmal das Tor zu Shosara, und die Geschäfte der Stadt sind diesem Zweck gewidmet. Ein kleiner, aber belebter Hafen und Luftschiffliegeplatz hilft beim Umschlag von Fracht und Passagieren, während die Stadt eine Auswahl an Gasthäusern, Kneipen und anderen Unterhaltungsmöglichkeiten für Reisende bietet. Ein florierender Markt hilft, diejenigen zu versorgen, die auf dem Weg zu Orten außerhalb des Marktes sind. Da Reisende das Lebenselixier der Stadt sind, ist nur ein kleiner Teil der Einwohner von Eliban dauerhaft hier ansässig.

Während die Freien Kompanien und die angeheuerten Wachen der lokalen Kaufmannshäuser den Frieden wahren, bedeutet der große Anteil an Durchgangsverkehr, dass Eliban ein wenig ungeschliffen ist. Die Personenströme verdecken auch das heimlichere Geschäft, das Eliban zum Erfolg verhilft: den Handel mit Sereathas Trisrora-Ranelle, dessen Legalität zweifelhaft ist.

Unter der Schirmherrschaft des Rates handeln Vertreter der Freien Kompanien mit den Trisrora, wobei ein beträchtlicher Teil dieses Handels hier stattfindet. Da es sich bei den Repräsentanten nicht um Elfen handelt, wurden sie nie getrennt und sind somit von den Beschränkungen des Elfenhofs ausgenommen. Bislang gab es keine Repressalien aus Sereatha, obwohl unklar ist, ob dies auf Unwissenheit oder stillschweigende Zustimmung zurückzuführen ist.

## Auswärtige Beziehungen

Während Königin Alachia den Wiederaufbau des Elfenhofs im Blutwald anstrebt, ist Shosara damit beschäftigt, ein Netz diplomatischer Beziehungen aufzubauen. Es steht vor zwei großen Hindernissen: seiner geografischen Isolation und seinem umstrittenen Status als getrennte elfische Nation. Mit der Wiedergeburt von Eichenherz hofft Shosara, sein Bestreben zu erfüllen, seine Philosophie allen Elfenvölkern und anderen Namensgebern zu vermitteln, die sie akzeptieren.

### Blutwald

Die meisten Elfen in Shosara betrachten den Blutwald und seine Bewohner mit Verachtung, Ekel, Mitleid oder einer Kombination dieser drei Gefühle. Seit der Trennung hatte Shosara genügend Zeit, um darüber nachzudenken, was es zu diesem Moment geführt hat und wie man in seiner Folge ein Gefühl der Einheit bewahren kann. Aus Stolz entschieden sie sich, an der Philosophie festzuhalten, die zur Trennung führte, und trieben sie sogar an neue Grenzen. Der Elfenhof wird dagegen oft als stagnierend, korrupt, dekadent oder veraltet bezeichnet. Als Shosara von dem Blutritual erfuhr, das in den Wyrmwald eingewebt wurde, um ihn vor der Plage zu bewahren, sah es das nur als den Beweis für all seinen Argwohn und als Überlegenheit seiner Meinung.

Auch wenn sie fest davon überzeugt sind, dass die Königin nicht mehr geeignet ist, die Elfenkultur zu führen, haben die Führer der Shosaraner Annäherungsversuche zur Verbesserung der Beziehungen unternommen. Der Blutwald hat Jorealla als Botschafterin Shosaras am Hof akzeptiert, obwohl klar ist, dass sie und Königin Alachia keine Liebe füreinander empfinden.

Der von der Daevenar-Ranelle ausgehandelte Austausch von Kunsthandwerkern hat zu mehr Verständnis zwischen den beiden Nationen geführt, und es gab sogar ein bisschen Handel, obwohl die Entfernung und das Gelände einen nennenswerten Handel schwierig machen. Auch wenn sich beide Gruppen gegenseitig misstrauen, ist die Beziehung weit entfernt von der vollständigen Unterbrechung des Kontakts nach der Trennung.

### Sereatha

Die Agenten des Blutwaldes schauen zufrieden auf den Keil, der zwischen Sereatha und Shosara getrieben wurde, und die Kälte ihrer diplomatischen Beziehungen. Die beiden waren nach der Trennung fast Feinde, da das standhaft traditionelle Sereatha dem Befehl der Königin buchstabengetreu folgte und sich von jeder Verbindung mit dem Getrennten Königreich zurückzog. Aber als sich die Plage näherte, lehnten beide Nationen Königin Alachias Aktionen ab, mit denen sie den Elfenhof sicher halten wollte. Als Shosara Alachias Plan und die Art und Weise verurteilte, wie er den Wald unwiderruflich verändern würde, schloss sich Sereathas Hoher Truchsess öffentlich den Ansichten des Rates der Fürsten an.

Da die Shosaraner offen über die Abkehr des Blutwaldes von der Legitimität sprachen, wurde von Sereatha erwartet, dass es sich an die Seite seiner Königin stellte oder zumindest die Anklagepunkte ignorierte. Aber zur Überraschung vieler unterstützte Sereatha die shosaranischen Behauptungen, und die beiden Nationen tauschten Botschafter und Gesandte aus.

Als weitere Details über Shosaras Philosophie auftauchten, machte Sereatha seinen eigenen Anspruch geltend, der Sitz der elfischen Macht zu werden, und erklärte die Elfen Sereathas zu den Erben der wahren elfischen Kultur. Dieser Anspruch beendete jede Freundschaft zwischen den beiden Nationen, und jetzt schickt Sereatha nur ein absolutes Minimum an Gesandten nach Shosara. Der Posten wird von den meisten als harte Strafe oder kalkulierte Beleidigung angesehen, um sicherzustellen, dass ehrgeizige Friedensstifter in der Rolle unwahrscheinlich sind.

Wie die Shosaraner versuchen auch die Sereathaner, Eichenherz wiederzubeleben, weil sie glauben, dass dies und ihr Festhalten an der Tradition sie als den neuen Sitz der elfischen Kultur und Gesellschaft etablieren wird. Da die beiden dasselbe Ziel haben, bedeutet dies, dass Shosara und Sereatha gegeneinander arbeiten – ein Zustand, den viele ausnutzen wollen.

## Unabhängige Elfen

Shosara hat Abgesandte geschickt, um die Elfen, die nicht offiziell mit einem Königreich verbunden sind, aufzufordern, das Bestreben der nördlichen Nation zu unterstützen, der wahre Elfenhof zu werden. Es erzielte einen frühen diplomatischen Sieg, indem es Beziehungen zu Ländern aufbaute, die mit Shosara gemeinsame Sache machten, aber seither waren die Ergebnisse eher gemischt.

Von den Ländern, die treue Untertanen des Elfenhofs blieben, weigern sich einige immer noch, sich mit Shosara zu befassen, und nennen dafür das Edikt der Trennung von Königin Liara als den Hauptgrund, warum sie die nördliche Nation ignorieren müssen. Auch wenn sie dem Blutwald vielleicht nicht länger huldigen, sieht Königin Alachia solche Elfen immer noch als auf dem richtigen Weg. Andere jedoch haben Beziehungen zu Shosara aufgebaut, die sogar so weit gehen, dass sie die Philosophie von Shosara erforschen. Mit ihren derzeitigen Bemühungen, ihre diplomatische Reichweite zu vergrößern, reichen die Abgesandten der Shosaraner immer weiter in die Ferne, um Beziehungen zu kleineren elfischen Gemeinschaften aufzubauen, bevor es ihre Rivalen tun.

## Thera

Elianar Messias riskierte seinen Ruf und seinen Namen, um das Volk der Shosaraner vor der Trennung zu schützen, und Shosara hat ihn für diese Tat nie vergessen. Obwohl er vertrieben wurde und in ein Leben in der Einsamkeit wanderte, war Messias ein angesehener Gelehrter, und der Protest eines so bemerkenswerten Elfen schwächte die Entschlossenheit einiger Elfenvölker, die Trennung durchzusetzen. Für Shosara machte ihn seine Verteidigung zu einem Helden, und es hat das Theranische Imperium freundlicher behandelt, als andere es aufgrund der Handlungen seines geistigen Gründers vielleicht tun.

Obwohl die Theraner Sklaverei praktizieren und jene unglücklichen Nationen erpressten, die mit ihnen handelten, blieb Shosara diese Erfahrung erspart. Dies mag daran liegen, dass Shosara die Theraner leicht mit Vorräten Wahrer Elemente bezahlen konnte oder weil es sich von Anfang an in die Theranischen Riten des Schutzes und des Übergangs einkaufte, aber es konnte frühzeitig anfangen, sein Volk vor den dunklen Zeiten zu schützen, bevor die Theraner gravierendere Forderungen an andere Nationen stellten. Da diese Wahren Elemente im Überfluss vorhanden waren, blieb Shosara von den Unruhen verschont, die andere Nationen während der Orichalkum-Kriege erlebten, und konzentrierte sich auf die Verteidigung seiner regelmäßigen Lieferungen, während seine Führung reicher wurde.

Viele finden die herzliche Beziehung zum Imperium angesichts Theras blutiger Geschichte mit Barsaive seltsam oder gar verstörend. Seit der Plage haben das Imperium und Shosara offiziell eine neutrale Haltung zueinander eingenommen. Die Shosaraner ihrerseits halten ein naives Bild von Elianar Messias als Beispiel für theranische Tugend und Macht, und die extreme Entfernung zwischen ihrem Land und der nächsten theranischen Kolonie bedeutet, dass regelmäßiger Kontakt schwierig und selten ist, aber der Preis der Wahren Elemente bedeutet, dass der Handel lukrativ bleibt. Der gewinnbringende Charakter dieser Beziehung bedeutet, dass der Rat zögert, sie zu verbieten, sodass Shosara eine gesunde Distanz wahrt, um nicht in größere Konflikte verwickelt zu werden.

## Throal

Shosara hatte in der Vergangenheit außerhalb von Handelsaktivitäten wenig mit dem Zwergenreich zu tun. Da der Blutwald geografisch zwischen den beiden Nationen liegt, waren seine Kaufleute in der Regel die Vermittler, sodass die Beziehungen zwischen den Zwergen und den nördlichen Elfen unterentwickelt sind. Das erneute Interesse an Eichenherz hat Shosara jedoch dazu veranlasst, diese Beziehungen zu verbessern. Trotz der Schwierigkeiten beim Reisen (Schwierigkeiten, die gelegentliche Handelsluftschiffe normalerweise umgehen können) gibt es nun ein bisschen Handel zwischen den beiden Nationen. An der Oberfläche scheint kaum mehr als das an der Beziehung zu sein.

In letzter Zeit jedoch kursieren in Shosara Gerüchte, dass die Navolok-Ranelle dem throalischen Botschafter stillschweigend Annäherungsversuche gewidmet hat, nachdem sie Kopien des Ratsvertrages gelesen und Gründe für eine Zusammenarbeit erkannt hatte. Wenn die beiden in der Lage sind, einen Weg zu finden, sich zu verbünden, könnte dies zu einer mächtigen Stimme für Throal im Rat der Fürsten führen. Oder es könnte die Theraner zum Eingreifen zwingen und die Spannungen zwischen diesen Nationen verstärken, während der Rat daran arbeitet, ihre bestehenden Beziehungen zu reparieren.

## Andere Nationen

Der Rat der Fürsten hat wenig Interesse daran, abgesehen von Handelsverträgen, enge Beziehungen zu anderen Nationen zu unterhalten. T'skrang-Händler tauschen gelegentlich Waren und Informationen mit shosaranischen Händlern aus, aber es gibt kein organisiertes Abkommen zwischen Shosara und den Aropagoi. Viele in Shosara würden eine solche Regelung begrüßen, da sie immer bereit sind, mehr Waren zu entladen.

Iopos bleibt dem Volk der Shosaraner ein Rätsel, obwohl die kürzliche Annexion von Jerris durch die Stadt mit einer Mischung aus Beunruhigung und Frustration einherging. Jerris diente einst als Zwischenstopp für weit reisende shosaranische Händler, und die Shosaraner fühlen sich aufgrund der langjährigen positiven Beziehungen mit Jerris' Volk verwandt. Es gibt keine formalen Beziehungen zwischen Shosara und Iopos, obwohl die Denairastas einen stetigen Strom von offenen und verdeckten Agenten in die Region schicken.

Cara Fahd ist kaum mehr als ein entferntes Gerücht für das Volk der Shosaraner, obwohl es einen romantischen Platz in ihren Herzen hat. Troubadoure im Norden erzählen Geschichten und singen Lieder über die Orks, die sich von den Fesseln befreiten und eine eigene Nation gründeten. Für eine Stadt, die sich als egalitär und vom Elfenhof ungerecht behandelt fühlt, können die Bewohner von Shosara nicht umhin, Parallelen zu ihrem eigenen Kampf um die Verbreitung ihrer Philosophie zu ziehen. Trotz der Verwandtschaft, die sie mit Cara Fahds Selbstbestimmung empfinden, haben die Shosaraner noch keine sinnvollen diplomatischen Beziehungen zum Königreich der Orks aufgebaut.

## Andere politische Bedrohungen

Es ist kein Geheimnis, dass es, wenn Shosara seine Agenten in die ganze Welt schickt, um seine Rolle und Philosophie zu behaupten, diejenigen gibt, die daran arbeiten, sich ihm zu widersetzen oder es zu untergraben. Ob politische Rivalen, Diener dunkler Mächte oder einfach Bewohner, die mit dem herrschenden System nicht einverstanden sind: Agenten des Rates untersuchen solche Gruppen, um sicherzustellen, dass diese ihre Ziele nicht erreichen.

### Spione

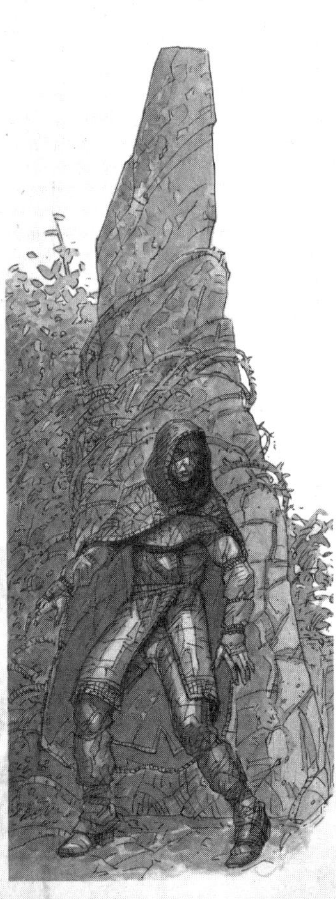

Während Botschafterin Jorealla mit der Königin des Blutwaldes über die Zukunft des Elfenvolkes einen Krieg der Worte führt, braut sich in den dunklen Ecken von Shosara ein subtilerer Konflikt zusammen. Königin Alachia ist der Intrige nicht fremd und schickt keine Blutelfen als Spione nach Shosara. Stattdessen verlässt sie sich auf die Singvögel (S. 54), einen organisierten Kader Ungeschützter Elfen, die nach Shosara reisen, um die Nation zu infiltrieren. Natürlich arbeiten auch Shosaras Spione daran, den Blutwald zu infiltrieren und mehr über sein Innenleben zu erfahren, in der Hoffnung, im großen Kampf um Eichenherz einen Vorteil zu erlangen.

Da die Agenten beider Nationen nicht daran interessiert sind, den Konflikt zu einem diplomatischen Zwischenfall eskalieren zu lassen, hat sich ein immer komplexeres Spiel der Spionage entwickelt. Agenten beider Seiten schützen sensibles Wissen und lassen dabei gerade so viel herausrutschen, dass die andere Seite sie nicht entdeckt. Natürlich werden viele Falschinformationen hinzugefügt, um die Bemühungen des Gegners zu vereiteln.

Auch wenn solche Bemühungen auch mit sereathanischen Agenten stattfinden, haben die abgekühlten Beziehungen zwischen den beiden Nationen dieses Spiel auf ein Rinnsal von Aktivitäten und Kontakten reduziert, das weitgehend einen eingeschränkten Handel durch die Trisrora-Ranelle und die Freien Kompanien beinhaltet. Ob diese reduzierte Spionageaktivität zwischen Shosara und Sereatha ein echter Rückgang ist, bleibt abzuwarten.

Eine aktuelle Entwicklung sind Berichte über andere Spione in Shosara, insbesondere aus dem fremden Stadtstaat Iopos. Ob unter dem Deckmantel von Händlern, Einwanderern oder potenziellen Söldnern: Iopanische Agenten haben sich Gilden, Versammlungen, dem Großen Leuchtturm und sogar den Freien Kompanien angeschlossen. Sie scheinen bemüht, in Machtpositionen vorzudringen und Zugang zu sensibleren Informationen über Shosara zu erhalten.

Ihre Bemühungen sind ausgeklügelt und sprechen für ein langfristiges Projekt der Infiltration. Der Rat der Fürsten hat ihr letztendliches Ziel noch nicht ausmachen können. Gegenmaßnahmen waren schnell und entschlossen, aber selbst wenn die Shosaraner darum kämpfen, alle iopanischen Agenten zu identifizieren, können sich die an der Macht befindlichen Shosaraner, die eine Ahnung von der Bedrohung haben, nur fragen, wie viel Iopos versucht, woanders auszugraben.

### Dissidenten

Die Shosaraner glauben, dass ihre größte Stärke seit jeher ihre Fähigkeit ist, sich an Veränderungen anzupassen. Unglücklicherweise für die Befürworter dieser Flexibilität gibt es in Shosara Elemente, die sich dieser Lebensweise widersetzen und für eine Zukunft kämpfen, die eher den Systemen in Sereatha, dem Blutwald oder sogar von nichtelfischen Nationen ähnelt. Die Machthaber glauben, dass ihre politischen Feinde solche Ideen entwickeln, um die Herrschaft des Rates der Fürsten und der Großen Versammlung zu destabilisieren. Insgeheim jedoch lässt die Nachricht, dass diese Bewegungen an Dynamik gewinnen, die Machthaber grübeln, ob ihre Politik unangemessene Unannehmlichkeiten verursacht hat.

Die erste Dissidentengruppe besteht aus sehr traditionellen Elfen, die die kosmopolitische und integrative Natur von Shosara verurteilen und sich nach einer Nation wie dem Wyrmwald von einst sehnen. Sie lehnen die Idee ab, dass Nichtelfen in einer solchen Nation Macht haben oder sogar in ihr leben, außer in dienenden Stellungen. Angesichts der Rolle, die andere Namensgeber in Shosara spielen, beunruhigen solche Ansichten seine Führung, und sie arbeitet daran, alle Aktionen zu unterdrücken, die diese Gruppen organisieren können, um ihre Agenda voranzubringen. Leider entstehen diese Ideen am häufigsten bei aufstrebenden Elfenfamilien in der Nation.

Auch wenn die Führer von Shosara in der Lage waren, ihre Handlungen zu behindern und solche Häuser in Vergessenheit geraten zu lassen, scheint es doch eine konzertierte Anstrengung zu geben, konservativere und mächtigere Elfen zu traditionelleren Denkweisen zu bringen, und die Vertreter des Rates bleiben wachsam, um sicherzustellen, dass diese Denkweise nicht Wurzeln schlägt.

Die zweite Bewegung, die die Stabilität von Shosara bedroht, stellt das umgekehrte Problem dar. Sie besteht aus denen, die Shosaras Status als Elfennation vollständig ablehnen. Diese Namensgeber und sympathisierenden Elfen lehnen die Idee einer überlegenen Elfengesellschaft ab und verschmelzen die kulturellen Traditionen der vielen Völker Shosaras zu einer eigenständigen Kultur. Während die meisten glauben, dass die Ranellen Shosara durch seine dunkelsten, schwierigsten Zeiten geführt und den Grundstein für den gegenwärtigen Wohlstand der Nation gelegt haben, glauben Radikale, dass der Rat der Fürsten vollständig abgeschafft werden sollte.

Auch wenn sie offiziell jede Verbindung zu dieser Bewegung meidet, hat die Navolok-Ranelle gelegentlich Sympathie für einige ihrer Ansichten zum Ausdruck gebracht. Es gibt Gerüchte, dass die Navolok einen Nicht-Elfen zu ihrem Fürsten ernennen könnten, wenn Zinoviy stirbt. Die anderen Fürsten beobachten die Navolok, um sicherzustellen, dass sie nicht zu den Radikalen werden, denen sie politische Unterstützung bieten.

## Unbekannte Feinde

Auch wenn Shosara seit der Plage keiner organisierten militärischen Bedrohung ausgesetzt gewesen ist, verweilen die verbleibenden Übel aus dieser dunklen Zeit in einigen der wilden Ecken des Gwyn-Meeres und den umliegenden Gebieten. Die Shosaraner sehen diese Kreaturen als Verderber der wilden Vollkommenheit dessen, was sie als Jasprees Reich betrachten.

Die gefährlichste Bedrohung geht von den wilden Ländern im Westen aus. Abgelegene Lager und Siedlungen im Westen wurden von bestienhaften Kreaturen angegriffen, die verdrehten Namensgebern mit tierischen Merkmalen ähneln. Berichte von Überlebenden erzählen, dass immer wieder Namensgeber von diesen Kreaturen verschleppt werden.

Einige Lager sind einfach verschwunden, mit Anzeichen von Kampfhandlungen, aber ohne dass Leichen zurückgelassen wurden. Einige Pioniere behaupten, Monate oder sogar Jahre später ehemalige Freunde in den bestialischen Merkmalen dieser Feinde erkannt zu haben, und es gibt schreckliche Geschichten über die Gefahren, zu weit weg auf der Suche nach Reichtum zu sein.

Der Rat hat Befestigungen errichtet und zusätzliche Söldner eingesetzt, um sich vor diesen Feinden zu schützen, aber es gibt Gerüchte, dass es sogar Angriffe auf Küstenstädte gibt. Einige behaupten, dass es sich um Angriffe der wunderbaren Tiere der Wildnis handelt, die durch Geschichten über die westlichen Tiermenschen ausgeschmückt werden. Aber alle paar Jahre scheinen die wilden Überfälle unheimlich organisiert zu sein, und Frontveteranen rechnen damit, dass den Grenzsiedlungen noch weitere Angriffe bevorstehen.

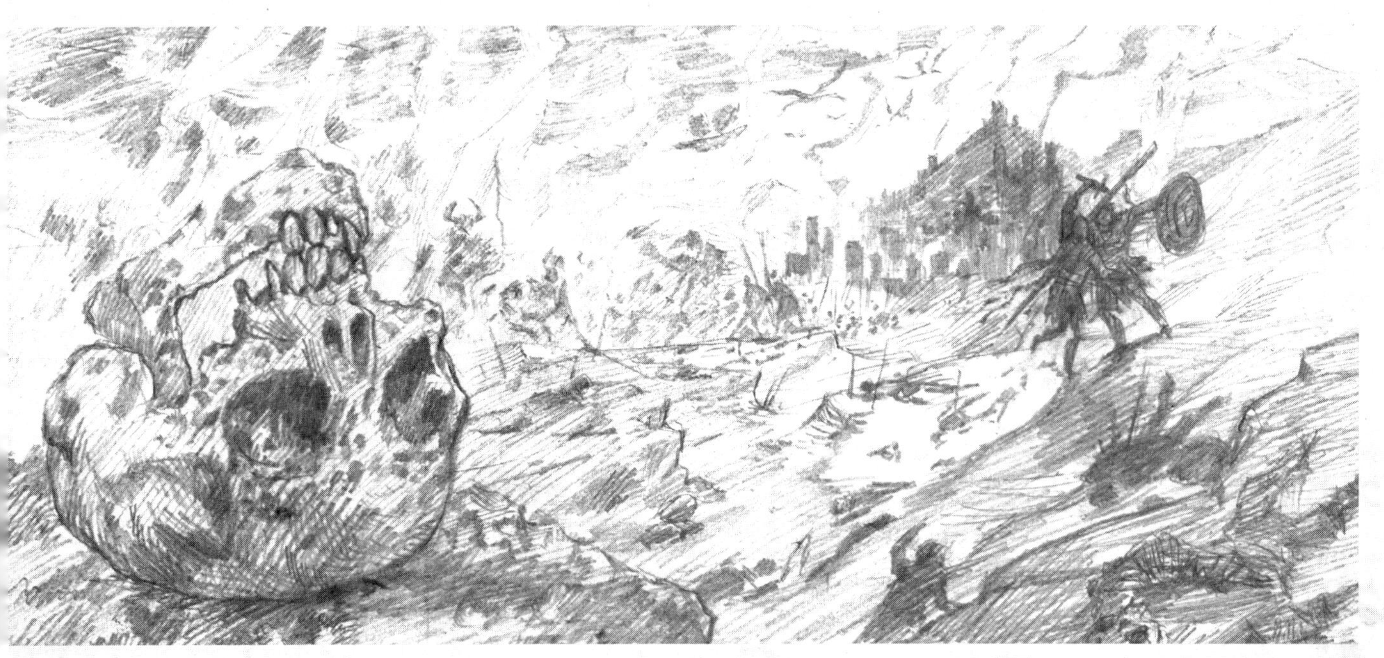

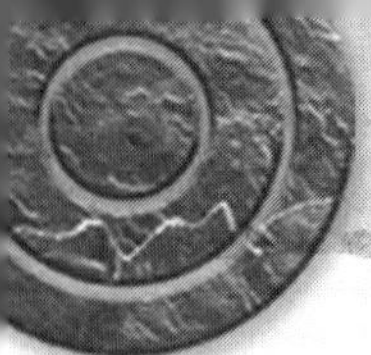

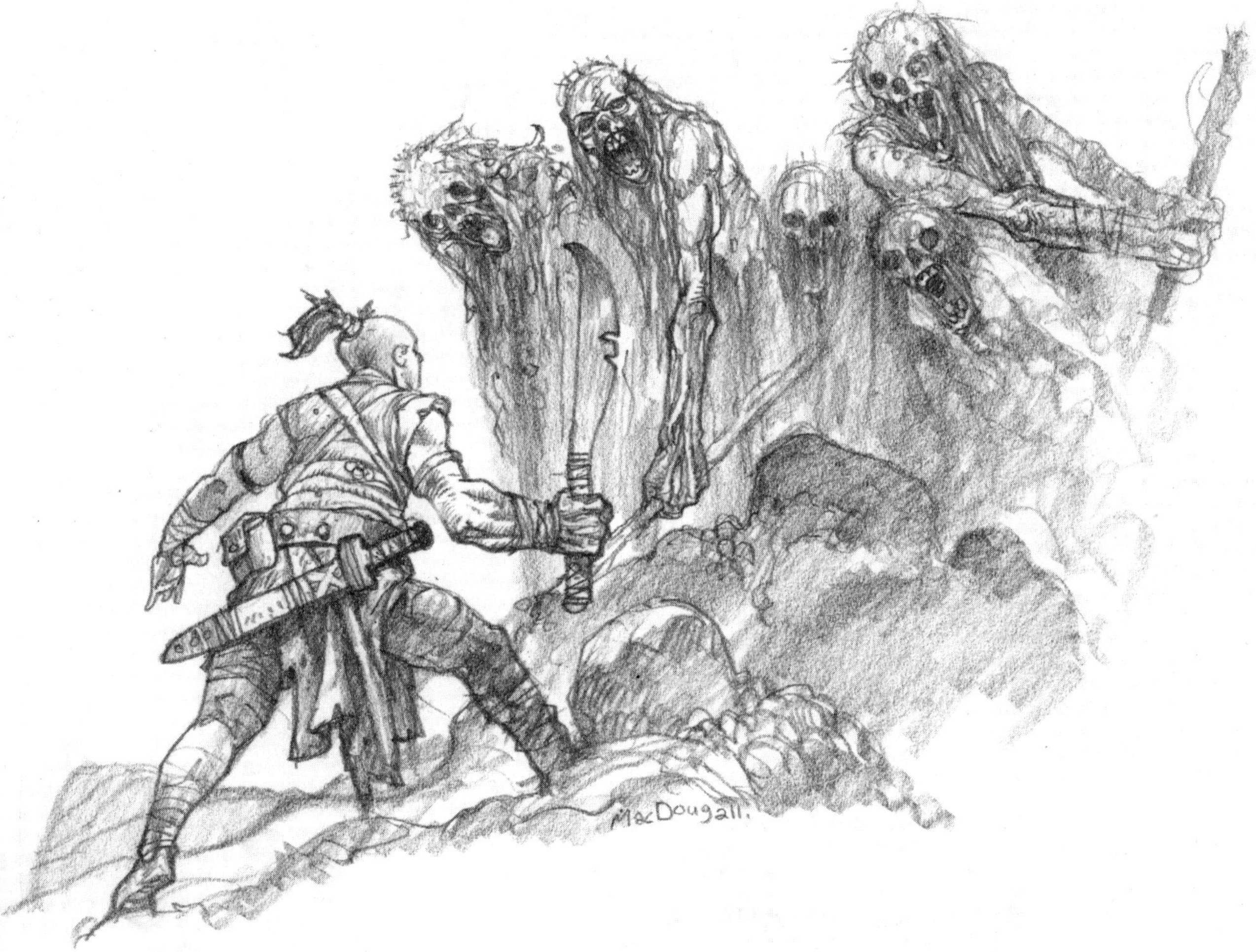

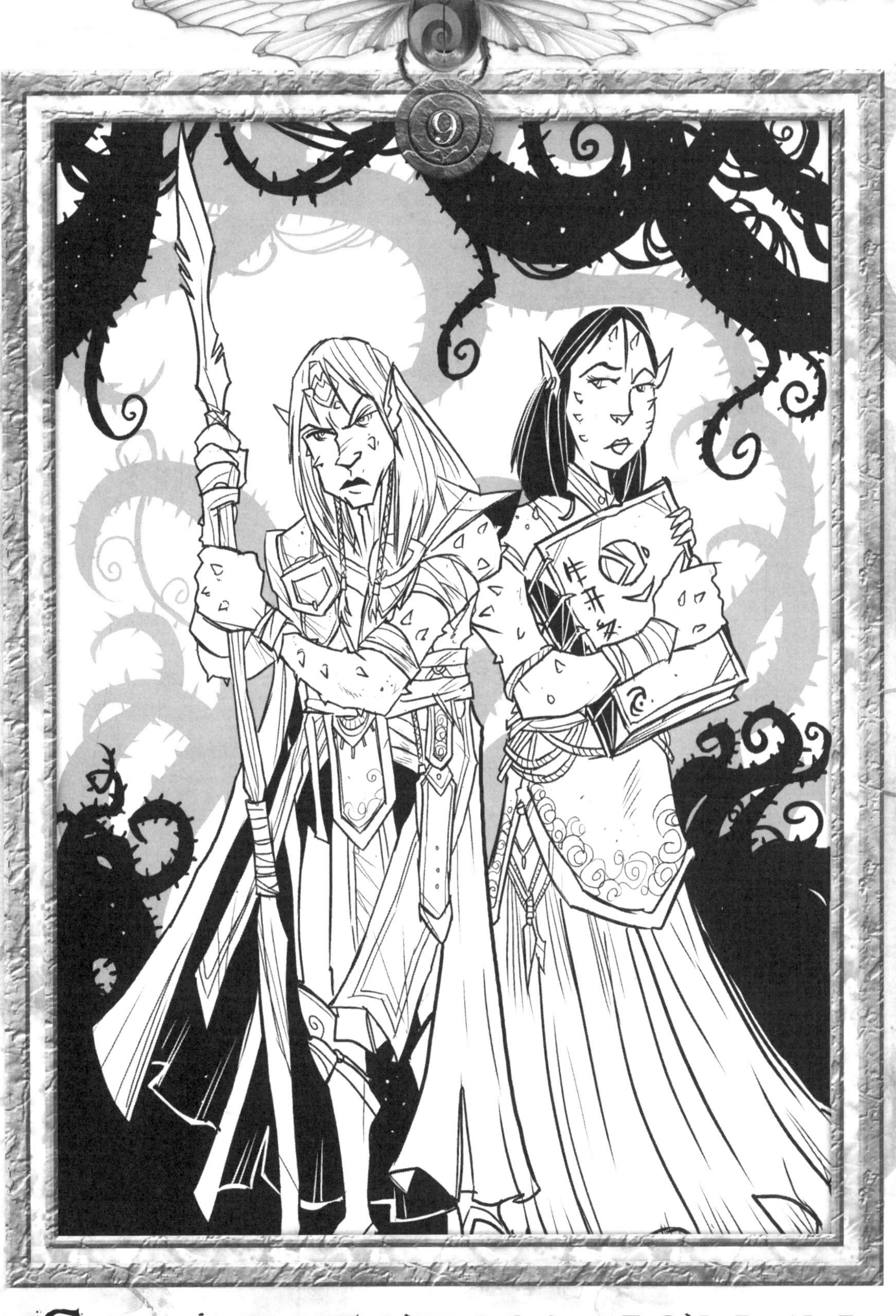

# SPIELINFORMATIONEN

*Angesichts unseres eigenen Aussterbens durch die Tentakel der Dämonen haben wir die notwendigen Schritte unternommen, um unser Überleben zu sichern. Unserem Glauben an unsere Königin wird mit Spott und Missachtung begegnet. In unseren Herzen fließt das Blut der einzig wahren Elfen.*

*—Denilior Ni'hlagh, Gesandter der Blutelfen in Travar*

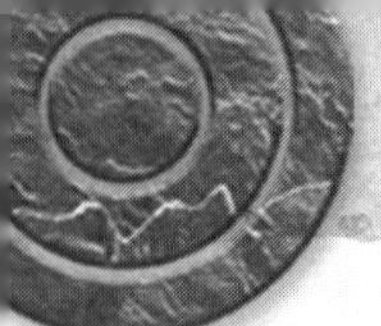



# Blutelfen als Spielercharaktere

Körperlich ähneln Blutelfen ihren Ungeschützten Verwandten. Sie sind groß und schlank, durchschnittlich über sechs Fuß hoch und wiegen etwa 150 Pfund. Ihre Gesichtszüge wirken fast unheimlich symmetrisch. Ihre Haut neigt zum bleichen Ende des elfischen Spektrums, wobei die Cetharel-Farbe fast überall im Adel zu finden ist. Sie haben lange, spitze Ohren und eine übernatürliche Anmut. Blutelfen erreichen ihre körperliche Reife mit Anfang zwanzig und haben eine Lebensdauer von etwa dreihundert Jahren, obwohl man glaubt, dass der Adel in der Lage ist, noch viel länger zu leben.

Alle Blutelfen durchlaufen das Ritual der Dornen, und jeder neue Elf, der in einer Blutelfenfamilie geboren wird, wird dem Ritual schon in jungen Jahren unterzogen. Nach dem Ritual ist der Elf von Kopf bis Fuß mit dornenartigen Widerhaken bedeckt, die aus seiner Haut hervorstoßen. Die Widerhaken verursachen ständige Schmerzen, reißen die Haut auf und sind ständig glitschig vom Blut. Dieser grimmige Anblick, zusammen mit der natürlichen Anmut und Schönheit der Elfen, führt zu einer beunruhigenden Gegensätzlichkeit, die oft als tief bewegend beschrieben wird.

Die Auswirkungen des Rituals der Dornen prägen den Rest des Lebens eines Blutelfen. Einige Blutelfen schämen sich zutiefst für das, was sie als eine Schande für ihre Rasse sehen, und sehnen sich danach, dass es rückgängig gemacht wird. Andere betrachten den Schmerz als Symbol ihrer Überlegenheit gegenüber anderen Namensgebern, da sie wissen, dass das Ritual sie vor der verdorbenen Aufmerksamkeit der Dämonen schützt. Die stoische Mehrheit der Blutelfen akzeptiert einfach ohne Frage die Entscheidung der Königin, dass das Ritual ein notwendiger Teil ihres Lebens bleiben muss. Einige wenige nehmen die Meinung anderer Namensgeber an, verabscheuen sich für das, was sie sind, und verachten die Königin für ihre Entscheidung.

Blutelfen sind in der Regel ernsthaft und pragmatisch. Um ihre Last der endlosen körperlichen und geistigen Qualen zu tragen, haben sie sich selbst beigebracht, ihre Emotionen so weit zu kontrollieren, dass sie distanziert und kalt erscheinen.

# Spielinformationen

## Attributsstartwerte

GES 11, STR 10, ZÄH 8, WAH 11, WIL 12, CHA 11

Bewegungsrate: 14

Karmamodifikator: 4

## Rassenfähigkeiten

**Dornig:** Die kleinen, mit Widerhaken versehenen Dornen, die den ganzen Körper eines Blutelfen bedecken, sind unangenehm und schmerzhaft. Die sich ständig bewegenden Widerhaken reißen am Fleisch und senken die Anzahl der täglichen Erholungsproben um 1. Zusätzlich verursachen die Dornen ein unangenehmes Scheuern in jeder Art von Rüstung, die nicht lebendig ist. Blutelfen, die keine lebendige Rüstung tragen, erleiden den Initiativemalus der Rüstung für alle Proben (mindestens -1).

**Elfisch:** Blutelfen haben Nachtsicht (*Spielerhandbuch*, S. 27) und dieselben Restriktionen bei Waffengrößen wie Elfen (*Spielerhandbuch*, S. 241).

**Geschützt:** Dem Ritual der Dornen ist es gelungen, Blutelfen resistent und unattraktiv für Dämonen zu machen. Intelligente Dämonen, die sich von negativen Emotionen ernähren, werden sich – sofern verfügbar – für andere Namensgeber als Blutelfen entscheiden. Geistlose Dämonen, wie zum Beispiel Knirscher, sind von diesem Schutz nicht betroffen. Intelligente Dämonen erleiden einen Malus von -2 auf Proben, die mit einer Dämonenkraft auf die Mystische oder Soziale Verteidigung eines Blutelfen abzielen.

**Schmerzresistenz:** Nach dem Erleben des Rituals der Dornen ist das Leben eines Blutelfen eine ständige Qual. Ein Blutelf passt sich diesem Schmerz an oder wird durch die Erfahrung wahnsinnig. Blutelfen senken Wundmodifikatoren um 1.

**Sehnsucht:** Eine Nebenwirkung des Rituals der Dornen ist, dass alle Blutelfen unter Sehnsucht (Blutwald, 3) leiden. Siehe unten für weitere Details über Sehnsuchtsflüche.

## Krankheiten

### Sehnsuchtsfluch

**Art:** Fluch | **Wirkungsstufe:** speziell (s. Text)
**Verzögerung:** sofort | **Intervall:** chronisch/1 Monat
**Wirkungsdauer:** chronisch

Sehnsucht ist ein Fluch, der sich ähnlich verhält wie eine magische Krankheit. Sehnsuchtsflüche setzen ihrem Opfer immer ein Verlangen ein. Der Wunsch wächst im Opfer, bis es seinem Wunsch nahe sein kann oder bis es den Willen zum Leben verliert. Sehnsuchtsflüche können verschiedene Ziele des Begehrens haben. Zum Beispiel verfluchte ein Objekt namens Ring der Sehnsucht jeden, der es trug, mit dem Wunsch, die Stadt Parlainth zu sehen. Es gibt auch die Waldsehnsucht – das Bedürfnis eines Namensgebers, den Blutwald zu besuchen.

Es gibt immer ein auslösendes Ereignis, das einen Fall von Sehnsucht auslöst. Auslösende Ereignisse zeigen das Ziel des Begehrens und die erste Sehnsuchtsstufe an (Bsp: Blutwald, 3).

Am Ende jedes Monats erhöht sich die Sehnsuchtsstufe um einen Punkt. Das Opfer legt eine Sehnsuchtsprobe gegen seine eigene Mystische Verteidigung ab. Misslingt die Probe, hat das Opfer angenehme Träume über das Objekt der Sehnsucht und beginnt, regelmäßig liebevoll daran zu denken. Gelingt die Probe, sind die Träume Albträume. Das Opfer fühlt, dass das Objekt seiner Sehnsucht in Gefahr ist, und hat das dringende Bedürfnis, es zu sehen. Diese Phase ist als Wünschen oder Besessenheit bekannt.

Wenn die monatliche Sehnsuchtsprobe in zwei aufeinander folgenden Monaten gelingt, erreicht das Opfer die sog. Verzehr-Phase. Während dieser Phase fällt es dem Opfer schwer, zu schlafen, zu essen oder zu trinken. Gelingt eine weitere Sehnsuchtsprobe, während es in der Verzehr-Phase ist, erhält das Opfer einen kumulativen Malus von einem Punkt auf alle Aktionsproben, bis die Sehnsucht gestillt ist. Wenn der Malus gleich der Willenskraft-Stufe des Opfers ist, versucht es, der Sehnsucht zu entfliehen, und fällt in ein Koma und stirbt binnen eines Monats.

Die Sehnsucht wird gestillt, wenn sich das Opfer in unmittelbarer Nähe zum Ziel seines Begehrens befindet. Jeder volle Tag, der dort verbracht wird, reduziert den Malus um einen Punkt. Wenn das Opfer keinen Sehnsuchtsmalus hat, stillt ein ganzer Tag mit dem Ziel der Sehnsucht den Fluch, aber das macht das Opfer nicht immun gegen dieselbe Sehnsucht in der Zukunft. Wenn das Opfer nicht weiß, was die Sehnsucht überhaupt ausgelöst hat, wird es ihr wahrscheinlich wieder zum Opfer fallen und diesen Zyklus wiederholen.

#### Varju-Vergiftung

**Art:** schwächend (Tödlich) **Wirkungsstufe:** 8

**Verzögerungszeit:** 1 Stunde **Intervall:** 4/1 Tag

**Wirkungsdauer:** chronisch oder bis zur Heilung

Der graue und körnige Ruß, der in der gesamten Öde vorkommt, ist für alle Namensgeber giftig. Eine einzige Handvoll Ruß, die ungeschütztes Fleisch berührt, ist ausreichend, um sich der Gefahr einer Varju-Vergiftung auszusetzen. Eine wiederholte Exposition gegenüber der Substanz führt zu einer stärkeren Vergiftung.

Einige Namensgeber scheinen immun gegen schwere Varju-Vergiftungen zu sein. Bei diesen Individuen wird das Haar grau, und ihre Augen werden für den Rest ihres Lebens dunkel. Diese immunen Namensgeber sind selten, und es gibt keine bekannte Möglichkeit, eine solche Immunität vorherzusagen.

## Flora des Blutwaldes

Die Flora des Blutwaldes ist einzigartig in der bekannten Welt. Magische Pflanzen kommen im Blutwald von Natur aus überraschend häufig vor. Diese Pflanzen sind sowohl lebensbedrohlich als auch nützlich. Viele Leute in ganz Barsaive würden einen hohen Preis für eine gut erhaltene Probe einer Blutwaldart zahlen. Viele Pflanzen in diesem Abschnitt verwenden die im *Spielleiterhandbuch* auf S. 112 beschriebenen Regeln für Gifte oder für Fallen auf S. 117.

Die aufgeführten Kosten und Verfügbarkeiten am Ende dieses Abschnitts gelten für Barsaive insgesamt. Ein Charakter mit Zugang zu Kräuterkundigen im Blutwald kann diese Exemplare leichter und kostengünstiger erhalten.

### Blutefeu

Der Blutefeu hat seinen Namen von dem dunkelroten Saft, der beim Schneiden aus der Pflanze fließt. Die markanten dunkelvioletten Blätter des Efeus, mit hellgrünen Rändern, die durch schmale schwarze Adern markiert sind, machen die Pflanze leicht erkennbar. Sie tritt vor allem in den am stärksten überwucherten Gebieten des Blutwaldes auf.

Blutefeu wächst langsam, aber unaufhaltsam und breitet sich über alle Pflanzen in seiner Umgebung aus, bis er sie bedeckt. Er raubt ihnen das lebenswichtige Sonnenlicht und würgt das Leben aus ihnen heraus. Eine Gruppe Blutefeu kann Tausende von Quadratmetern bedecken, und Abenteurer können große Waldflächen durchqueren, die mit Dutzenden von skelettartigen, efeubedeckten Bäumen gefüllt sind. Es gibt einige Hinweise darauf, dass Blutefeu zuerst im Herzen des Waldes auftauchte. Heute erscheint er wie aus dem Nichts in Regionen mit beflecktem oder verdorbenem Astralraum.

Blutefeu wird in Tränken und Salben verwendet und ist in vielen Teilen Barsaives sehr begehrt. Die Reben sind dicht und zäh; der Rebschnitt folgt den Regeln zur Zerstörung einer Barriere (*Spielleiterhandbuch*, S. 108). Die Rebe hat eine Physische Rüstung von 3 und eine Todesschwelle von 15.

### Eichel von Eichenherz

Auf der ganzen Welt gibt es Hunderte, wenn nicht gar Tausende von Eicheln von Eichenherz . Diese Eicheln können für viele verschiedene Zwecke verwendet werden und als 3 reine Körnchen Orichalkum oder 20 reine Körnchen Wahren Holzes für Verzauberungen dienen (siehe *Earthdawn Kompendium*, S. 68). Viele glauben, dass diese Eicheln eine wichtige Rolle für die Zukunft des Elfenvolkes spielen werden, auch wenn die genaue Art dieses Reagens ein Geheimnis bleibt.

Der Umgang mit diesen Eicheln kann eine tiefgreifende Wirkung haben. Jeder nackte Hautkontakt mit einer Eichel trifft den Handhabenden mit Waldsehnsucht (Sehnsucht nach dem Blutwald). Die Sehnsucht beginnt auf Stufe 7 für Blutelfen, auf Stufe 5 für andere Elfen und auf Stufe 3 für jeden anderen Namensgeber (siehe S. 150 für weitere Informationen über Sehnsucht).

### Geisterweide

Die Geisterweide ist eine Seltenheit: ein Baum, der fast ausschließlich im Astralraum existiert. Ursprünglich als Verteidigung gegen astrale Dämonen gedacht, erwiesen sich die ersten Geisterweiden als empfindlicher als erwartet, und viele waren für die Teile des Waldes, in denen sie gepflanzt wurden, ungeeignet. Mehrere starben, und heute gibt es noch etwa ein Dutzend Bäume, die über den Blutwald verteilt sind. Die größte dieser überlebenden Geisterweiden wächst auf Königin Alachias Privatlichtung und wird von handverlesenen Gärtnern mit großem Geschick sorgfältig gepflegt.

Geisterweiden projizieren eine geisterhafte Präsenz in der physischen Welt. Ihre wahre Schönheit kann man nur in einer mondhellen Nacht sehen. Geisterweiden sammeln und verstärken die Mondstrahlen und streuen sie in Kaskaden aus silbernem Licht, die den Wald erhellen. Im Astralraum sind sie majestätisch und schön. Leider wurden die Bäume letztendlich als Misserfolg angesehen, da sie viel zu spät und in viel zu geringer Zahl kamen. Die Weiden lokalisieren alle astralen Wesen innerhalb von etwa 500 Schritt, es sei denn, das Wesen nutzt eine Fähigkeit, um verborgen zu bleiben (z. B. Astrale Tarnung). Dann verwendet sie Stufe 22, um das Wesen zu entdecken. Geisterweiden entdecken keine Wesen, die auch in der physischen Welt präsent sind; sie würden einen Geist im Astralraum entdecken, aber nicht einen, der sich manifestiert hat.

Nachdem er ein astrales Wesen entdeckt hat, alarmiert der Baum alle Blutwächter und Hüter innerhalb von zehn Meilen durch ein prickelndes Gefühl, das ihnen das Gefühl gibt, beobachtet zu werden. In der Praxis ist dies eher ärgerlich als nützlich, da Geisterweiden auf einen schwachen Holzgeist ebenso reagieren wie auf einen gefährlichen Dämon. Im Umkreis von 100 Schritt um den Baum erleiden die entdeckten Wesen einen Malus von -5 auf ihre Mystische Verteidigung, da sich die Zweige ausdehnen, um das Wesen in Lichtfäden zu wickeln.

Jeder Baum ist einzigartig; einige haben abweichende Reichweiten für ihre Wirkung, insbesondere größere Bäume. Im Blutwald gibt es Gerüchte über wilde Geisterweiden mit unterschiedlichen Wirkungen, insbesondere solche, die nach der Umbenennung entstanden sind. Der größte Baum scheint niemanden über astrale Wesen zu informieren oder irgendwelche besonderen Wirkungen zu zeigen, obwohl wahrscheinlich nur Königin Alachia die Wahrheit darüber kennt.

## KORELIANDER

Koreliander ist eine blühende Rebe, die im ganzen Blutwald wächst. Der Duft der Blüten ist leicht und wohltuend und macht sie zu einer willkommenen Ergänzung für jedes Haus und jeden Garten. Sie ist pflegeleicht und blüht das ganze Jahr über in einer erstaunlichen Farbvielfalt. Von besonderer Bedeutung sind die reinen weißen Blüten, von denen eine Rebe selten mehr als eine pro Jahr hervorbringt.

Ein Namensgeber, der eine frische (oder richtig konservierte) weiße Blüte isst, wird wacher und bewusster und erhält für eine Stunde +1 Stufe auf alle Aufmerksamkeitsproben. Die Erhaltung eines frischen Korelianders erfordert eine erfolgreiche Probe auf Wildnisüberleben (7).

## MÖRDERREBEN

Viele Teile des Blutwaldes sind mit dicken, sich windenden Ranken bewachsen. Unter den harmlosen Sorten verbirgt sich die Mörderrebe, eine fleischfressende Pflanze mit einem Talent für Hinterhalte. Mörderreben sehen fast genauso aus wie die Koreliander-Rebe (siehe oben). Viele Namensgeber, die angehalten haben, um Korelianderblüten zu bewundern, haben ein schreckliches Ende gefunden.

Mörderreben funktionieren wie eine Falle, können aber auch mit der Fähigkeit oder dem Talent Wildnisüberleben entdeckt werden.

**Entdeckung:** 10 **Entschärfung:** –

Initiative: 16/W12+W8+W6

**Auslöser:** in Reichweite der Rebe sein.

**Wirkung:** Die Rebe springt hervor und versucht, ihr Opfer zu ergreifen. Das Ziel wird aus dem toten Winkel angegriffen, wenn es die Ranke nicht entdeckt hat. Die Mörderrebe legt eine Angriffsprobe mit Stufe 16 gegen das Ziel ab und verursacht Schaden der Stufe 12. Ein zusätzlicher Erfolg bei dieser Probe ermöglicht es der Rebe, ihr Ziel zu umfassen. Ein gegriffenes Ziel erleidet automatisch Stufe 12 Schaden in jeder Runde, in der die Mörderrebe ihren Griff aufrechterhält. Wenn man die würgende Rebe vom Rest der Pflanze trennt, löst sie ihren Griff. Behandle die Rebe wie eine Barriere (*Spielleiterhandbuch*, S. 108), die nur mit einer Klingenwaffe beschädigt werden kann. Sie hat eine Todesschwelle von 20 und eine Physische Rüstung von 0.

## TODESBLÜMCHEN

Todesblümchen, die leicht mit normalen Gänseblümchen verwechselt werden können, wachsen in kleinen Gruppen inmitten ihrer harmlosen Cousins auf den Wiesen und Lichtungen des Blutwaldes. Ein schwarzer Farbton an der Basis der weißen Blütenblätter der Blume ist der einzige sichere Weg, sie zu identifizieren, aber die Untersuchung von Todesblümchen aus nächster Nähe ist gefährlich.

Todesblümchen setzen ihren Duft in Stößen frei, und wenn man ein einziges Todesblümchen stört, kann man Blumen in Dutzenden Schritt Entfernung sehen, die ihren Duft in einer tödlichen Kettenreaktion freisetzen. Todesblümchen funktionieren als Falle, können aber auch mit der Fertigkeit oder dem Talent Wildnisüberleben entdeckt werden.

### FELD AUS TODESBLÜMCHEN (FALLE)

Todesblümchen reagieren auf vorbeiziehende Lebewesen, indem sie eine Wolke aus starkem betäubendem Duft freisetzen, der für die unglückseligen Ziele der Pflanze wie ein schöner Duft erscheint. Die Opfer werden bewusstlos, und die Todesblümchen

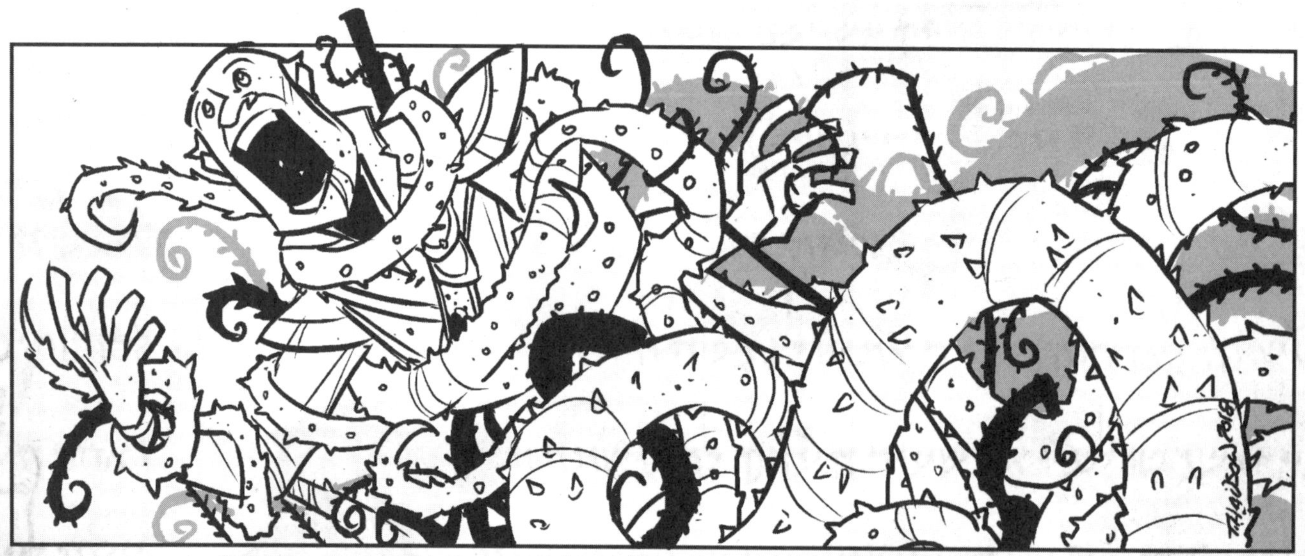

setzen eine Wolke von Sporen frei, die in Richtung des Körpers des Opfers driften. Die Sporen wachsen mit schrecklicher Geschwindigkeit und dringen mit ihren Wurzeln durch den Körper und in den Boden ein. Dieser grausame Prozess verwandelt das Fleisch des Opfers in Nahrung für die neue Todesblümchenkolonie.

**Entdeckung:** 15 **Entschärfung:** –

Initiative: 13/W12+W10

**Auslöser:** innerhalb von vier Schritt an einem Todesblümchen vorbeigehen.

**Wirkung:** Das gesamte Feld aus Todesblümchen gibt seinen Duft und seine Sporen als Einheit ab und bedeckt das gesamte Feld und alle in bis zu vier Schritt Entfernung vom äußersten Todesblümchen. Sofort ist der kränklich-süße Geruch des schwächenden Giftes zu riechen. Drei Runden später werden die schädlichen Sporen freigesetzt. Die Werte für beides sind im Folgenden aufgeführt.

#### Todesblümchen-Duft

**Art:** schwächend **Wirkungsstufe:** 10/2W8

**Verzögerung:** 1 Runde **Intervall:** 5/1 Runde

**Wirkungsdauer:** 2 Stunden

#### Todesblümchen-Sporen

**Art:** schädigend **Wirkungsstufe:** 8/2W6

**Verzögerung:** 1 Runde **Intervall:** 5/1 Runde

**Wirkungsdauer:** bis zur Heilung

Todesblümchen können ihren lähmenden Duft einmal pro Stunde abgeben und setzen drei Runden danach immer Sporen frei. Die Sporen können ohne einen lebenden Wirt nicht überleben. Der tödliche Todesblümchen-Duft kann gesammelt und zu einer Flüssigkeit destilliert werden, die, wenn sie eingenommen wird, die gleichen Effekte verursacht.

### Trancekraut

Im Blutwald wachsen viele Arten von Trancekraut, die alle an den kleinen Büscheln an der Spitze ihrer Stängel erkennbar sind. Diese enthalten Samen, die sich bei starkem Wind ausbreiten. Die Verbrennung dieser Samen erzeugt einen halluzinogenen Rauch, der diejenigen, die ihn einatmen, zu prophetischen Visionen inspirieren soll.

#### Trancekraut-Rauch

**Art:** schwächend **Wirkungsstufe:** 6/W10

**Verzögerung:** 1 Minute **Intervall:** 6/10 Minuten

**Wirkungsdauer:** 1 Stunde

Das Einatmen des Rauchs verursacht Wärme im ganzen Körper, und die Halluzinationen können es schwierig machen, den Unterschied zwischen Visionen und Realität zu erkennen. Im Allgemeinen ist dieses Gefühl angenehm, wenn auch nicht hilfreich. Solange das Subjekt unter der Wirkung des Trancekrautes steht, erhält es als Nebenwirkung der Inhalation +1 Rang in Astralsicht (wie im *Spielerhandbuch*, S. 76, beschrieben), auch wenn es dieses Talent vorher nicht hatte.

### Wegesfrucht

Wegesfruchtfarne sind das Ergebnis eines frühen Experiments der Blutwächter, um das Überleben der Blutelfen während und nach der Plage zu erleichtern. Die Farne wachsen in großen Büscheln und weisen an der Basis Früchte in kleinen Trauben auf.

Die längliche Frucht ist braun, faltig und etwa so groß wie die geballte Faust eines Elfen. Die Schale ist zäh, aber das Fleisch im Inneren ist glatt und ohne sichtbare Kerne. Wegesfrucht schmeckt ein wenig nach gewürzten Feigen mit einem erdigen Nachgeschmack.

Der Verzehr von frischen oder richtig konservierten Wegesfrüchten gewährt einen Bonus von einem Punkt auf die nächste Erholungsprobe eines Charakters. Die Konservierung frischer Wegesfrüchte erfordert eine erfolgreiche Probe auf Wildnisüberleben (7). Die Früchte sind gängige Zutaten in alchemistischen Rezepten, um Heilmittel herzustellen.

#### Flora des Blutwaldes

| Gegenstand | Preis | Gewicht | Verfügbarkeit |
|---|---|---|---|
| Blutefeu | 20 | 5 | Ungewöhnlich |
| Konservierter Koreliander | 100 | 1 | Selten |
| Getrocknetes Trancekraut | 50 | 1 | Selten |
| Konservierte Wegesfrucht | 50 | 1 | Ungewöhnlich |

## Kreaturen

### Masken von Shosara

Shosara ist ein Land, das tief von elementarer Magie durchdrungen ist. Dies sieht man häufig in seinen astralen Auren, drückt sich aber auch in seinem Wetter und seiner Tierwelt aus. Ein großer Teil der Fauna Shosaras entwickelt seltsame elementare Merkmale oder andere Variationen, die sie von „normalen" Tieren unterscheiden. Dies erhöht nicht nur die Vielfalt der Tierwelt in der Region, sondern macht sie auch deutlich gefährlicher – ein weiterer Grund, warum Entdecker bewaffnet und gut vorbereitet sein sollten, wenn sie in die Wildnis Shosaras vordringen.

Spielleiter, die dieses Phänomen genauer erforschen und einzigartige Bedrohungen für Spieler darstellen wollen, die in Shosara Abenteuer erleben, sollten die Regeln für Masken ab S. 177 im *Earthdawn Kompendium* verwenden. Diese bieten Vorlagen, um bestehende Kreaturen mit neuen Eigenschaften und Fähigkeiten rund um ein Thema zu bereichern, und ermöglichen Flexibilität bei der Anpassung von Herausforderungen an eine bestimmte Gruppe.

## BLUTAFFE

Blutaffen sind eine im Blutwald vorkommende Affenart, obwohl es Gerüchte gibt, dass sie auch anderswo vorkommen. Diese kleinen Affen haben ein dichtes, bordeauxfarbenes Fell, ähneln aber ansonsten den häufigeren Arten barsaivischer Affen. Ein ausgewachsenes Männchen hat einen Körper von etwa zwei Fuß Länge, und sein Greifschwanz ist noch einmal so lang.

Blutaffen ähneln zwar anderen Affen, sind aber wesentlich bösartiger. Ihre scharfen Krallen, nadelspitzen Zähne und blitzschnellen Reflexe können selbst einen einzelnen Blutaffen für einen unvorbereiteten Namensgeber gefährlich machen. Erschwerend kommt hinzu, dass sich Blutaffen in Gruppen von bis zu hundert Exemplaren zusammenschließen. Die stärksten Männchen überfallen alle Kreaturen, die das Pech haben, durch ihr Revier zu wandern. Bis zu fünfzehn Blutaffen wurden schon gesehen, wie sie Karawanen gemeinsam überfielen.

Blutaffen springen am liebsten von oben auf ihre Gegner. Sollte ihr erster Hinterhalt erfolgreich sein, lassen sie einen Triumphschrei los, um andere aus ihrer Gruppe herbeizurufen. Wenn der Hinterhalt fehlschlägt, geben Blutaffen den Kampf schnell auf. Sie fliehen mit Höchstgeschwindigkeit, verstecken sich im Unterholz und planen wahrscheinlich ihren nächsten Angriff.

Blutaffen sind als Tiergefährten geeignet.

Herausforderung: Novize (Vierter Kreis)

| | |
|---|---|
| GES: 8 | Initiative: 10 |
| STR: 5 | Körperliche Verteidigung: 12 |
| ZÄH: 5 | Mystische Verteidigung: 10 |
| WAH: 5 | Soziale Verteidigung: 9 |
| WIL: 6 | Physische Rüstung: 3 |
| CHA: 3 | Mystische Rüstung: 6 |

Bewusstlosigkeit: 35
Todesschwelle: 40
Wundschwelle: 7
Niederschlag: 7
Erholungsproben: 2
Bewegungsrate: 12 (kletternd 14)
Aktionen: 2; waffenlos: 14 (12)
Kräfte:
*Aufmerksamkeit* (10): wie die Fertigkeit, *Spielerhandbuch*, S. 77.
*Eigensinnig* (2)
*Hinterhalt* (10)
*Verstärkter Sinn* [Geruchssinn] (2)
*Weitsprung* (14)
*Zorn* (4)
Spezialmanöver:
*Erzürnen* (Gegner)
*Provozieren* (Gegner, Nahkampf)
Beute: Pelz im Wert von 100 Silberstücken (Legendenpunkte wert).

## FIRBRUID

Firbruid ist ein Sperethiel-Wort, das „Tiermenschen“ oder „Wildmenschen“ bedeutet. Es ist der Name, den die elfischen Kolonisten den tierischen Räubern aus den nördlichen Ländern gegeben haben. Firbruids sind eine vielfältige Gruppe von Humanoiden, deren Eigenschaften variieren, aber alle haben einen Kopf und ein Fell, das einem Wildtier sehr ähnlich ist. Sie sind brutal und intelligent, und ihre Raubtruppen sind in der Lage, Schiffe zu bauen und Kampftaktiken zu verstehen. Sie benutzen Hack- und Schneidwaffen und tragen oft Schilde, die sie aus den Knochen und Häuten ihrer Opfer herstellen. Nachfolgend werden drei Beispiele genannt, aber es gibt auch noch andere Firbruids.

### BÄRGESTALT—FIRBRUID

Bärgestalten sind eine seltene, aber wichtige Art von Firbruids. Sie sind die größten und körperlich mächtigsten ihrer Art, so groß wie ein großer Troll. Ihre dicken, mit Fell bedeckten Häute können jede natürliche Farbe haben, und sie tragen, wenn verfügbar, eine geraubte Rüstung. Im Gegensatz zu den meisten Firbruids führen Bärgestalten selten Waffen und verlassen sich lieber auf ihren furchterregenden Biss und ihre monströsen Krallen.

Bärgestalten übernehmen von Natur aus Führungsaufgaben und verfügen über eine Intelligenz, die fast der eines Namensgebers gleichkommt. Sie sind weniger wild als andere Firbruids, führen von hinten und mischen sich erst dann in den Kampf ein, wenn sie ihre stärksten Gegner identifiziert haben. Die brutalsten und effizientesten Überfälle auf Namensgeber-Siedlungen sind diejenigen, die von Firbruids in Bärgestalt angeführt werden.

Herausforderung: Geselle (Sechster Kreis)

| | |
|---|---|
| GES: 6 | Initiative: 8 |
| STR: 9 | Körperliche Verteidigung: 15 |
| ZÄH: 9 | Mystische Verteidigung: 14 |
| WAH: 6 | Soziale Verteidigung: 12 |
| WIL: 6 | Physische Rüstung: 7 |
| CHA: 5 | Mystische Rüstung: 3 |

Bewusstlosigkeit: 57
Todesschwelle: 66
Wundschwelle: 13
Niederschlag: 11
Erholungsproben: 3
Bewegungsrate: 12
Aktionen: 2; Biss: 15 (20), Krallen: 17 (18)
Kräfte:
Schlachtruf (13): wie die Fertigkeit, *Spielerhandbuch*, S. 97.
Verstärkter Sinn [Geruchssinn] (4)
Zorn (2)
Spezialmanöver:
*Erzürnen* (Gegner)
*Greif- und Bissangriff* (Bärgestalt-Firbruid, Krallen)
*Loseisen* (Gegner, Nahkampf)
*Provozieren* (Gegner, Nahkampf)

### HIRSCHGESTALT—FIRBRUID

Hirschgestalten sind die zahlreichsten Firbruids und machen die Mehrheit der Raubtruppen aus. Es handelt sich um orkgroße Humanoide, die mit einer dicken pelzigen Haut bedeckt sind, die oft mit schauderlichen Bildern tätowiert ist, und sie haben hirschähnliche Gesichtszüge und Geweihe.

Hirschgestalt-Firbruids sind sozialer als andere Firbruids, obwohl sie unter sich bleiben. Sie bilden bei Überfällen kleine Kampfgruppen und arbeiten zusammen, um ihre Feinde zu töten. Hirschgestalten sind sehr stolz auf die Größe und Form ihres Geweihs, das bei ihrer eigenen Art als Maß für den Status

verwendet wird. Vor Raubzügen schmücken sie ihr Geweih mit Blut und Eingeweiden, um die Angst in den Herzen ihrer Opfer zu schüren.

Herausforderung: Novize (Vierter Kreis)

| | |
|---|---|
| GES: 7 | Initiative: 9 |
| STR: 6 | Körperliche Verteidigung: 14 |
| ZÄH: 6 | Mystische Verteidigung: 11 |
| WAH: 5 | Soziale Verteidigung: 11 |
| WIL: 5 | Physische Rüstung: 3 |
| CHA: 4 | Mystische Rüstung: 2 |

Bewusstlosigkeit: 38
Todesschwelle: 44
Wundschwelle: 9
Niederschlag: 8
Erholungsproben: 2
Bewegungsrate: 16
Aktionen: 1; Geweih: 12 (15), Axt: 13 (14)
Kräfte:
*Sturmangriff* (5)
*Verstärkter Sinn* [Gehör] (2)
*Verstärkter Sinn* [Geruchssinn] (2)
*Zusammenarbeit:* Gegner sind durch einen Gegner weniger als normal Bedrängt, wenn mindestens ein weiterer Angreifer diese Kraft hat.
Spezialmanöver:
*Aufspießen* (Hirschgestalt-Firbruid, Sturmangriff): Der Hirschgestalt-Firbruid kann einen zusätzlichen Erfolg aus einer Angriffsprobe ausgeben, damit sein Ziel eine Niederschlagsprobe ablegen muss, deren Mindestwurf gleich dem Ergebnis der Angriffsprobe des Firbruids ist.

### Wildschweingestalt—Firbruid

Firbruids in Wildschweingestalt haben den Kopf, die Stoßzähne und die dicke Haut eines Wildschweins. Sie sind mit über sieben Fuß größer als viele andere Firbruids und haben einen muskulösen, schweren Körperbau. Sie sind furchterregende Gegner, die ihre tierische Natur akzeptieren und im Kampf einem Blutrausch erliegen.

Ihre Artgenossen bewundern den Blutdurst und die unvorhersehbare Wildheit der Wildschweingestalt-Firbruids mit Ehrfurcht. Dies isoliert sie auch von anderen Firbruids, da ihre unberechenbare Natur für diejenigen in ihrer Nähe, ob beim Überfall auf eine Siedlung oder beim gemeinsamen Lagerfeuer, kein gutes Zeichen ist.

Herausforderung: Geselle (Fünfter Kreis)

| | |
|---|---|
| GES: 6 | Initiative: 8 |
| STR: 7 | Körperliche Verteidigung: 13 |
| ZÄH: 8 | Mystische Verteidigung: 12 |
| WAH: 4 | Soziale Verteidigung: 10 |
| WIL: 6 | Physische Rüstung: 7 |
| CHA: 4 | Mystische Rüstung: 2 |

Bewusstlosigkeit: 49
Todesschwelle: 57
Wundschwelle: 12
Niederschlag: 9
Erholungsproben: 3
Bewegungsrate: 14
Aktionen: 2; Axt: 16 (16), Aufspießen: 14 (18)
Kräfte:
*Sturmangriff* (10)
*Verstärkter Sinn* [Geruchssinn] (4)
*Zorn* (4)
Spezialmanöver:
Erzürnen (Gegner)
Aufspießen (Wildschweingestalt-Firbruid, Sturmangriff): Der Wildschweingestalt-Firbruid kann einen zusätzlichen Erfolg aus einer Angriffsprobe ausgeben, damit sein Ziel eine Niederschlagsprobe ablegen muss, deren Mindestwurf gleich dem Ergebnis der Angriffsprobe des Firbruids ist.
Provozieren (Gegner, Nahkampf)

## Kaerkäfer

Kaerkäfer sind zwergengroß, mit gräulicher Färbung und für ihre Größe ungewöhnlich stark. Sie leben unter der Erde oder in anderen Regionen, die vor den Elementen geschützt sind, und bevorzugen Kaers oder Kuppelzitadellen. Sie wagen sich nur zum Jagen und Plündern ins Freie. Besonders häufig sind sie in verlassenen Kaers in der Öde zu finden, wo sie in kleinen Gruppen von etwa 20 Exemplaren leben.

Der Kaerkäfer produziert eine säurehaltige Flüssigkeit, die er aus kurzer Entfernung auf seine Beute spuckt. Diese Kreaturen sind auch kräftige Flieger und in der Lage, eine menschengroße Kreatur zu heben, während sie mit wenig Mühe fliegen. Sie leben hauptsächlich von Aas, sind aber auch bekannt dafür, auch lebende Wesen wegen ihres Fleisches anzugreifen, darunter kleine Gruppen von Namensgebern.

Rudeltaktiken, Belästigung und Hinterlist sind ihre bevorzugten Methoden, um viel stärkere Feinde zu Fall zu bringen. Eine Kolonie auf der Jagd zieht es vor, ihre Beute aus der Ferne zu umkreisen. Eine kleine Gruppe nähert sich dann und benutzt ihren ätzenden Speichel und ihre Flugfähigkeit, um die Beute wütend zu machen und in offenes Gelände zu locken. Dort stürzt sich dann ein anderer Käfer nach unten, greift das Opfer von hinten und hebt es in die Luft. Kurz darauf wird die arme Seele aus großer Höhe fallen gelassen, und die ganze Kolonie schlemmt von der Leiche.

Herausforderung: Novize (Vierter Kreis)

| | |
|---|---|
| GES: 7 | Initiative: 8 |
| STR: 10 | Körperliche Verteidigung: 12 |
| ZÄH: 6 | Mystische Verteidigung: 9 |
| WAH: 6 | Soziale Verteidigung: 10 |
| WIL: 6 | Physische Rüstung: 6 |
| CHA: 5 | Mystische Rüstung: 4 |

Bewusstlosigkeit: 38
Todesschwelle: 44

Wundschwelle: 9
Niederschlag: 16
Erholungsproben: 2
Bewegungsrate: 10 (fiegend 18)
Aktionen: 1; Biss: 10 (14), Krallen x 2: 12 (10)
Kräfte:
*Ablenken* (10): Wie die Fertigkeit, *Spielerhandbuch*, S. 75.
*Ätzender Speichel* (12): Der Kaerkäfer kann Säure auf Ziele innerhalb von zehn Schritt Entfernung spucken. Er legt eine Kreaturenkraft-Probe gegen die Körperliche Verteidigung des Ziels ab. Gelingt die Probe, erleidet das Ziel Stufe 12 Schaden, gesenkt durch seine Physische Rüstung.
*Kreaturenkraft* (10, Ätzender Speichel, Standard)
*Überraschungsschlag* (5): Wie die Fertigkeit, *Spielerhandbuch*, S. 103.
Spezialmanöver:
*Greif- und Hebeangriff* (Kaerkäfer, Krallen): Der Kaerkäfer kann einen zusätzlichen Erfolg aus einer Angriffsprobe ausgeben, um das Ziel zu packen und seine verbleibende Bewegung zu nutzen, mit diesem wegzufliegen.
*Loseisen* (Gegner, Nahkampf)
*Rückenangriff* (Kaerkäfer, Krallen): Der Kaerkäfer kann zwei zusätzliche Erfolge aus einer Angriffsprobe ausgeben, um auf dem Rücken des Gegners zu landen. Dem Gegner muss eine Niederschlagsprobe gegen einen Mindestwurf gleich dem Ergebnis der Angriffsprobe gelingen, ansonsten ist er Niedergeschlagen.
*Rüstungsschnitter* (Kaerkäfer, Ätzender Speichel): Der Kaerkäfer kann zusätzliche Erfolge aus einer Angriffsprobe ausgeben, um die Physische Rüstung eines Gegners um einen Punkt pro Erfolg zu senken. Diese Senkung erfolgt, nachdem der Schaden berechnet wurde, und kann keine Fadenrüstungen zerstören.
*Stutz den Flügel* (Gegner)

## KULOMAT

Kulomaten sind Kreaturen, die nur in den tiefsten Teilen des Westlichen Fenns vorkommen. Während die Uneingeweihten diese animalische Kreatur mit den raubenden Firbruids verwechseln könnten, wissen Ortskundige, dass die Wahrheit viel schlimmer ist. Diese Kreaturen sind für Außenstehende schwer zu verstehen, und es ist fraglich, ob sie ihre eigene Natur verstehen.

Kulomaten ändern ihre Gestalt nach ihren Bedürfnissen, obwohl die Gestalten, die sie annehmen, wenig Ähnlichkeit mit natürlich vorkommenden Kreaturen aufweisen. Ihre Herkunft ist unbekannt, und Versuche, sie zu erklären, sind so seltsam wie die Kreaturen selbst. Die meisten Theorien beziehen sich auf mächtige gestaltwandelnde Namensgeber in einer längst vergessenen Zeit, die von einem Dämon oder einer Passion verflucht wurden. Diejenigen, die diese Kreaturen heimlich beobachtet haben, erzählen von ungewöhnlichen, komplexen sozialen Interaktionen, Bestattungsritualen und primitiven Kunstgegenständen, die sie zu verehren scheinen.

Kulomaten sind nicht von Natur aus aggressiv, aber sie sind fleischfressend. Sie leben in kleinen Familiengruppen und verbringen einen Großteil ihrer Zeit in humanoider Gestalt mit ihnen. Bei der Jagd nehmen sie eine tierische, vierbeinige Gestalt an. Wenn sie erzürnt oder bedroht werden, schöpfen sie ihre volle Kraft aus und nehmen ihre Kriegsgestalt an. Die Verwandlung verursacht ihnen große Schmerzen, die sie kurzfristig nur weiter erzürnen, aber langfristig begrenzen.

### HUMANOIDE GESTALT

Kulomaten in dieser Gestalt haben den Oberkörper eines ausgewachsenen Trolls und verlängerte, behaarte Arme. Ihr Körper ist mit Haaren bedeckt, die von einem hellen Goldbraun bis zu einem rötlichen Farbton reichen. Ihre Köpfe sind orkartig mit ausgeprägten unteren Eckzähnen und langen Bärten. Sie können aufrecht auf ihren kurzen, kraftvollen Beinen gehen, aber die meisten benutzen ihre affenartigen Arme, um ihnen beim Fortkommen zu helfen.

Herausforderung: Novize (Zweiter Kreis)

| | |
|---|---|
| GES: 6 | Initiative: 6 |
| STR: 7 | Körperliche Verteidigung: 10 |
| ZÄH: 7 | Mystische Verteidigung: 11 |
| WAH: 4 | Soziale Verteidigung: 9 |
| WIL: 6 | Physische Rüstung: 0 |
| CHA: 4 | Mystische Rüstung: 4 |

Bewusstlosigkeit: 62
Todesschwelle: 71
Wundschwelle: 13
Niederschlag: 9
Erholungsproben: 3
Bewegungsrate: 12 (kletternd 12)
Aktionen: 1; waffenlos: 11 (9)
Kräfte:
*Heimlicher Schritt* (11): wie die Fertigkeit, *Spielerhandbuch*, S. 88.
*Kriegsgestalt* (Standard): Wenn es um Leben oder Tod geht, nimmt der Kulomat seine Kriegsgestalt an. Die Verwandlung ist schmerzhaft, und er erleidet alle zwei Minuten eine Wunde, wenn er die Gestalt aufrechterhält.
*Schmerzen Widerstehen* (2)
*Tiergestalt* (Standard): Der Kulomat nimmt seine wolfsartige Gestalt an.
*Weitsprung* (6)
Spezialmanöver:
*Niederkämpfen* (Kulomat in humanoider Gestalt, Nahkampf): Der Kulomat kann zwei zusätzliche Erfolge aus einer Erfolgsprobe ausgeben, um das Ziel zu zwingen, eine Niederschlagsprobe gegen das Ergebnis der Angriffsprobe abzulegen. Misslingt die Probe, ist das Ziel Niedergeschlagen und wird eine Anzahl von Schritt gleich der Gesamterfolge bei der Angriffsprobe zurückgeschleudert.

### KRIEGSGESTALT

Diese Kriegsgestalt ist ein wahrhaft furchterregender Anblick: Sie ist zwölf Fuß hoch, mit dem Kopf und den Stoßzähnen ihrer Tiergestalt und den langen Armen und dem Torso ihrer humanoiden Gestalt. Stacheln brechen aus ihrer Wirbelsäule hervor, durchbohren ihre Haut und bedecken ihren Rücken mit Blut.

Herausforderung: Geselle (Siebter Kreis)

| | |
|---|---|
| GES: 8 | Initiative: 10 |
| STR: 9 | Körperliche Verteidigung: 15 |
| ZÄH: 9 | Mystische Verteidigung: 16 |
| WAH: 4 | Soziale Verteidigung: 14 |
| WIL: 6 | Physische Rüstung: 7 |
| CHA: 6 | Mystische Rüstung: 4 |

Bewusstlosigkeit: 62
Todesschwelle: 71
Wundschwelle: 13
Niederschlag: 11
Erholungsproben: 3

**Bewegungsrate:** 14
**Aktionen:** 3; Biss: 16 (18), waffenlos: 18 (16)
**Kräfte:**
*Humanoide Gestalt* (Standard): Der Kulomat kehrt in seine humanoide Gestalt zurück. Das passiert automatisch, wenn er bewusstlos wird oder stirbt.
*Kampfgebrüll* (15): Wie die Fertigkeit, *Spielerhandbuch*, S. 89.
*Tiergestalt* (Standard): Der Kulomat nimmt seine wolfsartige Gestalt an.
*Verstärkter Sinn* [Gehör] (2)
*Verstärkter Sinn* [Geruchssinn] (2)
*Zorn* (6)
**Spezialmanöver:**
*Erzürnen* (Gegner)
*Greif- und Bissangriff* (Kulomat in Kriegsgestalt, waffenlos)
*Loseisen* (Gegner, Nahkampf)
*Provozieren* (Gegner, Nahkampf)

### Tiergestalt

Kulomaten ähneln in dieser Gestalt großen Wölfen, aber ohne Schwanz und mit einem Körper, der eher mit Haaren als mit Fell bedeckt ist. Ihre unteren Eckzähne verlängern und verdicken sich zu Hauern, und ihre Wirbelknochen wölben sich unter ihrer Haut hervor.

**Herausforderung:** Geselle (Fünfter Kreis)

| | |
|---|---|
| **GES:** 8 | **Initiative:** 10 |
| **STR:** 7 | **Körperliche Verteidigung:** 15 |
| **ZÄH:** 7 | **Mystische Verteidigung:** 12 |
| **WAH:** 6 | **Soziale Verteidigung:** 10 |
| **WIL:** 5 | **Physische Rüstung:** 5 |
| **CHA:** 4 | **Mystische Rüstung:** 4 |

**Bewusstlosigkeit:** 62
**Todesschwelle:** 71
**Wundschwelle:** 13
**Niederschlag:** 11
**Erholungsproben:** 3
**Bewegungsrate:** 16
**Aktionen:** 2; Biss: 16 (14)
**Kräfte:**
*Aufmerksamkeit* (12)
*Heimlicher Schritt* (12): wie die Fertigkeit, *Spielerhandbuch*, S. 88.
*Hinterhalt* (10)
*Humanoide Gestalt* (Standard): Der Kulomat kehrt in seine humanoide Gestalt zurück. Das passiert automatisch, wenn er bewusstlos wird oder stirbt.
*Kampfgebrüll* (12): wie die Fertigkeit, *Spielerhandbuch*, S. 89.
*Kriegsgestalt* (Standard): Wenn es um Leben oder Tod geht, nimmt der Kulomat seine Kriegsgestalt an. Die Verwandlung ist schmerzhaft, und er erleidet alle zwei Minuten eine Wunde, wenn er die Gestalt aufrechterhält.
*Verstärkter Sinn* [Gehör] (2)
*Verstärkter Sinn* [Geruchssinn] (2)
**Spezialmanöver:**
*Sehnenbiss* (Kulomat in Tiergestalt, Biss)

## Liblikas

Die astrale Befleckung der Öde verzerrte diese Tiere, von denen man annimmt, dass sie von einer gutmütigen, im Rohelin-Wald heimischen Affenart stammen, zu gefährlichen Raubtieren. Liblikas ähneln haarlosen Gorillas mit übergroßen Ohren und Händen. Die meiste Zeit verbringen sie unter der Erde in vergessenen Tunneln, und die fehlende Sonneneinstrahlung ließ ihre Haut blass werden, was sie extrem empfindlich gegenüber Sonnenlicht macht.

Liblikas leben in Gruppen von 10 bis 30 Exemplaren und patrouillieren in Gruppen von vier bis sechs Exemplaren in ihrem Gebiet. Sie sind intelligent und dafür bekannt, ahnungslose Beute in Hinterhalte zu locken. Sie nutzen Überraschung und Verwirrung, um ihre Beute kampfunfähig zu machen und sie in ihr Nest zu ziehen.

Liblikas sind als Tiergefährten geeignet.

**Herausforderung:** Novize (Vierter Kreis)

| | |
|---|---|
| **GES:** 8 | **Initiative:** 9 |
| **STR:** 11 | **Körperliche Verteidigung:** 12 |
| **ZÄH:** 8 | **Mystische Verteidigung:** 11 |
| **WAH:** 7 | **Soziale Verteidigung:** 11 |
| **WIL:** 6 | **Physische Rüstung:** 4 |
| **CHA:** 6 | **Mystische Rüstung:** 3 |

**Bewusstlosigkeit:** 44
**Todesschwelle:** 52
**Wundschwelle:** 12
**Niederschlag:** 13
**Erholungsproben:** 3
**Bewegungsrate:** 12 (kletternd 12)
**Aktionen:** 1; waffenlos: 13 (14)
**Kräfte:**
*Eigensinnig* (2)
*Hinterhalt* (5)
*Spurenlesen* (11)
*Verstärkter Sinn* [Gehör] (2)
*Verwundbarkeit gegen Sonnenlicht:* Wenn Liblikas direktem Sonnenlicht ausgesetzt sind, ignorieren alle Angriffe gegen sie jeglichen Schutz durch Rüstung.
*Zusammenarbeit:* Gegner sind durch einen Gegner weniger als normal Bedrängt, wenn mindestens ein weiterer Angreifer diese Kraft hat.
**Spezialmanöver:**
*Niederkämpfen* (Liblikas, Nahkampf): Der Liblikas kann zwei zusätzliche Erfolge aus einer Angriffsprobe ausgeben, um das Ziel zu zwingen, eine Niederschlagsprobe gegen das Ergebnis der Angriffsprobe abzulegen. Misslingt die Probe, ist das Ziel Niedergeschlagen und wird eine Anzahl von Schritt gleich der Gesamterfolge bei der Angriffsprobe zurückgeschleudert.

## Liedgeist

Diese kleinen, zarten, wunderschönen Kreaturen fliegen mit ihren funkelnden Flügeln umher, die scheinbar aus hauchdünnem Garn gesponnen sind. Obwohl sie Windlingen ähneln, werden Liedgeister selten mehr als sechs Zoll groß. Es handelt sich um eine Variante des Irrlichts (*Spielleiterhandbuch*, S. 187), die eher Klang als Licht erzeugt. Durch die Modulation der von ihnen erzeugten Klänge können diese Kreaturen harmonische, ätherische Melodien erzeugen, während sie durch den Blutwald fliegen. Viele Liedgeister sind harmlos, und Besucher können einige sehen, die um den Palast Königin Alachias herumfliegen. Wie bei den Irrlichtern wurden einige Liedgeister von der Plage in den Wahnsinn getrieben und verwenden ihre Lieder seitdem, um Tod und Verderben zu säen.

Liedgeister werden von kleinen, glänzenden Objekten wie Edelsteinen und Schmuck angezogen. Ihre geringe Größe erlaubt es ihnen nicht, viel zu tragen, aber sie nehmen oft alle kleinen Gegenstände mit, die ihre Opfer tragen (bis zu einem halben Pfund Gewicht). Liedgeister leben normalerweise in kleinen Wäldern, und jeder Liedgeist schmückt sein Nest mit Gegenständen, die er gesammelt hat.

Herausforderung: Novize (Dritter Kreis)

| | |
|---|---|
| GES: 8 | Initiative: 10 |
| STR: 1 | Körperliche Verteidigung: 12 |
| ZÄH: 2 | Mystische Verteidigung: 12 |
| WAH: 6 | Soziale Verteidigung: 14 |
| WIL: 4 | Physische Rüstung: 0 |
| CHA: 8 | Mystische Rüstung: 5 |

Bewusstlosigkeit: 21
Todesschwelle: 23
Wundschwelle: 3
Niederschlag: 3
Erholungsproben: 1
Bewegungsrate: 16 (fliegend)
Aktionen: 1; Schock: 10 (4)
Kräfte:

*Verzauberndes Lied* (12, Standard): Die Melodie eines Liedgeistes ist in bis zu 40 Schritt Entfernung zu hören, verzaubert Namensgeber und lockt sie in Richtung der Musik. Mit ihren Liedern ziehen Liedgeister ihre Opfer in tödliche Situationen (Naturgefahren, bösartige Kreaturen usw.). Jeder zusätzliche Liedgeist, der diese Kraft anwendet, gewährt einen Bonus von einem Punkt auf die Stufe dieser Kraft. Der führende Liedgeist legt eine Probe auf Verzauberndes Lied gegen die Soziale Verteidigung des Ziels ab. Gelingt die Probe, bewegt sich das Ziel auf den führenden Liedgeist zu, ohne auf die Gefahren in der Nähe zu achten. In jeder Runde kann das Ziel eine Probe auf Willenskraft gegen die Stufe der Probe in Verzauberndes Lied ablegen. Gelingt die Probe, ist es nicht mehr gefangen und erhält für den Rest des Tages einen Bonus von +5 auf seine Soziale Verteidigung, wenn es zum Ziel von Verzauberndes Lied wird, sowie denselben Bonus auf Willenskraftproben gegen diese Kraft.

Spezialmanöver:

*Stutz den Flügel* (Gegner)

## Tarrack

Diese Kreaturen sind große, flugunfähige Vögel mit bösartigen Neigungen. Tarracks haben einen langen Hals und Stummelflügel, werden über acht Fuß groß und wiegen über 500 Pfund. Ihr Gefieder ist in den Farben Schwarz, Braun und Weiß gefleckt, mit roten Streifen auf dem Kopf und an den Kanten der Flügel. Mit ihrer Geschwindigkeit, ihren sensenartigen Krallen und ihren scharfen Schnäbeln sind Tarracks für alles, was einer Gruppe von ihnen auf den Ebenen begegnet, furchterregend. In Barsaive ist ihre Population aus vielen Gründen stetig zurückgegangen, unter anderem wegen der Beliebtheit ihrer köstlichen Eier. Sie sind jedoch noch immer im Überfluss im Gwydenro zu finden und stellen eine Art Statussymbol unter den Adligen der Region dar.

Einmal in freier Wildbahn aufgewachsen, ist es praktisch unmöglich, einen Tarrack in einen geeigneten Tiergefährten zu verwandeln, wenn man nicht gerade mächtige Magie wirkt. Selbst diejenigen, die aus einem Ei aufgezogen werden, gelten bei erfahrenen Tierhaltern als „herausfordernd". Trotzdem sind sie bei Orkbrennern beliebt, die zu sehr von Schlag- und Lauftaktiken angetan sind, und Gerüchte über eine elfische Kavallerieeinheit in Sereatha, die sie reitet, gewinnen an Glaubwürdigkeit.

Tarracks sind als Reittiere für Elfen, Menschen, Orks und T'skrang geeignet, und außerdem als Tiergefährten.

Herausforderung: Novize (Dritter Kreis)

| | |
|---|---|
| GES: 8 | Initiative: 12 |
| STR: 8 | Körperliche Verteidigung: 11 |
| ZÄH: 7 | Mystische Verteidigung: 9 |
| WAH: 6 | Soziale Verteidigung: 11 |
| WIL: 6 | Physische Rüstung: 2 |
| CHA: 6 | Mystische Rüstung: 3 |

Bewusstlosigkeit: 36
Todesschwelle: 43
Wundschwelle: 10
Niederschlag: 10
Erholungsproben: 2
Bewegungsrate: 22
Aktionen: 1; Biss: 12 (16), Krallen × 2: 14 (14)
Kräfte:

*Eigensinnig* (2)

*Schneller Angriff:* Der Tarrack kann seine Bewegung aufteilen (*Spielerhandbuch*, S. 229), ohne einen Malus oder Überanstrengung zu erleiden.

*Sturmangriff* (5)

*Verstärkter Sinn* [Gehör] (2)

*Verstärkter Sinn* [Sicht] (2)

*Weitsprung* (12)

Spezialmanöver:

*Anspringen* (Tarrack)

*Provozieren* (Gegner, Nahkampf)

## Vila

Vila sind Meereskreaturen, die nur im Gwyn-Meer vorkommen. Sie leben in versteckten Höhlen und verbringen fast ihr ganzes Leben im Wasser, benötigen aber Luft zum Atmen. Sie erscheinen als Elfen oder Menschen mit einer hellblauen Färbung der Haut, die an eine Unterkühlung erinnert, und bleiben normalerweise bis zu den Schultern unter Wasser. Bei genauerer Betrachtung unter direkter Sonneneinstrahlung sieht man dass ihre Haut aus sehr feinen Schuppen besteht. Vila sind in den meisten Geschichten Frauen, aber man hat auch schon von Männern gehört.

Sie singen traurige Melodien aus dem Wasser, die zwischen klagendem Wehklagen und trostlosen Klagen wechseln. Typischerweise hören Seeleute diese Lieder, lange bevor sie die Gestalt bemerken, die über Bord gefallen zu sein scheint. Es heißt, dass das Lied einer Vila einen Seemann in den Wahnsinn treiben kann.

Da Vila keine bekannte Sprache sprechen können und ihre Münder scharfe und tödliche Zähne verbergen, verhalten sie sich so, als seien sie schwer verwundet und unfähig zu kommunizieren, wenn sie an Bord eines Schiffes gezogen werden. Zitternd und tränenreich versuchen sie, ihre Retter zu überreden, ihnen Trost zu spenden. Wenn sie einen Moment allein mit einem Besatzungsmitglied verbringen oder das Gefühl haben, eine geeignete Gelegenheit zu haben, greifen sie an und versuchen, das Opfer über Bord zu werfen. Dann folgen sie dem Opfer über Bord, ziehen es unter die Wellen und ertränken es, um es in Ruhe zu fressen.

Seefahrer auf dem Gwyn-Meer sind vorsichtig bei der Rettung von im Wasser Treibenden, und es kommt nicht selten vor, dass sie verlangen, die Zähne von jemandem zu inspizieren.

**Herausforderung:** Geselle (Sechster Kreis)

| | |
|---|---|
| **GES:** 8 | **Initiative:** 10 |
| **STR:** 7 | **Körperliche Verteidigung:** 16 |
| **ZÄH:** 7 | **Mystische Verteidigung:** 13 |
| **WAH:** 4 | **Soziale Verteidigung:** 15 |
| **WIL:** 5 | **Physische Rüstung:** 2 |
| **CHA:** 8 | **Mystische Rüstung:** 3 |

**Bewusstlosigkeit:** 51
**Todesschwelle:** 58
**Wundschwelle:** 10
**Niederschlag:** 9
**Erholungsproben:** 2
**Bewegungsrate:** 12 (schwimmend 16)
**Aktionen:** 3; waffenlos: 18 (14), Biss: 15 (17)
**Kräfte:**

*Heimlicher Schritt* (15): wie die Fertigkeit, *Spielerhandbuch*, S. 88.

*Hinterhalt* (10)

*Lied der Sehnsucht* (14, Standard): Wenn sie zahlenmäßig unterlegen oder von Feinden entfernt ist, singt die Vila ihr Lied der Sehnsucht und zielt auf eine einzelne Kreatur in Hörweite. Bei Erfolg ist das Ziel von Sehnsucht (Vila, 2) betroffen, die sofort wirksam wird, mit einem Intervall von einer Minute. Zusätzliche Erfolge erhöhen die Sehnsuchtsstufe um einen Punkt. Siehe Sehnsucht, S. 150, für weitere Informationen.

*Semiaquatisch:* Vilas können ihren Atem für 30 Minuten anhalten, bevor sie ertrinken.

**Spezialmanöver:**

*Abwürgen* (Gegner): Ein Charakter kann zwei zusätzliche Erfolge aus einer Angriffsprobe ausgeben, um eine Vila bis zum Ende der nächsten Runde daran zu hindern, ihre Kraft Lied der Sehnsucht einzusetzen. Falls der Schaden eine Wunde verursacht, kann die Vila ihr Lied der Sehnsucht erst wieder einsetzen, wenn die Wunde geheilt ist.

*Greif- und Bissangriff* (Vila, waffenlos)

*Loseisen* (Gegner, Nahkampf)

*Niederkämpfen* (Vila, Nahkampf): Die Vila kann zwei zusätzliche Erfolge aus einer Erfolgsprobe ausgeben, um das Ziel zu zwingen, eine Niederschlagsprobe gegen das Ergebnis der Angriffsprobe abzulegen. Misslingt die Probe, ist das Ziel Niedergeschlagen und wird eine Anzahl von Schritt gleich den Gesamterfolgen bei der Angriffsprobe zurückgeschleudert.

*Todesrolle* (Vila, waffenlos): Die Vila kann zwei zusätzliche Erfolge aus einer Angriffsprobe ausgeben, um einen Greif- und Bissangriff durchzuführen, wodurch sie sich und ihren Gegner dazu zwingt, eine vergleichende Stärkeprobe abzulegen. Gewinnt die Vila, zieht sie ihren Gegner in einer Rolle unter Wasser, wo sie ihn gegen den Grund schmettert und Stufe 7 Schaden verursacht (gegen diesen Schaden schützt keine Rüstung). Dieser Schaden wird zusätzlich zum automatisch verursachten Bissschaden der Vila verursacht.

## WIRBELKLAUE

Wirbelklauen sind kleine, außergewöhnlich schnelle und wendige Zweibeiner, die in flachen Höhlen am Waldrand und in anderen dünn bewaldeten Teilen des Blutwaldes leben. Diese zotteligen Kreaturen übertreffen selten eine Höhe von zwei Fuß, besitzen aber lange, spindelförmige Arme, die in scharfen, bösartig gebogenen Krallen enden. Wirbelkrallen verlassen sich auf ihre Geschwindigkeit und mehrfache Klauenangriffe, um ihre Beute zu überwinden, und springen oft von Ziel zu Ziel, um Chaos und Verwirrung zu verursachen.

**Herausforderung:** Novize (Dritter Kreis)

| | |
|---|---|
| **GES:** 9 | **Initiative:** 13 |
| **STR:** 4 | **Körperliche Verteidigung:** 13 |
| **ZÄH:** 5 | **Mystische Verteidigung:** 10 |
| **WAH:** 5 | **Soziale Verteidigung:** 10 |
| **WIL:** 4 | **Physische Rüstung:** 3 |
| **CHA:** 4 | **Mystische Rüstung:** 4 |

**Bewusstlosigkeit:** 30
**Todesschwelle:** 35
**Wundschwelle:** 7
**Niederschlag:** 6
**Erholungsproben:** 2
**Bewegungsrate:** 14 (kletternd 8)
**Aktionen:** 2; Krallen × 2: 14 (8)
**Kräfte:**

*Aufblitzende Klauen* (5): Die Wirbelklaue erhält gegen Gegner mit einem niedrigeren Initiativeergebnis einen Bonus von +5 auf ihre Angriffsprobe.

*Verstärkter Sinn* [Geruchssinn] (2)

*Weitsprung* (13)

**Spezialmanöver:**

*Benommen* (Gegner): Ein Gegner kann einen zusätzlichen Erfolg aus einer Angriffsprobe ausgeben, um die Wirbelklaue davon abzuhalten, bei ihrer nächsten Aktion ihre Zuckenden Klauen einzusetzen.

*Zuckende Klauen* (Wirbelklaue, Krallen): Die Wirbelklaue kann zwei zusätzliche Erfolge aus einer Angriffsprobe ausgeben, um einen zusätzlichen Angriff gegen ihren Gegner durchzuführen. Dieses Manöver kann nur zweimal pro Runde durchgeführt werden.

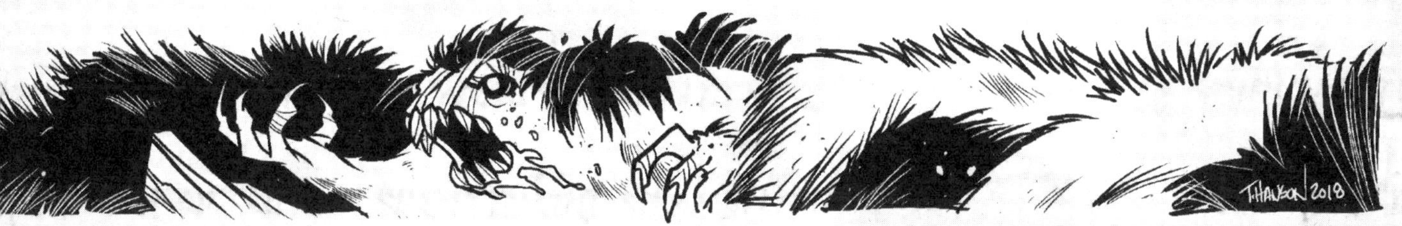

# Magische Schätze

## Blutdornenschild

**Maximale Fadenanzahl:** 2

**Mystische Verteidigung:** 12

**Kategorie:** Geselle

Dieser Farnschild besteht aus Samen des Iothanbaumes, der tief im Herzen des Blutwaldes wächst. Wenn ein Faden zu ihm gewebt wird, ist er dunkelbraun mit dunkelvioletten Blättern und kleinen blutroten Blüten, die um seinen Rand wachsen. Blut tropft für einige Augenblicke von den Stängeln, wenn diese gepflückt werden, bis eine neue Blume wächst, die sie ersetzt.

Diese Schilde sind Privilegien, die der Hof des Blutwaldes denjenigen gewährt, die sich im Militärdienst auszeichnen. Im Gegensatz zu typischen Farnschilden muss der Schild nicht gewässert werden. Stattdessen gibt der Besitzer einmal pro Woche einen einzigen Tropfen Namensgeberblut in die Mitte des Schildes. Andernfalls ruht die Verzauberung. Wenn der Besitzer einen Faden zum Schild gewebt hat, ist das Blut nicht erforderlich.

### FADENRANG EINS

**Schlüsselinformation:** Der Besitzer muss den Namen des Schildes herausfinden.

**Wirkung:** Der Besitzer erhält +1 Körperliche Verteidigung.

### FADENRANG ZWEI

**Wirkung:** Der Besitzer erhält +1 Mystische Verteidigung.

### FADENRANG DREI

**Schlüsselinformation:** Der Besitzer muss den Namen des ersten Besitzers des Schildes herausfinden.

**Wirkung:** Der Besitzer erhält die Fähigkeit *Blutstärkung*. Auf Befehl treibt der Schild schmerzhafte Dornen in den Unterarm des Trägers und saugt Blut an. Dieses Blut wird vom Schild aufgenommen, sodass die Pflanzen auf ihm sich füllen und ein schwaches, scharlachrotes Licht abgeben. Als Einfache Aktion für zwei Punkte Überanstrengungsschaden erhält der Besitzer +1 auf seine Physische und Mystische Verteidigung bis zum Ende der nächsten Runde. Dies geschieht zusätzlich zu den Boni, die normalerweise durch den Schild gewährt werden.

### FADENRANG VIER

**Wirkung:** Der Besitzer erhält +2 Körperliche Verteidigung.

### FADENRANG FÜNF

**Schlüsselinformation:** Der Besitzer muss den Namen der Person herausfinden, die den Schild hergestellt hat.

**Wirkung:** Der Besitzer erhält +2 Mystische Verteidigung.

### FADENRANG SECHS

**Wirkung:** *Blutstärkung* gewährt jetzt einen Bonus von +2 auf die Körperliche und Mystische Verteidigung.

## Gewitterpfeile

**Maximale Fadenanzahl:** 2

**Mystische Verteidigung:** 14

**Kategorie:** Geselle (Hüter)

Gewitterpfeile sind eigentlich magische Köcher für die Pfeile elfischer Kriegsbögen. Die Köcher sind aus dunkelblauem Leder gefertigt und in Silber eingefasst. Im Gegensatz zu Standard-Köchern halten (und verstärken) sie nur acht Pfeile auf einmal. Sie waren vor der Plage im Wyrmwald verbreitet und werden immer noch den Schwertern der Gerechtigkeit in Sereatha ausgehändigt.

Wenn der Besitzer keinen Faden zum Köcher gewebt hat, ist dieser nichts anderes als ein kleiner, aber prächtiger Köcher. Alle Pfeile darin scheinen normale Pfeile für elfische Kriegsbögen zu sein. Sobald ein Faden gewebt ist, verändern sich die im Köcher aufbewahrten Pfeile allmählich. Die Befiederung wird reinweiß, und die Spitzen werden zu Kristall. Von Zeit zu Zeit flackern Streifen aus silberfarbenem Licht in den Spitzen.

Einige Köcher sind mächtiger als andere. Diese gehören zur Hüter-Kategorie und haben acht Fadenränge statt der sechs Fadenränge, die Gesellen-Köcher besitzen.

### FADENRANG EINS

**Schlüsselinformation:** Der Besitzer muss den Namen des Köchers herausfinden.

**Wirkung:** 24 Stunden, nachdem er in den Köcher gesteckt wurde, verwandelt sich ein normaler Kriegsbogenpfeil in einen Gewitterpfeil, und der Besitzer erhält einen Bonus von +1 auf Angriffsproben, wenn er ihn abfeuert.

### FADENRANG ZWEI

**Wirkung:** Der Besitzer erhält einen Bonus von +1 auf Schadensproben, die er mit einem Gewitterpfeil ablegt.

### FADENRANG DREI

**Schlüsselinformation:** Der Besitzer muss den Namen der Person herausfinden, die den Köcher hergestellt hat.

**Wirkung:** Der Besitzer erhält einen Bonus von +2 auf Angriffsproben mit einem Gewitterpfeil.

### FADENRANG VIER

**Wirkung:** Der Besitzer erhält einen Bonus von +2 auf Schadensproben, die er mit einem Gewitterpfeil ablegt.

### FADENRANG FÜNF

**Schlüsselinformation:** Der Besitzer muss herausfinden, wo die Wahre Luft geerntet wurde, die für die Herstellung des Köchers verwendet wurde.

**Wirkung:** Der Besitzer erhält das Spezialmanöver *Donnerschlag*:

*Donnerschlag (Adept, Gewitterpfeil):* Der Adept kann zusätzliche Erfolge aus einer Angriffsprobe ausgeben, damit das Ziel für Fadenrang Runden auf alle Aktionsproben einen Malus von -1 pro Erfolg erhält.

#### FADENRANG SECHS

**Wirkung:** Der Besitzer erhält einen Bonus von +3 auf Angriffsproben mit einem Gewitterpfeil.

#### FADENRANG SIEBEN

**Schlüsselinformation:** Der Besitzer muss herausfinden, woher das für den Köcher verwendete Silber und Tierleder stammen.

**Tat:** Der Besitzer muss Silber aus derselben Quelle und Leder von derselben Tierart verwenden, um den Köcher in irgendeiner Weise zu verbessern, und dann ein Körnchen Wahrer Luft aus derselben Quelle wie die ursprüngliche Wahre Luft in einem Ritual verwenden, um den Köcher wieder zu verzaubern.

**Wirkung:** Der Besitzer erhält das Spezialmanöver *Blitzschlag*:

*Blitzschlag (Adept, Gewitterpfeil):* Einmal pro Runde kann der Besitzer für zwei Punkte Überanstrengungsschaden zwei zusätzliche Erfolge aus einer Angriffsprobe ausgeben, um den Pfeil in einen Blitzstrahl zu verwandeln. Dadurch wird der Pfeil zerstört und greift ein zusätzliches Ziel innerhalb von 20 Schritt Entfernung vom ursprünglichen Ziel an. Dies wird als separater Angriff mit eigener Angriffs- und Schadensprobe abgewickelt.

#### FADENRANG ACHT

**Wirkung:** Donnerschlag wirkt nun auch gegen alle Ziele neben dem ursprünglichen Ziel.

### PURPURRÜSTUNG

**Maximale Fadenanzahl:** 1

**Mystische Verteidigung:** 13

**Kategorie:** Hüter

Diese Ringrüstung ist aus schwarzem Metall und tief blutrotem Höllenhundleder gefertigt. Sie ist mit Wahrem Feuer angereichert, weist Schmutz ab und hält den Träger auch bei extremen Temperaturen komfortabel.

Sie werden oft langjährigen Rittern vom Purpurturm geschenkt und sollen dem Besitzer den Übergang vom Pfad des Kriegers zum Pfad des Weisen erleichtern. Ohne einen zu ihr gewebten Faden ist die Rüstung eine normale Ringrüstung mit Mystischer Panzerung 1. Ein Adept darf nur dann einen Faden zur Rüstung weben, wenn er dem Pfad des Kriegers folgt.

#### FADENRANG EINS

**Schlüsselinformation:** Der Besitzer muss den Namen der Rüstung herausfinden.

**Tat:** Der Besitzer muss sich auf dem Pfad des Kriegers befinden.

**Wirkung:** Die Rüstung hat Mystische Rüstung 2.

#### FADENRANG ZWEI

**Wirkung:** Die Rüstung hat Physische Rüstung 7

#### FADENRANG DREI

**Schlüsselinformation:** Der Besitzer muss den Namen des ersten Besitzers der Rüstung herausfinden.

**Wirkung:** Der Besitzer erhält die Fähigkeit *Purpurresistenz*. Als Freie Aktion für einen Punkt Überanstrengungsschaden kann der Besitzer einen Bonus von +3 auf seine Physische und Mystische Rüstung gegen einen einzigen kältebasierten Angriff erhalten.

#### FADENRANG VIER

**Wirkung:** Der Besitzer erhält +1 Rang in Holzhaut.

#### FADENRANG FÜNF

**Schlüsselinformation:** Der Besitzer muss den Namen der Person herausfinden, die die Rüstung hergestellt hat.

**Wirkung:** Die Rüstung hat Mystische Rüstung 3.

#### FADENRANG SECHS

**Wirkung:** Der Besitzer erhält +1 Rang in Feuerblut.

#### FADENRANG SIEBEN

**Tat:** Der Besitzer muss den Pfad des Kriegers verlassen und den Pfad des Weisen beschreiten.

**Wirkung:** Der Besitzer erhält +2 Ränge in Holzhaut, und die Rüstung hat Physische Rüstung 8.

#### FADENRANG ACHT

Wirkung: Der Besitzer erhält +2 Ränge in Feuerblut, und die Rüstung hat Mystische Rüstung 4.

### STURMSTAB

**Maximale Fadenanzahl:** 2

**Mystische Verteidigung:** 12

**Kategorie:** Geselle

Die Freien Kompanien erschufen diesen Stab, um ihren Elementaristen zu helfen, das heftige und unruhige Wetter in Shosara zu überstehen. Sturmstäbe werden häufig auf Expeditionen der Shosaraner in die Wildnis mitgenommen, und viele davon sind im Laufe der Jahrhunderte verloren gegangen; einige sind ziemlich weit von der Insel entfernt, auf der sie hergestellt wurden.

Die Stäbe sind aus Treibholz gefertigt, das mit Wahrem Wasser aus dem Gwyn-Meer angereichert ist. Das verwitterte Holz nimmt eine Vielzahl von Formen an, ist aber typischerweise fünf bis sechs Fuß lang mit einem kleinen Haken an einem Ende und wirkt immer wasserdurchtränkt, als ob es gerade aus dem Meer gezogen worden wäre.

### FADENRANG EINS

**Schlüsselinformation:** Der Besitzer muss den Namen des Stabes herausfinden.

**Wirkung:** Der Besitzer erhält die Fähigkeit Sturmzuflucht. Als aufrechterhaltene Aktion (eine Minute) für zwei Punkte Überanstrengungsschaden verwandelt sich der Stab in eine Weide. Pro Fadenrang kann ein Namensgeber unter dem Baum Schutz suchen. Diejenigen, die unter dem Baum Schutz suchen, erhalten einen Bonus gleich dem Fadenrang auf alle Proben, um den natürlichen Witterungseinflüssen zu widerstehen. Dieser Effekt kann einmal täglich angewendet werden, hält bis zu 24 Stunden an und kann vom Besitzer jederzeit wieder beendet werden.

### FADENRANG ZWEI

**Wirkung:** Der Besitzer erhält +1 Rang in Spruchzauberei.

### FADENRANG DREI

Schlüsselinformation: Der Besitzer muss den Namen der Person herausfinden, die den Stab hergestellt hat.

**Wirkung:** Der Besitzer erhält +1 auf Fadenweben-Proben.

### FADENRANG VIER

**Wirkung:** Der Stab enthält eine Standardmatrix mit einem Rang gleich dem Fadenrang.

### FADENRANG FÜNF

**Schlüsselinformation:** Der Besitzer muss herausfinden, wo das Treibholz gesammelt wurde, das für den Stab verwendet wurde.

**Wirkung:** Der Besitzer erhält +2 Ränge in Spruchzauberei.

### FADENRANG SECHS

**Wirkung:** Der Besitzer erhält +2 auf Fadenweben-Proben.

## WYRMWALDKLINGE

**Maximale Fadenanzahl:** 2

**Mystische Verteidigung:** 12

**Kategorie:** Geselle (Hüter)

Diese eleganten Breitschwerter haben ihren Ursprung angeblich im Wyrmwald, aber es gibt keine Aufzeichnungen darüber, wer sie hergestellt hat. Das in die Klinge eingearbeitete Wahre Holz verleiht ihr einen Grünton, und der Griff ist aus dunklem Holz mit Spiralmotiven, aber hart wie Stahl. Die Klingen galten als unglaublich selten, tauchen aber immer häufiger bei denjenigen auf, die den Blutwald reinigen wollen, vor allem bei den Suchern des Herzens.

Diejenigen, die diese Waffen kennen, glauben, dass die Originale mit Holz von Eichenherz hergestellt wurden und dass die Erschaffung des Blutwaldes sie aufgrund dieser Verbindung beeinflusst und ihre Struktur verändert hat. Falls solche Schwerter existieren, gehören sie zur Hüter- statt zur Gesellenkategorie und haben eine Mystische Verteidigung von 15.

### FADENRANG EINS

**Schlüsselinformation:** Der Besitzer muss den Namen des Schwertes herausfinden.

**Wirkung:** Das Schwert hat Schadensstufe 7.

### FADENRANG ZWEI

**Wirkung:** Der Besitzer erhält +1 auf Initiativeproben, wenn er das Schwert führt.

### FADENRANG DREI

**Schlüsselinformation:** Der Besitzer muss den Namen der Person herausfinden, die das Schwert hergestellt hat.

**Wirkung:** Das Schwert hat Schadensstufe 8.

### FADENRANG VIER

**Wirkung:** Der Besitzer erhält +1 auf Angriffsproben mit dem Schwert.

### FADENRANG FÜNF

**Schlüsselinformation:** Der Besitzer muss herausfinden, wo das Holz und das Wahre Holz geerntet wurden, die für die Herstellung des Schwertes verwendet wurden.

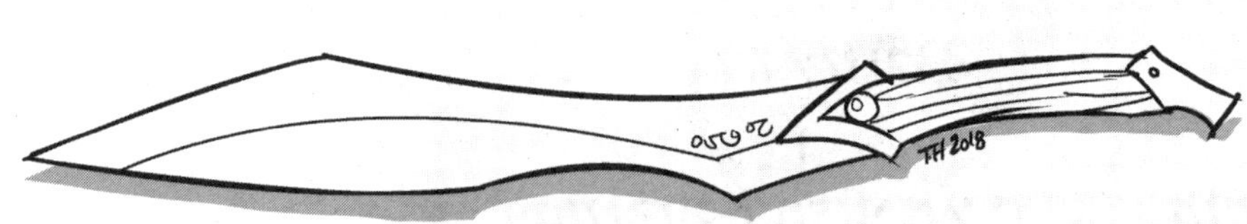

**Wirkung:** Der Besitzer erhält die Fähigkeit Wächter des Waldes. Als Standardaktion für zwei Punkte Überanstrengungsschaden erhält der Besitzer für bis zu Fadenrang Minuten eine Verbindung zu einem natürlichen, bewaldeten Standort. Der Besitzer erhält einen Bonus von +3 auf Proben, die sich darauf beziehen, Dinge am betreffenden Ort zu finden.

### FADENRANG SECHS

**Wirkung:** Das Schwert hat Schadensstufe 9.

### FADENRANG SIEBEN

**Tat:** Der Besitzer muss zu den Bäumen reisen, die das Holz und das Wahre Holz zur Verfügung gestellt haben, um das Schwert herzustellen, und sich verpflichten, den Blutwald entweder zu schützen oder zu heilen.

**Wirkung:** Wenn der Besitzer sich verpflichtet, den Blutwald zu schützen, nimmt die Klinge einen rötlichen Farbton an und erhält die Fähigkeit Durstige Dornen. Als Einfache Aktion für zwei Punkte Überanstrengungsschaden wachsen für Fadenrang Runden Dornen aus der Klinge. Das nächste Mal, wenn die Klinge während dieser Zeit eine Wunde verursacht, verliert das Ziel eine Erholungsprobe, und der Besitzer der Wyrmwaldklinge legt eine Erholungsprobe ab, als wäre er das Ziel mit allen entsprechenden Boni und Mali (z. B. durch Erholungstränke und Wunden). Wenn das Ziel keine Erholungsprobe mehr hat, erleidet es eine zusätzliche Wunde, und der Besitzer legt trotzdem eine Erholungsprobe wie beschrieben ab.

Wenn der Besitzer sich verpflichtet, den Blutwald zu heilen, erhält das Schwert die Fähigkeit Leben des Waldes. Als Standardaktion kann der Besitzer eine Erholungsprobe ablegen, um sich selbst oder ein benachbartes Ziel zu heilen. Die Erholungsprobe verwendet die Stufe des Besitzers und erhält einen Bonus in Höhe des Fadenrangs, zusätzlich zu allen entsprechenden Boni und Mali des Besitzers (z. B. durch Erholungstränke und Wunden). Der Besitzer kann die Erde mit dieser Fähigkeit anvisieren und sie wie mit den Elementaristenzaubern Erde Reinigen (Spielerhandbuch, S. 162) und Wasser Reinigen (Spielerhandbuch, S. 164) in einem Radius von Fadenrang × 10 Schritt beeinflussen, wobei er seine Wahrnehmungsstufe + den Fadenrang für die Probe verwendet. Leben des Waldes kann einmal täglich verwendet werden.

### FADENRANG ACHT

**Wirkung:** Wenn der Besitzer sich verpflichtet hat, den Blutwald zu schützen, hat das Schwert Schadensstufe 10, und der Besitzer erhält +2 auf Angriffsproben mit dem Schwert. Wenn der Besitzer sich verpflichtet hat, den Blutwald zu heilen, erhält er +1 Erholungsprobe und +2 auf Initiativeproben, wenn er das Schwert führt.

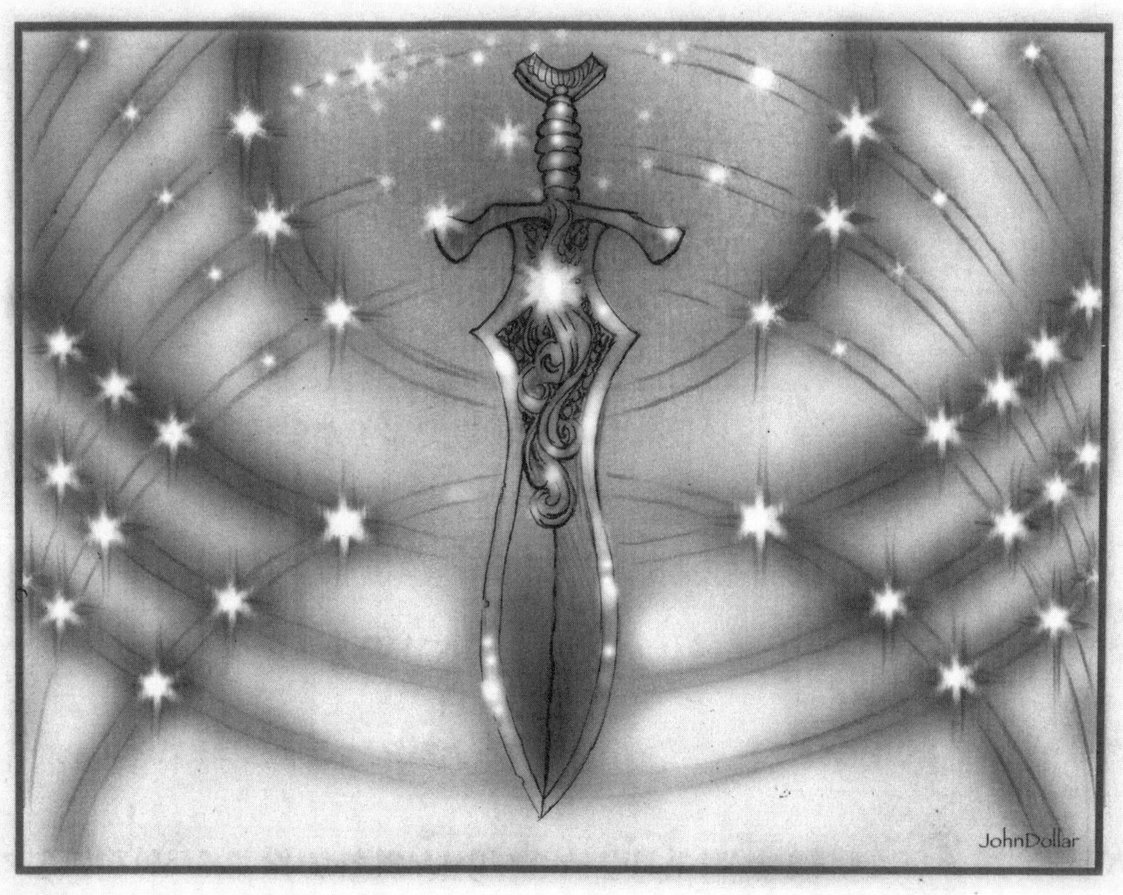

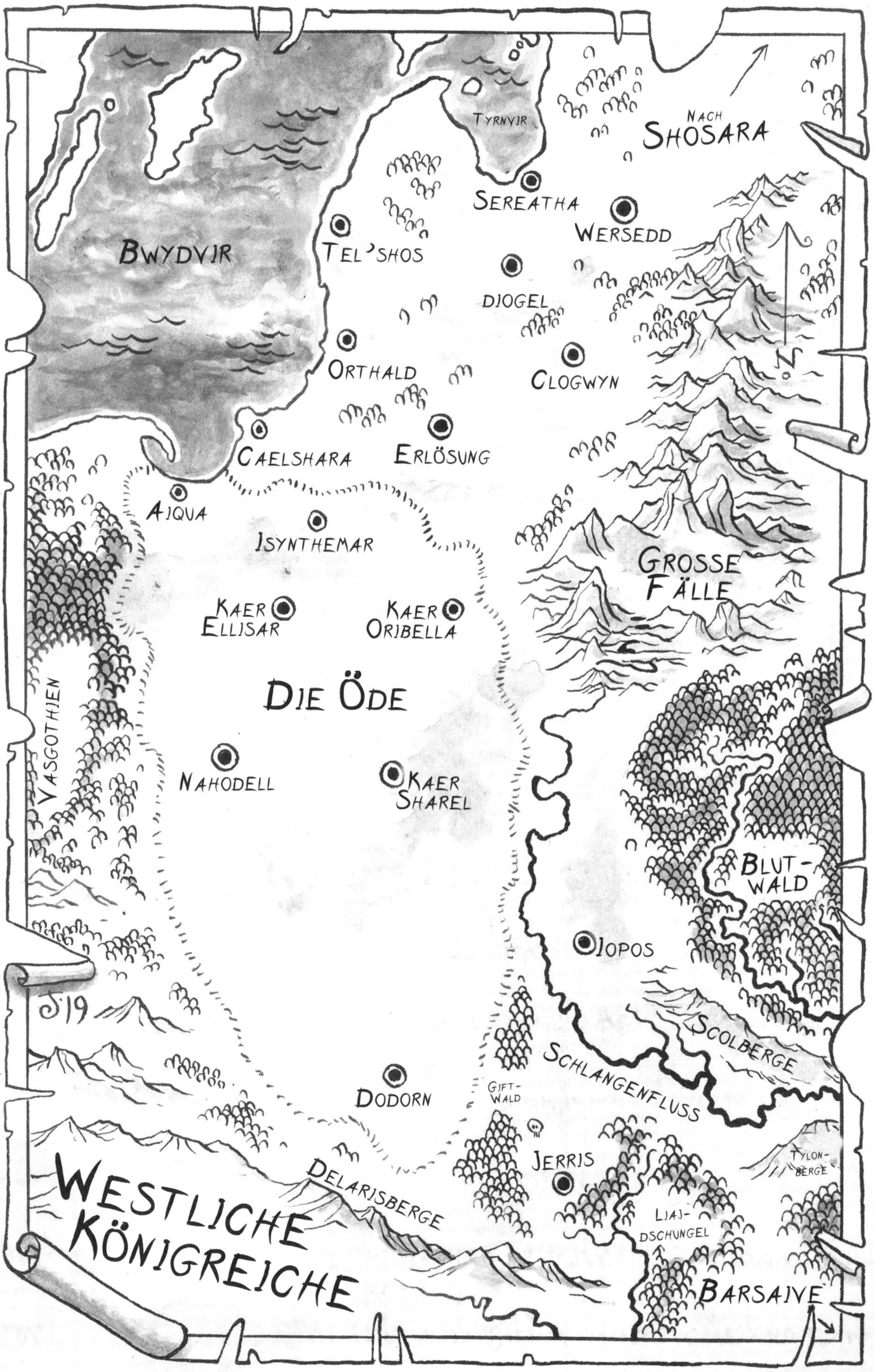

Tyrnvir
Nach
Shosara
Bwydvir
Sereatha
Wersedd
Tel'shos
Djogel
Orthald
Clogwyn
Caelshara
Erlösung
Ajqua
Isynthemar
Grosse
Fälle
Kaer
Ellisar
Kaer
Oribella
Die Öde
Vasgothien
Nahodell
Kaer
Sharel
Blut-
wald
Jopos
Scolberge
Schlangenfluss
Gift-
wald
Dodorn
Jerris
Tylon-
berge
Delarisberge
Liaj-
dschungel
Westliche
Königreiche
Barsaive

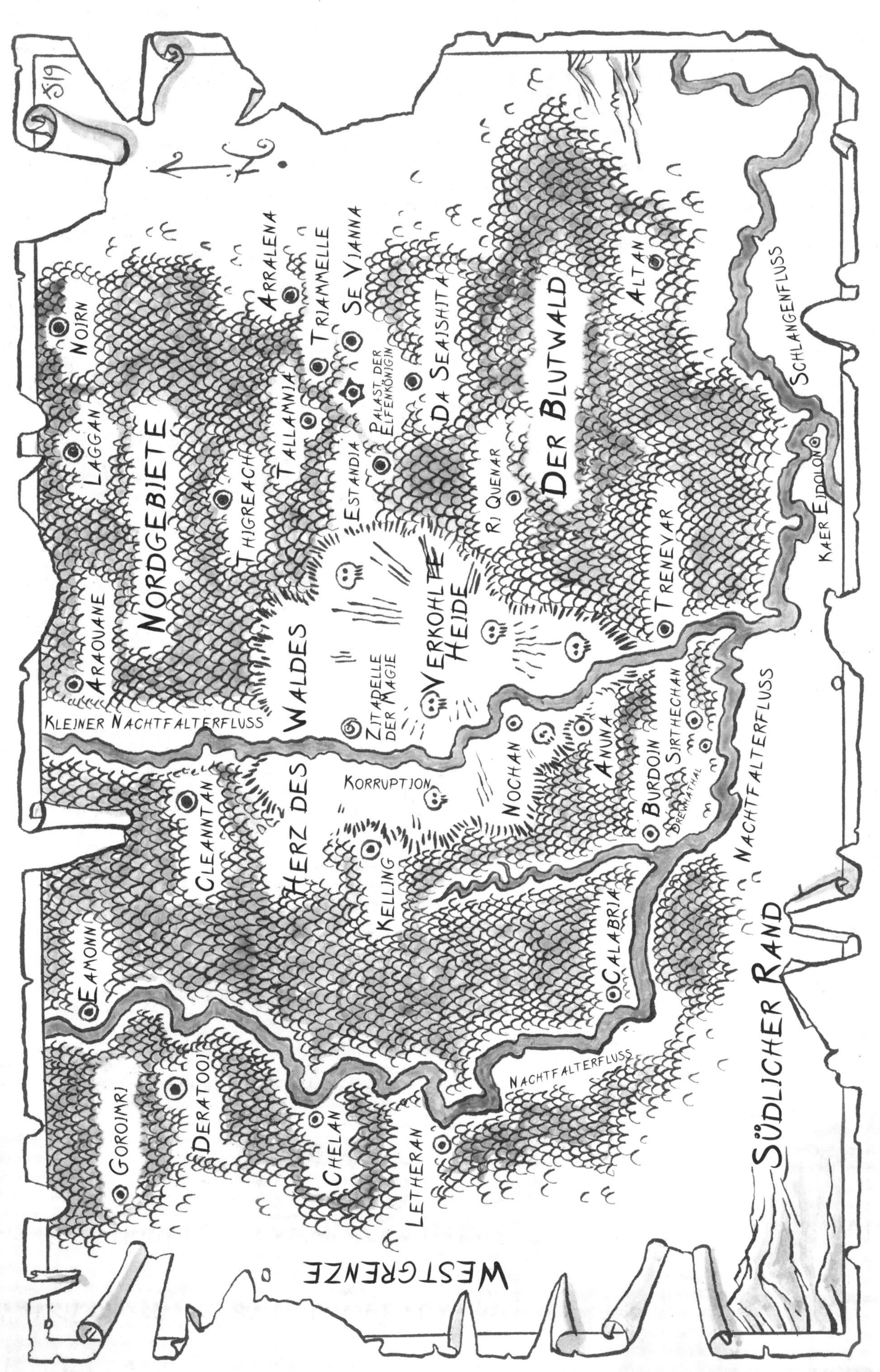
519
Noirn
Laggan
Araouane
Nordgebiete
Kleiner Nachtfalterfluss
Arralena
Thigreach
Tallamnia
Triammelle
Se Vjanna
Estandia
Palast der Elfenkönigin
Da Seaishita
Herz des Waldes
Zitadelle der Magie
Verkohlte Heide
Ri Quenar
Der Blutwald
Altan
Schlangenfluss
Kaer Eidolon
Treneyar
Korruption
Nochan
Anuna
Burdoin
Sirthechan
Nachtfalterfluss
Cleanntan
Kelling
Calabria
Eamonn
Südlicher Rand
Goroimri
Deratooi
Chelan
Letheran
Nachtfalterfluss
Westgrenze

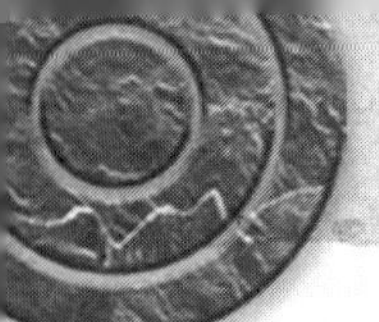

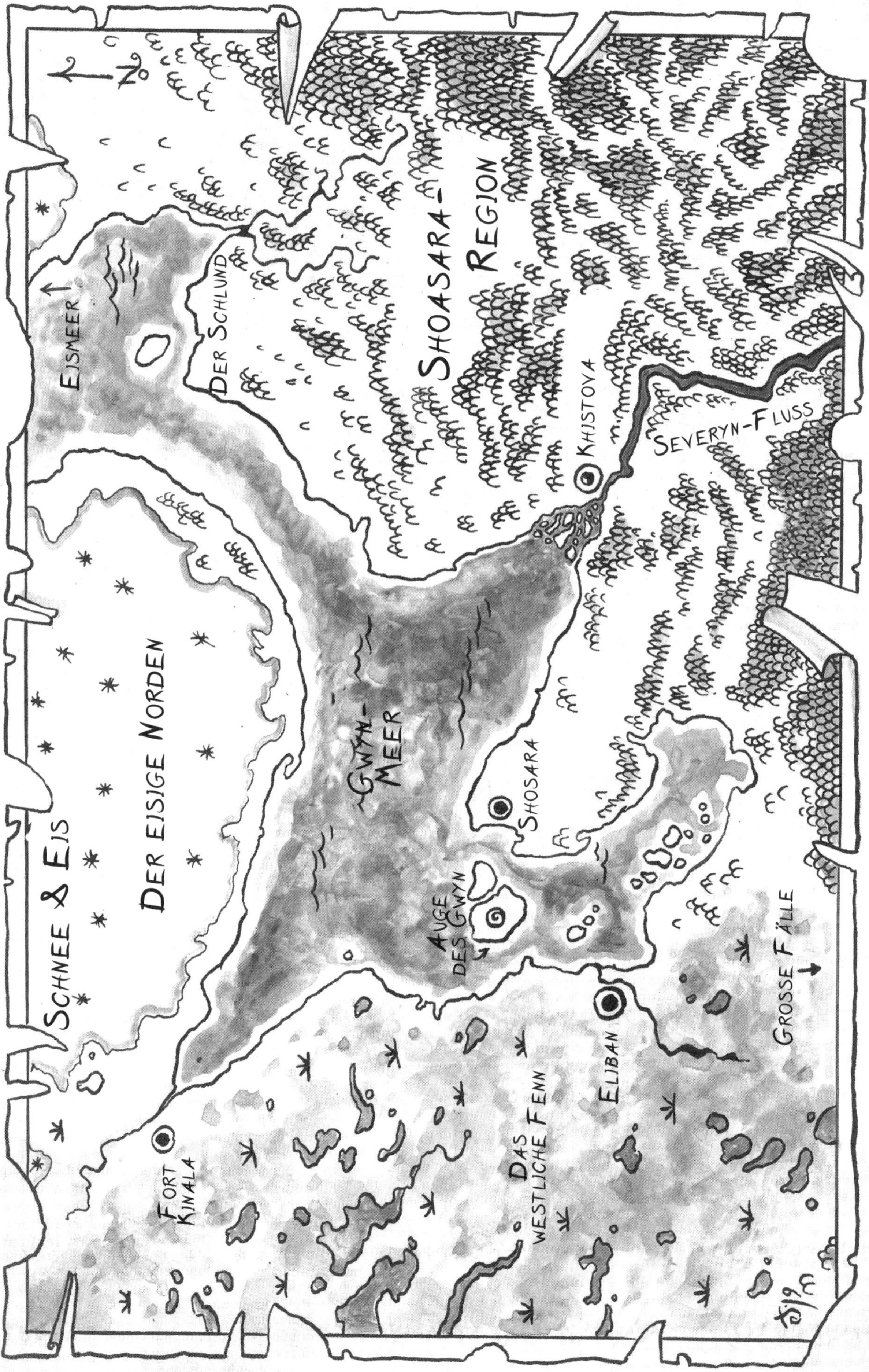

Schnee & Eis
Der eisige Norden
Eismeer
Der Schlund
Shoasara-Region
Khistova
Severyn-Fluss
Gwyn-Meer
Shosara
Auge des Gwyn
Grosse Fälle
Eliban
Das westliche Fenn
Fort Kinala

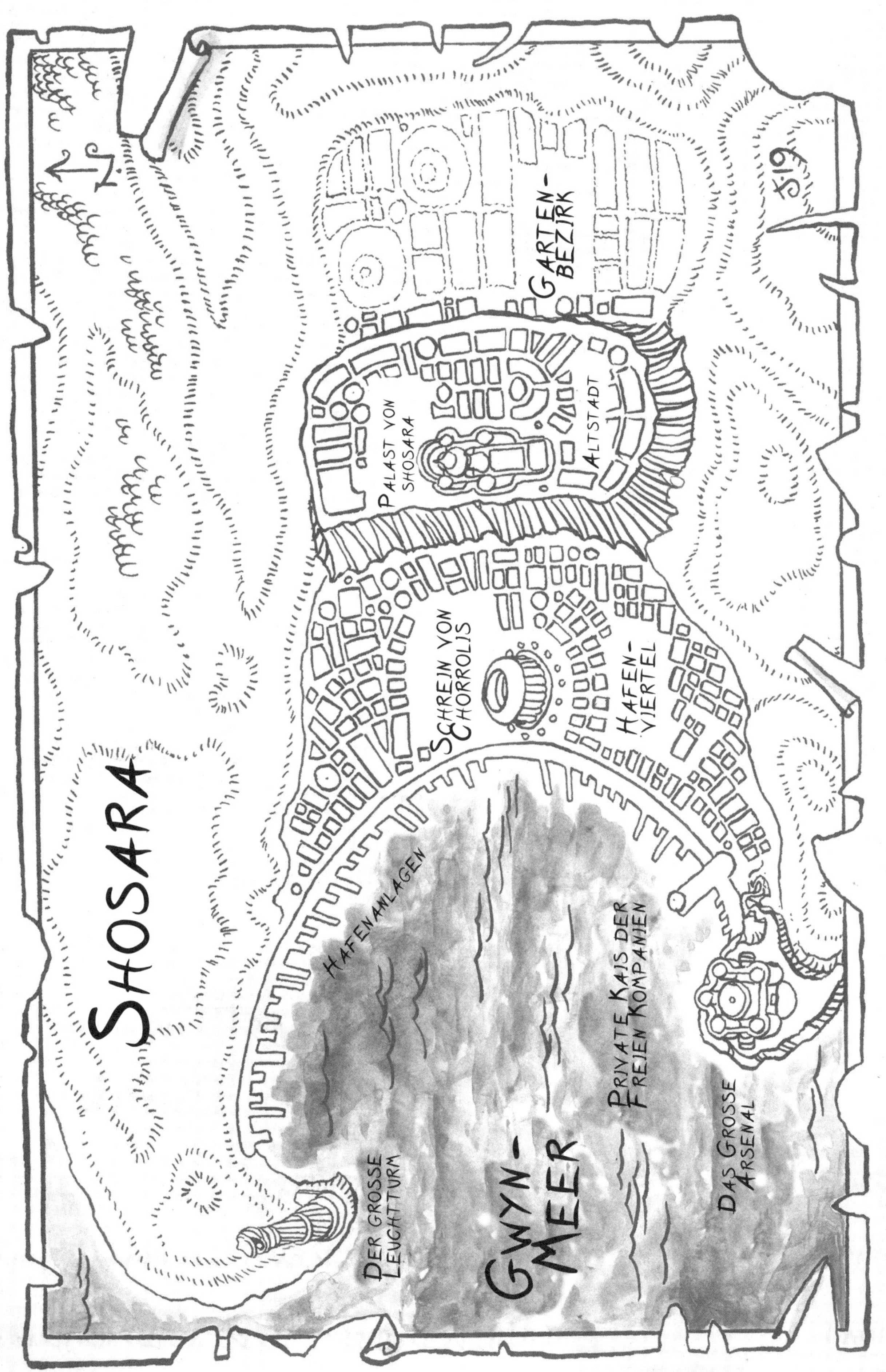
SHOSARA
GWYN-MEER
DER GROSSE LEUCHTTURM
HAFENANLAGEN
PRIVATE KAIS DER FREIEN KOMPANIEN
DAS GROSSE ARSENAL
SCHREIN VON CHORROLIS
HAFEN-VIERTEL
PALAST VON SHOSARA
ALTSTADT
GARTEN-BEZIRK

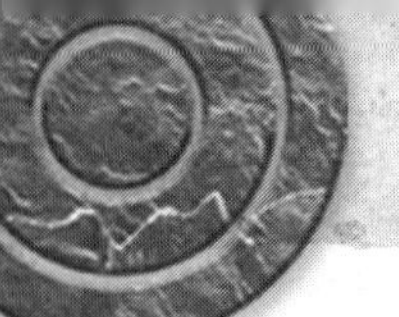

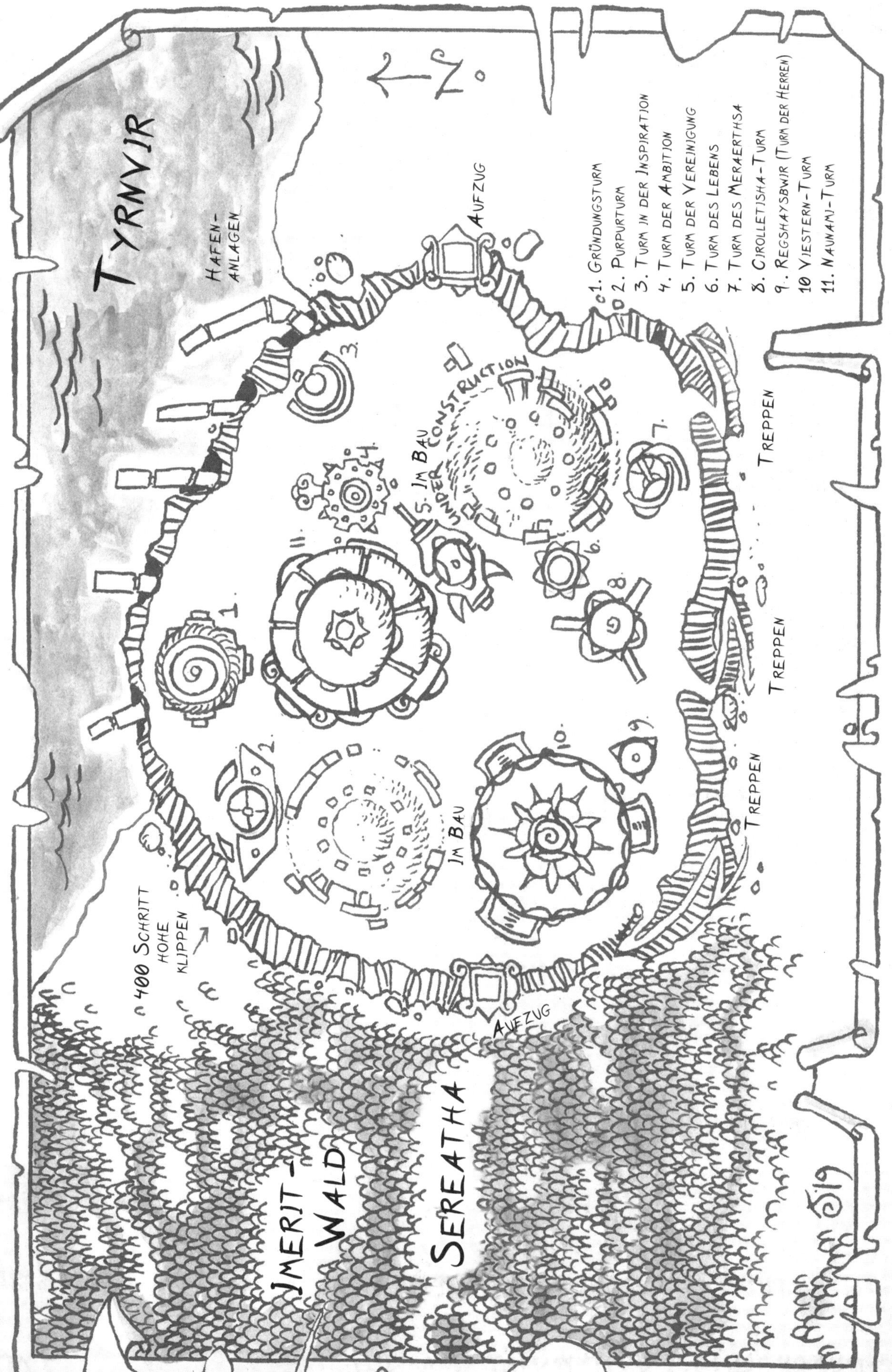

Tyrnvir

Hafen-anlagen

Aufzug

1. Gründungsturm
2. Purpurturm
3. Turm in der Inspiration
4. Turm der Ambition
5. Turm der Vereinigung
6. Turm des Lebens
7. Turm des Meraerthsa
8. Cirolletisha-Turm
9. Regshaysbwir (Turm der Herren)
10 Vjestern-Turm
11. Naunami-Turm

5. Im Bau
Under Construction

Treppen

Treppen

Treppen

Im Bau

400 Schritt hohe Klippen

Aufzug

Imerit-Wald

Sereatha

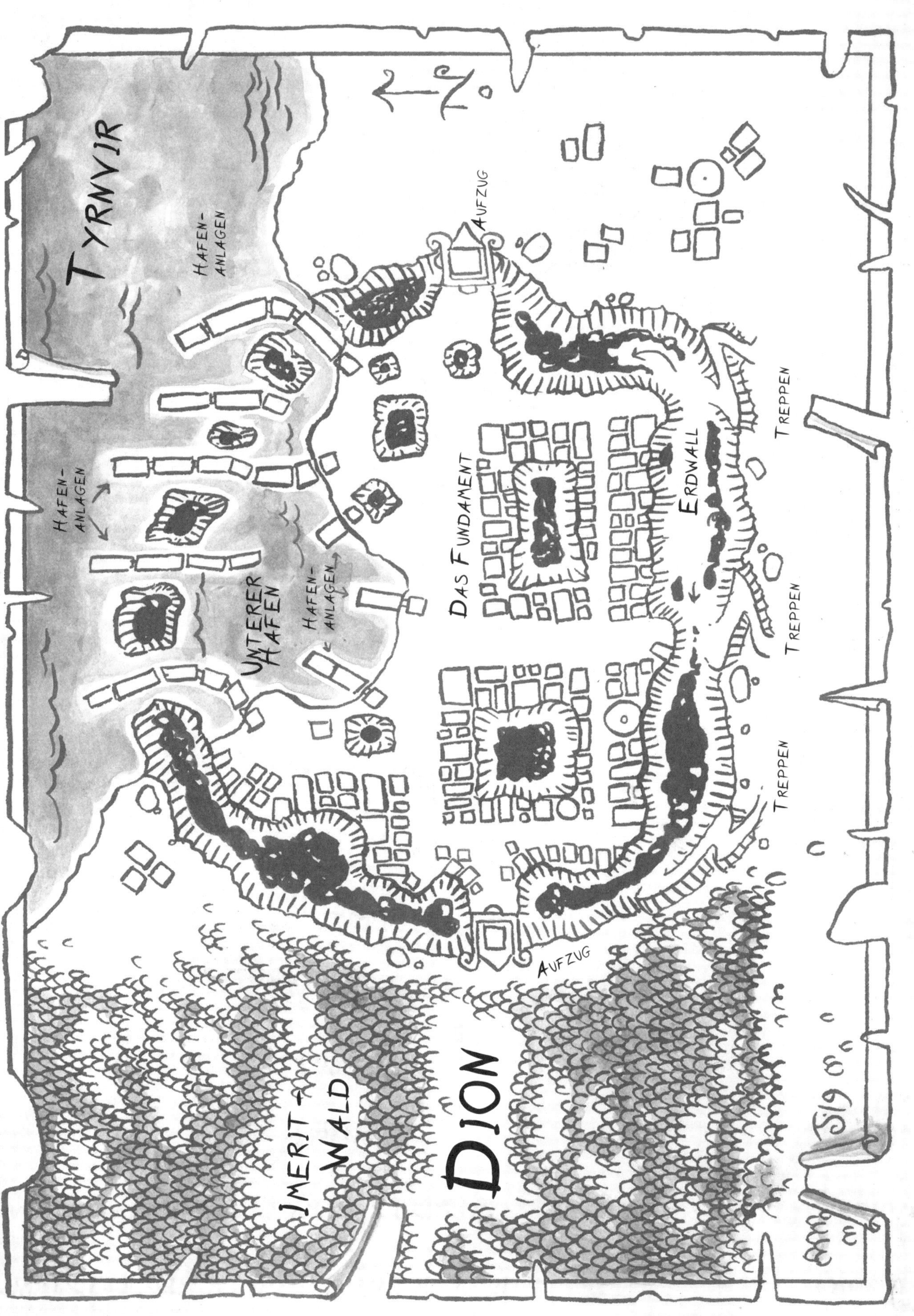
TYRNVIR
HAFEN-
ANLAGEN
HAFEN-
ANLAGEN
AUFZUG
UNTERER
HAFEN
HAFEN-
ANLAGEN
DAS FUNDAMENT
ERDWALL
TREPPEN
TREPPEN
TREPPEN
AUFZUG
IMERIT-
WALD
DION

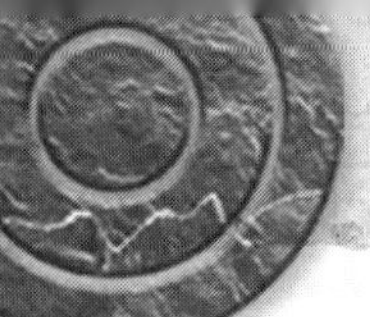

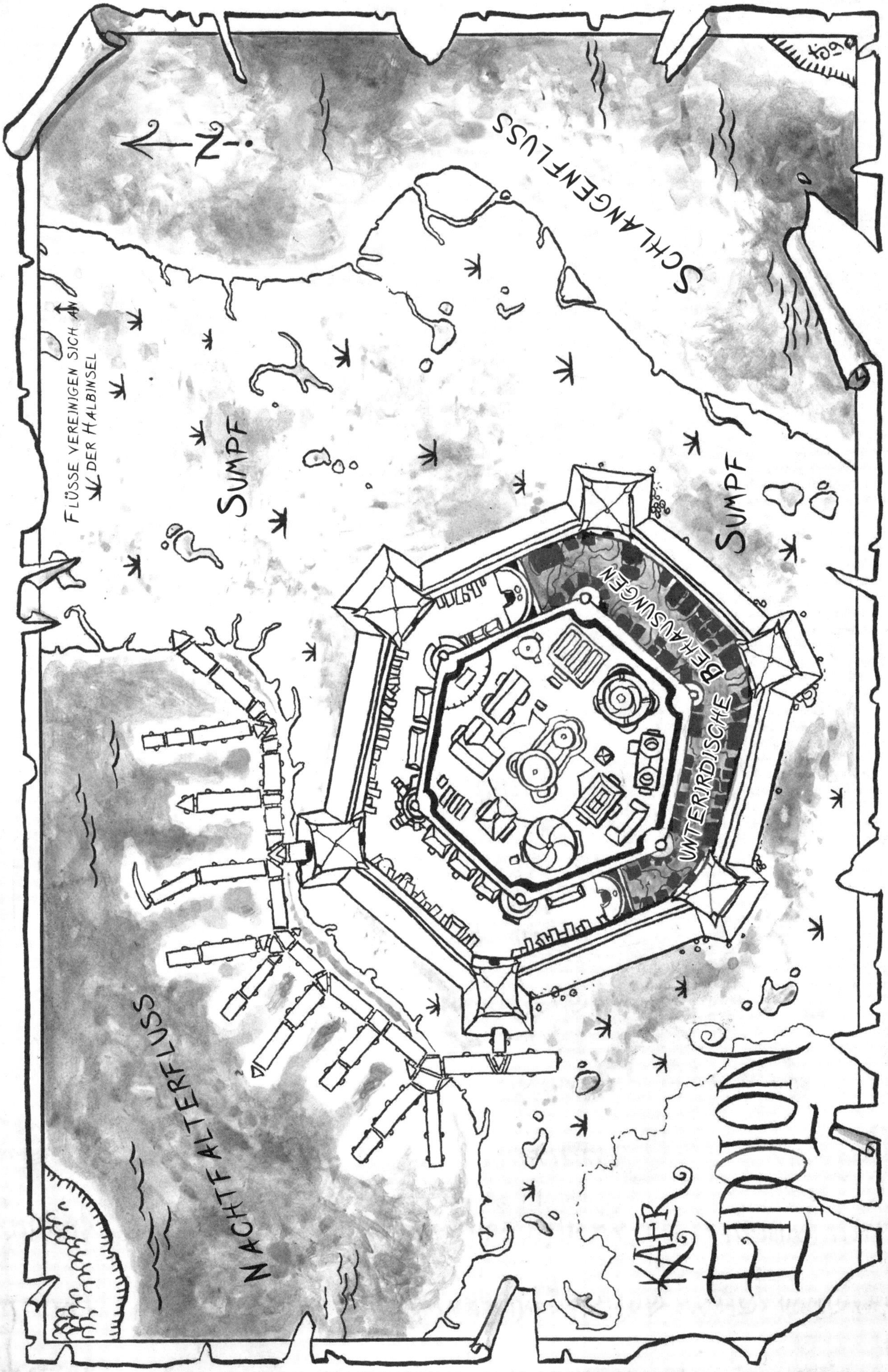

Kaer Eidolon

Nachtfalterfluss

Schlangenfluss

Sumpf

Sumpf

Unterirdische Behausungen

Flüsse vereinigen sich an der Halbinsel

N

# INDEX

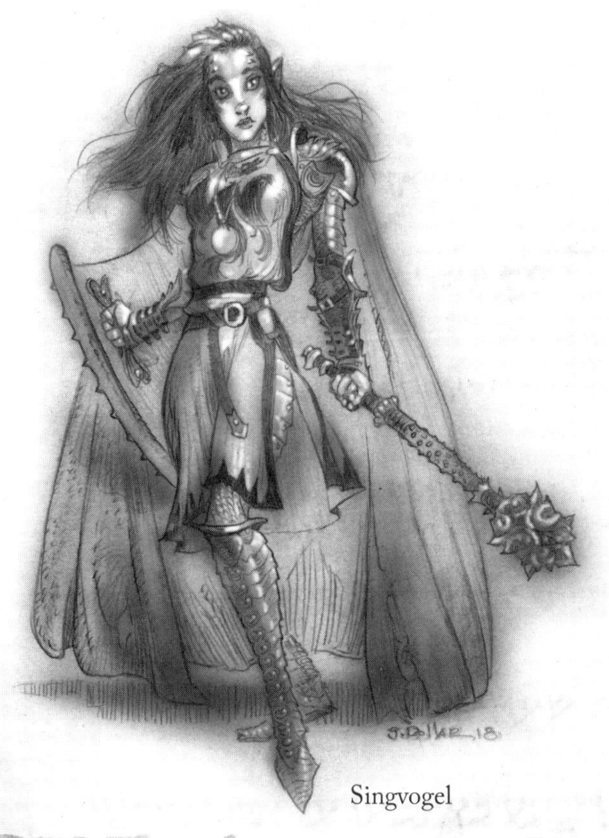

Singvogel

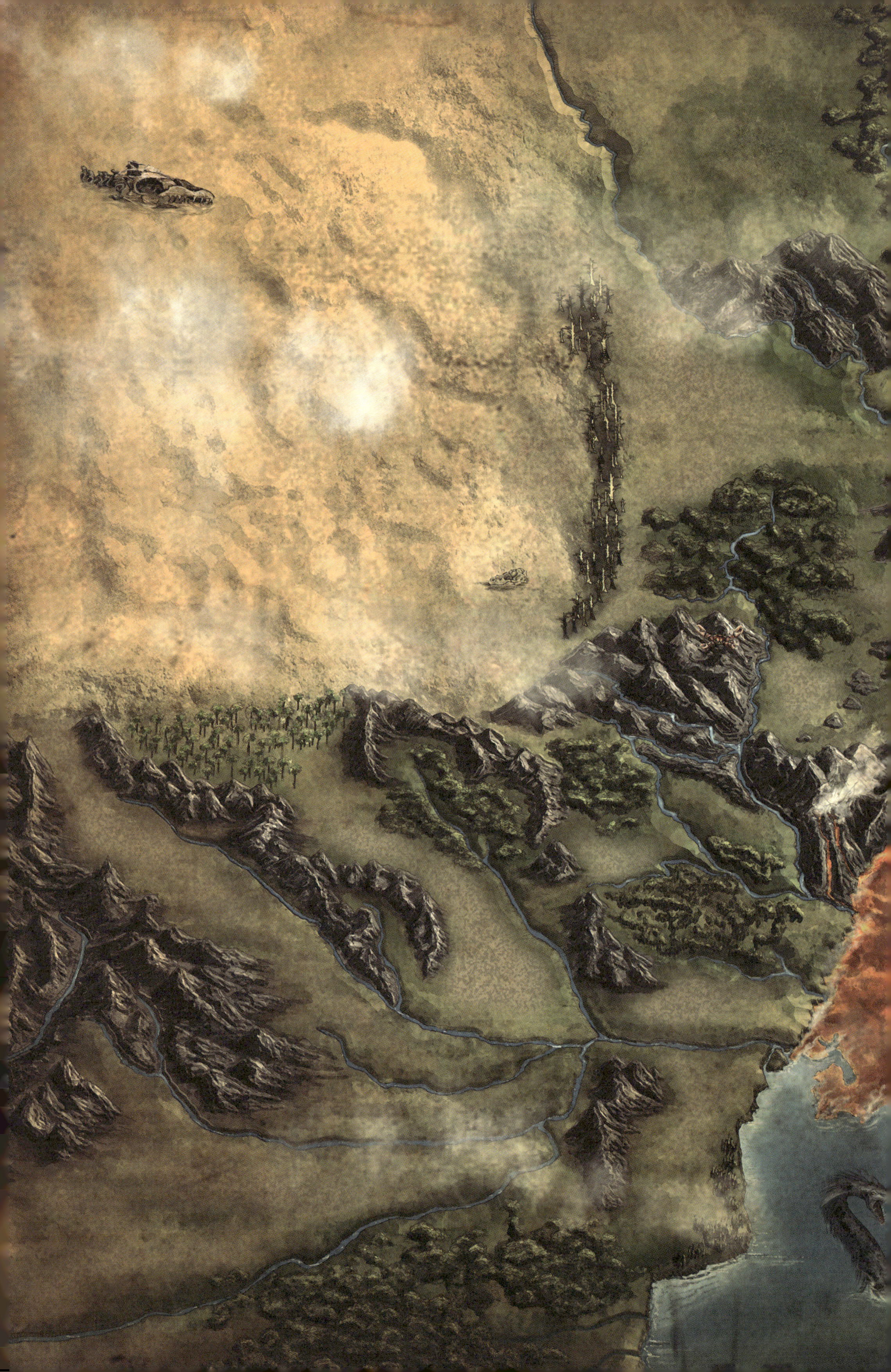